Henriette Kaiser/Joachim Kaiser
»Ich bin der letzte Mohikaner«

HENRIETTE KAISER

JOACHIM KAISER

» ICH BIN DER
LETZTE MOHIKANER «

Ullstein

2. Auflage 2008

Ullstein ist ein Verlag
der Ullstein Buchverlage GmbH

ISBN 978-3-550-08697-7

Gesetzt aus der Garamond Premier Pro bei tiff.any, Berlin
Druck und Bindung: CPI – Clausen & Bosse, Leck
Printed in Germany

Für Susanne

Inhalt

Prolog

April 2005. Ein schwarz abgehängtes Filmstudio, Lampen, Mikros, auf einem klassischen Freischwinger ein Mann, der sich in den letzten fünfzig Jahren als Theater-, Musik- und Literaturkritiker der *Süddeutschen Zeitung (SZ)* den Ruf erworben hat, einer der letzten »Großkritiker« zu sein, eine Art Dinosaurier der Hochkultur: Joachim Kaiser. Ihm gegenüber, neben der Kamera auf einem Hocker, ich, seine Tochter.

»Versuch doch bitte, dich mit fünf Begriffen zu beschreiben.«

»Intellektueller, Ästhet, ziemlich verfressen, erst im Laufe der Zeit für das Visuelle und Sichtbare interessiert und von vornehein leidenschaftlich mit Literatur und Musik verknüpft.«

Während dieser Antwort geht es in meinem Kopf drunter und drüber. Meine Absicht, einen Dokumentarfilm über meinen Vater zu drehen, der Intellektualität mit Humor verknüpft, könnte mit viel Glück gelingen. Dieser Mann überrascht mich immer wieder mit unvorhersehbaren Formulierungen. Touché! Ziemlich perfekte Sicht auf sich selbst, die hätte ich ihm gar nicht zugetraut. Wie aber bringe ich ihm bei, dass er sich nicht so viel bewegt. Andererseits: Er soll so natürlich wie möglich sein. Nicht ohne Grund habe ich den Kameramann und den Tonmann vor seinen ausufernden Bewegungen gewarnt.

Kurze Zeit später unterbrechen wir das Interview. Die Lampen müssen umgestellt, die Mikros neu ausgepegelt, der Stuhl ausgetauscht werden. Der Freischwinger quietscht zu sehr, wenn mein Vater beim Reden seinen Oberkörper von links nach rechts wiegt und ihn, während ich ihm Fragen stelle, mit verschränkten Armen gegen die Rücklehne stemmt, um ihn dann für die Antwort nach vorne zu wuchten und gestenreich auszuholen. In immer rascher werdenden Wortkaskaden variiert seine Stimme dabei vom tiefsten Bass bis in höchste Sopranlagen, mit einer Dynamik von spannungsvollem Flüstern bis zu knallendem Auflachen: »Ha!«. Kein Wunder, dass der Tonmann verzweifelt.

Nach über einem Jahr Arbeit ist der Film *Musik im Fahrtwind* fertig. Riesige Erleichterung, es irgendwie geschafft zu haben, einige Facetten von Joachim Kaiser als öffentlichem Intellektuellen mit meiner Sicht auf ihn als Vater zu verknüpfen. Ein wenig traurig bin ich nur, dass diverse seiner Interessen in den neunzig Filmminuten keinen Platz fanden.

Nach der ersten Fernsehausstrahlung des Films erhalten mein Vater und ich vom Ullstein Verlag die Anfrage, ein ähnliches Buch zu erarbeiten. Zuerst reagieren wir beide ein wenig verstört. Mein Vater scheut eine Autobiographie. Er habe in beinahe achttausend Kritiken, Aufsätzen, Buchveröffentlichungen, Vorträgen, Radio- und Fernsehsendungen der Öffentlichkeit mitgeteilt, was ihn bewege. Auch ich sehe mich nicht als Biographin meines Vaters. Aber dann lockt uns doch die Möglichkeit, einige der Themen aufleben zu lassen, die ihn fesseln.

Rund zwanzig Stunden Filminterviews sind unsere Basis, die wir ab April 2007 mit neuen Gesprächsrunden ergänzen. Es kommen noch einmal gut vierzig Stunden zusammen. Diese Unterhaltungen finden vorwiegend im Wohnzimmer meiner Eltern statt. Ich bin mit einem MP3-Recorder ausgerüstet, mein Vater sitzt auf seinem Schaukelstuhl, wippt vor und zurück, die rechte Lehne fällt alle zehn Minuten mit lautem Krach auf den Steinboden. Jedes Mal sein Kommentar: »Herrgott, man müsste sie endlich mal anleimen.« Wobei er mit »man« bestimmt nicht sich selbst meint.

Joachim Kaisers Antworten aus diesen Gesprächen bilden den Hauptteil des Buches. Manchmal werden sie von meinen Fragen unterbrochen, meist aber sind sie zu einem »gesprochenen« Text zusammengefügt, der durch »geschriebene« Texte, also seine Kritiken, Aufsätze und Essays ergänzt wird.[1] Um die abwechslungsreiche Fülle dieses kultursatten Lebens ein wenig zu spiegeln und dokumentarisch aufzulockern, gibt es zudem Kommentare aus meiner Perspektive, schriftliche und wörtliche Äußerungen meiner Mutter und meines Bruders sowie von Freunden und Weggefährten. Hinzu kommen Fotos und andere Abbildungen.

Wer 1951 zum ersten Mal publiziert und 2008 immer noch aktiv am Berufsleben teilnimmt, hat viele Wandlungen und Moden erlebt: in der Redaktion, in den Medien, in der Gesellschaft, in Kunst und Kultur und ihrer Rezeption. Er muss sich außerdem etwas bewahrt haben, das sein Antrieb ist. Bei Joachim Kaiser ist es ganz sicher die Leidenschaft. Die Leidenschaft für Hochkultur und ihre Vermittlung.

Henriette Kaiser   München, September 2008

---

[1] Bereits veröffentlichte, ältere Textquellen sind in alter Rechtschreibung zitiert.

Vollkommen unerlässlich für Publizisten und Kritiker ist eine Art Äuße-rungstrieb. Wenn mich jemand nach einer Theateraufführung fragt, wie ich das Stück fand, werde ich eine Stunde auf ihn einreden, wie es mir gefallen beziehungsweise missfallen hat. Und wenn niemand da ist, gehe ich notfalls auf die Toilette und sage der Klofrau, warum ich den König Lear *missglückt fand.*

Joachim Kaiser

Das Donnerwetter und andere kritische Grundsätzlichkeiten

Mitte der Achtziger, 1986, um genau zu sein. Für ein paar Tage besu-che ich meine Eltern in München. Knisternde Unruhe im Haus. Das literarische Großereignis des Jahres steht an, die Veröffentlichung des neuen Romans von Günter Grass. Wann nur kommt endlich das Rezensionsexemplar? Unter den Postbergen von heute ist es immer noch nicht. Die Ungeduld meines Vaters wächst. Vorfreude auf das Werk, an dem der verehrte und in kollegialer Freundschaft verbunde-ne Autor jahrelang gearbeitet hat. Angst, dass ihm diese Arbeit nicht gefallen könnte, was er dann, ohne zu verletzen, in seiner Kritik ausfor-mulieren müsste, und auch das Wissen um die Anstrengung, die diese Kritik ihm selber abverlangen wird. Echtes Grass-Fieber also, das sich in einem Schwall von Anekdoten entlädt. Wie sie sich über dreißig Jahre zuvor bei einer Tagung der Gruppe 47 kennenlernten, wie Grass dann 1958 einige Kapitel aus der noch unvollendeten *Blechtrommel* vorlas und mit einem Paukenschlag klar war, dass hier ein fulminanter Kriegs- und Nachkriegsroman entstehen würde. Zumindest sah mein Vater das so. Andere Kritiker sahen das anders.

Nun nimmt er Anlauf, um von einem Literaturskandal zum nächs-ten zu springen, von intellektuellen Debatten zu politischen. Buchtitel und Autorennamen prasseln hernieder. Je vertrackter die Zusammen-hänge, desto mehr blüht mein Vater auf und schwingt sich vergnügt von Zitat zu Zitat in die flirrende Sphäre der abstrakten Beweisführung hoch, besten Glaubens, ich turne dort oben mit ihm herum. Er kann sich gar nicht vorstellen, dass jemand bei solcher Akrobatik vielleicht abstürzt und einigermaßen verwirrt am Boden der Normal-Bildung seine Federn zusammenklaubt, oder sich, wie ich es auch schon häufiger tat, mit einem Sprung ins Comic-Fach rettet: Die spinnen, die Intellektuellen! Der eigene Vater vorne dran.

Jetzt aber, im Fall Grass, werde ich von seiner Leidenschaft angesteckt. Auch ich erwarte neugierig das Buch, damit er endlich mit dieser Kritik loslegen kann, die dann in der *Süddeutschen Zeitung* bundesweit erscheinen und selber einen kleinen Teil dieser literarischen Diskussionswelt darstellen wird.

Ein, zwei Tage später ist es so weit. Mein Vater sitzt im Bademantel auf seinem Schaukelstuhl und beugt sein bebrilltes Haupt über den gewichtigen Roman. Er knickt Seiten um, krakelt mit abgenagten Bleistiften Notizen, trinkt aus riesigen Bechern Nescafé. Um seine Konzentration nicht zu stören, schleicht der Rest der Familie auf Zehenspitzen herum, unterhält sich nur im Flüsterton, der Hund verkneift sich das Bellen, die Katze verzichtet sogar aufs Schnurren. Dann geht die Tür auf: unsere rumänische Zugehfrau. Auch sie sieht meinen Vater im Schaukelstuhl und sagt: »Heute nix Arbeit? Zu Hause bleiben? Faul sein und lesen?«

Mein Vater sinkt in sich zusammen. Und die geballte Geistesarbeit zweier so fleißiger Köpfe wie Grass und Kaiser wird mit dem Staubtuch weggewischt.

In Zukunft nur Ratten noch[2]
Apokalyptischer Traum und Fabulierlust des Günter Grass
GÜNTER GRASS: *Die Rättin. Roman.* Luchterhand Verlag, Darmstadt. *512 Seiten, 39 Mark.*

Das neue, staunenswerte, bewunderungswürdige, freilich auch manchmal nur banal-verschmitzt fabulierselige Buch von Günter Grass – ein Roman ist es nicht, ein Essay auch nicht, ein figurenreicher Alptraum nur partiell; am ehesten könnte man es als *apokalyptisches*

---

2   In: SZ, 1./2. März 1986.

Feature bezeichnen – »Die Rättin« also kommt aus der Fülle. Dem mittlerweile 58jährigen Autor hat es gut getan, daß er nicht zu jeder Buchmesse mit einer Novität auftrumpfen wollte oder mußte. Verglichen mit den Qualitäten dieses Textes krankte der »Butt« (1977) doch an allzu viel pittoresker Kulturgeschichte, boten die »Kopfgeburten« (1980) allzu viel wahlkämpferisch räsonierende Zeitkritik.

Der poetische Rang der »Rättin«-Vision hängt zusammen mit einer Befindlichkeit des Autors Grass, die andere Schriftsteller eher lähmen, einsilbig machen, in depressives Schweigen stürzen würde: nämlich mit seiner tief verzweifelten Ratlosigkeit angesichts des unausweichlich nahen Atomtod-Endes, das die Menschheit sich gerade zubereitet. Grass gibt keine Rezepte, wie man Schlimmes vermeiden kann, er weist auch nicht der einen oder anderen Seite *Schuld* zu. »Gesagt« sei sowieso schon alles. Sondern Grass nimmt die wahnsinnige und automatische Absurdität des zwanghaften Wettrüstens als Faktum hin, beschwört die unvermeidlichen Folgen in klirrend ironischen, absurden Szenen. Überlebens-Chancen nach dem End-»Knall« räumt er den Menschen nicht ein, sondern nur gewissen vorausschauenden, wandlungsfähigen Geschöpfen. »In Zukunft nur Ratten noch ... Euch gab es mal«. Weitere Aussichten? »Könnten wir doch in Kreide uns betten und überdauern, / bis in fünfundsiebzig Millionen Jahren genau / Touristen der neuen Art kommen, die, vom Glück berührt, / Teilchen von uns versteinert finden ... «

Gegeben sind also: eine alles durchdringende *Endzeit-Gestimmtheit*, changierend zwischen bitterem Spott und herzlicher Melancholie (Es ist schade auch um die fehlkonstruierten Menschen). Weiterhin ein origineller, die Zeit-Grenzen mühelos überspringender Erzähl-Ort: Nämlich des Autors die Weltgeschichte wirbelnd vom Anfang bis über das Ende hinaus umspannenden *Traumgespräche mit der Rättin.* Und endlich *mehrere anekdotisch novellistische Verläufe*, parallel zu den Rättin-Dialogen. Gelegentlich schneiden sich die Parallelen, weil sie ja alle an derselben Katastrophen-Entwicklung teilhaben ... Grass erzählt also hier auch recht lustig die einst berühmte Fälscher-Karriere des Malers Malskat, womit er indirekt auf die gefährlichen politischen Fälschungen unserer fünfziger Jahre, der »falschen Fuffziger« anspielen möchte. Er berichtet auch sehr ausführlich von der Fahrt eines mit Frauen und Wünschen be-weibten Schiffes, der *Neuen Ilsebill*, dessen

Damen eigentlich etwas Wissenschaftliches unternehmen wollten, am Ende aber das versunkene Vineta finden. Auch Oskar Matzerath, der Blechtrommel-Zwerg, darf gealtert wieder aufleben: als Filmproduzent, für den Grass eine Grimm-Musäus-Märchenwelt über Hänsel und Gretel, Rübezahl, Bäumesterben, subversive Kanzler-Kinder und verschwundene Politiker lehrhaft-lebhaft-redselig montiert. Selbst die mittlerweile 107jährige Großmutter, in deren Röcken sich einst Koljaiczek versteckte, existiert noch. Lange nach dem »Schlag« stirbt auch sie und wird – ein phantastisch wüster, ebenso religiöser wie blasphemischer Einfall – von einem nach-humanen Rattenheer als Quasi-Gottesmutter in den Danziger Dom transportiert.

Bereits diese Andeutungen über den Inhalt dürften zumal auf Leser, die nicht literarisch wohlgebildet »grass-fest« an das Buch herangehen, einigermaßen verwirrend wirken. Doch daß die »Rättin« tatsächlich nicht gerade leicht lesbar ist, daß man auf der *Neuen Ilsebill* Flauten spürt, bei den Verwirrungen im Märchenwalde den Faden verliert, erlahmt, sich wieder bewundernd auf den Leseweg macht, stockt und dann eines gewissen literarisch-zeitgenössischen Pflichtbewußtseins bedarf, um diese »Rättin«-Vision Zeile für Zeile zu bewältigen: es ist keineswegs Folge oder Schuld von allzuviel Erzähl-Perspektiven oder gar stilistischen Schwerfälligkeiten.

Im Gegenteil. Grass schreibt hier mit bewunderungswürdig leichter, entkrampfter Hand. Seine Sprache ist dabei nicht billig-flott-modern, sondern gediegen, lebendig und reich. Oft unpreziös *gewählt* in jenem Sinne, daß althergebrachte Wendungen wie »Platz finden«, »getrost«, »beitragen« beispielsweise schon auf den ersten beiden Seiten vorkommen. Sprachmeister Grass lehrt durch sein souveränes Beispiel, wie leblos stromlinienhaft unser Deutsch ist, wenn immer nur modische Wendungen blinken und blitzen.

Alle diese Vorzüge sind aufgehoben in einem unwiderstehlichen rhythmischen, Bildungsgüter nebenher assoziierenden Parlando, dessen Meisterschaft oft lächeln läßt. [...]

Auch die ungefähr 30 in dieses Untergangs-Feature hineingefügten, reimlosen Gedichte demonstrieren ein unverschwitztes Parlando. Sie tun es fast zu sehr – ihnen bekommt die Altersstil-Entspanntheit weniger gut. Wenn sie nicht mit wirklichen »Funden« und Gewichtigem beeindrucken, bleiben sie, was kein Unglück ist, redensartlich banal, unergiebig prosaisch. Etwa: »Es war einmal ein Land, das hieß Deutsch. / Schön war es, gehügelt und flach / und wußte nicht, wohin mit sich.«

Leicht, elegant, ja fast übermütig wechselt Grass die Figuren und Perspektiven, demonstriert er, wie souverän er seine Objekte herbeizitieren oder aus einem Schicksalsverlauf in den anderen bringen kann. Wie kommt er zur Auferstehung des Oskar Matzerath? Ganz einfach: »Also rufe ich — ›Hallo, Oskar!‹ —, und schon ist er da. Mit seiner Vorortvilla und dem dicken Mercedes.« Woher rekrutieren sich die *Neue Ilsebill* und ihre Besatzung? »Hätten sich andere Frauen als diese in Travemünde einschiffen können? Zum Beispiel alle, die abgesagt haben und lieber in Betten schlafen wollen?« Offenbar nicht. Warum? Der Dichter mystifiziert unwiderleglich: »Ich ließ fünf übrig. Oder es blieben mir fünf. Meine und keine Wahl traf ich ... «

Aber an einem entsetzlichen Sonntag, »da zerreißen nahbei und entfernt Blitze den Himmel. Nie gesehenes Licht. Sie sind geblendet. Hitze haucht sie verzehrend an. Sie vergehen. Wo ich hindeute, suche, ist nichts mehr«.

Was für ein Ende! »Da verdampfen an Bord deines Schiffes deine fünf Weiber«, faßt die Rättin das später zusammen. Doch der Erzähler ruft: »Lüge«. »Auf dem Schiffswrack wird nicht gestorben. Ich will das so.« Ein verständlicher Wunsch. Denn die eine der »Eben-doch-nicht-Toten« liebt er. Doch ein solcher, noch so plausibler *Kampf der Versionen* birgt gewisse Risiken. Man nimmt ja als Lesender Handlungsverläufe nicht wie irgendwelche Offerten ruhig zur Kenntnis — sondern man reagiert auf episch beschworene Vorgänge mitfühlend, mitdenkend. Wird nun die Geschehens-Tendenz munter durcheinandergebracht, gleichen sich Hänsel und Gretel allzu umstandslos den Kindern eines Bundeskanzlers an, leben Tote auf, nehmen Oskars Videofilme die Zukunft vorweg, dann läßt man sich aufs Vorgetragene nur noch mit Vorbehalt, wie auf einen mehr oder weniger lustigen Vorschlag ein. Es liegt im Wesen gewichtig-bildhafter Prosa, mehr zu sein als nur ein Denkspiel-Angebot.

[...]

Freilich: die erzählerische Hauptaktion gelang enorm kräftig, die anekdotische Umgebung indessen blieb zu beiläufig verspielt. Bei der Hauptsache, also den Dialogen mit der Rättin, glückte Grass Großes. Es ist ein genialer Einfall, daß der Autor die Rättin träumt, daß sie dem Tag- und Nacht-Träumenden berichtet, wie die Ratten ihr Überleben lernten zwischen Dinosauriern und verbotener Arche Noah, daß sie den Träumenden in einen Sessel bannt, der zur Weltraumkapsel umfunktioniert wird, von welcher aus der Erzähler den Untergang der Menschheit und den Fortgang der Weltgeschichte beobachtet. Dabei erscheint die Rättin als verdammt dialektisches Tier. Sie ist Geschöpf des Autors Grass, der sie träumt – und zugleich ihren Widerspruch auszuhalten hat. Sie ist Einzelstimme, aber auch Ausdruck uralten kollektiven Bewußtseins. Also: Lese-Ratte, die alles Vergangene weiß, und darüber hinaus Kassandra, die gelegentliche, sich selbst Trost spendende Abwiegelungs-Versuche ihres Urhebers heiter abwehrt.

Toll erfunden, *gefunden* auch die Stationen der Agonie: wie die Politiker nur verlegen grinsend, und am Ende, nach Absendung der Raketen, einander sogar um Verzeihung bittend tun, was sie tun zu müssen glauben. Wie böse Vorzeichen abwiegelnd übersehen werden, junge Leute sich überall auf der Erde in Massen warnend verbrennen – und doch nichts erreichen. Grandiose, grandios beschriebene Alpträume!

Kein Wunder, aber doch bedauerlich, zwiespältig, daß manche Episoden und Histörchen des Buches die flammende Alptraum-Schrift an der Wand gleichsam verleugnen. Der Text wird dann kauzig, spielerisch, anekdotenselig-kaschubisch. Nicht so sehr, indem er die Schicksals-Dynamik, die er pathetisch schafft, auch gleich ein paar Mal eifernd dazu ausnutzt, Animositäten gegen BRD und DDR, gegen die ungeliebten fünfziger Jahre (in denen immerhin Böll, die Bachmann, Grass selber, Johnson, Walser an die Öffentlichkeit traten), gegen Adenauer und Ulbricht gleichmacherisch auszuspielen – wie wenn da gar keine Unterschiede gewesen wären zwischen freien Wahlen, schweigenden oder redenden Oppositionen, wie wenn Grass nie Grund gehabt hätte, »Die Plebejer proben den Aufstand« zu schreiben.

Angesichts des gegenwärtigen Entsetzens mögen solche Differenzierungen mehr oder weniger gleichgültig sein in einer Welt, wo der Papst den Kindersegen empfiehlt (»so wurde der Hungertod gottgefällig«), wo in Bonn die Übergänge von Fraktion zu Fraktion zerfließen (»Ich erkenne keine Parteien mehr, ich sehe nur noch Interessen«), wo die Menschen wegen ihrer humanen Anmaßung zugrunde gehen, weil zu wenig »Rattiges«, nämlich bescheiden Arterhaltendes (Ich bin nichts, mein Volk ist alles – sagte man einst dafür) in ihnen ist.

Grass muß da einen Zweifrontenkrieg führen. *Über*-Ratten existieren nicht, wohl aber schlimme »Über-Menschen«. Zwar besitzt die Fehlkonstruktion Mensch auch die Fähigkeit, Opfer zu bringen, aber sie klammert sich halt doch verzweifelt an ihr Ich fest. Menschen-Seelen empfinden sich eben nicht als Anonymes, sondern – daher ihre Würde wie ihr Verderben? – bei ihrem Namen gerufen vom personalen Gott ... Überlebensfähige Arten dürfen, offenbar, so auserwählt nicht sein. Doch der Autor Grass beschreibt jene netten, langweiligen blonden Rattenmenschen, die sich 75 Jahre nach dem Endschlag als lebensfähige post-humane Figuren entwickelten, auch so distanziert, daß man auf ein Leben nach dem Atomtode keineswegs sehr neugierig ist.

Der Grund des Grass'schen Pessimismus: Die Menschen können sich trotz offenkundigster Bedrohung nicht ändern. Sein trister Trost: »Natürlich sage ich Herrn Matzerath nicht, daß es ihn nicht mehr gibt, soll er doch weiter so tun, als ob er Chef ist. *Andere – und ich selbst – glauben ja auch, daß es weitergeht, irgendwie.*«

Immer die gleiche Problem-Mischung: es wird eine welthistorische Apokalypse entfaltet, relativiert und zugleich süffig erzählt – als ginge es doch bloß um eine Mischung aus Schelmenroman und Saga. Zwischen der Visions-Hitze der Haupthandlung und dem Lokalkolorit, dem Blechtrommelstakkato sowie den Direktheiten der Malskat- und Ilsebill-Szenerie bestehen zu große, den Rang der Hauptvision versehrende Kontraste.

Vielleicht hatte der Erzähler Angst, nur von seiner Angst zu schreiben. Wie verständlich! Und es ist ja auch makaber, über die »Rättin« zu orakeln, als fänden richtige Katastrophen nur auf anderen Planeten statt. Während ich diese Buchkritik zu Papier bringe, während der geneigte Leser sich durch dieselbe müht, kann ein (irrtümlicher) Knopfdruck jenen Knall besorgen, an den zu erinnern geradezu banal und naiv unliterarisch wirkt.

Grass hat Angst um die Menschheit, keineswegs nur um sein Ego. Obwohl der Text manchmal als Nachfeier des Grass'schen Gesamtwerkes mißverstanden werden könnte: mit sich selber, seiner Angst vor weißem Papier, auch gewissen männlichen Altersgebrechen geht Grass ehrlich und unweinerlich um.

Die fünf Frauen, der Malskat, die Brüder Grimm, der Matzerath, die ganze Rättin-Bagage – es sind Leitmotive auf zwei Beinen, mit enorm klugen, witzigen Wendungen und Einsichten behängt. Einzige zur Identifikation einladende Figur bleibt der Autor selber, der alle Träume und Perspektiven entwirft. So wurde »Die Rättin« ein apokalyptisches Feature über den Selbstmord der Menschheit, nicht einzelner Menschen.

Arthur Schopenhauer sagte einmal, in der Sphäre der Kunst finden keine Beweise statt. Man kann im Bereich des Schönen manche Dinge plausibel machen, kann argumentieren, dass die Proportionen nicht stimmen oder die Handlung spannungslos ist, aber beweisen lässt sich nichts. Wahrheit in der Kunst muss »er-diskutiert« werden. Man muss also darüber streiten. Dazu sind an sich die Kritiker da.

Zeitungen – und damit die Stimme des mündigen Bürgers – gibt es erst seit Gutenberg. Vorher bestimmten Klerus und Adel, was zulässig oder unzulässig war. Natürlich existierten Ästhetiken von Aristoteles oder die *Ars poetica* von Horaz, aber wirkungsvoll konnte der Bürger als dritter Stand seine Stimme erst mit Hilfe der Tageszeitung erheben. Das tat er auch, und Kritiker äußerten ihre freie Meinung als Vertreter der mündigen Bürger. Im Idealfall liegen diese verschiedenen freien, unbeweisbaren Meinungen miteinander im Wettstreit, und die Öffentlichkeit wägt sie gegeneinander ab und bildet sich ihr eigenes Urteil.

Bespreche ich einen Roman, eine Theateraufführung, ein Konzert oder eine Oper, muss irgendwann der Moment kommen, der mich emotional berührt. Ein Satz, ein Ausdruck, ein Klima, eine Wendung, ein Augenblick, in dem nicht bloß der Verstand in Bewegung gesetzt wird, sondern das Gefühl entsteht: Donnerwetter, toll, das trifft mich! Ein anderes, wer weiß wie schlaues Buch dagegen berührt mich überhaupt nicht.

Aus dieser Emotionsgewissheit, aus diesem »Donnerwettergefühl« beziehe ich mein Interesse für das betreffende Werk. Das ist elementar für mich. Sonst wäre mein Beruf genauso langweilig, wie ihn sich Außenstehende vielleicht vorstellen, wenn sie meinen, dass man als Kritiker seine Kunsterfahrung an die Sachen heranträgt und wie ein Jurist Gutachten verfasst und einzelne Fälle und Argumente ordnet, oder wie ein Chemiker Substanzen analysiert. Verhielte es sich so, müsste man sich nicht mit Kunst beschäftigen. Dann könnte man einen solideren Beruf ergreifen. Aber wenn mich aus einer Symphonie, einem Stück oder einer Gedichtzeile etwas Neues, Unbekanntes anspringt, das ich gerne in mein Leben hineinnehmen möchte, dann fängt es an, mich zu interessieren. Da stört es mich auch nicht, wenn das Werk vielleicht ein paar Fehler oder Schwächen aufweist. Hauptsache, ich werde gepackt.

Wenn ich eine Kritik über eine hübsche Operette oder eine Komödie schreibe, bereite ich mich nicht ausführlich auf die Aufführung vor. Dann schaue ich sie mir zum Spaß an und sage anschließend, das war interessant oder langweilig, sexy oder spießig, die Hauptdarstellerin kann sich gut bewegen, der Hauptdarsteller auch. Oder eben leider nicht. Habe ich vor, eine Beckett-Inszenierung zu besprechen, so lese ich den Text des Stückes vorher, vergleiche die Aufführung mit meinen Beckett-Erfahrungen und versuche dann, einem Publikum, von dem ich nicht erwarten kann, dass es sich aus Beckett-Spezialisten zusammensetzt, den Sachverhalt zu erklären. Geht es indessen um einen Klassiker, von dem ich annehmen kann, er sei ausreichend bekannt, werde ich wieder anders vorgehen. Meine Herangehensweise ist also immer verschieden. Manchmal bin ich ein Agent des Publikums, manchmal ein Agent des Stückes, und manchmal bin ich einfach ich selber und möchte Spaß haben.

Ganz nehme ich meinem Vater nicht ab, dass er vor dem Besuch einer Operette nicht zumindest das Libretto durchsieht oder einen Blick in den Klavierauszug wirft, so sorgsam, wie er sich sonst immer vorbereitet. Natürlich auch auf die Premiere von Anton Tschechows *Kirschgarten* am Wiener Burgtheater, für die er im Frühjahr 2005 in München mit einer prallgefüllten Aktentasche den Zug besteigt. »Ich liebe Zugfahrten. Da stört mich niemand beim Arbeiten. Fast immer schaffe ich es, ein Abteil für mich alleine zu haben. Der Trick ist, man muss sich genügend ausbreiten.« Das sollte auch auf dieser Fahrt kein Problem sein. Innerhalb von Sekunden ist das ganze Abteil mit Zeitungen, seinem Mantel und der Aktentasche belegt. Er hat aber nichts dagegen, dass ich mir den Sitz ihm gegenüber wieder freischaufele. Er öffnet die Aktentasche. Zuerst einmal zieht er Hausschuhe hervor, die er sofort gegen seine Straßenschuhe austauscht. »So.« Der Zug fährt an, mein Vater, gemütlich auf seinem Sitz eingenistet, holt nun diverse Bücher aus der Aktentasche und legt sie auf die Tischchen. Unter anderem sind darunter zwei Ausgaben vom *Kirschgarten*, beide mit Notizen von ihm übersät. Er kennt das Stück in- und auswendig, aber es ist ausgeschlossen, dass er es vor einer Premiere nicht noch einmal liest und bei einigen Stellen die unterschiedlichen Übersetzungen vergleicht. Natürlich hat er auch Informationsmaterial über den Regisseur dabei. In diesem Fall eine Regisseurin, Andrea Breth. Ihre *Maria Stuart* vor einigen Jahren hat ihm sehr imponiert, und inständig hofft er, dass ihm die *Kirschgarten*-Premiere auch gefallen wird. Nach Informationen aus dem Vorfeld aber fürchtet er, dass Andrea Breth mit ihrer Interpretation dieses Mal danebenliegen könnte. Er seufzt. Dann widmet er sich einem Stapel Kopien, seinen früheren *Kirschgarten*-Besprechungen, ungefähr zwölf Stück. Und ein kleiner Abriss über gut fünfzig Jahre Theater. Auch meinem Vater fällt das auf: »Je älter man wird, desto mehr Vergleiche hat man. Man ist ein bisschen ein Gefangener seiner Erfahrung. Das kann alte Leute ja furchtbar langweilig machen, dass sie immerfort schreiben, wie gut die Toten waren.« Warum liest er dann diese Kritiken? Damit frischt er die Erinnerungen doch nur auf. »Nein, ich möchte mich nicht versehentlich wiederholen. Auch wenn es unwahrscheinlich ist, dass jemand diese Kritiken noch vor Augen hat.«

Jetzt liest er, macht sich Notizen und blickt erst wieder auf, als der Schaffner Salzburg ankündigt, wo wir umsteigen müssen. »Wie oft war ich in Salzburg. Sicher hundertmal. Aber leider lernt man bei solchen Besuchen die Menschen nicht kennen. Man kennt nur die Theater, die Hotels und weiß, wo man nach den Aufführungen herumschlendern kann.« Unser Zug fährt am Hotel Österreichischer Hof vorbei. »In dem Hotel ist einmal eine wunderschöne Zeitungsgeschichte passiert. Ich bat den Portier um die *Süddeutsche Zeitung*. Er fragte mich, welche süddeutsche Zeitung ich meinen würde. Ich erklärte: ›Die *SZ* aus München.‹ Die gebe es nicht. Dann sagte ich: ›Na gut, dann bitte die Frankfurter.‹ Der Portier: ›Die warme Küche ist geschlossen.‹ «

Im strammen Galopp jagen wir über den Bahnhof und erreichen gerade noch in letzter Sekunde den Zug nach Wien. Mein Vater freut sich auf die Stadt. Mit der Wiener Oper und dem Burgtheater verbinden ihn unendlich viele Erinnerungen. In den siebziger Jahren wurde ihm vom Burgtheater sogar der Posten des Chefdramaturgen angeboten. Aber er blieb bei der *Süddeutschen Zeitung*. »Damals hatte ich auch ein Angebot, Musikkritiker bei der *New York Times* zu werden. Doch mein Englisch ist nicht gut genug. Ich kann mich zwar passabel unterhalten, aber es reicht nicht, um über Kunst zu schreiben. Mir fehlt der Hintergrund, mir fehlen die Märchen, Geschichten und Sprüche, die man in einer Sprache nur beherrscht, wenn man sie aus der Kindheit kennt. Die Herausgeber der *New York Times* boten mir sogar an, ich solle auf Deutsch schreiben, sie würden die Artikel übersetzen. Tja, ich habe mich aber nicht getraut.« Er lacht verschmitzt. »Dann wäre ich jetzt wahrscheinlich weltberühmt. Na, ich kann mich auch so nicht beschweren. Und an München gewöhne ich mich auch allmählich.«

Auf meine Frage nach seiner Lieblingsstadt zögert er nicht eine Sekunde: »Wien, ganz ohne Zweifel Wien. Wien ist eine wunderbar selbstverständlich von Kultur gesättigte Stadt, in der man überdies herrliche Nachspeisen bekommt. Ich hatte auch zwei große Lieben, die aus Wien kamen. Für die eine lernte ich sogar Tarock spielen, und mit der anderen fuhr ich immerhin nach Bayreuth. Die bezaubernde Weltläufigkeit kluger Wienerinnen, ihr origineller Charme und ihr unschlagbarer Witz waren für mich, den Ostpreußen, eine hinreißende Erfahrung. Von Wien selber fasziniert zu sein, die Allüre der Wiener Architektur zu bewundern, das ist ja ohnehin eine Selbstverständlichkeit. Kein Zufall, dass ich einst meine Dissertation über Franz Grillparzer geschrieben habe.«

Wir erreichen Wien, mein Vater fährt ins Hotel Sacher, ich stelle mein Gepäck bei Freunden ab, kurz vor 20 Uhr treffen wir uns im Foyer des imposanten Burgtheaters.

Am folgenden Tag suche ich ihn um 10 Uhr morgens im Hotel auf, um ihn beim Schreiben zu filmen. Noch sitzt er etwas angeschlagen beim Kaffee. Der gestrige Abend wurde lang. Hatte mein Vater sich anfangs nur aus Höflichkeit darauf eingelassen, mit mir und meinen Freunden nach dem Theater essen zu gehen, fing er dann Feuer bei der Wienerin Elke Hesse, die wenige Wochen zuvor die Intendanz der Festspiele in Bad Hersfeld angeboten bekommen hatte. »Passen Sie auf, die sind politisch verdammt heikel. Ich möchte nicht sagen ›braun‹, aber passen Sie auf. Die werden Sie fertigmachen. Bitte rufen Sie mich immer an, wenn Sie Probleme haben.« Es wurde also ein unterhaltsamer, feuchtfröhlicher Abend und verständlicherweise stöhnt er jetzt ein wenig. Aber nach dem Kaffee setzt er sich ohne zu klagen an den großen, barocken Tisch und beginnt zu schreiben. Mit Tintenkuli auf Papier. Zwei Stunden später: »So. Jetzt ist das Schwerste fertig. Ach, das ist jedes Mal ein Kampf mit dem Engel. Wenn die Leute die Kritik dann lesen, denken sie: Ja, ja, das hat er so hingehauen.«

Wehrt ein Leser Rezensionen von vornherein ab, interessiert ihn die Sphäre der Kunst überhaupt nicht, dann könnte ich Schüttelreime dichten, und er würde sie doch nicht lesen. Aber einen aufgeschlossenen Leser zu enttäuschen, indem man fremdwortreich den unangreifbaren Fachmann hervorkehrt, das finde ich gemein, beinahe menschenfeindlich. Der Leser muss nachvollziehen können, was das Problem des Besprechungsgegenstandes zu sein scheint, und was der Kritiker dazu meint. Das klingt selbstverständlich, ist es aber nicht. Besonders junge Publizisten lassen häufig das Publikum außer Acht und schreiben eher für die Kollegen, denen sie imponieren wollen. Das ging mir genauso. Auch ich wollte meine Freunde beeindrucken. Die sollten sagen: Donnerwetter, ist der Jochen schlau! Später hat man diese Art Ehrgeiz nicht mehr nötig.

Um eine Kritik zu schreiben, gehe ich zunächst die Notizen durch, die ich mir während der Aufführung gemacht habe. Entscheidend ist der Moment, wenn ich weiß: Damit fange ich an, das ist die

Hauptthese, und damit werde ich schließen. Wenn ich zu genau weiß, was ich schreiben will, bin ich in einer langweiligen Situation. Ich bin dann nur noch ausführendes Organ irgendwelcher Thesen. Habe ich mir allerdings zu wenig überlegt, bin ich auch schlecht dran. Dann gerät die Kritik wahrscheinlich konfus. Ideal ist, wenn man ungefähr weiß, wie der Hase läuft, und beim Schreiben trotzdem noch Gedanken hinzukommen, die einem selber neu sind. Das sind dann auch die glücklichen Momente.

Wichtig ist, dass einem ein paar Generalthesen einfallen. Die Argumente für diese Thesen muss man so entwickeln, dass sie zugleich die nötigen Informationen über das Buch oder die Aufführung enthalten. Man muss also eine Information als Argument für eine bestimmte These darstellen. Auf diese Weise wird derjenige, der die Aufführung kennt, sich für die These interessieren und die Information, wer was gespielt hat und so weiter, mitnehmen. Derjenige aber, der nicht im Theater war und vielleicht auch niemals hingehen wird, sich jedoch für die Sache interessiert, wird die Information als Information zur Kenntnis nehmen und sich überdies für die These interessieren. Wenn man nicht im Stande ist, Gesichtspunkte zu finden, die über die bloße Information hinausgehen, schreibt man schlechte Kritiken. Das sind häufig diese Kritiken, die sich an den Personen des Stückes entlanghangeln: Zuerst tritt der König auf, dann die Königin, dann das Kind. Aber es kann einem natürlich auch mal nichts einfallen. Sehr unangenehm.

Im Gegensatz zu Kollegen, die behaupten, sie schreiben nur für das Publikum und nicht für die Aufführenden, sage ich: Wieso denn? Warum soll ich nicht versuchen, einem Musiker plausibel zu erklären, dass er sich wohl bei einer Phrasierung irrt, oder einem Autor eine dramaturgische Schwäche aufzeigen? Ich war sehr stolz, als ich hörte, Ionesco habe einmal ein Stück umgearbeitet, weil ich den dritten Akt nicht gelungen fand und das in einer Kritik, die ihm übersetzt wurde, ausführlich begründete.

Die Vorwürfe, die man normalerweise Kritikern macht: Der eine sagt hü, der andere hott, der eine lobt, der andere tadelt, diese Vorwürfe finde ich untriftig. Es kann durchaus passieren, dass ein junger Kritiker, der ein scharfes und motorisches Bild von Beethoven hat, findet, eine Sonate sei zu gefühlsselig gespielt worden. Während ein alter

Kritiker, der auf Expressivität Wert legt, argumentiert, es sei fabelhaft, wie ausdrucksvoll die Einzelheiten herauskamen. Beide können von ihrem Standpunkt aus Recht haben. Deshalb ist für mich bei Kritiken der Meinungsunterschied kein Wahrheitskriterium. Umso verächtlicher finde ich den sogenannten Tonfallschwindel. Man kann nämlich in einer Weise loben, dass die Leser denken, es scheint doch ziemlich langweilig zu sein. Andererseits kann man einen Tadel so vorbringen, dass der Eindruck entsteht, die Sache sei zumindest recht interessant. Das heißt, es ist möglich, mit dem Tonfallschwindel zu mogeln, ohne belangt werden zu können.

Wir nehmen unsere Plätze im Zug nach München ein. Im Abteil neben uns ist eine Familie mit recht lauten Kindern. Mein Vater hätte gerne mehr Ruhe. Gegen einen Aufschlag wechseln wir in ein Konferenzabteil mit vier Sitzplätzen und zwei langen Spiegeln in der Mitte, deren Sinn für Konferenzen wir nicht eruieren können. Die Klapptischchen jedenfalls sind so winzig wie alle üblichen Zugtischchen. Ein Laptop würde nur knapp darauf passen, die Papierberge von meinem Vater definitiv nicht. Aber er beschwert sich nicht. Hausschuhe an, und los geht's. Schreiben, schreiben, schreiben. Oder mit starrem Blick aus dem Fenster schauen und am Kuli kauen, dann abruptes Vorbeugen und wieder Schreiben. Konzentration pur. Keine Lautsprecherdurchsage, keine Tunnel mit erschreckenden Licht- und Akustikwechseln, kein Geruckel und keine meiner Verrenkungen, um eine interessante Perspektive für die Kamera zu finden, können ihn ablenken. Die Berglandschaft im dramatischen Sonnenuntergang sowieso nicht. Nach drei Stunden plötzlich: »So. Jetzt können wir ins Restaurant. Das ist doch ein österreichischer Zug? Da gibt es nämlich sehr gutes Essen.« Er packt alles zusammen. »Nur nichts vergessen«, murmelt er. Wie oft hat er etwas liegen lassen, früher, als er mindestens zweimal pro Woche mit dem Zug unterwegs war. Aber nie war etwas verloren, alles wurde ihm zurückgeschickt. Manchmal noch bevor meinem Vater überhaupt auffiel, dass ihm Manuskripte, Bücher, Schlüssel oder die Brieftasche abgingen.

Im Restaurant ist er ganz entspannt. Wir freuen uns auf den Chiemsee, an dem wir gleich vorbeifahren müssten. Aber wir können ihn keinem der vielen Gewässer zuordnen. Vermutlich haben wir ihn verpasst. Während der Hauptspeise, einem Gulasch, fällt meinem Vater der Titel für die Kritik ein: »Der verkorkste Kirschgarten«. Er wird wieder ernst. Es sei für ihn so viel schwerer, eine negative Kritik zu schreiben als eine positive. Außerdem bedauere er, dass ihm die Aufführung nicht gefallen habe. Auf meine Frage, ob er seine Kritik gelungen findet: »Sie ist nicht geglückt, zu unausgeglichen. Viele Gesichtspunkte fehlen.«

»Wenn du das morgen abtippst, glaubst du, dass du da noch viel verändern wirst?«

»Hoffentlich nicht. Aber eigentlich schon.«

Es ist nicht so, dass der Kritiker immer sogleich ein festes Urteil besitzt, wenn er eine moderne Inszenierung gesehen oder einen komplizierten Roman gelesen hat. Er ist dann ein wenig unsicher, ob er es mit etwas Modischem zu tun hat oder ob an der Sache nicht doch etwas Substantielles dran ist. Er wird dann seine Argumente gegeneinander abwägen. Nur: Wenn man flüssig schreiben kann – und es schadet ja nicht, schreiben zu können –, dann wirkt das, was man schreibt, stets eine Dimension sicherer und bestimmter, als einem eigentlich zu Mute war. Sogar, wenn man seinen Zweifel formuliert und zugibt, dass man schwankt, ob der Roman erstklassig sei oder nicht doch ein wenig modisch, denken die Leute, das klingt ganz elegant mit dem Schwanken. Der meint schon das und das. Auf Deutsch: Die beherrschte Schriftform präsentiert ein größeres Maß an Sicherheit, als man es in der eigenen Seele empfunden hat. Das ist ein entscheidendes, kaum hinreichend beachtetes Phänomen beim Schreiben.

Aber es gibt auch Kritiker, die im Theater guter Laune sind und sich über die Aufführung freuen und dann ungeheure Verrisse formulieren. Oder sie schimpfen im Theater, es sei so schlecht, dass man die Bühne anzünden müsste, dann aber schreiben sie, es sei doch ein sehr interessanter Abend gewesen. Klüger verhält sich, wer seine Meinung nicht vor dem Erscheinen der Kritik preisgibt, zumal wenn diese Meinung nicht felsenfest steht. Denn mit der Undarstellbarkeit des Zweifelns schriftstellerisch fertigzuwerden, ist wirklich nicht leicht.

Beim Schreiben muss man auch einkalkulieren, wie verletzbar und empfindlich der Mensch ist. Selbst der berühmte Pianist Artur Rubinstein hat einmal zu mir gesagt: »Herr Kaiser, was Sie über mich Positives geschrieben haben, das vergesse ich gleich. Aber Ihre gelegentlichen negativen Bemerkungen behalte ich, solange ich lebe.« So ist der Mensch beschaffen – und damit muss ein Kritiker auch leben. Ich formuliere um 20 bis 25 Prozent höflicher, als mir zu Mute ist.

Da schwelt ein alter Streit zwischen Marcel Reich-Ranicki und mir. Ich beschwöre ihn immer: Wenn du ein Buch besprichst, ist es entweder 10:0 oder 0:10, entweder sehr gut oder ganz schlecht. Das entspricht weder der Realität des Fußballs, da endet auch kaum ein Spiel 10:0, noch der von Kunst. Meistens mischt sich Gelungenes mit Misslungenem, und man muss differenzieren. Reich-Ranicki kontert dann: »Das verstehst du nicht, man muss übertreiben. Das hat schon Lessing gesagt.« Darauf antworte ich: Natürlich übertreibt man – aus der eigenen Emotion heraus! Doch um des Effektes willen, nur aus einer Wirkungsüberlegung heraus, darf man nicht übertreiben.

Gerade bei negativen Kritiken muss man sein Opfer auch ein wenig schmücken. Wenn man gleich am Anfang lospoltert, das sei alles ein kompletter Schmarren, dann denkt sich der Leser, warum soll ich mir die Kritik oder gar dieses Buch überhaupt antun. Wenn man dagegen zuerst einmal ausbreitet, was an der Sache reizvoll scheint, ist eine Art Podium errichtet, und der Leser will mehr darüber wissen. Kommt später die Einschränkung, das Versprochene sei leider nicht eingelöst worden, dann wirkt der Verriss sicher auch nicht freundlich, aber man hat zumindest nicht brutal übertrieben. Oder wie Schiller sagt: »Wie groß war diese Welt gestaltet, / So lang die Knospe sie noch barg, / Wie wenig, ach, hat sich entfaltet, / Dies wenige, wie klein und karg.«

Eine Kritik ist natürlich keine Kunstform wie ein Gedicht oder ein Drama. Es gibt weder Vorgaben noch tradierte Regelungen, wie sie bei Kunstformen existieren, auch wenn diese gebrochen werden können. Die Kritik hängt vom jeweiligen Gegenstand ab. Es wäre abwegig, über die *Matthäus-Passion* so zu schreiben wie über *Ingeborg* von Curt Goetz. Allerdings kann eine Kritik durch eine sprachliche Sensibilität, durch die Form, den Tonfall und die Atmosphäre, die man als Antwort auf das herstellt, was man erlebt hat, durchaus eine künstlerische Dimension erhalten. Nur Zensuren abzugeben fände ich amusisch. Der Forderung, Kritiken sollten musisch sein, kann allerdings auch widersprochen werden. Manche Publizisten finden, es genügt, einen Anspruch zu formulieren und ein Urteil auszusprechen. Die Gefahr, dass man bei Kritiken mit zu feinsinnigen Argumentationen am Ende kaum weiß, ob es dem Kritiker gefallen hat oder nicht, ist natürlich gegeben. Eine Urteilspflicht besteht schon.

Rezensenten müssen spezifische Fähigkeiten besitzen. Carl Dahlhaus, einer der klügsten Freunde, die ich je hatte, wollte in den fünfziger Jahren in der *Stuttgarter Zeitung* Kritiken schreiben, bevor er später in Berlin ein sehr berühmter Musikprofessor wurde. Carl war weit tiefer ins Wissenschaftliche eingedrungen, auch weit gelehrter als ich, aber das Rezensieren fiel ihm entsetzlich schwer. Er konnte sich nicht einfach hinsetzen und loslegen, hatte auch verhältnismäßig wenig praktische Erfahrung mit Opernaufführungen. Er saß eigentlich immer nur zu Hause, studierte Partituren und schrieb kluge, hochabstrakte Bücher. Diesen Carl Dahlhaus, mit dem ich während des Studiums herzlich befreundet (und sogar dessen Trauzeuge) war und mit dem ich nächtelang vierhändig auf dem Klavier herumdonnerte, schickte die *Stuttgarter Zeitung* also auf das Musikfestival in Venedig. Er kam zurück und teilte ernüchtert mit, die Aufführungen seien alle unzulänglich gewesen. Dann schrieb er über das ganze venezianische Festival samt zehntägigem Aufenthalt in einem teuren Hotel 27 (!) Zeilen. Die Herausgeber der *Stuttgarter Zeitung*, die als enorm geizig galten, schluckten ganz schön. Carl sah dann auch ein, dass Journalismus nicht seine Sache ist.

Der Druck, dem man als Kritiker ausgeliefert ist, kann enorm sein, besonders, wenn man für Tageszeitungen arbeitet. Nehmen wir als Beispiel eine repräsentative Premiere bei den Bayreuther Festspielen. Die Aufführung fängt am Nachmittag um vier Uhr an und ist um halb elf nachts zu Ende. Danach kann man nicht ohne weiteres ins Bett. Man lässt sich das Erlebte durch den Kopf gehen, wird etwas essen und trinken. Etwa um eins schläft man vielleicht ein. Am Morgen klingelt der Wecker um sieben Uhr, und man wacht schweratmend auf. So viel Mokka kann es gar nicht geben wie eigentlich nötig. Um acht, neun Uhr fängt man mit dem Schreiben an und arbeitet bis zwölf oder ein Uhr mittags. Es müssen ja große Aufsätze produziert werden, zahlreiche Schreibmaschinenseiten à dreißig Zeilen, richtige Essays manchmal. Man muss über die Aufführung referieren, man muss die Sänger charakterisieren, man muss über das Werk so Originelles wie Grundsätzliches formulieren, man muss über die Intention des Dirigenten und über die Einfälle des Regisseurs urteilen. Und man darf bei Wagners *Meistersinger von Nürnberg* das Evchen nicht vergessen. Zu meiner ersten *Meistersinger*-Kritik in München meinten alle, schön und gut, nur hat er leider nichts über die Eva gesagt. Mir war die damals nicht wichtig, aber jeder winzige Irrtum rächt sich. Wird man nun allem und allen halbwegs gerecht, ist man nach vier, fünf Stunden fertig. Dann muss das Zeug durchtelefoniert werden. Mittlerweile ist es halb zwei, man isst eine Kleinigkeit, schlüpft in den Smoking, und um vier Uhr beginnt die nächste Aufführung. Das kann eine Woche lang so gehen, da braucht man eine gute Kondition. Andererseits machen diese großen Festspielberichte aus Salzburg, Bayreuth oder von den Berliner Festwochen auch Spaß. Das wollen die Leute wirklich wissen.

Einem solchen Zeitdruck ist Joachim Kaiser bei der *Kirschgarten*-Kritik nicht ausgeliefert. Wegen des zeitungsfreien Sonntags hat er sogar einen Tag länger Zeit als üblich. Diesen Zusatztag nutzt er emsig, und er sitzt bereits an seiner Schreibmaschine, als ich vormittags das Haus meiner Eltern betrete. So vertraut mir das Klacken und Piepen der Schreibmaschine aus meinen Kindstagen noch ist, es sorgt mittlerweile doch für einen gewaltigen Überraschungseffekt, diese ausgestorbenen Geräusche zu hören. Mein Vater traut dem Computer nicht recht. Durch seine Sekretärin bekommt er immer wieder mit, dass sich Formatierungen wie von Geisterhand ändern, ganze Dokumente verschwinden und weitere unschöne Überraschungen geschehen, mit denen sich alle Computerbenutzer tapfer abfinden. Trotz des Argwohns vermitteln sich ihm aber allmählich auch einige Vorteile durch den Computer, und er freundet sich mit der Vorstellung an, in absehbarer Zeit vielleicht den Wechsel zu wagen. Aber noch ist es nicht so weit. Auf meine Frage, ob die Zeitungsmitarbeiter nicht murren, wenn sie seine Skriptseiten mit den handschriftlichen Korrekturen abschreiben müssen, sagt er nur: »Die haben das schon immer gemacht. Die sind das gewohnt.« Ich kann mir gut vorstellen, wie sie fluchen, zumal seine Handschrift nur schwer zu entschlüsseln ist. Aber sie machen es wohl.

Aus heutiger Sicht ungewöhnlich ist auch der Akt des Seitentransfers. Mangels Internetleitung wird ein hochkomplexes Faxgerät eingesetzt. Manchmal funktioniert es sogar. Mein Vater kündigt sein anstehendes Fax mit einem Telefonanruf in der Zeitung an. Er fragt nach, wer heute Sonntagsdienst hat, klärt, wie viele Zeilen der Betreffende zu erwarten habe, nämlich 180, und welches Foto zur Kritik passen könnte. Dann reißt er die Seite mit der Stab- und Besetzungsliste aus dem Programmheft, sortiert die Skriptseiten und wählt die Nummer. Die typischen Verbindungsgeräusche beginnen, das Gerät blinkt, tickt, knackt und piepst, sorgsam legt er jede Seite einzeln auf und verfolgt skeptisch den Einzugsmechanismus. Nach mehreren Minuten scheint alles geklappt zu haben. Noch ein Anruf in der Zeitung. Es müssten jetzt sieben Seiten Skript und die Stabliste angekommen sein? – Sie sind angekommen, wie schön. – Er sei noch ein paar Sekunden zu Hause und komme dann gleich in die Zeitung. Singend verlässt er das Arbeitszimmer.

*Mein Tagebuch war jahrzehntelang die Süddeutsche Zeitung.
Zwischen 1960 und 1990 habe ich jedes Jahr sicherlich zweihundert
bis dreihundert Aufsätze geschrieben. Da ich sehr subjektiv schreibe,
steckt in den Aufsätzen viel von meinem Leben und meinen
Erfahrungen.*

Joachim Kaiser

Die Geige, das Klavier, Bücher und die Flucht

Heimweh-Tourismus und schwindender Ingrimm[3]
Wie ein Besuch im ehemaligen Ostpreußen – Tilsit, Königsberg, Masuren – Erinnerung und Bewusstsein zu beeindrucken vermag

I. [...] Ich brauchte knapp 56 Jahre, bis ich mich dazu überreden ließ, wieder besuchsweise nach Ostpreußen zu reisen. [...] Die Gründe, warum unsereiner nur mürrisch und widerstrebend zurückfindet ins Ferne-Vergangene-Verlorene, sind einigermaßen verwickelt. Da mischt sich unaustilgbar Sentimentales mit Gekränktem. Ingrimmiges mit Blutig-Schlimmem und Museal-Verklärtem. Heimatliebe, das Kabinett der »Erinnerungen« oder gar die prägende Kraft jugendlichen Beeindruckt-Werden-Könnens – all diese schönen erbaulichen Formulierungen sind verallgemeinernde, untriftige Vokabeln dafür, was jeder in der Jugend für sich auf je andere Weise erfährt. Ein witziger chinesischer Schriftsteller zum Beispiel hat höchst einleuchtend erwogen, dass die Heimatliebe gewiss hauptsächlich zu tun habe mit der Erinnerung an jene wohlschmeckenden Gerichte, die man als Kind gegessen hat. Andererseits kann einem gerade manches damals Selbstverständliche völlig unbewusst geblieben sein. Mir etwa entging, dass Milken – mein Geburtsort in Masuren – zwischen lauter wunderschönen Seen liegt. Die waren halt einfach da, während ich im Auto meines Vaters, der als praktischer Arzt Krankenbesuche machte, unneugierig mitfuhr. Und dass später zwischen 1933 und 1944 in Tilsit die Luisen-Brücke, die über den Memel-Strom führte, dass diese Brücke ein stolzes Bauwerk sei, es berührte mich damals genauso wenig wie die Enormität der Marienburg – die doch als größtes Burgbauwerk der Welt galt. Und zugleich repräsentatives Symbol jenes christlich imperialistischen Selbstbewusstseins gewesen sein mag, welches den Deutschen Ritter-Orden beseelte.

Mir prägten sich dafür eher Töne, Worte, Figuren ein: die interessanten Künstler, die nach ihren Tilsiter Konzerten bei uns zu Hause ein wenig feierten. Auch könnte ich ziemlich lückenlos aufzählen, wann ich was zum ersten Mal begeistert spielte, hörte, las ... Woher aber der Ingrimm? In ihrem Aufsatz »Jahrgang 21« hat Christa Rotzoll – die

3   In: SZ, 2. Oktober 2001.

glänzende Journalistin und Ehefrau von Sebastian Haffner, also bestimmt keine landsmannschaftlich fanatische Revanchistin – folgendes festgehalten: Wie alle Altersgenossen, die »im Dritten Reich herangewachsen und vorangekommen« sind – sei sie später, also nach 1945, »immer strenger dazu angehalten« worden, ihre damaligen Leiden wie Leistungen, »als unbedeutend oder schmählich zu verwerfen, eine wichtige Lebensspanne wegzuschmeißen oder wegzuschließen«.

Dieses Verdrängungs-Gebot hat so gute wie schlimme Gründe. Während der Jahre des kalten Krieges wurden von der Bundesrepublik aus zwar jene »Brüder und Schwestern«, die in der DDR eingesperrt existierten, immer wieder pathetisch bedauert. Denen entging so viel Demokratisches, was Westdeutschen das Leben angenehm machte! Die Vertriebenen aus Pommern, West- und Ostpreußen hingegen stellten für unsere westliche öffentliche Meinung anscheinend nur Halbschwestern und Stiefbrüder dar. Macht mit eurem Schicksal nur keinen Ärger. Lasst euch, wir tun ja unser Bestes, finanziell entschädigen, aber muckt nicht auf. Verloren ist verloren. Denn Hitler fing den Zweiten Weltkrieg an, nicht Stalin. Und der Untergang des Abendlands hat einen Namen: Auschwitz. So war es. Da konnte die enge Beharrlichkeit landsmannschaftlich eifriger Ostpreußen-Blätter alle gedeihliche Entwicklung samt »Wandel durch Annäherung« doch bloß stören – auch wenn die manchmal unangenehm auffallenden Ostdeutschen darauf hinwiesen, dass eigentlich keine Figur aus Hitlers engerem Umkreis aus dem alten Ostpreußen kam. Sogar der ziemlich schlaue und widerwärtige, damals allmächtige ostpreußische Gauleiter Erich Koch (der 1945 das elende Ende so vieler Unglücklicher verschuldete, weil in seinem Reich auf »Flucht« der Tod stand, während Koch selber unauffällig die rettende Reise vorbereitete) stammte nicht aus dem Osten, sondern aus Elberfeld. Kam wohl von Gregor Strasser her ... Als dieser Erich Koch, das erzählte man sich seinerzeit vergnügt, einen sorgenvollen Königsberger Juristen um 1938 anfuhr mit dem markigen Trompeten-Satz: »Wir leben in einer großen Zeit«, da soll der Präsident im breitesten Ostpreußisch geantwortet haben: »Eine kleinere wär' mir lieber.«

II. Gegenwärtig ist das ehemalige Ostpreußen, wie Cäsars Gallien, in drei Teile aufgeteilt. Zur russischen Sphäre, gleichsam in der Mitte, gehört die einstige Hauptstadt Königsberg, jetzt Kaliningrad, samt dem nördlicheren Gebiet bis zur Grenze, zum Memelstrom, Tilsit (Sowetsk). Was indessen nördlich der Memel liegt, also gleichsam »oberhalb« dieses Gebiets, so bildet es seit 1991, dem Zerfall der UDSSR, nun einen selbstständigen Staat: Litauen. Wer dort auf die zartsandige kurische Nehrung will, eine einzigartige Landzunge zwischen Ostsee und Haff, der wird den Kurort Nidden finden, wo Thomas Mann sich einst mit seinem Nobelpreis-Geld ein fabelhaftes Ferienhaus bauen ließ. Auf Schritt und Tritt spürt man, in welcher verstohlen germanophilen Weise die wohlhabenden Litauer versuchen, ihre ehemaligen deutschen Ost-Gebiete effektiv zu modernisieren. Die Differenz zur russischen Sphäre ist beträchtlich. Ein solcher Unterschied lässt sich aber auch nicht übersehen, wenn man unterhalb, nämlich südlich und westlich der weithin trostlos und archaisch dumpf dämmernden russisch beherrschten Gebiete, das ehemalige Westpreußen – jetzt polnisches Land – erreicht. Masuren, Rastenburg (samt Hitlers Wolfsschanze), Allenstein, Elbing, das exterritoriale Danzig scheinen belebt von polnischem Unternehmungsgeist. Da versucht, lebendiger und effektiver als der riesige russische Konkurrent, polnische Brillanz, so gut und geschmackvoll wie möglich, vieles Zerstörte – etwa die Marienburg – wieder aufzubauen, höchst kunstvoll und kundig zu restaurieren, westliche Standards zu erreichen.

Wer noch Erinnerungsreste ans alte Königsberg sein eigen nennt, erleidet einen Schock, wenn er die Stadt zum ersten Mal wiedersieht. Königsberg hat keine Seele mehr. Gesichtslose, neue, plattenbau-ähnliche Bauwerke. Selten mal ein mehr oder weniger zerrüttetes Gebäude von damals. Ruinen. Immerhin viel Getriebe; geballter Autoverkehr. Man spürt, dass die Verelendung nachlässt, zumindest nicht graduell zunimmt. Was nach 1945 in begreiflichem Russifizierungs-Eifer, in verständlicher Erneuerungswut, strafendem Antigermanisierungs-Hass als radikale Austilgung alles Deutschen versucht wurde – das gelang, das funktionierte nicht. Mit der Zeit verlor sich wohl auch der aggressive Hass sowie jener kommunistische Erwähltheits-Glaube, der sämtliche deutschen Straßennamen, Kirchen, Villen vernichten, ausräuchern, tilgen wollte, soweit die fürchterlichen letzten Kriegswochen das nicht ohnehin schon erledigt hatten. Natürlich zerstörte man auch das Königsberger Schloss. Für dieses 700-jährige königliche Gebäude, das übrigens erst Mitte der sechziger Jahre auf Moskauer Weisung gesprengt wurde, sollte ein riesiges Kultur- und Stadthaus, als stolzes Zentrum der neuen sowjetisch-sozialistischen Lebensart, nun von der unsterblichen Sowjetmacht und ihrem Triumph künden. Das gewollte Symbol geriet, symbolischerweise, zum Fluch. Zur scheußlichen Ruine. Nun verfällt, direkt gegenüber dem ziemlich eleganten Hotel Kaliningrad, ein riesiger, unvollendeter, unbewohnbarer Betonwürfel. Probleme mit dem Untergrund, die Statik stimmte nicht, Geld fehlte. Ja, sogar die Kraft fehlte, dieses Wahrzeichen einer grandiosen Blamage zu beseitigen, während doch jene wenigen Königsberger Häuser, die das Jahr 1945 überstanden hatten, weitgehend abgerissen worden waren. Und jetzt? Die Vernichtungsmühen waren vergeblich. Die neuen Königsberger – mittlerweile ihrerseits auch in der zweiten oder dritten Generation – demonstrieren ein entspannteres Selbstgefühl. Sie sprechen russisch, sind aber stolz auf den größten Sohn der Stadt, auf Kant. Vor dem neuen Erinnerungs-Monument an den Philosophen, beim wiederaufgebauten Dom, liegen Blumen.

III. Pioniere der deutschen Wehrmacht zerstörten Tilsits monumental geschwungene Luisen-Brücke in der Absicht, den Vormarsch russischer Truppen noch ganz zuletzt aufzuhalten. Auch hier: vergebliche Vernichtungs-Mühe! Denn zum Verhängnis wurde die Sprengung doch nur jenen deutschen Flüchtlingstrecks, die aus dem Memelland ins Reich wollten. Die Brücke ist wieder aufgebaut. Von ihrer einstigen Bravour blieb nur das Portal. In Tilsit – ich erlebte dort eine behütete, ahnungslose und musische Jugend – fand ich nirgendwo eine Stelle, wo die Vision des »einst«, des »so ist es damals gewesen«, reinlich zu haben war. Am ehesten noch beim Blick auf die Memel, krampfhaft vorbei am Veränderten, Desillusionierenden. Im Villen-Vorort »Überm Teich«, unser Haus dort existiert nicht mehr, hat sich gleich dahinter ein ganz kleiner Weg nicht geändert; süßer Erinnerungs-Seufzer.

Aber sonst? Nicht einmal so etwas wie Pompeji scheint übrig geblieben. Vielleicht hätten die Inkas etwas Entsprechendes gefunden, wenn sie zurückgekehrt wären in ihre lange verlassenen, menschenleeren und zugewachsenen Städte.

Zur atmenden Totalität eines Ortes gehören, grob gesagt, drei Faktoren. Der wichtigste: die Menschen, Freunde und Bekannten, mit denen man dort umgeht. Sodann: die Gebäude, die den Geist dieser Menschen prägen, aber gewiss auch von ihnen geprägt sind. Und endlich die Landschaft, welche alles das umgibt.

In Tilsit, in Königsberg, in Masuren, in Danzig trifft der deutsche Besucher nahezu überhaupt keine »Ehemaligen« mehr. Er fühlt sich wie ein Tourist in russischer oder polnischer Welt. Auch die alten Gebäude sind weithin verschwunden. Man ist in der Fremde – aber doch in geheimnisvoll vertrauter Natur. Die dramatisch sich türmenden Wolken. Der ewig gleich strömende Fluss. Die träumend-glitzernden Seen. Die unvergesslich-charakteristischen Alleen. Wiesen, überreich an Pflanzen- und Blumenvielfalt, weil sie ohne künstlichen Dünger wachsen. Als beklemmend archaisches Erlebnis, als Ort magischer Zeitlosigkeit fasziniert die »Elch-Niederung« bei Heinrichswalde/Slavsk, 15 Kilometer südlich Tilsits. Da geht's allmählich unter den Meeresspiegel hinab in die Tiefe, ins Biotop einer unberührten, fast straßenlosen, uralten Welt.

IV. Das bemerkenswert propere, ja im Gegensatz zum russisch erstarrten Ost-Preußen brillant blinkende Litauen demonstrierte, was Unternehmungsgeist und lokal-patriotischer Optimismus vermögen. Dabei – es sei hier gestanden, so ungerecht und undankbar es wirken mag – sah ich nicht ohne Beklommenheit den effektvollen, wie von schicker westlicher Lebensart inspirierten, populistischen Neu-Aufbau. Und zwar sowohl im (litauischen) Nidden, wie auch im (polnischen) Yachthafen-ähnlichen, von flottem Unternehmungsgeist vibrierenden masurischen Nikolaiken. Erhoffter, dringend benötigter touristischer Belebung werden Opfer gebracht.

Nachdem die Kirchen zerstört oder zu Lagerhallen umfunktioniert, also barbarisch zweckentfremdet worden waren im russischen Ostpreußen (nicht alle, nicht überall), hat diese aggressive Barbarei offenbar aufgehört. Man geniert sich ihrer vielleicht sogar mittlerweile, wohl auch im Hinblick auf hilfreiche westliche Wirtschaftskraft. Aber fürchterlicher Verfall in Dörfern und Kleinstädten lässt sich so

leicht nicht stoppen. Öde Fensterhöhlen. Schaurige Baufälligkeit. Be-
ckett-Starrheit. Von vielen dort Weiter-Wurstelnden hingenommen
wie Schicksal.

Russische Seele, ewig leidgeprüft, fragt nicht vorwurfsvoll: warum? Fragt nicht einmal, warum diese elend langen, langwierigen
Zollabfertigungen nötig seien, wenn Autos über die Luisen-Brücke
von Litauen nach Tilsit streben. Oder wenn sie Russisch-Ostpreußen
in Richtung Polnisch-Westpreußen verlassen wollen. Da warten beklemmend lange Lastwagen- und Pkw-Schlangen. Beim dortigen Ab-
fertigungstempo kann das ohne weiteres 6, aber auch mal 18 Stunden
dauern. Die Zöllner, die Grenzbeamten, wollen wahrscheinlich nicht
einmal »quälen«, sondern nur als Staatsorgane dominieren und aktiv
sein. Sie sind Wartende gewohnt. Ihre Opfer wiederum schicken sich
seufzend darein. Wachablösungen dauern auch ihre Zeit – und während dessen putzt ein altes Weib die Fenster der Grenzstation.

Doch kann die Zeit auch ein heilender Faktor sein. Als jene Deutschen, die einst in Tilsit oder Königsberg gelebt hatten, alle entweder
vertrieben oder getötet oder gestorben waren, da siedelten die So-
wjets aus ihrem Riesen-Reich Untertanen dorthin, die gewiss nicht
scharf waren auf solche neue Umgebung. Massen-Umsiedlungen
rauben den Betroffenen Heimat wie Lebens-Sicherheit. Jene Polen,
die man nach Westpreußen, nach Masuren zwang, waren gleichfalls
Umsiedlungs-Opfer. Das alles geschah in der Mitte des letzten Jahrhunderts. Aber die Umsiedler-Generation hatte Kinder und Enkel.
Diese jungen Leute sind nun Eingeborene in jedem Sinn: Tilsiter/So-
wetsker, die wenig oder nichts zu tun haben mit unseren alten, tris-
ten Geschichten. Im Jahr 2001 geben sie sich auch keineswegs sozi-
alistisch-puritanisch. Sie wissen vom Fernsehen her, was schick ist.
Hübsche Miniröcke über lustigen Popos, flotte Klamotten. Munteres
Backfisch-Geschwätz. Das Leben geht – Ingrimm ade – doch ungerührt weiter, auch wenn einstweilen noch verzagte Hunde-Rudel
durch Tilsits Hauptstraßen tigern, als wären es Wölfe.

Als ich Milken wiedersah, ein Dorf, dessen protestantische Kirche,
in der mein Großvater predigte, nun katholisch ist, als ich die masurischen Seen um meinen Geburtsort erblickte, da beseligte mich zarte
Fülle. Gewiss: Reiseführer und Kenner preisen Masuren. Man erwartet also einiges, findet aber noch viel mehr. Hoffentlich glaubt mir

niemand, wenn ich nun schwärme, dass die masurische Seen-Platte bei Lötzen, bei Milken, bei Sorquitten vielleicht in ihrer Weise doch die schönste aller Landschaften ist, viel differenzierter noch als selbst Finnland, viel unmittelbarer noch als selbst Oberbayern. Verträumt still, unendlich gestaltenreich, sanft geschwungen zwischen Höhen, Tälern, Wiesen, Wäldern. Man sollte das eigentlich gar nicht weitersagen. Sonst kommen die Unternehmer, die Hoteliers, 1000 Busse, nervöse Großstädter, Golfer, Neugierige. Und dann ist es rasch massentouristisch verriegelt, das Paradies.

In dem Artikel erwähnt mein Vater ein »Verdrängungs-Gebot« zum Thema Ostpreußen. Auch im Familienkreis hat er verdrängt, und zwar durch Schweigen. Er schwieg, als ob es das alles nicht gegeben hätte, das Land, seine Familie, die Flucht. Einzig, welche Bücher er als Kind gelesen, welche Klavierstücke er einstudiert hatte, erzählte er meinem Bruder und mir. Diese abstrakten Versatzstücke, zumal als pädagogisches Druckmittel eingesetzt, blieben nicht ohne Erfolg. Auch unser Bedürfnis, über Ostpreußen zu sprechen, versiegte rasch und führte, wenn überhaupt, nur zu wirren Verwechslungen. So glaubte ich als Kind, er stamme aus Tiflis. Als 1991 Russland das damalige Sperrgebiet um Königsberg für westliche Touristen öffnete, und mein Vater erstmals in die Stadt seiner Kindheit hätte reisen können – nicht nach Tiflis, sondern nach Tilsit, wie sich auch mir inzwischen erschlossen hatte –, weigerte er sich brüsk. Niemals wolle er dahin zurück.

Umso größer mein Erstaunen, dass er zehn Jahre später die Heimatreise mit meiner Mutter und seinem Schulfreund Gebhardt Hielscher, dem späteren Japan-Korrespondenten der *Süddeutschen Zeitung*, plante. Sofort und ungefragt schloss ich mich dieser Reise an. Ich verspürte nämlich plötzlich sehr heftig den Mangel, so wenig über seine Wurzeln zu wissen, die ja auch meine sind. Wo, wenn nicht vor Ort würde sich die Zunge meines Vaters lösen?

Was ist deine erste Erinnerung, die du relativ genau datieren kannst?
Meinst du kulturelle Erinnerung oder ...

Erinnerung.

Meine erste Erinnerung ist noch aus Milken. Ich war vielleicht zwei oder drei Jahre alt, als wir gegen die Warnung unserer Eltern eine Tour mit einem Leiterwagen machten. Die Kleinen saßen im Wagen, und mein Bruder und die anderen älteren Kinder zogen ihn. Das Tempo wurde immer schneller, natürlich flog der Wagen irgendwann um, und wir landeten alle im Dreck.

Die Landschaft in Masuren war ungeheuerlich, absolut menschenleer und riesig weit. Manchmal nahm mein Vater mich in seinem Auto mit, wenn er auf diesen einsamen Straßen von einem Krankheitsfall zum anderen fuhr. Kamen wir auf einem Gutshof an, dann bellten die Hunde, und die Leute begrüßten den Herrn Doktor sehr freundlich. Mein Vater verschwand mit seinem Köfferchen im Haus und kam eine halbe Stunde später wieder heraus.

Einmal sah ich während der Fahrt auf der Straße ein Autorad rollen, das Vorderrad von unserem Wagen! Vergnügt rief ich: »Da läuft es!« Und dann verschwand es in einem Kornfeld. Ich erinnere mich noch gut, wie wir beide darin nach dem Rad suchten. Mein Vater fand es, schraubte es wieder an, und weiter ging es.

Eine andere Früherinnerung ist viel »edler«. Bei uns zu Hause wurde häufig Kammermusik gemacht. Als mein Vater 1933 in Tilsit eine Ärztestelle bekam, gründete er dort sofort ein Streichquartett. Manchmal baten sie aus dem Tilsiter Orchester noch andere Musiker hinzu, so auch, als sie das Klarinettenquintett h-Moll Opus 115 von Brahms spielten. Ich schlich mich ins Zimmer und hörte zu. Am nächsten Morgen, als mir das Dienstmädchen die Schuhe zumachte, sang ich: Ti da da da da da dam, ... also den Anfang des Klarinettenquintetts. Mein Vater ging vorüber und sagte: »Jochchen, sing das doch noch mal!« Und ich sang es noch einmal. Gott, war er da stolz.

Mein Vater spielte mit großem, temperamentvollem Ton Geige, und zwar so gut, dass er es beinahe mit einer Solistenkarriere versucht hätte. Aber er hatte einen kleinen Hörfehler, der ihn manchmal nicht ganz rein spielen ließ. Also entschied er sich, Medizin zu studieren, und musizierte privat mit viel Leidenschaft. Außerdem war er musikalisch so interessiert, dass er gleich nach unserer Ankunft in Tilsit Chef des Musikvereins wurde. Nach den Konzerten gab es oft Nachfeiern bei uns zu Hause. Da durfte ich als kleiner Junge auch die Solisten kennenlernen, zum Beispiel den Pianisten Edwin Fischer. Mein Vater behandelte ihn sogar einmal, weil er sich am Finger verletzt hatte. Auch Wilhelm Kempff kam zu uns. Ich höre ihn noch sagen: »Die Nazis können so viele Hakenkreuze vor die *Waldstein-Sonate* malen, wie sie wollen. Sie können sie doch nicht spielen.« Nach dem Essen, zu dem auch ein paar ostpreußische Gräfinnen und Bekannte meiner

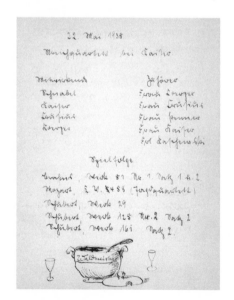

In einem Diarium notierte meine Mutter sorgfältig alle Kammermusikabende, die bei uns stattfanden.

Eltern geladen waren, fragte Kempff gutgelaunt: »Ja, wollen Sie denn
gar nichts mehr von mir hören?«, setzte sich an unseren Flügel und
spielte noch zwei Stunden.

Die Geigerin Ginette Neveu war auch einmal in Tilsit. Mein Vater
sprach viel von ihr. Sie hatte einen enormen Ton und eine tragische
Allüre, mehr dionysisch als die im Vergleich mit ihr eher apollinische
Anne-Sophie Mutter. Ich habe Ginette Neveu 1947 in Hamburg gehört, als sie mit dem Dirigenten Hans Schmidt-Isserstedt das Violinkonzert von Johannes Brahms spielte. Es war gewaltig. Dieses Konzert
spielt ihr niemand nach, nicht David Oistrach, nicht Jascha Heifetz,
und wohl auch nicht Anne-Sophie Mutter, die es auf ihre Weise wunderschön interpretiert. Ginette Neveu wurde nicht so bekannt, weil sie
1949 mit knapp dreißig Jahren bei einem Flugzeugabsturz ums Leben
kam. Mit ihr im Flugzeug saß auch der Boxer Marcel Cerdan, der damalige Liebhaber von Edith Piaf. Alle Zeitungen waren voll mit Nach-
rufen auf Cerdan und bemitleideten die arme Piaf. Dass da noch eine
Geigerin gestorben und eine Stradivari zerstört worden war, wurde
höchstens am Rande erwähnt. Mittlerweile gibt es aber all ihre Einspielungen auf CD. Ich halte sie für die aufregendste Geigerin, der ich
je begegnet bin. Die »aufregendste« heißt natürlich nicht unbedingt
die »beste«.

Bevor ich Anne-Sophie Mutter 1977 zum ersten Mal hörte, hatte ich
nicht gewusst, dass eine Geige so vollendet rein klingen kann. Sie war
dreizehn, als Herbert von Karajan sie entdeckte. Als Vierzehnjähri-
ge holte er sie nach Salzburg und ließ sie vorspielen. Dabei hat er sie

gleich einer Nervenprobe unterworfen, von der ich nicht weiß, ob sie grausame Absicht oder imperiale Gedankenlosigkeit gewesen ist. Vor ihrem Auftritt wollte Karajan mit den Berliner Philharmonikern kurz ein paar Stellen aus *Also sprach Zarathustra* von Richard Strauss proben. Das dauerte dann aber nicht eine halbe Stunde, auch nicht eine Stunde, sondern Karajan verbiss sich. Er korrigierte vier Stunden lang. Vier Stunden, in denen Anne-Sophie Mutter mit ihrer Geige daneben saß. Vier Stunden, um die ich sie nicht beneidet habe. Sie wusste ja, es geht für sie um alles oder nichts. Endlich, statt um elf Uhr vormittags, sagte Karajan um halb fünf nachmittags: »So, jetzt sind Sie dran.« Sie spielte das Violinkonzert G-Dur, KV 216, von Wolfgang Amadeus Mozart. Und sie spielte es ohne Nervosität, ohne das geringste Zittern, vollkommen sauber, natürlich und leuchtend. So etwas hatte ich noch nicht erlebt. Auch die Philharmoniker und alle anderen waren beeindruckt. Anne-Sophie Mutter trat dann bei den Salzburger Festspielen auf. Von dem Moment an wusste die ganze Welt, dass es ein neues Geigenwunder gibt.

Nach der Mozart-Sternstunde sagte Karajan zu ihr: »Nächstes Jahr spielen wir zusammen das Beethoven-Violinkonzert.« Dieses Konzert ist die allerhöchste Herausforderung für jeden Geiger. Da kann man nicht virtuos tricksen, temperamentvoll blenden, da geht es um absolute Lauterkeit. Anne-Sophie Mutter übte natürlich wie wahnsinnig. Sie wusste auch, dass der Beethoven viel schwerer ist als der Mozart. Ein Jahr später, bei den Luzerner Festspielen, spielte sie während zweier Orchesterproben erneut Karajan vor, ohne Orchesterbegleitung. Nach dem ersten Satz brach er ab und sagte zu ihr: »Kommen Sie in einem Jahr wieder.« Damit muss man fertig werden. Aber Anne-Sophie Mutter hielt das aus. Ein Jahr später spielte sie das Konzert fulminant.

Exzellent interpretierte sie mit Karajan auch ein Stück, das ich gar nicht besonders leiden kann, die *Vier Jahreszeiten* von Vivaldi. Sie gaben ein seltsames Paar ab: Karajan war ein hinkender, hinfälliger, alter Mann, der kaum noch zum Podium zu wanken vermochte, und sie prangte blutjung in einem wunderschönen Kleid. Selige Jugend und unseliges Alter.

Auch heute noch ist Anne-Sophie Mutter jung und unternehmungslustig, und sie spielt weit aggressiver als früher. Was sie für mich nach wie vor zu einer lebendigen, großen Künstlerin macht, ist ihr ehrliches, nicht unkritisches Interesse für moderne Musik. Sie sucht nach neuen Kompositionen und Herausforderungen, wie es auch Dietrich Fischer-Dieskau tat, der sich wahrlich hätte darauf beschränken können, täglich in aller Welt Schuberts *Winterreise* zu singen. Ich hoffe, dass Anne-Sophie Mutter nicht allzu bald aufhört. Sie wolle nämlich, so äußerte sie, mit Mitte vierzig das öffentliche Konzertieren beenden. Das fände ich viel zu früh. Aber natürlich ist es keine reine Koketterie, wenn sie darüber reflektiert, vielleicht nicht mehr allzu lange dem riesigen Druck standhalten zu können, weil die Öffentlichkeit stets Äußerstes von ihr erwartet, und sie von sich auch.

Die Violine ist ein überwältigendes, nobles, schwebendes Instrument. Wenn ich einen erstklassigen Geiger höre, habe ich oft das Gefühl, dagegen kann ein Pianist kaum ankommen. Ein Geiger stellt den Ton selber her, die Geige ist quasi ein Teil seines Körpers. Das verhält sich beim Klavier anders. Ob der Pianist mit gebrochenem oder gesundem Finger auf die Taste drückt, ist egal. Der Ton klingt, wie er von Steinway oder Bösendorfer gemacht wurde. Darum gibt es alte Geiger sehr viel seltener als alte Pianisten. Rubinstein, Backhaus, Kempff, Arrau, Serkin, Horowitz, sie alle haben mit achtzig und über achtzig noch meisterhaft gespielt, vielleicht nicht ganz so brillant wie in jüngeren Jahren, aber höchst interessant. Doch selbst ein so großer Geiger wie Nathan Milstein spielte mit siebzig nicht mehr wirklich gut. Geiger müssen zehn bis fünfzehn Jahre früher aufhören als Pianisten.

Wenn du sagst, dass der Geigenton auf viel persönlichere Art entsteht, ist die Geige dann für dich auch das seelenvollere Instrument im Vergleich zum Klavier?
Sagen wir, das intensivere. Natürlich kann auch das Klavier Seelisches bieten, und zwar dank der Möglichkeit, viele verschiedene Stimmen gegeneinander abzusetzen. Und wenn jemand wie Artur Rubinstein die Hand an den Flügel legte und zu spielen begann, dann staunte man schon: Mein Gott klingt der Ton persönlich. Rubinstein war ein regelrechtes Wunder. Ich habe Leute erlebt, auch trockene Musikwissenschaftler, die anfingen zu weinen, als sie Rubinstein zum ersten Mal hörten.

Wegen eines Eides, den er sich im Ersten Weltkrieg geschworen hatte, kam er leider nie nach Deutschland. Damals hatten die Westmächte behauptet, deutsche Soldaten hätten belgischen Schulkindern die Hände abgehackt. Später stellte sich heraus, dass es reine Propaganda gewesen war. So fragte ich Rubinstein bei einem Treffen auch, warum er dennoch nicht nach Deutschland komme, und argumentierte: »Sie spielen überall an den deutschen Grenzen. Da lassen sich die alten Nazis aus dem Ruhrgebiet von ihren Chauffeuren hinfahren und genießen Ihre Kunst. Aber alle jungen deutschen Musiker, die Sie so gerne hören würden, können sich solche Reisen nicht leisten.« Unwiderleglich antwortete Rubinstein: »Ein Eid ist nicht logisch.« Er sagte nicht, was er auch hätte vorbringen können: Meine Familie ist von den Nazis ausgerottet worden, ich will nicht mehr nach Deutschland. Nein, er bezog sich auf seinen Eid.

Ich fragte Rubinstein natürlich auch, wie er diesen, seinen besonderen Ton herstelle. Er lachte: »Das ist ganz einfach. Ich nehme das linke Pedal und spiele etwas lauter.« Als ob das nicht alle anderen auch könnten. Doch meine Frage war naiv. Der Ton ist natürlich unmittelbarer Ausdruck. Wilhelm Kempff hatte einen wunderbar silbernen Ton, Vladimir Horowitz spielte außergewöhnlich voluminös, die Kraft seiner Linken war berühmt, er akzentuierte die Bässe sehr stark. Sviatoslav Richter, der gerne auf Yamaha-Klavieren spielte, soll sogar gesagt haben, das Klavier brauche keine Persönlichkeit. Er habe Persönlichkeit, das reiche. Trotzdem: Die Individualität einer leuchtenden Kantilene, wie sie große Geiger herstellen können, hat weit mehr ästhetische Qualität, als sie noch so hervorragende Pianisten dem Klavier entlocken können.

Letztlich ist der Klavierton ein akustisches Unding. Durch den Anschlag wird die Saite einmal in Bewegung versetzt. Und danach, das kann kein Mensch verhindern, wird der Ton leiser. Will man dennoch die Illusion wecken, Klaviermelodien seien schön zusammenhängend, dann muss man in gewisser Weise Tricks anwenden, mit kluger Pedalbehandlung und sorgfältigem Legato. Der Geigenton dagegen kann sehr wohl leise anfangen und dann lauter werden, vergleichbar mit der menschlichen Stimme. Deshalb ragt auch das Streichquartett als eine besondere Musikform hervor.

Viele Musikfreunde sind der Ansicht, das Streichquartett stelle die reinste und substantiellste Gattung schöner Musik dar. Dieser feierlichen Formulierung muss ich allerdings hinzufügen, dass es in meinem Fall für diese Vorliebe auch einen ganz und gar unfeierlichen Grund gibt. Ich bin von Kind auf mit Streichquartettklängen aufgewachsen, und eines meiner liebsten Bücher war *Das stillvergnügte Streichquartett* von Ernst Heimeran und Bruno Aulich. Es ist ungemein heiter, witzig und ironisch geschrieben. Mich hat es damals vollkommen gefesselt, und das wirkt bis heute nach.

Die entscheidende Begründung für meine Vorliebe liegt aber natürlich im Streichquartett selbst. Das Streichquartett ist eine naturgegebene Form, es übernimmt gleichsam die vier menschlichen Stimmlagen. Diese vier Stimmen unterhalten sich, ohne alle äußerlichen Effekte. Da gibt es keine Trommeln, keine donnernden Blechbläser, keine koloristischen Nuancen der Flöten. Die von Joseph Haydn erfundene und vollendete Streichquartett-Form bedeutete Glück und produktiven Segen für die Musik. Seine sechs *Sonnen-Quartette* Opus 20 und erst recht die klassisch geformten Quartette Opus 33 aus dem Jahre 1781 waren perfekt. Mozart, der Haydn sehr schätzte, konnte wohl schwer ertragen, dass irgendein Zeitgenosse etwas besser machte als er selber. Infolgedessen gab er sich allergrößte Mühe, als er seine sechs sogenannten Haydn-Quartette komponierte, die er mit einer bezaubernden Widmung dem verehrten älteren Freund zueignete. Entstanden sind Quartette von einer ungeheuren Noblesse und Differenziertheit, dem hohen Rang der Kunst von Haydn ebenbürtig, vielleicht sogar noch ein bisschen reicher, auch depressiver. Das wiederum hat Beethoven, der Haydn und Mozart persönlich kannte, inspiriert. Er spürte, bei Streichquartetten kommt es darauf an! Zuvor hatte er bereits Streichtrios, Klaviertrios, Klaviersonaten und Cellosonaten geschrieben. Aber dann, da war er schon einunddreißig, veröffentlichte er seine sechs Streichquartette, Opus 18, die abermals neue Maßstäbe setzten. Und die Quartette von Schubert, die er ja noch zu Beethovens Lebzeiten komponierte, sind ebenfalls zum Niederknien. Auch wenn in Mailand, Paris oder anderswo Quartette entstanden, das große Streichquartett war eine außergewöhnliche Wiener Familienangelegenheit. Man kann die Musikgeschichte dahingehend durchforsten, wie seitdem jeder Komponist das Streichquartett als besondere

Herausforderung empfindet. Alle fühlen: Bei Streichquartetten geht es um das Essentielle. Kein Wunder, dass Richard Wagner kein einziges Streichquartett geschrieben hat. Als Robert Schumann aber seine Quartette komponierte, fragte ihn Clara besorgt: Kannst du das denn auch? Der selbstkritische Johannes Brahms vernichtete sämtliche seiner zahlreichen frühen Streichquartette. Wie schade! Er wartete lange, bis er mit seinen ersten Streichquartetten Opus 51 herauskam. Claude Debussy und Maurice Ravel schrieben nur je ein Quartett. Die Streichquartett-Kompositionen von Alban Berg und Arnold Schönberg sind Höhepunkte ihres Schaffens. Und die von Béla Bartók, der mir eigentlich weniger liegt, weil bei ihm das Folkloristische eine so große Rolle spielt, sind schlechthin großartig. Erst sehr spät begriff ich auch mit tiefer Bewunderung, wie bedeutend Dimitri Schostakowitschs Streichquartette von des Komponisten Qual künden. Das letzte, das fast nur aus langsamen Sätzen besteht, macht seine Verzweiflung so faszinierend deutlich, wie es kaum einer seiner Symphonien gegeben ist.

Meine Lieblingsstreichquartette sind vielleicht doch Beethovens Opus 18 Nr. 1 und Opus 59 Nr. 1, auch Opus 95 fasziniert mich sehr. Von Mozart alle sechs Haydn-Quartette. Über die Maßen liebe ich den Ton der späten Schubert'schen Streichquartette, das a-Moll Quartett, das d-Moll Quartett (*Der Tod und das Mädchen*) und das G-Dur Quartett. Jahrhunderteinfälle enthält bereits das Streichquartett Opus 20 Nr. 2 von Haydn.

Wenn sich die vier Stimmen unterhalten, was fasziniert dich da am meisten? Während Haydn anfangs häufig noch eine Melodie für die erste Geige komponierte, und die anderen Instrumente sie nur begleiten, finden in den späteren Streichquartetten, insbesondere bei Beethoven, immer mehr Wechsel statt, und die Musik wird viel differenzierter.

Gegen eine große, schöne, erfüllte Melodie würde ich nichts zu sagen wagen. Aber wenn sich Musik nur aufs Melodische konzentriert, nur schön sein will, dann wird sie unter Umständen allzu kulinarisch, was mich an mancher italienischen Musik langweilt. Sogar an berühmten Belcanto-Opern von Donizetti oder Bellini. Wenn eine wunderbare Sopranistin derartige Belcanto-Arien singt, schmilzt man natürlich dahin. Aber die Tiefe von Musik – bei Opern wäre es zugleich die symphonische Tiefe – liegt vor allem darin, dass sie gestaltenreich ist, dass sie immer wieder neue Spannungen bietet und vielstimmig abwandelt. Es sollte eben nicht nur Serenadenhaftes vorgetragen werden, wozu die Begleitinstrumente schrumm, schrumm machen, was auch sehr hübsch sein kann. Der Reichtum des Seelischen entsteht jedoch eher aus der Fülle des Harmonischen und der kontrastierenden Abwandlungen.

Diese vielen Stimmungswandel – eben noch pianissimo, dann forte, eben noch traurig, dann wild – machen es einigen Leuten schwer, sich auf Klassik einzulassen. Mit diesen kontrastierenden Wechseln unterscheidet sie sich ja auch von vielen Stücken der Popmusik, wo pro Song meist nur eine Stimmung behandelt wird, auf die sich der Hörer einlassen kann. Die Differenziertheit der Klassik, besonders bei den von dir genannten Streichquartetten, interessiert dich aber offenbar am meisten, also das, womit Laien vielleicht die größten Schwierigkeiten haben.

Man kann nicht sagen, dass in einem Adagio von Beethoven oder Haydn oder in einem langsamen Satz von Schubert beliebig viele Stimmungswandel vorkommen. Etwa in dem schmerzlichen Adagio e mesto aus dem F-Dur Quartett Opus 59 Nr. 1 bietet Beethoven zwei einander erhaben kontrastierende Melodien. Der emotionale melodisch-ästhetische Abstand zwischen den Themen macht sich geltend als Tiefe, als seelische Dimension, als Spannung innerhalb eines weiten, aber zusammenhängenden Raumes. Das ist eine umfassende seelische Gestimmtheit, die vom Komponisten differenziert wird. So schuf Beethoven auch ein wunderbares Largo e mesto in der D-Dur Klaviersonate Opus 10 Nr. 3. Als man ihn fragte, was er damit ausdrücken wolle, sagte er, den Seelenzustand eines Melancholikers. Aber auch der Melancholiker hat mal einen Ausbruch, mal wird seine Stimmung fahl, manchmal sogar sentimental. Doch es gibt niemals eine leichfertige Lustigkeit, einen brillanten Witz oder auftrumpfenden Optimismus. Es ist eben kein beliebiges Potpourri der Stimmungen, sondern es geht um eine Einheit, in der Fülle steckt.

Schuberts Melancholie wiederum spielt sich kaum je als gewichtiges Adagio auf. Bei ihm gibt es eine wunderbare schlendernde Melancholie. Nimm den zweiten Satz aus der großen C-Dur Symphonie, der sanft marschhaft, auch ungarisch gefärbt, beginnt. So etwas darf man weder langsam bedeutungsstolz interpretieren, als wäre es von Beethoven, noch italienisch flott. Es geht eben – ich finde keine andere Formulierung dafür – um die typisch Schubert'sche, depressiv schlendernde, private Melancholie. Beethovens Kunst sagt: Die Lage ist ernst, aber nicht hoffnungslos. Schubert winkt ab: Die Lage ist hoffnungslos, aber nicht ernst. Und für dieses Schlendern findet er unzählig viele Ausdrucksvarianten seiner Trauer. So etwas nachzufühlen macht metaphysischen Spaß. Wenn man lebendig, ohne in Hörroutine zu erstarren, daran teilnimmt, erfährt man im Lauf des Lebens eine immer reichere Vielfalt solcher Stimmungen. Die Beschäftigung mit bedeutungsvoller E-Musik, zum Beispiel mit Franz Schuberts *Winterreise*, endet schon darum niemals, weil man immer mehr Nuancen von Traurigkeit, Wehmut und Trost entdeckt, die einem zuvor nicht bewusst waren, und die auch kaum in Worte zu fassen sind. Zusammenbrüchen, Wandlungen oder Steigerungen von Melancholie in der Musik nachzugehen, das scheint mir oft interessanter als der bloße Jubel-Trubel. Dem Jubel kann man wenig hinzufügen, der ist einfach überwältigend da. Aber Scheitern, Zagen, Mutfassen und Traurigsein haben unendlich viele Facetten. Allerdings, die großen Jubelchöre Händels oder aus Bachs h-Moll Messe möchte ich auch nicht missen.

Eine anstrengende Ehre für mich, 2008 bei der Siemens-Preis-Verleihung Anne-Sophie Mutters Laudator zu sein.

Als ich 2007 mit meiner Streichquartett-Vorlesungsreihe begann, hatte ich Bedenken, das Thema zu eng gefasst zu haben, und fragte mich, ob es nicht doch klüger gewesen wäre, die Reihe auf die gesamte

Kammermusik auszuweiten. Aber mittlerweile bin ich platt, nicht nur, weil die Vorlesungen ausverkauft sind, sondern auch, weil erstaunlich viele junge Leute kommen und sich für diese keineswegs leicht zugängige Musik interessieren. Ohnehin fällt auf, dass es momentan zahlreiche, erstklassige Streichquartett-Formationen gibt.

Wir müssen Anne-Sophie Mutter und Gidon Kremer, der ebenfalls von Herbert von Karajan für uns im Westen entdeckt wurde, dankbar sein, dass sie in den siebziger Jahren eine neue Hochkultur des Violinspiels schufen. Diese Ära führte dazu, dass sich plötzlich auch das Hagen-Quartett, das Petersen-Quartett und das Emerson-Quartett etablierten. Mittlerweile gibt es auch ganz junge hervorragende Ensembles. Man braucht keine Angst zu haben, dass diese wunderschöne Kunst aufhört, auch wenn sie im öffentlichen Diskurs keine große Rolle mehr spielt.

Vielleicht erfüllt sich da sogar Oswald Spenglers Theorie vom *Untergang des Abendlandes*: Manche Kulturen gehen zugrunde, andere wachsen und steigern sich in produktiven Phasen. Wenn sich ein derart großes Talent wie die Mutter durchsetzt und neben ihr der geniale Kremer, dann macht das gleichsam Schule, provoziert Nachahmer, öffnet eine neue Welt. Dann gibt es plötzlich auch einen Maxim Vengerov, dann kommen der glänzende Vadim Repin, die ungeheuer talentierte Hilary Hahn und Frank Peter Zimmermann hinzu.

1991 starben innerhalb weniger Monate die Pianisten Rudolf Serkin, Claudio Arrau und Wilhelm Kempff. Sie waren alle über neunzig. Rubinstein und Horowitz waren einige Jahre zuvor gestorben. Es gibt natürlich noch hervorragende Pianisten, aber dieses Jahr 1991 machte einen Bruch deutlich. Große Dirigenten wie Bernstein, Karajan, Böhm – und Furtwängler schon lange vorher – waren ebenfalls tot. Man hatte das Gefühl, bei den Dirigenten drohe eine kleine Krise, wie sie bei den Sängern, zumal den Wagner-Tenören, ohnehin schon herrschte.

Es lag nahe zu sagen, jetzt seien jene großen Künstler gestorben, die bereits zu einer Zeit angefangen hatten, als Rundfunk, Fernsehen und Schallplatten noch keine Rolle spielten. Die sich also während ihrer Anfänge – in der Zeit vor dem Ersten Weltkrieg bis etwa 1920 – »nur« darauf konzentriert hatten, eine Komposition so schön und spannungsvoll wie möglich darzustellen. Dabei verspielten sie sich auch gelegentlich, aber das störte niemanden so schrecklich. Es ging um den Gesamteindruck: Entsteht die Gestalt der Sonate oder Symphonie? Später, als flächendeckend alles aufgenommen wurde, wollten die Musiker natürlich auch so tiefsinnig wie möglich interpretieren. Doch die Bewachung durch den großen Bruder Funk, Platte, CD oder TV führte unvermeidlich dazu, dass sie die Idee der Fehlerlosigkeit verinnerlichen mussten. So geht es mir selbst auch: Wenn ich, als Rundfunkmann, mich in einem öffentlichen Vortrag verspreche, ärgere ich mich und denke sofort, das muss herausgeschnitten werden ...

Einmal war ich dabei, als Maurizio Pollini die Etüde Opus 25 Nr. 11 von Chopin, die *Große Sturm-Etüde*, wohl dreißigmal nacheinander für eine Schallplatten-Aufnahme einspielte. Sicherlich war die dreißigste Interpretation fehlerlos, aber wohl auch verhältnismäßig tot. Die erste blieb die beste, obwohl da irgendein Ton nicht ganz perfekt kam. So entwickelte ich die Theorie, dass es große, freie, inständig auf die Gestalt des Werkes schauende Künstler immer weniger geben könne, weil alle viel zu sehr von der Bewachung durch die elektroakustische Übermacht geprägt sind. Das mag als Theorie überzeugend klingen, war aber falsch. Denn plötzlich ist diese Geigerwelle da, und siehe, der Weltgeist liebt die Violine! Wahrscheinlich wird das auch wieder irgendwann abebben. Spengler hat uns ja gelehrt, wenn eine Kultur ihren Höhepunkt erreicht hat, lässt sie unvermeidlich auch nach. Da zeigt sich, was von feinen, pessimistischen Kulturtheorien zu halten ist. Das Leben geht weiter, wie man es nicht vorhersehen kann.

Ernst ist die Pause, groß ist das Spiel[4]
Münchner Herkulessaal:
Warum das Ebène-Quartett derzeit so einzigartig ist

Es muss schon Spaß machen, wenn ein Streichquartett — vier Franzosen, im Durchschnitt noch keine 30 Jahre alt — sich bereits in den kleinen Kreis der Weltklasse-Ensembles hineingespielt, in manchen Bereichen die Stufe der Vollendung nahezu erreicht hat. Die Ebène-

4   In: SZ, 5. März 2008.

Leute waren jedenfalls übermütig genug, ihre erste Zugabe, ein entzückend verjazztes Chanson (»Schneewittchen«) zunächst zu singen, bevor sie dann zu den Instrumenten griffen.

Sie sangen ihre gar nicht unkomplizierten Harmonien im Münchner Herkulessaal derart sauber-perfekt, als wollten sie notfalls auch sämtlichen Vokal-Ensembles seit den Comedian Harmonists erfolgreich Konkurrenz machen. [...] Darauf aber gaben die Ebènes, zusammen mit dem Cellisten Nicolas Altstaedt, den langsamen Satz aus Schuberts C-Dur Quintett zu und rückten dieses Mysterium an die Grenze beinahe bewegungslosen Schweigens. »Musik« schien auf ihre Weise an Menschenschicksal und Ewigkeit zu rühren. Nichts mehr, außer erschrockenem Donner-Beifall, war danach möglich.

Zum Spannendsten und Angenehmsten des Kritiker-Berufes gehört es, die Entwicklung genialischer Jugend zu begleiten. Das Ebène-Quartett macht eine solche Beobachtung besonders leicht, weil die Künstler mehrere Stücke wiederholten – was nicht einmal ganz unbedenklich scheint, weil es entweder Repertoire-Enge oder übergroße Vorsicht verrät.

Was diese Musiker im gegenwärtigen Kammermusik-Betrieb einzigartig erscheinen lässt, ist ihr bezwingendes Gefühl für den Aufbau, die Abfolge, die Entwicklung von Themenkomplexen, Kontrasten, Erweiterungen. Konkret heißt das: Sie nehmen Pausen unerhört ernst. Nie läuft die Musik danach weiter, wie wenn nichts gewesen wäre. Jede Generalpause wird zum Anlass dafür, dass ein neues Kapitel, eine andere seelische Gestimmtheit, ein modifiziertes Tempo ertönt. Das kam gleich zu Beginn des Haydnschen g-Moll Quartetts fabelhaft heraus, wo dem wilden Anfang, nach einer immerhin zweitaktigen Generalpause, ein neues, empfindsameres Stück zu folgen schien. Analog wirksam und bedeutungsvoll verstanden die Musiker in der »Romanze« des Schluss-Werkes, dem Opus 51 Nr. 1 von Brahms, eine eigentlich winzige Achtel-Pausen-Zäsur vor den traurigen Triolen-Wiederholungen des zweiten Themas.

Tempo und Charakter der Musik changierten mächtig. Die Wirkung war gleichwohl ungemein organisch, weil äußerste Spontaneität mit vollkommener Homogenität perfekt verbunden schien. Das ist ihre Stärke. Nicht todsichere Virtuosität und Sonorität. Da dürften ihnen beispielsweise die Emersons überlegen sein.

Brahms auf Französisch

Das Konzert begann mit dem »Reiterquartett« von Joseph Haydn. Der Beiname verharmlost ein wenig den extremen Ernst dieser womöglich kühnsten Quartett-Schöpfung Haydns. Man könnte fälschlich an hurtig galoppierende 6/8-el denken oder an Jagd-Signale. Den langsamen Satz dieser Komposition will Haydn sogar als »Largo assai«. Die Ebènes spielten ihn wie ein atemberaubend tiefes, zartes Adagio. Vielleicht wäre ein noch etwas langsameres Tempo, dafür bei den Fortissimo-Stellen ein durchaus Händel-nahes Largo-Pathos, noch zwingender gewesen.

Dann Anton Webern. Der Übergang von Haydns Kühnheiten zu Weberns expressiver Sprache schockierte erstaunlich wenig. Zu den dümmsten Argumenten gegen Weberns freie Atonalität und spätere Dodekaphonie gehört die Behauptung, Weberns Musik sei intellektuell konstruiert, biete aber keinen seelischen Ausdruck. Das auch gefährliche Gegenteil trifft zu! Weberns sechs Bagatellen Opus 9 (1911/1913 entstanden) lassen sich als rationale Struktur-Gebilde kaum fassen. Wer behauptet, er begriffe die Notwendigkeit jedes Intervalls, jedes Flageolett-Einsatzes, macht sich etwas vor. Bei diesen kurzen, je kaum eine Minute dauernden Miniaturen berühren einzig die zart sich mitteilenden Affekte. Wir hörten sie unforciert ...

Danach trugen die Ebènes einen erst spät veröffentlichten, relativ umfangreichen »Langsamen Satz« Weberns von 1905 vor. Da war Webern 22 Jahre alt. Das melodische, weitgespannte Es-Dur Stück verlangt Erstaunliches. So soll die Bratsche, mit Dämpfer und immerhin im ppp (!) »hervortretend« artikulieren. Ein Fachmann wie Toscanini hätte daneben geschrieben: »stupido«. Obwohl man fühlt, was gemeint sei, auch wenn es kaum zu »machen« ist. Beim Hören dieses Langsamen Satzes, der viel mit Mahler und einiges mit Bruckner zu tun hat, hielt ich es erstmals für möglich, dass der blutjunge Webern sogar Komponist Wagnernaher Tondramen werden wollte.

Im Kopfsatz des c-Moll Quartetts Opus 51 Nr. 1 von Brahms ließ sich dingfest machen, was ein Charakteristikum der Ebènes ist: sie musizieren »französisch«. Wenn sie das b-Moll-Espressivo gleich nach dem Hauptthema anstimmen, klingt ausdrucksvolle Eleganz mit. Brahms' gewichtiger Legato-Nachdruck, gar das Germanische-Archaische, fehlt. Keine Frage: jeder Takt kommt empfindsam, rhythmisch nuanciert. Doch ein »deutscher« Brahms, wie ihn zum Beispiel die Jahrhundert-Geigerin Ginette Neveu bot, war es eben nicht. Muss es weiß Gott auch nicht sein. Brahms' Kunst war die eines Weltbürgers aus Hamburg. Auch die Sagan liebte ihn, und in London wurde er Mode.

Als die Ebènes vor einigen Jahren dieses c-Moll Quartett in München aufführten, imponierten vor allem Kopfsatz und zweiter Satz. Bei der großartigen Interpretation, die sie nun boten, waren dafür das elegische Allegretto und das dann folgende Finale Höhepunkte. Im Allegretto molto moderato beglückten die Künstler mit einer Verhaltenheit, schlendernden Sparsamkeit, traurigen Fast-Monotonie, die weit schmerzlicher und tiefer berührte als damals alles eher übernuancierte Herausholen von Nebenstimmen und Effekten. Der Eindruck war bannend. Eine solche Höhe ihrer Kunst haben die jungen Meister nun erreicht. Jeder Besucher dieses Konzerts dürfte ungeduldig warten auf ihr nächstes.

Wilhelm Kaiser (rechts) und seine Tilsiter Streichquartett-Kollegen

Wir hatten in Tilsit ein Grammophon für 78er-Schellackplatten, die aber sehr teuer waren. Viele besaßen wir nicht. Ich erinnere mich noch gut, wie ich mit meiner Mutter in Königsberg war und zu Gräfe und Unzer ging, der damals größten Buchhandlung Europas, um dort in der Musikabteilung Schuberts B-Dur Trio zu kaufen, und zwar in einer Aufnahme von 1926 mit dem Pianisten Alfred Cortot, dem Cellisten Pablo Casals und dem Geiger Jacques Thibaud – eine

Kulteinspielung bis zum heutigen Tag und damals ein großer Höhepunkt für uns.

Es war jedes Mal ein Ereignis, Musikwerke auf Schellackplatten anzuhören. Da auf eine Platte nur sechs Minuten passten, brauchte man ganze Koffer für eine Bruckner-Symphonie oder eine Wagner-Oper. Die hatte kaum ein Mensch zu Hause. Man sagte auch nicht, ich kaufe schnell mal sechs Aufführungen von Beethovens 7. Symphonie, sondern man hörte an einem Abend die 7. Beethoven. Man bereitete sich darauf vor, spielte sie auf dem Klavier, hörte dann gemeinsam die Aufnahme an und redete anschließend darüber.

Die wichtigsten Einschnitte in der Entwicklungsgeschichte der Menschheit fallen Historikern oft nicht auf, weil sie meist unpolitisch sind. Keiner kann sich heute mehr vorstellen, welch große Zäsur das Jahr 1955 bedeutete. Damals begann nicht nur das Fernsehen zu triumphieren, sondern auch die Langspielplatte wurde populär. Damit war plötzlich alle Musik für alle verfügbar. Das war natürlich großartig. Aber eine ständige Verfügbarkeit fördert auch eine gewisse Oberflächlichkeit im Umgang mit der Sache. Ich bin heute noch der Ansicht, dass man mehr davon hat, wenn man sich an das Klavier setzt und eine Mahler-Symphonie selber spielt, als sie sich nur in tollen Aufnahmen anzuhören.

Mit acht Jahren begann ich Klavierstunden zu nehmen. Also relativ spät. Meine Klavierlehrerin wollte mich erst einmal an das Rhythmische gewöhnen. Wenn mein Vater gefragt wurde, was ich schon spiele, antwortete er immer: »Bis jetzt spielt noch sie, und er tanzt.« Gott, war mir das peinlich! Aber das hörte zum Glück irgendwann auf. Ich war leidenschaftlich fleißig, und mit zehn, elf Jahren konnte ich recht gut vom Blatt spielen. Ungefähr mit zwölf, ab Kriegsbeginn, spielte ich häufig Kammermusik. Auch später, wenn ich mich mit meinem Vater über Politik stritt, er kam mir wahnsinnig reaktionär vor und ich redete enorm links, sagte er plötzlich: »Weißt du was, Sohnchen, lassen wir das. Spielen wir lieber eine Sonate.« So lernte ich die Literatur für Violine und Klavier fast besser kennen als die Klavierliteratur. All die Violinsonaten von Mozart, Beethoven, Brahms bis hin zu Grieg und Reger spielten wir oft genug. Meine Mutter war natürlich auch glücklich, wenn sich ihre beiden Männer so gut vertrugen. Während wir musizierten, schlief sie manchmal ein, ihr Kinn sank herab, der Mund stand offen. Mein Vater sagte dann: »Lottchen, wenn du müde bist, geh doch schlafen.« Sie aber: »Ach, Willi, lass mich doch.« Und dann spielten wir noch eine Sonate. Mittlerweile ist mir klar, dass dies zu den schönsten Momenten meines Lebens gehörte. So harmlos oder läppisch es klingen mag.

Was hat denn da dein Bruder gemacht?

Ha! Den Fehler, dass er Geige spielte. Während ich besser Klavier spielte als meine Mutter, war er ein eindeutig schlechterer Geiger als mein Vater. Versuchte er auf dem Instrument irgendetwas, nahm ihm mein Vater die Geige sofort weg und sagte: »Das machst du falsch, diese Passage spielt man so, nimm einen anderen Fingersatz ...« Mit dem vorhersehbaren Effekt, dass mein Bruder bald keine Lust mehr hatte.

Hat er sich ausgestoßen gefühlt, wenn ihr drei da eine friedliche, musikalische Harmonie zelebriert habt?

Das glaube ich nicht. Es geschah ja alles zu einer Zeit, als Wilhelm bereits Soldat sein musste. Er war fünf Jahre älter als ich. Zudem wollte er Medizin studieren, was eine andere Beziehung zu meinem Vater herstellte. Aber ein bisschen habe ich ihm die Show wohl doch gestohlen. Ich war so ein Sonnenscheinchen und Wonneproppen, er hatte es mit sich viel schwerer. Als kleiner Junge hatte ich auch wunderbare Locken, in die meine Mutter richtig vernarrt war. Da hat sich Wilhelm einmal ganz schön gerächt. Meine Mutter bat ihn leichtsinnig: »Nimm doch den Jochen mit zum Friseur.« Ich weiß nicht, was Wilhelm dem Friseur zugeflüstert hat, die Lockenpracht wurde jedenfalls restlos abgeschnitten, und ich kam mehr oder weniger kahlköpfig nach Hause. Meine Mutter brach entsetzt zusammen, und mein Bruder konnte das Gefühl einer Befriedigung nicht ganz unterdrücken.

Meine Mutter kam aus einem alten Pfarrersgeschlecht, das sich zurückverfolgen lässt bis ins 17. Jahrhundert. Sie hatte noch sechs Geschwister und wollte Lehrerin werden. Aber dann brachte sich eine ihrer Schwestern, Renate, aus Verzweiflung um, weil sie schwanger geworden und nicht verheiratet war. Dieser Suizid hat meinen Großvater so bestürzt, dass er seine Pfarrei in Berlin aufgab und mit der Familie nach

Mutter: *Charlotte Kaiser, geb. Abramowski: *1898 in Berlin, † 1962 in Lunden*

Vater: *Dr. Wilhelm Kaiser, Arzt: * 1896 in Marienwerder, † 1971 in Lunden*

Bruder: *Dr. Wilhelm Kaiser, Militärarzt: * 1923 in Milken, † 2004 in Flensburg*

Milken an die Masurischen Seen zog, um dort eine kleine Kirche zu übernehmen. Meine Mutter war als junge Frau außerordentlich, geradezu ätherisch schön. Als mein Vater nach dem Studium seine ärztliche Tätigkeit in Milken begann, griff er aus der Schar der Pfarrerstöchter die schöne Charlotte heraus und heiratete sie.

Ging es bei euch religiös zu?
Überhaupt nicht. Meinem Vater war Religion ziemlich egal, auch meine Mutter praktizierte ihre Religiosität nicht zu Hause. Wenn wir irgendwohin verreisten, besichtigte sie natürlich den jeweiligen Dom, während sich mein Vater ins Café davor setzte und eine Kleinigkeit trank. Meine Mutter besuchte auch sehr selten einen Gottesdienst. Ich glaube, sie war zu intelligent, um mittelmäßige Predigten zu ertragen. Als Hausfrau quälte sie sich unmäßig. »Jochchen, was soll ich nur kochen?« Kochen, jegliche Art von Haushalt mochte sie gar nicht. Sie wollte lieber lesen und war auch recht belesen. Unser ganzes Haus war voller Bücher und Noten.

Ein ideales Paar waren meine Eltern wohl nicht. Mein Vater erschien mir viel harmloser, vergnügter, temperamentvoller als meine Mutter. Sie hingegen war herzlich und besorgt, stets ein bisschen pedantisch ernst. Man merkte ihr die Pfarrerstochter an, sosehr sie sich bemühte, es nicht zu sein. Es gab recht oft Familienzwist, obwohl es uns wirtschaftlich ausgezeichnet ging.

Wolkenlos gute Stimmung herrschte, wenn mein Vater ankündigte: »Lottchen, bald wird uns ein Korb lebender Krebse gebracht.« Seine Patienten wussten, wie sehr die Kaisers Krebse schätzten. Meine Mutter hatte eine vorzügliche Art, sie zuzubereiten, mit einem bestimmten Weißwein, viel Dill und anderen Zutaten. Diese umfänglichen Krebsessen waren ein Ritual für uns. Sie begannen immer erst abends um zehn Uhr, als kein Patient und kein Telefonanruf mehr stören konnten, und dauerten manchmal bis vier Uhr morgens. Diese Essen haben sich für mich im Lauf der Jahre als Höhepunkt familiärer Harmonie eingeprägt, und das versuche ich bis heute überall nachzuholen. Leider existieren richtige Flusskrebse kaum noch. Dieses Thema ist mir wirklich wichtig: Krebse sollten um keinen Preis aus der Türkei oder gar aus Amerika kommen. Es müssen bayerische oder österreichische

Solokrebse sein, am besten wären natürlich ostpreußische oder wenigstens Havelkrebse. Das ist etwas sehr Delikates. Ich besitze auch eine Technik, Krebszangen sinnvoll einzusetzen, in der mich so leicht niemand übertrifft.

Meine Mutter wollte mich an die hohe Literatur heranführen. Ich weiß noch, wie hilflos sie war, als sie mit mir Goethes *Torquato Tasso* las, und ich die Sätze einfach nicht verstehen konnte. Da war ich ungefähr zehn Jahre alt, spielte lieber Tippkick und las die Sportzeitung *Kicker*. Ich wollte damals Sportreporter werden und schrieb dem *Kicker* einen Leserbrief. Die Redaktion bot mir prompt an, in Tilsit als Korrespondent für sie zu arbeiten. Dass ich noch ein Kind war, haben sie gar nicht begriffen.

Als Junge las ich natürlich Kästners *Emil und die Detektive* und *Fabian* und liebte Krimis, besonders eine längst vergessene Krimireihe namens »Tom Shark«. Das war ein souveräner Detektiv, dessen ergebener Freund Pitt Strong alle Abenteuer aufschrieb. Die fünfhundertste Folge hieß, falls ich nicht irre, *Unsere Hinrichtung*. Meine Mutter sagte oft traurig: »Ich verstehe das nicht, bei Musik hast du einen so guten Geschmack, aber bei Literatur bist du so wahllos.« Für Literatur begann ich mich erst mit ungefähr zwölf Jahren zu interessieren.

Es mag wie eine allzu edle, heuchlerische Konstruktion klingen, doch es verhielt sich wirklich so: Ich begann zu lesen, um mich gegen die nazistisch geprägte Atmosphäre wehren zu können, die überall in der Öffentlichkeit herrschte. Die Schullektüre, die Zeitungen – in Tilsit hieß die Zeitung *Memelwacht*, von heute aus gesehen auch ein etwas verrückter Titel –, alles war damals voll von direkter und indirekter Propaganda. Ich spürte, dass ich dem etwas entgegensetzen musste.

Mein erstes Stück, das ich las, war denn auch *Der Menschenfeind* von Molière. Wie sich Alceste gegen die Gesellschaft, gegen die anderen wehrt, wie er ihnen allen überlegen ist und zum Schluss doch verzweifelt, das beeindruckte mich tief. Meine Eltern waren Thomas-Mann-Liebhaber und fanden, *Der Zauberberg* sei noch nichts für mich. Nun, nichts reizt einen mehr, es dann gerade zu versuchen. So las ich mit dreizehn, vierzehn den *Zauberberg*, dann *Faust I*. Die Dialoge zwischen Naphta und Settembrini im *Zauberberg* verstand ich bestimmt nicht ganz, aber es wäre eine blödsinnige Oberlehrereinstellung, daraus abzuleiten, es sei also »zu früh« gewesen. Wer weiß, ob ich heute *Faust II* ganz verstehe? Ungefähr begriff ich damals schon, worum es ging. Außerdem verschaffte mir das Lesen Argumente, machte mich ironisch und löste in mir eine grundsätzliche Abwehr gegen die totale Dominanz des Staates aus.

Das erste größere Stück, das ich auf dem Klavier einstudierte, war das berühmteste aller Klavierkonzerte von Mozart, das d-Moll Konzert, KV 466. Bei Mozart gilt d-Moll als die dämonische Tonart, als Don-Giovanni-Tonart. Damals liebte ich das Konzert sehr, spielte es auch oft vor. Mittlerweile habe ich mich ein wenig von dem Stück entfernt; es ist mir etwas zu sinnfällig, zu beethovenhaft, das Finale kommt an die beiden ersten Sätze nicht heran. Er schließt ja, beinahe albern, in trivialem D-Dur.

Damals wurden auch die Beethoven-Sonaten für mich wichtig. Ich las über sie und übte sie viel, bestimmt jeden Tag vier, fünf Stunden lang. Als der Krieg aber immer bedrohlicher wurde, und ich von einer Stadt zur anderen, von einer Schule zur nächsten fliehen musste, war an regelmäßiges Üben nicht mehr zu denken. Überall, wohin ich kam, suchte ich zunächst ein Klavier, um spielen zu können. Doch wenn ich eines gefunden hatte, musste ich wieder in eine andere Stadt.

Wenn man so kurze Daumen hat wie ich, kann man viele Stücke auf dem Klavier kaum spielen. Zum Beispiel die beiden großen Brahms-Konzerte. Ein normaler Pianist hat sicherlich doppelt so lange Daumen wie ich. Es ist auch eine Frage der Hand, ob man ein guter Klavierspieler wird. Ohne Klavierhand geht es nicht. Ich bin ein ziemlich guter, anpassungsfähiger Begleiter, das hätte ich vielleicht professionell machen können. Aber ich glaube, so wie es jetzt ist, habe ich es richtiger getroffen. Das Wichtigste ist doch, dass man seinen Beruf mit Passion ausübt. Und das ist bei mir nun einmal das kritische Reflektieren und der Äußerungstrieb.

In einer Kleinstadt wie Tilsit hörte man natürlich längst nicht so viel Symphoniekonzerte wie in einer Großstadt. Später, als der Krieg immer heftiger wurde, noch weniger. Solange aber noch Konzerte stattfanden, gingen wir gerne hin. Der Orchesterdirigent hieß Arno Hufeld. Er spielte auch ordentlich Klavier, sang aber sehr laut mit. Die Tilsiter spöttelteln: »Morgen wird uns der Hufeld die *Pathétique* vorsingen.«
Als ich ungefähr elf Jahre alt war, führte er einmal die 1. Symphonie von Robert Schumann auf, die *Frühlingssymphonie*. Mein Musiklehrer kam in der Konzertpause zu mir und wollte eine Äußerung der Begeisterung hören. Damals war Enthusiasmus Ehrenpflicht. Er fragte mich: »Na, wie hat dir denn die herrliche Symphonie gefallen?« Ich antwortete: »Ich glaube, es war das Beste, was Hufeld bisher geleistet hat.« Er war über diese schnöselhafte Haltung derart entsetzt, dass er den Vorfall in der nächsten Schulstunde empört der Klasse erzählte: »Kommt doch der kleine Kaiser zu mir und sagt, statt sich begeistert zu äußern, das war das Beste, was Hufeld je geleistet hat.« Daraufhin antwortete ich: »Herr Doktor, Sie kamen mehr zu mir.« Seine unvergesslich dumme Replik: »Ein Erwachsener kommt nie zu einem Kinde.«

Die Nazizeit mit ihren Ritualen drang in die Provinz offenbar längst nicht so dominierend ein, wie es in München, Berlin und anderen Städten der Fall war. Es gab noch Freiheiten und Ausflüchte. Mein Vater war zum Beispiel 1932 in die Partei eingetreten und 1934 trat er wieder aus, weil er sich mit irgendeinem Kreisleiter verkracht hatte. Das war möglich! Heute erwecken alle alten Nazis den Anschein, als ob dergleichen undenkbar gewesen wäre. Ich brauchte auch nicht zum Dienst zu gehen. Diese Belästigungen mit Pimpfsein und Hitlerjugend ließ ich nicht an mich heran. Keineswegs, weil ich entschieden antifaschistisch empfunden hätte, mit meinen elf, zwölf Jahren, sondern weil ich Klavier üben wollte.

Aber das kannst du doch nicht entscheiden: »Ich gehe nicht zur Hitlerjugend.«

Doch. Ich kann zu meinem Vater sagen: »Sprich bitte mit dem Arzt, der mich untersuchen soll.« Der Kollege tat das dann und gab mir ein Attest. Ich höre noch, wie er machtbewusst sagte: »Jochen, ich schreibe dich jetzt krank. Und wenn dich jemand zum Dienst zwingen will, nenne mir den Namen, dann wird er bestraft.« Dieses »Dann wird er bestraft« habe ich noch gut im Ohr.

Später drängte sich der Krieg aber auch in Tilsit immer mehr ins alltägliche Leben. Wir hatten Angst. Doch unsere Angst war nicht nur eine Folge der Nazipropaganda. Im Osten gab es seit jeher eine tiefe Urangst vor den »Bolschewisten«. Tilsit lag nur dreißig Kilometer von der russischen Grenze entfernt, und Grenzvölker reagieren einerseits patriotischer, verkehren in Friedenszeiten mit den Nachbarn an der Grenze umgänglich, haben andererseits aber auch mehr Angst vor gewalttätigen Übergriffen als Provinzen in der sicheren Mitte. Das war in Elsass-Lothringen und im Saarland ebenso. Wir fürchteten damals die »Russen«. Den Pakt von Hitler und Stalin begriff 1939 in Tilsit kein Mensch. Ich erinnere mich noch gut, wie sich ganz normale Bürgerfrauen beschwerten und mit alten Zeitungszitaten nachwiesen: »Nanu, 1936 wurde über den Bolschewismus und Stalin so und so geschrieben, und jetzt soll der unser Verbündeter sein?«

Ich bekam auch mit, wie für Hitlers aberwitzigen Russlandfeldzug die wohl größte Kriegsmaschinerie zusammengezogen wurde, die es bisher gegeben hatte. Als der gewohnte Blitzkrieg nicht mehr funktionierte, begannen die Tilsiter Hausfrauen Handschuhe zu stricken. Für uns Schüler wurde der ferne Russlandfeldzug eine Art *Wochenschau*-Ereignis. Wir steckten Fähnchen auf die Landkarte, die den Frontverlauf symbolisierten. Trotz allem aber lebten wir mehr oder weniger unbehelligt vor uns hin. Bis Stalingrad. Dann herrschte nur noch blankes Entsetzen. Wer nach dem 6. Februar 1943, als Stalingrad fiel, nicht gemerkt hatte, dass Hitler Deutschlands Schicksal nicht meistern konnte, dass es »aus« war, muss töricht oder blind gewesen sein.

Damals kam ich bei Berlin auf das Joachimsthalsche Gymnasium in Templin. Auf diese feine Heimschule gingen vorwiegend Söhne ostelbischer Junker. Natürlich hatten mich meine Eltern gewarnt: »Sei bloß vorsichtig, höre niemals feindliche Radiosender.« Doch schon am ersten Tag saß ich mit einem Mitschüler, dem Sohn des Botschafters Ulrich von Hassel, zusammen, und wir hörten Radio London.

Unser Tilsiter Haus war 1943 von englischen Flugzeugen ausgebombt worden. Auch die Russen rückten unaufhaltsam näher. So schickten mich meine Eltern immer weiter westlich in die Schule. Ich war auf sehr vielen Gymnasien. Aber überall setzte man sich sonntags zusammen, um die großen Furtwängler-Konzerte im Rundfunk anzuhören.

Wilhelm Furtwängler war zwar Staatsrat, aber er galt im deutschen Bildungsbürgertum als Antinazi. Er war es schließlich gewesen, der als einziger prominenter Künstler öffentlich gefordert hatte, man solle Bronislaw Huberman und Max Reinhardt zurückholen. In einem Zeitungsartikel setzte er sich auch für Paul Hindemith ein. Natürlich dirigierte Furtwängler auch vor Hitler, und es hingen in einigen Konzerten Nazifahnen herum. Für das gebildete deutsche Bürgertum, das die Nazis nicht mochte, was selbst für einige Parteigenossen zutraf, bedeutete Furtwängler trotzdem eine Identifikationsfigur. Ihm, und natürlich der großen Musik, die er zelebrierte, hörte man zu wie einem Trost in trister Zeit. Heinrich Böll, Frontsoldat während des Russlandkriegs, sagte mir später einmal, dass auch für ihn, einen nicht sehr musikalischen Rheinländer, Furtwängler damals eine wichtige Identifikationsfigur gewesen sei. Er tadelte allerdings, Furtwängler habe zu pathetisch dirigiert. Mir aber gefiel es. Furtwängler hatte das Unglück und das Glück, von Hitler für den größten Dirigenten gehalten zu werden – obwohl Hitler privat äußerte, dieser Furtwängler sei der unsympathischste Mensch, den er kenne. Als Musiker hasste Hitler die Dirigenten Hans Knappertsbusch und Karl Böhm. Später musste Furtwängler Hitlers Wertschätzung teuer bezahlen. Da konnte er noch so sehr darauf hinweisen, er habe nie den Hitlergruß ausgeführt.

Der Vorwurf, indirekt den Nazis gedient zu haben, traf nicht nur Furtwängler, sondern auch Gustaf Gründgens. Dabei stand Gründgens schon als schillernder, ironischer Typus den Nazis fern. Er war viel eher Symbol der dekadenten zwanziger Jahre. Alle schrägen Figuren, alle Nichtfanatiker, alle negativen Charaktere konnte er faszinierend darstellen. Er war ein phantastischer Mephisto, aber kein hinreichender Hamlet. Neulich las ich in Gwendolyn von Ambessers Buch *Die Ratten betreten das sinkende Schiff*, Gründgens habe vor der »Reichskristallnacht« all seine jüdischen Freunde aufgefordert, zu ihm ins Deutsche Theater zu kommen, weil er wusste, dass sie dort außer Gefahr waren. Er selbst ließ sich an jenem Tag von seinem Chauffeur quer durch Berlin fahren, um für jeden Anruf, jeden Parteibefehl unerreichbar zu sein. Gründgens hat auch Ernst Busch geholfen, der als Kommunist in Gefahr war, wegen Hochverrats hingerichtet zu werden. Er engagierte und bezahlte aus eigener Tasche Anwälte, die Busch im Prozess vertraten. Nach außen hin vollzog sich im »Dritten Reich« vieles fast formal und normal. Man konnte in der Tat Anwälte nehmen und Prozesse führen. Buschs Anwälte kamen auf die tolle Idee, darzulegen, ihr Mandant sei überhaupt kein deutscher Staatsangehöriger, sondern Tscheche. Dieser clevere Dreh rettete Busch das Leben.

An der Ermordung der Juden, gegen die keine Anwälte, keine normalen und formalen Einsprüche etwas bewirken konnten, ändert das alles nichts. Aber es erscheint mir immer als eine besserwisserische Ungehörigkeit der jüngeren Generationen, wenn sie über Figuren wie Gründgens und Furtwängler gnadenlos herfallen. Beide sind sie keine Lichtgestalten gewesen, aber doch tapfere Nicht-Nazis. Gut, sie standen damals in ihren Institutionen hoch und waren sicher auch eitel und mächtig genug, ihren Ruhm und Einfluss zu genießen. Aber Courage sollte man ihnen nicht ohne weiteres absprechen. Es war damals sehr viel schwerer und gefährlicher, sich oppositionell zu verhalten. Heute passiert einem in Deutschland gar nichts, wenn man sich gegen das Staatsoberhaupt richtet.

Ich empfand die letzten Kriegsjahre wie den Weg durch einen immer dunkleren Tunnel. Zu dieser Hoffnungslosigkeit kam hinzu, dass die Nazidiktatur auch für mich selber immer bedrohlicher wurde. Ich war kein kleiner Junge mehr, sondern musste ein paar Monate zur Ausbildung ins Wehrertüchtigungslager, im damaligen »Sudetenland«, um später eingezogen werden zu können. Dort lernte ich schießen und so weiter. Ich schoss übrigens sehr gut, und das Schlimmste blieb mir im Lager erspart. Zwei junge Kameraden, denen wohl meine gebildete Art imponierte, nahmen mir viele scheußliche Tätigkeiten ab. Das berührt mich noch heute.

Auch meine Flucht verlief verhältnismäßig unspektakulär. Ich fuhr unglaubwürdigerweise zu Silvester 1944/45 vom Internat in Templin nach Elbing, einem kleinen Ort in Westpreußen. Nach Tilsit in Ostpreußen konnte man nicht mehr wegen der russischen Front. In Elbing traf sich meine Familie zum letzten Mal. Da alle das Gefühl hatten, dass es zu Ende ging und die Russen gleich da wären, öffneten sich plötzlich die Speicher und Tresore. Es gab Champagner, es gab

Tilsits
Wahrzeichen:
die Luisenbrücke
– vor dem Krieg,
am Ende des
Krieges und 2001

viele Dinge zu essen und zu trinken, die wir jahrelang vermisst hatten. Es war also ein rauschendes, absurdes Silvesterfest. Ich spielte damals das Scherzo b-Moll von Chopin vor. Musik war mir nach wie vor das Allerwichtigste. Dann setzte ich mich zwei Tage später in den Zug und fuhr eiskalt nach Templin zurück. Von Elbing nach Berlin! Da lag immerhin der ganze polnische Korridor dazwischen, das sind achthundert bis tausend Kilometer gewesen. Aus irgendeinem Grund aber funktionierte die Reichsbahn trotz alledem perfekt. Man kam überall pünktlich hin.

In Templin sollten wir Schüler Anfang 1945 eingezogen und Werwölfe werden. Die Werwolforganisation war eines der letzten Aufgebote der Nazis. Wir sollten Verräter töten, Sabotageakte durchführen, was weiß ich ... Zum Glück aber hatten die adeligen Väter meiner Mitschüler etwas dagegen. Unter der Vorgabe, ihre Söhne von den heimischen Schlössern und Besitzungen aus zur Verteidigung des Vaterlandes einsetzen zu wollen, erreichten sie bei der Schulverwaltung, dass sie nach Hause durften. Ich aber konnte nicht mehr behaupten, zu meinen Eltern zurück nach Tilsit zu gehen. Darum log ich und gab an, in Bad Kösen zu wohnen. Das ist bei Naumburg in Thüringen. Meine Großmutter lebte da. Zuvor war ich nur ein einziges Mal in Bad Kösen gewesen, im Jahr 1936, als meine Urgroßmutter dort ihren hundertsten Geburtstag feierte. Sogar Göring kam da mit einer Abordnung, um ihr zu gratulieren. Er traf sie und uns alle aber nicht an, weil wir gerade im Gottesdienst waren. Also musste er ohne Gruß wieder abfahren. Auf der Feier nach dem Gottesdienst spielten wir irgendein Theaterstück. Ich gab einen Chinesen, trug einen chinesischen Hut und quasselte Pseudo-Chinesisches.

Meine Familie hatte beschlossen, dass sich bei vorhersehbarem Ende des Krieges alle in Bad Kösen treffen. Der kleine Ort gehörte zu jener Zeit noch in die amerikanische Besatzungszone. So fuhr ich im Januar/Februar 1945 mit dem Zug durch ein mittlerweile völlig zerstörtes Deutschland dorthin. Erster Klasse. Geld hatte ich, Geld war kein Problem. Nur zu essen gab es immer weniger. Meine Mutter war bereits in Bad Kösen, als ich ankam. Ohne viel Hoffnung warteten wir auf meinen Bruder und meinen Vater sowie dessen Auto, mit dem wir fliehen wollten. Ärzte durften damals noch manchmal Auto fahren. Nur gab es natürlich kein Benzin mehr. Es glich einem Wunder, als mein Vater später mit seinem Auto aus der britischen Besatzungszone zu uns kam. Ihm war es gelungen, Benzin zu beschaffen, weil viele Soldaten, die bei der SS gewesen waren, keinen großen Wert mehr auf die verräterischen, an ihren Armen eintätowierten SS-Runen legten. Sie baten meinen Vater, sie zu entfernen. Er tat es, aber nur gegen Benzin.

So erreichte er uns, und zwar genau zwei Tage, bevor Bad Kösen von den Russen besetzt wurde. Wäre er nur zwei Tage später gekommen, hätte mein ganzes damaliges Leben unter sowjetischer Herrschaft in der DDR stattgefunden! Nun aber konnten wir gerade noch in den Westen fliehen, nach Lunden in Schleswig-Holstein. Von dort aus kam ich nach Hamburg auf das Wilhelm-Gymnasium. Als meine Mutter mich im Herbst an dieser Schule anmeldete, zog Rektor Ax seine Hose hoch und zeigte ihr seine Hungerödeme. Von einem Schüler aus Schleswig-Holstein erhoffte er wohl Nahrhaftes. Da täuschte er sich. Für mich aber fing das phantastische Leben im Westen an.

Ihr wart also gar nicht traurig, dass ihr aus Ostpreußen wegmusstet?

Mein Gott ... Für meine Eltern war es bestimmt ein schlimmer Schicksalsschlag. Sie lebten in Ostpreußen elegant, hatten Personal, eine große Villa und zwei Autos. In Lunden praktizierte mein Vater wieder, zunächst in einem kümmerlichen Hotelzimmer. Später besaß er auch ein kleines Häuschen, seinen früheren Lebensstandard aber erreichte er nie mehr. Am Ende des Krieges jedoch, als alle Städte in Flammen standen, als man jede Nacht Angst um sein Leben hatte, als es überall und immerfort Luftangriffe gab, man ständig von Freunden hörte, die ausgebombt waren und fliehen mussten, und als Millionen ihre Heimat verloren hatten, da war die allgemeine Not so riesig, dass wir einfach nur unendlich froh waren, überhaupt heil davongekommen zu sein. Auch wer alles Verlorene bedauerte, musste sich eingestehen, welchem Debakel er entronnen war. Ich kann mich da nur wiederholen: Ich empfand den Mai 1945 nicht als einen Zusammenbruch irgendwelcher Ideale, an die ich nie geglaubt hatte, sondern als einen Moment phantastischer, glückseliger Befreiung.

1936, der Chinese

Der Einstieg von Jochen, als er 1945 in unsere Klasse gekommen ist, war fulminant. Er hat uns gebeten, im Anschluss an den Unterricht in die Aula zu kommen. Wir dachten: Was will er da? Er hat Klavier gespielt. Gleich am ersten Tag! Nicht allmählich, sondern bereits am ersten Tag: Namen genannt und »nun kommt mit in die Aula«. Das hat uns großen Eindruck gemacht.

Werner Burkhardt

Wahnsinnszeiten

Als ich im Herbst in die G10 kam, eine Klasse unter der Unterprima, ging plötzlich mit enormer Verve und Intensität das Kulturleben los. Während der Nazizeit war ein großer und hochbedeutender Teil unserer Kultur verboten, Thomas Mann genauso wie alle jüdischen Autoren. Es fehlten auch die berühmten jüdischen Interpreten. Wichtige Dramen aus Frankreich, England oder Amerika durften nicht gespielt werden. Dann aber war diese Nazihölle vorbei, diese Unfreiheit, irgendwelchen Vorgesetzten parieren zu müssen, die man nicht achtete. Man konnte sich zwar nichts kaufen, keine Nahrungsmittel, keine Kleider, keine Schuhe, aber es öffnete sich die Welt der Kultur.

Etwas Neues fing an. Wir entdeckten Amerika, bestaunten Thornton Wilders *Wir sind noch einmal davongekommen*, Frankreich mit Jean-Paul Sartre, Jean Anouilh, Jean Giraudoux. Kritische Shakespeare-Aufführungen fanden statt. Wir konnten ungehindert Anteil nehmen an einer erstaunlichen Sphäre und waren berauscht von all diesen Möglichkeiten, Menschliches, Gesellschaftliches und Seelisches als Theaterkunst zu erleben. Das machte alles einen wahnsinnigen Spaß. Wie ich mich als Sechzehn-, Siebzehnjähriger in diese Welt stürzte, das ist heute noch ein Kapital für mich. Ich bin meinem Schicksal sehr dankbar, dass ich damals die passionierte Unverschämtheit besaß, mit Werner Burkhardt innerhalb eines einzigen Jahres vierhundertmal ins Theater oder Konzert zu gehen. Vierhundertmal! Also immer am Wochenende auch in die Nachmittagsvorstellungen. Ich weiß nicht mehr, wie wir an Karten kamen, aber wir schafften es immer oder schlichen uns irgendwie in die Vorstellungen. Werner verdanke ich auch die Welt der Oper. Ich wusste damals doch nicht, wie schön eine Mozart-Oper ist! Er war, als Großstädter, geborener Hamburger, ein leidenschaftlicher Operngänger. Er beschaffte auch die Klavierauszüge, und wir gingen gemeinsam die Opern durch.

Viele Schüler unserer Klasse waren musisch interessiert, und es ist erstaunlich, wie viele in diesem Bereich auch beruflich etwas zuwege brachten. Werner Burkhardt wurde für einige Jahrzehnte der führende Jazz-Kritiker Deutschlands, Hans-Günther Martens arbeitete als Dramaturg an den Münchner Kammerspielen und am Gärtnerplatztheater, Wolf Erichson wurde ein hochgeschätzter E-Musikproduzent, Claus Biederstädt ein populärer Theater- und Filmschauspieler. Auch meinen Jugendfreund Joachim Schara aus Tilsit traf ich in der Hamburger Klasse wieder. Er war ebenfalls heftig am Theater interessiert. Was ihn angeht, so habe ich ein paar Jahre später als junger Kritiker vielleicht einen Fehler gemacht. Er schickte mir zwei Novellen, die er geschrieben hatte. Ich warnte ihn, dass einiges aus manchen Gründen nicht ganz funktionieren würde. Daraufhin gab er wohl die Schreiberei auf. Doch es spricht eigentlich sehr für die Novellen und ihre Inhalte, dass ich sie bis heute nicht vergessen habe. Möglicherweise habe ich ihn damals allzu sehr entmutigt. Aber er nahm es mir überhaupt nicht übel, studierte Medizin und wurde ein berühmter Anästhesist und Chefarzt.

Selber ein glänzender Schüler, versuchte Schara, mir in Mathematik zu helfen. Es nützte nichts. Meine Mathematiknoten blieben miserabel. Dass ich das Abitur bestehen würde, war aber klar. Es kam damals längst nicht so auf Zensuren an wie heute. Die derzeitige Überbewertung der Noten scheint mir geradezu schwachsinnig. Nun legen Schüler Fächer ab, die ihnen eigentlich Spaß machen, und wählen andere, um bessere Zensuren zu bekommen. Das halte ich für verhängnisvoll. Entscheidend ist doch, dass man als junger Mensch leidenschaftliches Interesse entwickelt, Feuer fängt. Das tat ich bei diesem Riesenangebot von Kultur.

Draußen vor der Tür[5]
von Werner Burkhardt

Zuerst höre ich die Stimme. Dann erst sehe ich das Bild; das Gesicht mit der grotesken Gasmaskenbrille und die Gestalt im behäbigen, viel zu weiten Wehrmachtsmantel. Den schneidenden, bellenden Klang, mit dem Hans Quest sein »Gibt denn keiner, keiner Antwort?« in die Nacht rief ... Ihn habe ich noch im Ohr, und das wird wohl auch daran liegen, daß Wolfgang Borcherts Heimkehrer-Stück »Draußen vor der Tür« zunächst ein Hörspiel war, das vom damaligen WDR gesendet wurde, ehe es auf den Brettern der Hamburger Kammerspiele sichtbar wurde: ein erstes Protokoll der Zeitstimmung um die Stunde Null. Eine ganz unmittelbare wie explodierende Aufarbeitung der jüngsten Vergangenheit, des Kriegs und der Ruinenstädte, ehe das Tor zur freien Welt sich wieder öffnete und die ausgedörrten, aufatmenden Menschen dem Welt-Theater begegnen durften, das während der Hitlerjahre verpönt war.

Wie einleuchtend das klingt, und ist doch ganz falsch. Aufarbeitungen leistet man nicht über Nacht. Sie brauchen ihre Zeit. Als »Draußen vor der Tür« Premiere hatte, schrieb man den 21. November 1947, und Ida Ehre hatte ihr Theater schon im Dezember 1945 eröffnet, hatte schon Anouilh und Giraudoux, Shaw und Wilder gespielt, ehe der Rußlandheimkehrer das Unsägliche sagen, den Schrei in Sätze verwandeln konnte. So bastelt die Erinnerung ihre eigene Chronologie, und seltsam: So falsch ist sie gar nicht ... im nachhinein.

Die Hamburger Kammerspiele sind »in jenen Tagen« das nächste Theater gewesen, und das ist – vor aller Kunst – ganz wörtlich zu nehmen. Genau einhundertundzehn Schritte, neulich erst wieder auf einem Spaziergang nachgezählt, liegen zwischen dem Haus in der Hartungstraße und der Chemischen Reinigung meiner Eltern. Nach besonnter Vergangenheit klingt das. Aber das Pflaster hat in diesem Teil der Hansestadt, im noblen Hamburg 13, durchaus einen doppelten Boden: Das Judenviertel hat hier gelegen, und schwer von dunklem Schicksal ist das Gelände schon gewesen, lange bevor der

5   In: SZ, 6. Mai 1985.

Unteroffizier Beckmann aus dem Dunkel kam und von Dingen redete, über die keiner mehr reden wollte.

Erinnerungen kommen hoch, verschwommene an ganz Frühes, an den Blick aus dem Fenster der Volksschule Binderstraße über den Hof und die Ziegelmauer in die immer leerer werdenden Klassenzimmer der Talmud-Thora-Schule und an die Möbelwagen, die vor dem Geschäft der Eltern auf die frisch gereinigte Luxus-Garderobe der Ärzte und Rechtsanwälte warteten, die es noch schafften bis Amsterdam. Wie genau sehe ich ihn noch wirklich, den Brand der Synagoge am Bornplatz? Doch ganz und gar unvergeßlich sind mir die uralten Pärchen, die sich gleich neben dem Haus in der Hartungstraße mit ihrem gelben Stern in den Schatten der Mauern und Bäume drükken. Unheimlich blieb mir über Jahre dies Haus selbst, genau auf der Grenzscheide zwischen den beiden Teilen des Viertels, zwischen den Gründerzeit-Villen der Assimilierten und der Trödler-Geducktheit im Schatten der Synagoge gelegen. Mitten im Krieg wurden die geheimnisvollen Türen plötzlich geöffnet. Das Thalia-Theater zog ein, und ich, damals Luftwaffenhelfer, sah »Hedda Gabler«, sah Hanne Martens, die sie im April 1945 im KZ Neuengamme umgebracht hatten. Es ging in der Tat mit unheimlich rechten Dingen zu, als Ida Ehre just hier nach Kriegsschluß ihr Theater aufmachte und ihm den verpflichtenden Namen »Hamburger Kammerspiele« gab.

Mit heiligem Eifer ist sie dieser Verpflichtung nachgekommen, hat dem finsteren Aberglauben der Nazis die weiße Magie von Aufklärung und Toleranz entgegengesetzt, und wir angehende Absolventen des Wilhelm-Gymnasiums — natürlich nicht nur wir — waren auf ihrer Seite. Voller Hunger auf alles, was Leib, Verstand und Seele nährte, fanden wir unser Zuhause schnell in den Provisorien der theatralischen Trümmerlandschaft von damals. In den halbzerbombten Schul-Aulen, Sparkassenräumen und Kirchen. Der bitteren Kälte des Nachkriegswinters konnte ich, der Sohn einer Chemischen Reinigung, mit ständig geheizten Räumen für die Büglerinnen, sehr viel besser begegnen; konnte, während wir die Nacht durch umschichtig nach Premierenkarten anstanden, den Laden aufschließen und die rein lassen, die gerade keine Schicht in der Schlange hatten. Als mein Vater frühmorgens die Treppe herunterkam, die Tür unverschlossen und die Bude voll vorfand, brüllte er erstmal: »Hier ist doch keine

Wärmehalle!«, beruhigte sich aber sehr schnell, als er uns halbe Kinder da hocken sah ... betreten, halb noch zitternd, aber auch stolz auf unseren Wahnsinn.

Nein, es ist wohl nicht nur das einsetzende Altersgedächtnis, wenn wir überzeugt bleiben, daß die Hamburger Kammerspiele ihre theatralische Sendung uns gegenüber mit besonderer Wirkung in die Ferne erfüllt haben; wenn wir Besetzungen – Hilde Krahl damals, weißt du noch? – geschlossen herunterbeten können, Ida Ehre als Hekuba vor uns sehen, von Edda Seippel das gurrende »Lied der Taube« noch im Ohr, Assmanns Inszenierung der »Nichte Susanne« noch im Blut haben, weil sie Maßstäbe setzte für das so schwere Leichte. Humor war nämlich nicht verpönt, wurde nicht zugewuchert vom Weltbild. Auch so was prägt.

Die Stimme des Unteroffiziers Beckmann klingt inzwischen sehr viel leiser. Das ist nicht zu leugnen. Wer aber in sich hineinhorcht oder besser: Wer nachliest, wird feststellen, daß er auf viele Fragen, »Draußen vor der Tür« unserer Gesellschaft gestellt und immer noch zu stellen, auch heute keine Antworten weiß. Er wird wohl damit leben müssen.

Die wunderbaren Geiger Nathan Milstein und Isaak Stern wollten nicht mehr in das Land ihrer Todfeinde. Yehudi Menuhin verhielt sich ganz anders. Er kam sofort. Ihm war egal, ob ihm das vielleicht für seine Karriere in Amerika schaden könnte. Er wollte den Menschen helfen, fand, Musik müsse Grenzen überwinden. Menuhin war über Berlin weltberühmt geworden. 1929, als er zwölf Jahre alt war, spielte er als Wunderkind an einem Vormittag mit den Berliner Philharmonikern »Das Konzert der drei B«, hintereinander ein Bach-, das Brahms- und das Beethoven-Violinkonzert. Albert Einstein schwärmte: »Jetzt glaube ich wieder an Gott.« Menuhin geigte damals genial naiv. Erst später merkte man, dass er rein instinktiv spielte und über keine solide Technik verfügte. Da musste er sehr viel nachholen und ist nie so weit gekommen wie Heifetz, Milstein oder Oistrach. Aber er war ein unvergleichlicher Typ.

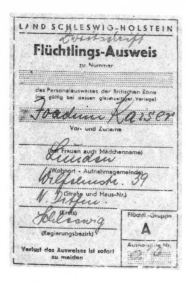

An Probleme als Flüchtling kann ich mich kaum erinnern. Ich hatte gute Freunde, und Werners Eltern haben sich herzlich um mich gekümmert. Meine lebten ja in Lunden und waren für mich Herrschaften, die gelegentlich zu Besuch kamen. Durch den Krieg war ich die Trennung von ihnen bereits gewohnt. Das war auch nichts Besonderes, den meisten meiner Generation ging es so. Ich habe unter dem Abstand jedenfalls nicht sehr gelitten. Es bringt auch Vorteile, wenn man in der Pubertät nicht zu sehr von den Eltern kontrolliert werden kann, erspart einem zumindest lästige Diskussionen und Streitereien.

Ich wohnte in der Grindelallee 7 zur Untermiete bei einer älteren Dame, Frau Carstens. Rührend wie sie war, überließ sie mir die meisten ihrer erbärmlich wenigen Essensmarken, damit ich etwas zwischen die Zähne bekam. Die Fensterscheiben meines Zimmers waren kaputt, daher war es im Winter ziemlich kalt, aber ich konnte mich ja bei Werners Eltern aufwärmen. Wir belagerten regelmäßig ihre chemische Reinigung, um von dort aus im Wechsel für Karten der Hamburger Kammerspiele anzustehen. Direkt um die Ecke gelegen war dieses Theater eine Zeitlang sicher so etwas wie unser zweites Zuhause.

An eine Demütigung erinnere ich mich aber. Werner war fleißiger Kunde in einer Leihbücherei. Ich wollte dort natürlich auch Bücher ausleihen, aber sie lehnten ab: »Sie kommen bei uns nicht rein, Sie sind nicht von hier.« Das hat mich enorm getroffen. Solche kleinen Demütigungen gab es schon. Doch sie betrafen eigentlich alle, nicht nur Flüchtlinge. Wer in die Oper wollte, musste sich frühmorgens, fast mitten in der Nacht, für Karten anstellen. Damals war die Staatsoper noch nicht wieder aufgebaut, die Aufführungen fanden im Probenraum statt. Direkt gegenüber lag ein großes Center der britischen Besatzungsmacht. Im hellerleuchteten ersten Stock saßen die Soldaten und tranken ihren Whisky, während wir, schlecht angezogen, unten im Regen warteten und uns um Karten bemühten. Das waren schon Unterschiede.

Andererseits hatte ich gleich großes Glück. Auf einer Schülerdiskussion fiel ich dem Radiosender NWDR auf, den der jüngere Bruder des Romanciers Graham Greene, Hugh Carleton Greene, mitbegründet hatte und organisierte. Im Auftrag der britischen Besatzungsmacht musste er nun überprüfen, ob ich und meine Familie politisch hinreichend unbelastet waren. Wir sprachen unter anderem ausführlich über Thomas Manns *Joseph*-Romane, die er für langweilig hielt. So wurde ich im Jugendfunk eine Art »Vorzeigeflüchtling«. Erstens sprach ich einen noch grelleren Dialekt als gegenwärtig, zweitens war ich jung und drittens ganz munter. Auf diese Weise verdiente ich sogar etwas Geld.

Mich bewegt deine Frage, warum ich nicht über den Verlust der Heimat entsetzt oder traurig war. Ich kann sie nur damit beantworten, dass mit diesem Schicksal damals sehr viele fertig werden mussten. Deklassiert oder tieftraurig fühlt man sich doch nur, wenn man als Einziger ein schreckliches Unglück durchmacht, während es allen anderen gut geht. Außerdem war die Gewalt des Zusammenbruchs so über alles Vorstellbare beeindruckend gewesen, dass man fatalistisch und erleichtert reagierte. Wir fangen von vorne an! Natürlich gab es Flüchtlingsverbände, Interessenvertretungen, die sich trafen und Gedichte in Mundart aufsagten. So etwas widerstrebte mir aber peinlichst. Ich wollte von vorne anfangen.

Was damals begann[6]
Erinnerungen an die Stunde Null (1)

Es war nicht das Ende einer Welt – als die immer bedrohlicheren, immer hysterischeren, immer machtloseren Exekutiv-Organe des Dritten Reiches schließlich aufhören mußten, zu befehlen, einfach weil sie aufhörten, zu existieren. Die damals Lebenden – besser: Überlebenden – empfanden den 8. Mai vielmehr als das Ende eines Tunnels. Der »Zusammenbruch« hatte sich ja schon lange abgezeichnet. Die zerbombten Städte waren unwiderlegliche, unübersehbare Symbole für ein allen und allem bevorstehendes Ende gewesen. Von überallher näherten sich siegreiche Gegner, denen Grausames angetan worden war und die es grausam vergelten konnten. In unseren Herzen nisteten Angst (die man schnell vergißt), Apathie, Beschämung und Schande (die sich schwerer vergißt). Und absurderweise, ein seltsamer Überlebenstriumph gerade dort, wo es am schlimmsten zugehen sollte. Die Weihnachts- und Silvestertage 1944/45 im Osten zittern von einem bizarren »Laßt uns den Krieg genießen, denn der Friede wird furchtbar sein!«

1945 brach nichts zusammen, was sich nicht schon längst als brüchig erwiesen hätte. Doch für die Überlebenden leuchtete am Ende des Tunnels etwas auf. Ein Licht. Das Licht der Freiheit. Obwohl der Hunger, Vertreibung, Kälte, Ohnmacht die Geschwister unserer neuen Freiheit waren – in den Erinnerungen der Autoren an »ihre Stunde Null« vibriert's von Freiheitslust.

Wie sah sie aus, diese herrliche, gerade von den Intellektuellen und »Kunst-Interessierten« so heftig gefeierte Freiheit? Sie imponierte am wenigsten als Umerziehungs-Dogma à la »Deutsche: lernt Demokratie!«. Daß so viele sich der Jahre nach 1945 glücklich erinnern, hängt mit etwas anderem zusammen, was die »Alliierten« wahrscheinlich gar nicht absichtsvoll inszenierten. Nämlich mit der Veränderung des Tones. Des öffentlichen Klimas. Die Menschen mußten plötzlich keine fleischgewordenen Fahnensprüche mehr sein. Es donnerte keine heroischen Sprüche und Befehle.

6   In: SZ, 6. Mai 1985.

Von Opfer, von Heroismus, von »Du bist nichts, dein Volk ist alles« war nicht mehr die öffentliche und schon gar nicht die private Rede. Des Westens ziviler Reiz begann zu wirken. Das entspannte Parlando diskutierender Rundfunkkommentatoren. Die Weltläufigkeit, die Ironie, die Brillanz des Nicht-Faschistischen.

Trotz aller Kollektivschuld-Diskussion, trotz aller Scham (wie kam sie wieder, als 1972 die israelischen Sportler im Olympia-Zentrum ermordet wurden!): Kein Mensch, kein Volk kann nur leben vom, grob gesagt, tugendhaften »Sich-Beknirschen«. Steckte in uns nicht auch die Erinnerung an ein größeres und anderes Deutschland – als nur an dasjenige Hitlers? Waren die »Amis« nicht auch bloß barbarische »Russen mit Bügelfalten«? Fingen die neuen Ungerechtigkeiten nicht schnell wieder an? Dergleichen konnte sich nächtlich in einem Bewußtsein melden, das tagsüber Lieder der Demokratie aufrichtig sang. Oder, besser gesagt, umgekehrt. Der tägliche Mangel- und Trümmer-Kram machte boshaft-selbstgerecht; abends und in angstloser Nacht gingen dann die Sterne der neuen Ordnung auch für die Verbitterten und Verbiesterten auf.

Irgendwie verbiestert aber waren zumindest die Jüngeren damals fast alle. Sie sahen sich gedemütigt, als Objekte, als Säuglinge im Demokratie-Umerziehungs-Kindergarten. Sie muckten auf, um sich selbst zu fühlen, zu finden. Und was sie in der »Großen Zeit« gelernt hatten, rebellierte auch gelegentlich, falls sie nicht so alt waren, ihre entscheidenden Erfahrungen bereits in den zwanziger Jahren gemacht zu haben. Als ich zum erstenmal in einer Ausstellung Paul Klees »Rhythmus der Bäume« sah, fand ich die Zeichnung primitiv, dümmlich, simpel, ärgerlich. An Thornton Wilder freilich gewöhnte man sich rasch. Sartres Existentialismus und der Surrealismus des Neuen Dramas sprachen uns sogar eher zu sehr aus der Seele. Aber glich Schönbergs Musik nicht doch einer blutleeren Konstruktion? Es dauerte Jahre, bis man dem allen näherzukommen vermochte.

Das alles fing im Mai 1945 an. Es waren produktive Momente zugleich kollektiver und individueller Besinnung. Unsere zwanziger Jahre: Sie hörten auf – so ist der Mensch –, als nach der Währungsreform die Restauration einsetzte.

Komischerweise erinnere ich mich nie genau, ob ich 1947 oder 1948 Abitur machte. Ich erinnere mich nur daran, dass ich Angst hatte, wie es nach dem Gymnasium weitergehen sollte. Als Schüler schrieb ich zwar recht gute Aufsätze, wäre aber niemals auf die Idee gekommen, dass man daraus einen Beruf machen kann. Einmal sah ich im Foyer des Hamburger Theaters auch einen Musikkritiker, Johannes Jakobi, der später ein heftiger Gegner des Neuen Bayreuth wurde. Er hatte unglaublich lange Koteletten, schien mir namenlos eitel und von Bedeutung zerfressen. Ich dachte, Donnerwetter, muss das ein toller Beruf sein! Aber ich erwog nicht im Traum, dass es etwas für mich sein könnte. Ich hatte meist Krach mit meinen Musiklehrern, vermutlich weil ich ziemlich frech war.

Als wir um die Mittagszeit die Abiturzeugnisse überreicht bekamen, eilte ich sofort zu einer Studienberatungsstelle und fragte, wo ich Musikwissenschaft studieren könnte, was ich studieren wollte, ohne recht zu wissen, um was es da geht. Man sagte mir: »Sie sind erst achtzehn Jahre alt, Sie haben keine Verletzung, Sie sind kein Kriegsheimkehrer, da können Sie nicht einfach studieren. Für Sie gibt es nur eine einzige Chance auf einen Studienplatz: Sie müssen eine Aufnahmeprüfung bestehen.« Ich fragte beklommen, wo geprüft würde. In Göttingen und in Heidelberg fänden Prüfungen statt, hieß es. Da ich keine Ahnung hatte, wo Göttingen und Heidelberg liegen, fragte ich nach, was näher bei Hamburg sei. Wahrheitsgemäß klärte man mich auf: ganz entschieden Göttingen. Von der Studienberatung ging ich direkt zum Bahnhof und fuhr dorthin.

An jenem Tage fanden gerade die Prüfungen für Musikwissenschaft statt. Am Nachmittag kam ich in Göttingen an und ging zu Professor Rudolf Gerber. Er hatte ein Buch über Brahms veröffentlicht, was ich natürlich nicht wusste, und so fragte er mich: »Was ist Ihrer Ansicht nach die typischste Symphonie von Brahms?«

»Die 3.«, antwortete ich. »Sie fängt mit einem Devisenthema an, zugleich in Dur und Moll, erst dann folgt der eigentliche thematische Verlauf.« Gerber wollte auch diverse Opuszahlen von mir wissen. Die konnte ich alle auswendig, weil ich damals schon ein kindisches Gedächtnis für Opuszahlen hatte. Ich nannte die Klaviertrios Opus 8, Opus 87, Opus 101, die Klavierquartette, Streichquartette, Streichquintette. Gerber war einigermaßen verblüfft und sagte: »Passen Sie auf, es ist jetzt März, diese Prüfung gilt für das kommende Wintersemester. Wenn Sie wollen, können Sie aber schon im Sommersemester anfangen, und wenn Sie Lust haben, können Sie später mein Assistent werden.« Das war nicht direkt ein negativer Moment in meinem Leben. Stolz telegraphierte ich meinen Eltern: Abitur in Hamburg bestanden, in der Universität Göttingen aufgenommen.

B. Leistungen im Unterricht und in der Prüfung:

Religion:	teilgenommen	Latein:	gut
Deutsch :	gut	Griechisch:	befriedigend
Geschichte:	gut	Englisch:	Gut
Erdkunde:	gut	Französisch:	befriedigend
Mathematik:	mangelhaft	Spanisch:	- -
Physik:	ausreichend	Leibesübungen:	gut
Chemie:	befriedigend	Nadelarbeit:	- -
Biologie:	gut	Hauswirtschaft	- -
Musik:	sehr gut	Handschrift	ausreichend

Während des Studiums der Musikwissenschaft fand ich meine engen Lebensfreunde Carl Dahlhaus, leider inzwischen verstorben, Rudolf Stephan, den Berliner Ordinarius, mit dem ich immer noch herzlich befreundet bin, und Erich Beuermann, mittlerweile ein weltberühmter Sammler von vielen hundert historischen Klavierinstrumenten. Nur machte mir die Musikwissenschaft im Laufe der Zeit immer weniger Spaß. Ich gewann den Eindruck, dass die meisten Musikwissenschaftler die Stücke eigentlich gar nicht lieben, sondern mehr analysieren. Carl und Rudolf, der von allen Freunden immer nur Michael genannt werden wollte, wurden später natürlich berühmte Ausnahmen. Sie waren alles andere als trockene Musiktheoretiker. Ganz im Gegenteil, Michael kennt jeden Vogel, liebt jede Pflanze, kann sich über Menschen, Musiker und Kompositionen mit einer Eindringlichkeit, Herzlichkeit und Sorgfalt äußern, wie ich sie bei keinem anderen Menschen je erlebt und genossen habe. Ein Genie des suchenden, aber auch des findenden Dialoges.

Für mich wurde damals die Musikwissenschaft trotzdem zu einer immer quälenderen Beschäftigung. Zuerst vermutete ich die Schuld bei mir, dann bei den Professoren, endlich bei der Sache. Im fünften Semester hielt ich es nicht mehr aus und sattelte um auf Germanistik.

Erste Begegnung[7]
von Hans-Geert Falkenberg

Für eine ganze Generation von Studenten hat ihr eigentliches, geistiges Leben in Göttingen begonnen, gleich ob sie ihr Abitur schon lange vor oder erst kurz nach dem Zweiten Weltkrieg gemacht hatten. So spielte damals ein Altersunterschied von etwa zehn Jahren kaum eine Rolle, um so weniger als ein großer Teil darauf angewiesen war, sich das Geld fürs Studium selbst zu verdienen: gleich ob mit Nachtarbeit in einer Druckerei, mit ersten journalistischen Versuchen, oder auch – last but not least – mit Vorlesungen in der Göttinger Volkshochschule.

Ich las dort wohl schon im 6. Semester vor jungen Facharbeitern aus dem Reichsbahnausbesserungswerk oder einer Glasfabrik. Aber auch vor älteren Damen aus dem Bürgertum über expressionistische Lyrik, über die amerikanische Kurzgeschichte oder das moderne französische Drama und hatte mir damit einen festen Zuhörerkreis von etwa fünfzig bis sechzig Teilnehmern erarbeitet.

Für das Wintersemester 1949/50 hatte ich auf der Woge dieses Erfolges etwas über Thomas Manns *Dr. Faustus* angekündigt und erwartete trotz des schwierigen Themas und, obwohl ich mit einer Woche Verspätung hatte beginnen müssen, mehr Teilnehmer als bisher. Doch ich traute meinen Augen nicht: trotz des inzwischen fest eingeführten Termins (Montag, 20 – 22 Uhr) saßen nicht mehr als etwa fünfzehn Menschen im Hörsaal. Ich begann enttäuscht und mißvergnügt mit einer Sache, die mir bis zu diesem Abend große Freude und viel Lust bereitet hatte.

Wie war das möglich? War das Thema doch zu hochgestochen für die VHS? Hatte die Ankündigung des verschobenen Termins nicht geklappt? Mein erster Weg am Dienstagmorgen führte mich zu Carlos Pfauter, dem Kulturdezernenten, der Jahre vorher mir und einigen befreundeten Kommilitonen diesen Job überhaupt möglich gemacht hatte.

Auf meine Frage mußte Carlos das VHS-Vorlesungsverzeichnis gar nicht zu Hilfe nehmen: »Gestern abend? Ja, Geert, hat Ihnen denn

7 In: SÜDPREUSSISCHE ZEITUNG. Neueste und ältere Nachrichten aus Joachims Leben. Sonderausgabe zum 70. Geburtstag. 18. Dezember 1998.

noch niemand erzählt? Da zelebriert doch dieser junge Balte ›Leben und Werk von Frédéric Chopin‹. Aus Neugier war ich bei der Eröffnung vor einer Woche und bin gestern abend wieder da gewesen. Das ist ›ravissant‹, würde Saul Fitelberg sagen.«

Ich unterbrach Carlos schnell, um mir nicht noch weitere Lobeshymnen auf ein mir unbekanntes Idol anhören zu müssen. Wie war der Name? Joachim Kaiser. Ich bat Pfauter im Weggehen nur noch, meine Vorlesung am kommenden Montag zu streichen; ein neuer Termin wurde angekündigt.

Was ich dann am Montag darauf erlebte, war überwältigend. Der kleine Saal war überfüllt, und vorne neben dem Flügel stand ein völlig unbekümmerter, kaum gekämmter Jüngling, der genau wußte, wovon er sprach. Dabei hatte er einen Klang in der Stimme, der mir aus frühester Kindheit von nach Pommern geflüchteten Balten wohlvertraut war; jene Melodie, die die Musikalität des Russischen hintergründig in die deutsche Sprache trägt.

Doch der Vortrag des Jünglings, mit Scharfsinn und Witz gewürzt, leitete nur zum musikalischen Teil über; denn den intellektuellen Einsichten folgten im richtigen Augenblick schlagende Beispiele am Pianoforte, nicht immer fehlerfrei vorgetragen; doch das spielte für mich im Nexus dieses faszinierenden Geschehens schon keine Rolle mehr.

Lange vor Ende des Abends war mir klar: diesen Joachim Kaiser, der mir im eigentlichen Sinne in die Quere gekommen war, mußte ich kennenlernen. [...]

Bei unserer ersten Verabredung erzählte ich dem jungen Mann aus Hamburg etwas von der Radaktionsarbeit in und an der (schon im Dezember '45 gegründeten) »Göttinger Universitätszeitung (GUZ)«. Doch das ist ein anderes Kapitel aus einer langen Geschichte ...

Die Einführungen über Chopin und weitere Lesungen über die Musik des 20. Jahrhunderts waren für mich eine gute Gelegenheit, etwas Geld zu verdienen. Aber noch wichtiger war, dass ich durch sie lernen konnte, wie man Vorträge hält. Man muss ja flexibel sein. Man muss spüren, wann sich das Publikum langweilt, und dann zum Beispiel einen Scherz machen, um die Langeweile zu töten. Man muss auch

merken, wann man ein Publikum unterfordert, und dann dringlicher argumentieren. In gewisser Weise ist ein Vortrag eine erotische Angelegenheit. Man muss seinen Gegenstand und das Publikum als Partner empfinden und mögen. Und das Publikum muss spüren, wie der Betreffende es liebt und sich Mühe gibt. Sonst passiert wie so häufig, dass sogar hochintelligente Leute schrecklich trockene und langweilige Vorträge halten.

Ich improvisiere gerne und bin gar nicht glücklich, wenn meine Vorträge nachgedruckt werden sollen. Meine Manuskripte sind bewusst konfus abgefasst, mit Klammern und Anmerkungen, die durcheinandergehen. Ich engagiere mich dann beim Vorlesen viel aktiver, als wenn ich ein problemlos glattes Manuskript ablese.

Rudolf Stephan führte mich damals in Göttingen in einen Kreis um den Schriftsteller Hermann Stresau ein, ein berühmter Faulkner-Übersetzer, der gerade aus Amerika zurückgekommen und sehr arm war. Er hatte eine reizende Frau und eine sehr schöne Wohnung, in die er alle vier Wochen Leute zu sich einlud. Auf diese Weise lernte ich viele Schriftsteller kennen, was für mich natürlich sehr spannend war. Da ich publizieren wollte, fragte ich sie, wo das denn möglich sei. Aber da sie alle selber nichts hatten, konnten sie mir nicht weiterhelfen.

Einmal schrieb ich an die Gräfin Dönhoff bei der *Zeit*. Sie antwortete sogar und bot mir an, ich könne die Leserbriefabteilung betreuen. Ich möchte heute noch wissen, wie sie darauf kam, einem ganz jungen Mann die Leserbriefe anzuvertrauen. Dazu braucht man doch eine

gewisse menschliche Erfahrung. Das Ganze kam mir jedenfalls unheimlich vor, und ich verschlampte das Angebot regelrecht. Eigentlich unbegreiflich, denn es war eine Chance. Anderseits, was hätte ich in einer Leserbriefabteilung gesucht?

Hans-Geert Falkenberg, der als Student fanatisch links und unbestechlich intelligent war, was mir sehr imponierte, der später in seinen WDR-Jahren gegen alle Widerstände für die Qualität der Kultursendungen kämpfte, so wütend-rückhaltlos, dass er von seinen Mitarbeitern scherzhaft, aber anerkennend, »Don Chaos« genannt wurde, schlug mir vor, für die *GUZ*, die *Göttinger Universitätszeitung*, zu schreiben. Das tat ich fleißig. Nach einiger Zeit wurde ich auch dem berühmten Juristen und Mentor der *GUZ*, Professor Ludwig Raiser, vorgestellt. Er fragte mich, was meiner Meinung nach an der Zeitung alles verbessert werden könne. Ich redete temperamentvoll. Nachdem ich mich verabschiedet hatte, sagte Raiser zu anderen Redakteuren: »Dieser Kaiser geht mir ganz schön auf die Nerven. Wenn er wenigstens ein bisschen schreiben könnte.« Dem hatte ich offenbar nicht sehr imponiert.

Aber ich hatte eine Freundin, Brigitte Otto Kommerell. Und die kannte Walter Maria Guggenheimer, einen damals legendären Redakteur in Frankfurt. Sie stellte eine Beziehung her, und so durfte ich in den *Frankfurter Heften* meinen ersten Aufsatz veröffentlichen, über einen Novellenband von Fred Hörschelmann, der zu jener Zeit als geschickter Hörspielautor sein Geld verdiente. Das war im Februar 1951.

Kurze Zeit darauf kam Guggenheimer nach Göttingen, um Biggi zu besuchen. Er war damals Mitte, Ende vierzig, und ich dachte staunend, was will denn dieser Greis von meiner zauberhaften Biggi. Sie bat ihn, er solle mich doch persönlich kennenlernen. Ich kann mir gut vorstellen, wie begeistert er von diesem Vorschlag war. Da er aber gute Manieren hatte, sagte er: »Na schön, dann wollen wir zusammen essen gehen.« Das wurde das entscheidende Essen in meinem beruflichen Werdegang.

Adorno-Rückblick 1

Guggenheimer war sehr höflich. Während der Mahlzeit jammerte er: Von dem Wiesengrund ist ein verrückt schweres Buch erschienen. Damals sagte man, Schönberg wie Stuckenschmidt, noch: »der Wiesengrund«. So hieß Adorno eigentlich vom Vater her. Dann aber wählte er den gewiss edleren, attraktiveren Namen seiner Mutter: Adorno. Antisemitische Adorno-Gegner sind mittlerweile auch daran zu erkennen, dass sie ihn nach wie vor Wiesengrund nennen ...

Guggenheimer klagte also, niemand könne die *Philosophie der neuen Musik* verstehen oder gar besprechen. Ich hatte das Buch gelesen und meinte, beides sei durchaus möglich, den Text zu kapieren und zu rezensieren. Ungläubig sah er mich an: Versuchen Sie es. Natürlich wusste ich, jetzt ging es um einiges. Arbeitete wochenlang an der Rezension, sprach sie mit Carl Dahlhaus penibel durch. Meine Freundin Biggi musste viel Kaffee kochen. Ich schickte das Objekt meiner Bemühung nach Frankfurt und bekam es postwendend zurück. Wäre alles sehr schön, doch wirklich völlig unverstehbar. Vergnügt replizierte ich, man könne natürlich über Hegel so schreiben, dass es Siebenjährige verstehen. Die Frage sei nur, ob man dann noch über Hegel schreibe. Immerhin hatte ich einen Vermittlungsvorschlag: Ich würde alles doppelt sagen. Dann wirke es verständlicher.

Der Aufsatz »Musik und Katastrophe« erschien im Juni 1951 in den *Frankfurter Heften* und hatte ein mich überwältigendes Echo. Die *Frankfurter Allgemeine Zeitung* meldete sich mit Manuskript-Wünschen. Der Hessische Rundfunk, wo Alfred Andersch und Heinz Friedrich für das Abendstudio verantwortlich waren, kam auf mich zu. Adorno lud mich herzlich zu sich nach Hause ein. Äußerte sich liebenswürdig und bot mir auch den berühmten Likör an, den seine Frau, Gretel, gebraut hatte und über den schon Thomas Mann anerkennend schrieb. Er schmeckte mir übrigens nicht besonders. Am meisten hatte Adorno den Schluss meines Aufsatzes zu beanstanden. (»Das nächste Wort über moderne Musik fällt jetzt der historisch betrachtenden Musikwissenschaft zu«.) Musikologen, die er für unfähig und unproduktiv hielt, die Lösung eines Problems zuzutrauen, mit dem sogar er Schwierigkeiten gehabt hatte, das schien ihm absurd. Übrigens herrschte damals unsere gegenwärtige Political Correctness noch nicht. Heute wäre es sehr heikel, Sedlmayers *Verlust der Mitte* ganz ohne absichernde Distanzierung neben Adorno und Benjamin zu zitieren.

Musik und Katastrophe[8]

THEODOR W. ADORNO: Zur Philosophie der neuen Musik. Paul Siebeck J. C. B. Mohr Verlag. Tübingen 1949, 144 Seiten, DM 9.80.

Die Neue Musik ist nicht mehr Gegenstand erbitterter Diskussion und beteiligter Leidenschaft. Der Streit, der nach dem Kriege um sie entbrannte, scheint erstarrt zu sein; was eben noch bewegter Konflikt war, verhärtet sich zum Grabenkrieg der Sekten, wo die Gegner sich genausowenig ändern wie die Argumente; und zur Klärung, zum Sediment, ja selbst zur vagen communis opinio scheint es nicht mehr zu kommen. Immer noch singen Kirchenchöre Pepping und fühlen sich als Avantgarde; immer noch klatschen die Jungen über jeden konfusen Tumult, weil, was sich fürchterlich und chaotisch gebärdet, deshalb wahr und richtig sein müsse, da es sei »wie unsere Zeit«; immer noch nennt man die Komponisten »witzig«, deren Stücke sich anhören wie schlecht gespielter Mozart, wo aber die unpassenden Töne nicht neu oder geistreich, sondern wirklich nur falsch klingen; immer noch führen Dirigenten Symphonien auf, die wie Krieg beginnen und wie Jahrmarkt enden und gar nichts weiter sind als schlechte Scherze über das uralte per aspera ...

Es gibt Gründe genug dafür, daß die Auseinandersetzung mit moderner Musik fast über Nacht zum unbeachteten Gemurmel einiger Fachleute abmagerte; man mag sie in der Sache selbst, im Soziologischen und im Wesen der Nachkriegsentwicklung suchen. Fast, so

8   In: FRANKFURTER HEFTE, 6. Jg., Heft 6, Juni 1951.

scheint es, ist das Stecken-Bleiben der Gespräche auch auf Theodor W. Adornos hochbedeutendes, stellenweise geradezu genial inspiriertes Buch zurückzuführen. Mit nahezu einschüchternder Sachkenntnis ist hier der ganze Problemkreis angegriffen und philosophisch spekulativ gedeutet, ist hier die Diskussion auf ein exklusiv hohes Niveau gehoben worden, welches der Kombattant erst einmal nachvollziehen muß, ehe er sich wieder zu Wort melden kann; das aber will geleistet sein da, wo Hegel-Zitate die leichtesten Stellen sind. Das Niveau, sagt Karl Kraus, ist hoch, aber leider ist niemand drauf. Immerhin, ein solches Buch kann man nicht umgehen oder auf ein paar Überspitzungen festnageln und damit erledigt glauben. Als Kulturkritik hat es nicht seinesgleichen.

Wer nur einen Blick hineingeworfen hat, wird den Rezensenten um die Aufgabe, es wiederzugeben, nicht beneiden. Vereinfachungen und Verzeichnungen werden nicht zu vermeiden sein. Im Grunde gehört auch die »Philosophie der Neuen Musik« zu den seltenen Arbeiten, die, jahrzehntelang währendes Denken und Erfahren komprimierend, angemessen wohl nur der Verfasser selbst kritisieren könnte. Um was geht es?

Die »Philosophie der Neuen Musik« will genommen werden als Exkurs zur »Dialektik der Aufklärung«, einer von Horkheimer und Adorno zusammen verfaßten Arbeit. »Die vollends aufgeklärte Erde strahlt im Zeichen triumphalen Unheils«, heißt es dort. Wie geht das zu? Vollendete Aufklärung sucht, nach den Verfassern, Souveränität über das Dasein, über die Natur, die als dunkle Folie, als das Inkommensurable erscheint. Um diese Souveränität erlangen zu können, schneidet der Mensch sich das Bewußtsein seiner selbst als Natur ab, entzaubert er die Welt, unterwirft er alles der Zahl, dem gleichnamigmachenden Prinzip, um eben beherrschen zu können. Der Kernpunkt dieser Lehre besagt: Indem der Mensch versucht, alles totaler Neutralisierung zu unterwerfen, geht der wirkliche Kontakt zwischen Natur und Subjekt verloren, wird aus Erkenntnis bloßes Funktionieren-Lassen; der Mensch aber gerät in Wahrheit immer tiefer in den Naturzwang hinein. Denn wenn die Naturverschränkung unterbrochen ist, erstarrt das Ich; Natur ist dann nur noch Materie, Vernunft nur noch Funktion. Vernunft kann dann keine inhaltlichen Ziele mehr setzen, sie wird zur zwecklosen Zweckmäßigkeit, fällt mit Verrücktheit zusammen. Wo Denken so zur Funktion, zum bloßen Sektor innerhalb der Arbeitsteilung geworden ist, da entmachten die Führer und die Experten das Individuum, für das Anpassung an die Realität vernünftiger wird als Vernunft. Die Aufgabe der Kulturindustrie aber ist es, das Individuum vom Denken völlig zu befreien, es frisch und konzentriert nach vorn blicken zu lassen, ihm durch verordnete Kulturerzeugnisse die Reflektion seiner wirklichen Lage zu ersparen.

An dieser Stelle setzt die »Philosophie der Neuen Musik« ein. Wirklich fortgeschrittene Musik, so führt sie aus, reflektiert diesen Zustand nämlich doch, bringt alles das zum Bewußtsein, was man vergessen möchte. Aus dieser Bedeutung der fortgeschrittenen Musik konstruiert die Gesellschaft nun gerade ihre Bedeutungslosigkeit. Warum? Weil diese Musik nicht das gesellschaftlich standardisierte, unwahre Bild des Individuums entwirft, das man gern sehen möchte, sondern weil sie aus sich heraus Charaktere hervorbringt, die zwar wahr sind, von denen der durch die Kulturindustrie beruhigte, eingelullte Hörer aber eben deshalb – weil sie das grauenhaft Wahre ins Bewußtsein bringen – nichts wissen will. Man hilft sich, indem man diese Musik irrelevant nennt, sie belächelt, als sinnlosen Spezialistenluxus abtut und sie schließlich mit der Begründung verwirft, sie gebe dem Hörer nichts. In Wirklichkeit nimmt Neue Musik alle Dunkelheit und Schuld der Welt auf sich. All ihr Glück hat sie daran, das Unglück zu erkennen; all ihre Schönheit daher, daß sie dem Schein des Schönen sich versagt.

Den Standort der Neuen Musik aber findet der Verfasser in den Extremen ausgeprägt. Nur in ihnen werde das Wesen der Sache selbst lesbar. Als diese beiden Extreme, zu denen alle Übergänge hinneigen, stellt Adorno die Komponisten Schönberg und Strawinsky vor. Es ist bemerkenswert, daß auch der Kunsthistoriker H. Sedlmayr in seinem bekannten Buch »Verlust der Mitte« dies die Extreme befragende Erkenntnistheorem Walter Benjamins zu seinem heuristischen Prinzip macht. Auch er glaubt, »daß sich in solchen absonderlichen Formen Eigentümlichkeiten enthüllen, die in gemäßigter und deshalb weniger auffallender Weise auch sonst das Schaffen einer Zeit bestimmen, deren Eigenschaft in ihnen auf die Spitze getrieben wird«. Der Grund für ein solches Prinzip mag darin zu suchen sein, daß diese Forscher nicht mehr glauben können, die Mitte sei Herz aller Dinge.

Sie vermögen die »Ideen« nur noch im Außergewöhnlichen zu finden, für sie ist Mitte nicht mehr Zentrum, sondern nur noch Schnittpunkt von Extremen.

Den wahren Fortschritt der Musik verkörpert, und damit treten wir nach der Darstellung in die Diskussion des Buches ein, allein Arnold Schönberg. Nur er überläßt sich den Forderungen der Sache, nur er folgt den Bewegungsgesetzen, denen der »objektive Geist des Materials« gehorcht. (Das musikalische Material, dem der Komponist gegenübersteht, ist als Produkt der Dialektik von Natur und Subjekt, als im Ganzen und in jeder Einzelheit historisch Gewordenes, Erscheinungsform der Bewegung des Geistes.) Sich diesen Gesetzen zu überlassen, darin besteht nach Adorno Schönbergs Größe und zugleich sein Verhängnis, denn heute führen sie auf manchen steilen Grat und in manche unheilbare Aporie. Was wird hier gesehen?

Die Kernthese der Adornoschen Arbeit besagt, daß »nicht zu allen Zeiten alles möglich sei«, daß imgrunde die Redensart der Snobs: »... kann man heute nicht mehr machen« objektiv Wahres ausdrückt. »Es gibt keine Kunst, welche so bald und so viele Formen verbraucht wie die Musik. Modulationen, Cadenzen, Intervallfortschreitungen, Harmoniefolgen nutzen sich in fünfzig, ja dreißig Jahren dergestalt ab, daß der geistvolle Komponist sich deren nicht mehr bedienen kann und fortwährend zur Erfindung neuer, rein musikalischer Züge gedrängt wird«, schrieb schon vor nahezu hundert Jahren der Musikästhet Hanslick (den Wagners genialer Spott bekanntlich zum Urbild des Beckmesser machte, so dem Kritiker unseriöse Unsterblichkeit verleihend). Adornos Verdienst ist nun, daß er seine Thesen von der »Tendenz des Materials« bezwingend in die Grundierung hineingebaut hat, welche die »Dialektik der Aufklärung« legte. Er schafft, und das ist eine bemerkenswerte, intellektuelle Leistung, Kategorien für die begründete, verwerfende Negation einst gültiger Formen und Ausdrucksmittel und stellt Mittel bereit, den biederen Eklektiker ebenso wie den pfiffigen Konjunkturritter zu überführen. Es wird gezeigt, warum die Tendenz des Materials sich heute etwa der Idee des abgerundeten Werkes versagt. (»Das höchste Wirkliche der Kunst ist isoliertes, abgeschlossenes Werk. Zu Zeiten aber bleibt das runde Werk allein dem Epigonen erreichbar«, fand schon W. Benjamin.) Warum kann und darf es zum abgerundeten Werk heute nicht kommen? Nach

Adorno bringt große Musik, auch wenn sie auf ihre Integrität bedacht ist, aus sich heraus Charaktere hervor, die stets dem Zustand der gesellschaftlichen Totalität entsprechen. Heute verbietet eben dieser Zustand das abgerundete Werk. Es komponieren, heißt, sich den Forderungen der Kulturindustrie unterwerfen. Statt geschlossen zu sein – »das geschlossene Werk erkannte nicht, sondern ließ Erkenntnis in sich verschwinden« – oder durch gerundete Form versöhnend, wirft die Neue Musik die Würde des Richters von sich und tritt in den Stand der Klage, wird sie zur reflektierenden, bewußtmachenden, leidenden Kritik, nicht aber zum runden Werk, als welches es heute eine allzu versöhnende Lüge wäre. Gegenwärtig ist es ebenso sinnleer, wie nach Adorno das System der Tonalität und eine Reihe anderer musikalischer Phänomene. Falsch sind diese heute auch deshalb, weil die Kulturindustrie sie zur Ware gemacht hat, indem sie Beethoven und Unterhaltungszeug gleichstellte als Stoff fürs Amüsement.

Man darf die Gewalt dieser Thesen nicht unterschätzen. Adorno versteht es, sie unvergleichlich suggestiv durchzuführen. Er selbst ist ihrer Faszination allerdings bisweilen erlegen, manchmal verlor er die Küste musikalischer Wirklichkeit aus der Sicht. Fraglos besteht so etwas wie musikalischer Weltgeist, jeder von uns kennt die Wendungen der Pseudo-Modernen, die schön, aber verdächtig klingen, doch so kompakt, wie Adorno verfährt, läßt sich das Phänomen gewiß nicht fassen. »Der technische Horizont, aus dem die tonalen Klänge abscheulich hervorstechen, begreift heute alle Musik in sich«, schreibt Adorno; darauf richtet er in einem Satze Sibelius hin, der nur tonal komponiere, denselben Sibelius, gegen den er bereits 1938 eines der hinreißendsten Pamphlete deutscher Sprache schrieb, den – gewiß maßlos überschätzten – Finnen zermalmend und seine Asche in alle Winde zerstreuend. Eine solche Methode läßt sich nun gegen den weithin tonalen Bartok nicht anwenden. Hier kommt die Theorie ins Schwanken. Um sie zu retten, nimmt Adorno Bartok aus der Entwicklungstendenz der okzidentalen Musik heraus und siedelt ihn exterritorial in Südosteuropa an, wo man noch tonal schreiben darf, wenn nur ein »in sich geschlossener und selektiver technischer Kanon« ausgebildet wird. Doch die ersten beiden Sätze des Violinkonzertes etwa und manche Passagen noch aus Quartetten und Konzerten lassen sich gewiß nicht als Folklore entschuldigen; dennoch

befleißigt Bartok sich an diesen Stellen klarer Tonalität, von unge-
wöhnlicher Konsequenz und Plausibilität. Man kann, wie ich, an den
wahren Kern der Adornoschen These glauben und dennoch den »Rosenkavalier« hinreißend finden (Adorno spricht vom Saccharin des
»Rosenkavaliers«, hätte er wenigstens von Zucker oder besser noch
von Honig geredet!) und R. Strauss' »Metamorphosen« von 1945 dazu;
das ist freilich inkonsequent, und eine Synthese kann gewiß nicht so
leicht jemand dafür bieten. Aber, ist es nicht doch besser, eine solche
Verlegenheit auf sich zu nehmen, als im Ablehnen so rasch zu sein?
Wenn für Bartok Sonderregelungen gelten dürfen, müßten sie doch
für Sibelius, oder für die junge englische Musik, oder eben für den
ganz woanders als die »Modernen« wurzelnden Richard Strauss auch
beansprucht werden können, und was bleibt dann noch vom techni-
schen Horizont, »der heute alle Musik in sich begreift«?

[...]

So geht der Verfasser die Antinomien der Zwölfton-Musik durch,
und die Einsichten oder Entwicklungskategorien der »Dialektik der
Aufklärung« begegnen auf Schritt und Tritt. Immer wieder wird nachgewiesen, wie das durchrationalisierte Tonmaterial dem Komponisten nicht die Freiheit schenkt, nach der er sich sehnt, sondern ihn
gerade in absolute Unfreiheit verstrickt. Man sehnt sich manchmal
nach der realen Bezugnahme auf das existente Werk bei so viel spe-
kulativem Glanz. [...]

So wie nach dargestelltem Muster die Zwölfton-Technik sich von
der Verschränkung mit dem Material löste, die Ratio zum Herrn übers
Substrat einsetzte und doch nicht hindern konnte, daß diese schließlich in Irratio umschlug, so bleibt nach Adorno auch den Komponisten
keine andere Möglichkeit, als entweder im Vorgegebenen, Elementa-
ren unterzutauchen (Strawinsky) oder die vorgegebene Musik durch-
zurationalisieren, Macht über sie zu gewinnen, aber auch Entfrem-
dung, und schließlich an der mangelnden Verschränkung zu scheitern
(Schönberg). Wie sehr Adorno hier die Kategorien der »Dialektik der
Aufklärung« zutage fördert, ist evident. Die »Philosophie der Neuen
Musik« ist nicht nur ein Exkurs über die Rolle der modernen Musik
in der Kulturindustrie, sie arbeitet zugleich mit Erkenntnissen über
Subjektverlust und Subjekterhaltung, über Durchrationalisierung
und Selbstverleugnung, die anderswo, nämlich in der »Dialektik

der Aufklärung« prägnanter treffen. Dort hieß es aber auch, daß die Gleichsetzung, das Komparabel-Machen des Ungleichnamigen, die nivellierende Herrschaft, die Liquidation des Eigentümlichen, daß alle diese einander im Kern ähnlichen Operationen den unheilvollen Prozeß der vollendeten Aufklärung ins Spiel setzten.

Um keinen Preis soll hier der Eindruck erweckt werden, die Aussagen dieses großartigen Buches seien daher alle falsch. Sie sind es wohl nur zu wenig. Gefährlich ist allein das Ausmaß der Fragestellungen und Spekulationen, welches in keinem Verhältnis steht zur Sicherheit oder Klarheit der Einzeleinsichten, die dadurch aber nicht unwahr werden, daß sie große Systeme nicht tragen können.

[...]

Man muß im Auge behalten, daß Adorno nicht über den Wert moderner Kompositionen schreiben will, sondern über ihren philosophischen Standort und darüber, wie weit ihnen ein »reaktionäres Moment unter der herrschenden Unfreiheit« zukommt. Dennoch klingt seine Kritik oft total. So nennt er Strawinskys Konzert für Klavier und Bläser »wüst«, als ob es nicht zu den bewältigtesten und unheimlichsten Dingen gehörte, die dieser Magier je geschrieben, und so findet er den Inhalt der »Psalmen-Symphonie« »verbissen-kümmerlich«, obwohl Strawinsky gerade hier dunkel drückendes Leid, von dem das ganze Werk spricht, zu Elementen subjektiver Disposition und Formsprache macht, sodaß von dem ihm sonst vorgeworfenen subjektlosen »Mitmachen in Reflexen« schlechterdings keine Rede sein kann.

Wir schließen hier ab. Adorno unterlag keinem Systemzwang. Keineswegs bekam er immer nur die Groschen aus den Phänomenen heraus, die er von vornherein in sie hineinsteckte. Nur hat er seine richtigen Einsichten – besonders bei Strawinsky hat ihn eine evidente Abneigung überwältigend scharfsichtig gemacht – zuweilen überfordert. Vor seiner überhellen Intelligenz zerrinnen die Phänomene, auf die er sich einläßt, zu leicht zu Funktionen anderer Dimensionen, alle Naivität und Unbefangenheit verbietet sich dieser »unbarmherzige Samariter« angesichts des Grauens, das besteht. So groß ist seine Angst um den Menschen und seine Sorge, mit der »Schmach des Daseins« zu kooperieren, daß er, und vielleicht er allein, den bitteren Satz fertigbringen muß: »Noch der Baum, der blüht, lügt in dem Augenblick, in dem man sein Blühen ohne den Schatten des Entsetzens wahrnimmt«; die Katastrophe, das Leid, deren naivere Zeugen wir alle sind, bewegen ihn so, daß er nur gelten läßt, was, dieses Leid erkennend, sich ihm zur Wehr setzt.

So hat er seine »Philosophie der Neuen Musik« geschrieben. Sie ist Philosophie der Musik, welche die Katastrophe nicht verschweigen darf. Adornos große, menschlich bewegende Arbeit türmt einen mächtigen Erkenntnisbau, sie schließt das allgemeine Gespräch ab, ist das äußerste, was die Gegenwart leisten kann. Das nächste Wort über Moderne Musik fällt jetzt der historisch betrachtenden Musikwissenschaft zu. Es auszusprechen ist noch nicht an der Zeit. Dennoch, an Adornos Buch, seinem Bekenntnis, führt kein Weg vorbei. Es ist nicht unwahrscheinlich, daß es, wenn vielleicht auch nicht als Symptomatik, so als Symptom unserer Gegenwart in die Geistesgeschichte eingehen wird.

Walter Maria Guggenheimer

Mit Theodor W. Adorno

Die damalige Resonanz auf diesen ganz bestimmt nicht leicht lesbaren Aufsatz ist für mich bis zum heutigen Tage ein Ereignis. Seitdem habe ich tatsächlich nie mehr berufliche Schwierigkeiten gehabt. Aber so einen Durchbruch erlebte damals nicht nur ich, viele meiner Altersgenossen können Analoges erzählen. Da haben es die jungen Leute heute auf eine geradezu beklemmende Weise schwerer als wir. Wenn heute ein junger Mensch etwas schreibt oder veröffentlicht, schaut kaum jemand neugierig hin. Wir leben, man möchte wissen warum, in einer Zeit des Überdrusses. Damals aber herrschte Neugier.

Man war neugierig auf junge Talente, neugierig auf neue Ideen, auf eine neue Kunstsprache, auf neue Formen in der Kultur – gegen das Alte, das sich derart hatte missbrauchen lassen. Auch Bildung und das reflektierende Nachdenken hatten einen ganz anderen Rang als heute. Es galt, die demokratischen Grundprinzipien durchzusetzen, damit sich so ein Unglück, wie durch Hitler geschehen, nie mehr wiederholen könne. Eugen Kogon schrieb 1945/46 den *SS-Staat*. Die meinungsbildenden Zeitschriften hatten direkt nach dem Krieg Auflagen, von denen man heute nur träumen kann. Die *Frankfurter Hefte* hatten eine Auflage von 150 000. Auch *Die Wandlung*, die *Neue Rundschau* oder *Der Monat* wurden ungeheuer ernst genommen. Dann kam die Währungsreform. Sie war ein enormer Einschnitt. Ich sage immer, die Zeit zwischen 1945 und der Währungsreform, das waren unsere zwanziger Jahre.

Die Situation nach 1945 war aberwitzig. Eine handlungsfähige mittlere Generation gab es eigentlich nicht mehr. Ein großer Teil der deutschen Intelligenz war gefallen. Und die jüdische Intelligenz, die in Deutschland eine riesige Rolle spielte, war ermordet oder in die Emigration gedrängt worden. Das heißt, es fehlten viele Millionen der intellektuellen Elite. Und die wenigen Überlebenden der mittleren Generation hatten sich in der Nazizeit zumeist derartig festgelegt und verstrickt, dass sie fortwährend beweisen mussten, keine Nazis gewesen zu sein. Für meine Generation aber, die wir um 1950 herum zwanzig waren, bedeutete diese kriegsbedingte Konkurrenzlosigkeit eine ungeheure Chance. Zumal die Alten, soweit sie unsere Vorgesetzten waren, uns das Leben leichtmachten. Diese alten Herren fanden einen unbescholtenen Fünfundzwanzigjährigen mit ein bisschen Talent prima und förderten ihn. Solche simplen Zusammenhänge sind für eine intellektuelle, geistige oder schöpferische Biographie enorm wichtig. Man muss möglichst früh jemanden – um Gottes willen keinen Verwandten – finden, den man bewundert, der diese Bewunderung erwidert und einen fördert. Heute dagegen herrscht ein allgemeiner, riesiger Konkurrenzkampf, und die Chefs sind meist keine alten freundlichen Herren, die fördern, sondern sie empfinden sich eher noch als Rivalen ihrer Angestellten, die sich brav anpassen und nicht auffallen wollen, damit sie ihre schwer erkämpften Stellen nicht verlieren. Kein Wunder, dass so viel Mittelmaß herrscht.

Fürchterlicherweise ist dieses Mittelmaß vermutlich sogar eine weitere Spätfolge von Hitlers Massenmord. Man müsste ja ein Zyniker sein, zu unterstellen, das Fehlen der intellektuellen Elite in einem Land falle kaum auf. Dass die Auswirkungen dieses millionenfachen Verlustes heute sogar evidenter erscheinen als unmittelbar nach dem Krieg, dass erst jetzt wirklich zu spüren ist, wie sehr Elite und geistige Intelligenz fehlen, liegt wohl daran, dass damals noch die Großvätergeneration agierte. Also jene älteren Damen und Herren, deren Wertesystem sich lange vor Hitler gebildet hatte. Auch wir Jungen nahmen damals Kunst, Bildung und Intellektualität viel ernster, als es heute üblicherweise der Fall ist. Aus einem ganz banalen Grund: Wir wussten, wie wertvoll Freiheit ist. Für einen Schüler von heute klingt das Wort »Freiheit« doch wie die Phrase eines Rektors. Wir aber hatten in der Jugend die Freiheitsberaubung durch eine Diktatur und

Mit der FH-Sekretärin Lieselotte Herrschel

TV-Sendung über Richard Strauss, stehend der Regisseur Ulrich Lauterbach

den Krieg erlebt. Wir wussten, wie wichtig Freiheit ist. Das wollten wir in unserer Kunst, in unserer geistigen Arbeit zum Ausdruck bringen. Und wir hatten, wie gesagt, die Chance dazu! Bereits die nächste Generation hatte es nicht mehr so leicht, unter anderem, weil ihr meine Altersgruppe in den fünfziger und sechziger Jahren im Weg stand. Wir waren alle so jung, als wir uns einen Namen machen konnten oder in wichtige Positionen kamen. Wir konnten frei schalten und walten. Die etwas Jüngeren aber mussten hinnehmen, dass sie uns ewig als Vorgesetzte behalten würden. Eigentlich konnten sie nur hoffen, dass ihnen ein gnädiger Autounfall zu Hilfe kommt, der uns hinwegraffen würde.

Samtkragen
von Heinz Friedrich[9]

1951 wurde in Frankfurter Intellektuellenkreisen getuschelt, da sei einer mit erstaunlichen Aufsätzen in den »Frankfurter Heften« aufgetaucht. Alfred Andersch sagte zu mir: »Um den müssen wir uns kümmern« und beauftragte mich, ihn für unser »Abendstudio« zu gewinnen. Er hieß Joachim Kaiser. Ich erkundigte mich bei Guggenheimer, wer das sei und wie man an ihn herankomme. »Ein ganz

9   In: Heinz Friedrich: *Erlernter Beruf: Keiner.* Erinnerungen an das 20. Jahrhundert. München 2006, und: Heinz Friedrich: »Begrüßung und Glückwunsch«, in: *Nachklang*, München 1998.

junger Student aus Göttingen. Aber sehr begabt!« Guggenheimer erklärte sich bereit, die Verbindung herzustellen. Doch der begabte junge Mann aus Göttingen meldete sich nicht. Auf Rückfrage hörte ich von Guggenheimer, er habe Kaiser schon zweimal an meine Anfrage erinnert. Nun ja: der sei eben manchmal etwas schlampig, was Termine anginge ... Ich war erstaunt und ein wenig verstimmt, daß er offensichtlich unser »Abendstudio« wie eine Nebensache behandelte, und beschloß, ihn zu vergessen.

Wenig später stand unangemeldet ein schmächtiger junger Mann in einem altmodischen engen Mantel mit Samtkragen in meinem Büro: »Guten Tag«, sagte er, »ich bin Joachim Kaiser.« Mein Ärger über ihn verflog sofort. Er war kein arroganter, frühreifer Intellektueller, sondern ein eher schüchterner Mensch, der sich für seine Versäumnisse artig entschuldigte. Er sah aus wie einer, der noch auf sein Abitur wartet, aber er sprach wie einer, der auf das Katheder gehört.

Es kam, wie es kommen mußte und wie Kaiser sich das wohl auch gar nicht anders vorgestellt hatte: Wir machten Sendungen mit ihm – und es dauerte nicht lange, bis er endgültig in den Sender geholt wurde. Er übernahm zunächst das Ressort Kulturkommentar.

[...]

Es gab damals in Frankfurt einen Kreis von jungen Leuten, die sich um Adorno, um Guggenheimer und um Eugen Kogon geschart hatten. Joachim Kaiser und Hans Magnus Enzensberger gehörten dazu, Ivan Nagel und Reinhold Kreile, später auch Ivo Frenzel und Horst Bienek. Wir Älteren nannten diesen Kreis die »Genie-Knaben«: Sie verkörperten, obwohl nur sechs bis fünfzehn Jahre jünger als die unmittelbare Kriegsgeneration, einen neuen Typus des Intellektuellen. Keine Gedankenschwere belastete diese jungen Leute. Sie handhabten das Florett des Geistes elegant und treffsicher. Auch wußten sie ungemein viel – ohne von der Fülle des Gewußten erdrückt zu werden. Sie behielten stets die Übersicht, auch die kritische, ohne sich in die eigene Intellektualität so zu verlieben, daß diese ihnen zum Verhängnis hätte werden können.

Ich erinnere mich der langen Abende, die meine Frau und ich mit diesen Genie-Knaben in unserem Haus bei Frankfurt verbrachten: eine vergnügte geistige Kumpanei, die buchstäblich über Gott und die Welt redete – und die sogar insgeheim davon überzeugt war, daß sie vielleicht nicht dem lieben Gott, aber doch der Welt ein wenig dreinreden könne.

Damals beneidete ich den Jochen Kaiser um seine Kondition. Manchmal verabschiedete er sich nach munterem Zechen um 1 Uhr in der Nacht mit den Worten: »Ich muß jetzt nach Hause, weil ich meinen Kulturkommentar noch schreiben muß. Morgen früh um 9 ist Aufnahme.« Tatsächlich saß er um 9 Uhr vor dem Mikrophon und lieferte einen geistreichen Text ab, den er in der Nacht geschrieben hatte, indes ich den ganzen Tag mit Kopfweh herumlief und kaum einen vernünftigen Gedanken formulieren konnte.

Den Guggi habe ich schwärmerisch geliebt. Er war ein originell witziger, nah am Kommunismus stehender, dabei ausgesprochen altmodischer Intellektueller, auf seine Weise einem bayerischen Aristokraten ähnlich. Alle vierzehn Tage hielt er, aus Frankfurt kommend, im Bayerischen Rundfunk politische Kommentare. Als Redakteur, und das fürchtete ich ein wenig, theoretisierte er niemals, sondern las nur sehr sorgsam die Manuskripte. Plötzlich blieb sein Finger, wie gelähmt, an einer Passage haften. »Herr Kaiser, was genau meinen Sie da?« Ich erläuterte eifrig, das und das wollte ich sagen. Darauf er:

»Warum schreiben Sie es dann nicht?« Neben Adorno prägte mich sicher niemand so wie er.

Adorno bot mir bei unserem ersten Treffen auch an, bei ihm und Max Horkheimer zu studieren. Gnädig wie ich war, habe ich mich nicht zweimal auffordern lassen.

Er hatte eine Eigenschaft, die es sehr leichtmachte, mit ihm auszukommen: Er war ungemein eitel. Was übrigens keinesfalls bedeutet, dass er nicht lieben konnte. Ganz im Gegenteil. Wollte man Adorno gut stimmen, musste man ihn nur loben oder ihm ein bisschen nach dem Munde reden. Dann war er ganz selig und auch ungeheuer leicht manipulierbar.

Ich war ja ein boshafter Student. Einmal habe ich zu Adorno gesagt: »Herr Professor, Ihr letztes Werk ist nicht nur das Tiefste, was seit Aristoteles je niedergelegt wurde, ich möchte noch einen Schritt weitergehen und behaupten, es gehört auch zu Ihren besten Sachen.« Das meinte ich natürlich ironisch, darauf hätte er mir antworten müssen: Sie unverschämter Lümmel, was nehmen Sie sich heraus! Stattdessen sagte er: »Ich habe mir auch viel Mühe gegeben.« In den späten sechziger Jahren, kurz bevor er starb, fuhr er nach Berlin, wo sich die ganze Stadt in riesigem revolutionären Aufruhr befand, hielt dort ausgerechnet einen Vortrag über Goethes *Iphigenie* und sagte: »Herr Dr. Kaiser, das ist selbst für meine Begriffe ein dichter Text.« Unglaublich. Aber so war er.

Bei einem Referat hatte ich mir vorgenommen, ihn reinzulegen. Ich wählte als Beispiel eine entlegene Beethoven-Sonate, die Violinsonate a-Moll, Opus 23, die Schwestersonate der *Frühlingssonate*, Opus 24, und unterstellte ihm, dass er sie nicht kennen würde. Er aber ging sofort zum Klavier, schlug die Hauptthemen an und sagte: »Meine Herren, das kennen Sie doch alle.« Die Studenten hatten natürlich keine Ahnung. Ich aber spürte, sieh an, in Musik ist er nicht zu schlagen.

Adorno-Rückblick 2

1949 war Adorno aus der Emigration nach Frankfurt zurückgekommen. Nicht nur seine Studenten liebten ihn sogleich überschwänglich, sondern er reagierte förmlich berauscht auf deren enthusiastische Bereitschaft. Es war ein doppelter Glücksfall. Die jungen Leute, die damals in Adornos Vorlesungen strömten und in seinen Seminaren diskutierten, hatten offenbar sehnsüchtig gewartet auf einen intellektuellen Lehrer solchen Formats.

Nun gut: Dass junge Deutsche, die in der Nazizeit keine weltläufigen, kritischen, gar jüdischen Intellektuellen kennenlernen konnten, jetzt begeistert mittaten beim philosophisch-kritischen Räsonieren, es kann kaum verwundern. Wunderbar mutet indessen Adornos maßlose Freude darüber an, 1949 bei seiner Rückkehr nach Frankfurt, wo er 1903 geboren worden war, begeistert empfangen zu werden wie in einer wiedergefundenen Heimat. Er muss in Amerika alles im guten Sinne Deutsche – die idealische Leidenschaft des Spekulierens, Interpretierens, Ästhetisierens, Philosophierens – verzweifelt und schmerzlich vermisst haben. So lauschte er, dem es keine Mühe bereitete, Kant Widersprüche nachzuweisen und Hegel zu korrigieren, mit leuchtenden Augen, wenn seine Studenten oder Studentinnen ihre oft gar nicht so erleuchteten Referate hielten.

Bereits 1950 beschrieb Adorno seine Seligkeit in den *Frankfurter Heften*. Unter dem Titel: »Auferstehung der Kultur in Deutschland« hieß es: »Der Intellektuelle, der nach langen Jahren der Emigration Deutschland wieder sieht, ist zunächst von dem geistigen Klima überrascht. Draußen hat sich die Vorstellung gebildet, als hätte das barbarische Hitler-Regime Barbarei hinterlassen ... Davon kann aber keine Rede sein. Die Beziehung zu geistigen Dingen, im allerweitesten Sinne verstanden, ist stark. Mir will sie größer erscheinen als in den Jahren vor der Machtergreifung.« Das klingt unfasslich. Maßstabslos im Überschwang, so wie Intellektuelle es manchmal sein können.

Und an Thomas Mann richtete der von Frankfurt faszinierte Philosoph den ungeheuerlichen Satz: »Manchmal ist mir zumute, als wären die Geister der ermordeten Juden in die deutschen Intellektuellen gefahren.« Das ärgerte, begreiflicherweise, Thomas Mann. »Nach Deutschland bringen mich keine zehn Pferde«, fluchte der hitzig umworbene, aber auch angefeindete Dichter. »Der Geist des Landes ist mir widerwärtig.« Adorno – wer hätte dem negativen Dialektiker das zugetraut? – nimmt klug abwiegelnd, um Verständnis für Deutschland werbend, Stellung. Man müsse, mahnt er Thomas Mann, doch auch im Negativen differenzieren. Und versichert, die Fäden geistiger Tradition seien in Deutschland keineswegs abgerissen. Aber Thomas Mann gönnt Adorno »den Deutschen nicht«. Und dass Adorno gerade in den *Frankfurter Heften* Deutschlands kulturelle Auferstehung proklamiere, nimmt der Dichter heftig übel: »ein Blatt, das mich nach gut neudeutscher Art beständig herabsetzt und beschimpft«.

Erinnere ich mich fast ein halbes Jahrhundert nach Adornos Tod – er starb am 6. August 1969 – daran, wie nahezu schwärmerisch ich ihn als akademischen Lehrer, als genialisch originellen Schriftsteller und als älteren Freund verehrte, dann frage ich mich manchmal durchaus, ob das nicht eine von den Denk-Bedürfnissen der Nachkriegszeit provozierte Jugendbegeisterung gewesen ist, die ziemlich unvermeidlich nachlassen, wenn nicht gar umschlagen musste in distanzierte Kritik an dem aberwitzig gescheiten Professor und seinen ideologischen Übertreibungen. »Hättet ihr ihn nicht anfangs überschätzt, brauchtet ihr ihn nun nicht zu unterschätzen«, mahnte der so kleine wie kluge Suhrkamp-Lektor und Benjamin-Vertraute Friedrich Podzus damals junge Adornianer, falls sie gegen ihr Idol aufbegehrten.

Nun hatte Adorno, den Alfred Andersch seinerzeit als »Jahrhundert-Figur« rühmte, gewiss unübersehbare Schwächen, Eigenheiten. Riesige Eitelkeit, die ihn zugleich schützte und verwundbar machte: Er wollte von allen geliebt werden. Selbst von denen, die er selber nicht mochte. Enorm war bei ihm – wie freilich bei fast allen jüngeren formulierlustigen Intellektuellen, falls es sich nicht um erhabene Ausnahmen, um »Heilige« handelt – die Freude an boshafter Übertreibung. Über Furtwängler, den er eigentlich bewunderte, schrieb er eben doch: »Furtwängler wäre der größte lebende Dirigent, wenn er zufällig dirigieren könnte.« Sibelius verspottete er hämisch und wirkungslos: »Symphonien sind keine 1000 Seen, auch wenn sie tausend Löcher haben.« Dass er den Philosophen Ernst Bloch, mit dem er gewichtige Kontroversen ausfocht, trotzdem hochschätzte, aber den damals als »brillant« bewunderten Leipziger Hans Mayer überhaupt nicht, darüber ließ er uns Studenten nicht im Unklaren. Verglichen mit Bloch sei Mayer nur ein »kleiner jüdischer Anwalt«, sagte er.

Viele Jahrzehnte später, als Adornos Briefwechsel mit Thomas Mann veröffentlicht wurde, konnten alle einstigen Mayer-Bewunderer nachlesen, wie abgrundtief Adorno jenen Hans Mayer verachtete. Ihm vorwarf, überhaupt nicht philosophisch zu interpretieren, sondern nur das absichtsvoll in die Werke Hineingefügte auch wieder brav herauslösen zu können. Wahrhaft philosophisches Interpretieren jedoch, schreibt Adorno 1950 an Thomas Mann, sei »eine so formidable Aufgabe, daß man das Gruseln darüber lernen kann; aber leider hat der gute Hans Mayer überhaupt kein Gruseln gelernt, nicht einmal vor sich selber...« Sogar der geliebte Thomas Mann entging nicht Adornos heiterer Häme. 1962, die Thomas-Mann-Ausstellung in Darmstadt eröffnend, hielt Adorno einen sprühenden Vortrag, Anmerkungen »Zu einem Porträt Thomas Manns«. Ein fabelhaftes Plädoyer. Thomas Mann sei gar nicht so steif, patrizierhaft gewesen, wie oft behauptet würde. »Seine Augen blitzten brasilianisch.« Schön und sehr gut. Nur: Noch während alle Anwesenden Thomas Manns Lobredner bewunderten, packte Adorno mich am Arm, führte mich durch viele, sich auf Thomas Manns Umwelt beziehende Exponate zu einer Fotografie Nietzsches. Und flüsterte boshaft: »Der konnte aber noch ein bisschen besser schreiben.«

Derartige Sottisen versehren die Faszinationskraft eines sprühenden Geistes nicht, welchen Stellenwert man solchen Übertreibungen, Irrtümern, momentanen Pointen eines genialisch raschen, präsenten und engagierten Idols auch einräumen mag. Umso mehr verblasste für mich der Glanz von Adornos dialektischer Gesellschaftskritik. Sie hat eine Generation bürgerlich-antibürgerlicher Studenten geprägt, die sich dann wütend gegen Adorno wandten. Adornos Schüler wollten die politischen Konsequenzen seines gesellschaftskritischen Denkens in Aktion umsetzen. Die Schadenfreude der bürgerlich-liberalen Öffentlichkeit war beträchtlich ...

Gewiss hatte Adornos Negationismus (er lebte gern, genoss gern, definierte sich und Horkheimer als »wir verdüsterten Hedonisten«) Ursprung in zwei Verzweiflungen. Als Hitler legal an die Macht kam und Deutschland die Ermordung der Juden hinnahm – verlor Adorno alles Vertrauen in die bürgerlich-kapitalistische Ordnung. Sein Vertrauen in die kommunistische Antithese endete mit den stalinistischen Prozessen von 1938. Übrig blieb, für Adornos gesellschaftskritisches Denken, das Beharren auf Negation. So trägt sein philosophisches Hauptwerk den Titel: *Negative Dialektik*.

Nun möchte man den gegen die Stupiditäten von Familie und Umwelt aufbegehrenden jungen Menschen sehen, den eine solche blitzend-kritische Richtung aufklärerischen Denkens nicht mitreißt. Im

Lauf der Jahrzehnte aber schien mir Adornos Dogmatik zunehmend abstrakter. Wo Adorno indessen über Kunstwerke, ihre Einzelheiten und Spannungen, wunderbar einsichtig, visionär, konzentriert, mit erleuchteter Sprachkraft schrieb – finde ich es heute wie einst reiner, neidvoller Bewunderung wert. Aber ich zucke die Achseln, wenn die dialektischen Mühlen mahlen: »Beethoven hat aus der Reprise die Identität des Nichtidentischen gemacht. Dabei steckt darin, daß die Reprise an sich das Positive, dinghaft Konventionelle ist, zugleich das Moment der Unwahrheit, der Ideologie« – solche Statements geraten für mich in die Nähe von Parodie-naher Scholastik. »Nicht der Komponist versagt im Werke: Geschichte versagt das Werk.« Klingt gewiss imponierend – ist aber unnachfühlbar, unfalsifizierbar.

Von Adorno bleibt für mich der große Künstler übrig, der mit Scharfsinn und Scharfgefühl schwärmte über beziehungsvolle Momente bei Beethoven, Schubert, Wagner, Mahler, Balzac, Proust. Und sogar über die »Carmen« unschlagbar originell meditierte. Wenn ihn hingegen sein gewiss schmerzlich erworbener Negationismus dazu brachte, die Möglichkeit eines gelungenen Kunstwerkes zu leugnen – »Groß ist ein Kunstwerk, wenn sein Mißlingen objektive Antinomien ausprägt«, schrieb er und knüpfte an solche Spekulation die törichte Frage, »Was ist schon gelungen?« –, dann erkenne ich mittlerweile in dieser Dialektik nur mehr Systemzwang, aber nicht mehr die lebendige Fülle des Wirklichen. Zumal gerade Adorno sehr wohl wusste, wie gelungen Schuberts »Winterreise« ist, Mozarts G-Dur Quartett KV 387, Beethovens Spätwerk, Bachs komponierte Welt und Wagners »Tristan«.

Für mein Leben war es wichtig, bestimmend und von nie nachlassender Faszination, dass ich ihn kennenlernte, dass er prägenden Einfluss hatte auf meine musische Empfänglichkeit, dass er mich seines Vertrauens, seiner Freundschaft würdigte.

Adorno kam immer gerne nach München und schätzte es infolgedessen, wenn ich ihn als *SZ*-Redakteur dabei unterstützte, hier einen Vortrag halten zu können, bei einer Diskussionsrunde des Bayerischen Rundfunks mitzumachen oder Ähnliches.

Verrückterweise konnte ich in München Anfang der siebziger Jahre wegen ihm nicht Professor werden. Nach einem Festvortrag, den ich beim Anglistenkongress in Bochum über Shakespeare gehalten hatte, wollte mich Professor Wolfgang Clemen unbedingt als Honorarprofessor an die Ludwig-Maximilians-Universität holen. Aber in der Abstimmung haben so viele Professoren gegen mich, den vermeintlich radikal-kommunistischen Adorno-Jüngling entschieden, dass Clemen seinen Vorschlag im Senat nicht durchsetzen konnte. Auch Jürgen Habermas wurde von der Münchner Uni abgelehnt, weil er zu links sei. Er war ja sogar Forschungsassistent bei Adorno. Wir waren damals sehr befreundet, zumal ich auch seine Ehefrau Ute heftig bewunderte. Später verübelte Habermas mir brummig meinen wachsenden Konservativismus und ließ sich anmerken, dass ihm meine ästhetischen Äußerungen weit besser gefielen als meine politischen. Solche Differenzen haben unsere Freundschaft gelegentlich getrübt, aber überhaupt nicht zerstört. Umso absurder allerdings, vermutlich besonders für ihn, dass auch ich mal als gefährlicher Linker galt! Gekränkt hat mich die Münchner Nichtberufung keineswegs. Später wurde ich in Stuttgart zum C4-Professor berufen, was ohnehin viel besser ist, denn als Honorarprofessor bekommt man bekanntlich kaum Honorar ...

Kaisers erstes Auto[10]
von Heinz Friedrich

Joachim Kaisers erstes Auto war um die Mitte der fünfziger Jahre ein schrottreifer VW-Käfer. Ein Reporter-Kollege vom Hessischen Rundfunk erbot sich, zu erproben, wie gut er noch fuhr. In Frankfurts Eschersheimer Landstraße absolvierten sie den Test. Stadteinwärts hat die Fahrbahn ein leichtes Gefälle. Der Reporter wollte den Wagen abbremsen, aber die Bremsen griffen nicht. Verzweifelt versuchte er, mittels Handbremse (die auch nicht recht griff) und Lenkmanövern das Schlimmste zu verhüten – was ihm schließlich auch, in Schweiß gebadet, gelang. Denn gottlob war damals der Verkehr noch nicht so hektisch wie heute, und es gab noch freie Bordsteine, an denen man den Wagen entlangschrammen und zum Halten bringen konnte. Noch Jahre später wurde der Mann bleich, wenn er von dieser

10 In: SÜDPREUSSISCHE ZEITUNG, a. a. O.

Testfahrt erzählte – die Kaiser allerdings nicht hinderte, zu seinem Gefährt zu stehen.

Denn in der Tat schien was Besonderes zu sein an diesem Auto. Brachen doch wenig später Autodiebe die rechte Türe des Wagens gewaltsam auf, um dann festzustellen, daß sich das Klauen nicht lohnte. Auf der anderen Seite hätten sie's aber leichter gehabt. Dort war nämlich das Türschloß kaputt und die Tür offen ...

Immerhin: Kaiser war mit diesem Auto in Paris. Als Beute brachte er etliche (damals hierzulande noch nicht erreichbare) Langspielplatten von Horowitz und Rubinstein mit, die er unter das Rückfenster auf die Ablage schubste. Unterwegs war's heiß. Als Kaiser in Frankfurt ankam, mußte er feststellen, daß seine kostbaren Platten wie Salvador-Dali-Uhren verbogen waren ...

Aber damit nicht genug. Mit besagtem Gefährt reiste Kaiser mit Guggenheimer als Beifahrer auf die Burg Rothenfels am Main zur Tagung der Gruppe 47 (Oktober 1954).

Nach Beendigung der Tagung rüsteten die Teilnehmer zur Abreise. Auch Kaiser versuchte seinen Käfer in Gang zu setzen. Vergeblich. Großes Palaver der Umstehenden; keiner wußte Bescheid. Schließlich erinnerte sich jemand, daß Horst Mönnich, der auch mit von der Siebenundvierziger Partie war, ein Buch über die Geschichte von VW geschrieben hatte. Der müsse doch wissen ... Aber Mönnich wußte auch nichts. Er versicherte glaubwürdig, daß, wer ein Buch über VW geschrieben habe, nicht auch in der Lage sein müsse, einen Käfer zum Anspringen zu bringen. Schließlich wurde vorgeschlagen, mit dem Wagen (anstatt auf der Serpentinenstraße) den steilen Burgweg hinunterzurollen und dabei eine Zündung zu versuchen. Gesagt, getan. Kaiser (oder war's ein anderer, der für ihn fuhr?) rollte in immer schnellerem Tempo den Burgberg hinab und entschwand. Jeder dachte bei sich: den sehen wir lebend nie wieder. Aber siehe da: es dauerte gar nicht lange, da kam das Schrottauto mit ziemlichen Krach und dampfend wie eine Lokomotive die Serpentinenstraße wieder hoch. Es lief, wenn auch rauh. Nun ja nicht mehr den Motor abstellen bis Frankfurt!, wurde Kaiser geraten. Er fuhr los, Guggenheimer auf dem Rücksitz.

Später erzählte Guggenheimer, die Fahrt sei ein Alptraum gewesen. Jede Bahnschranke sei zum Problem geworden: stirbt der Motor ab oder nicht? Schließlich sei ihm noch mulmiger geworden, als sich der Sitz unter ihm besorgniserregend erwärmt habe. Daran sei die Batterie schuld gewesen, die aus irgendeinem unerfindlichen Grund ebenfalls verrückt gespielt habe. Immerhin: sie erreichten Frankfurt. Den VW gibt's längst nicht mehr, aber Kaiser lebt noch immer. Da sage einer, die Technik bringe uns um ...

In Göttingen wollte ich bei Professor Wolfgang Kayser promovieren, mit einem irrsinnig schwierigen Thema, nämlich über die Formen und Kategorien der Prosa von Kleist. Das könnte ich auch heute noch nicht mühelos und damals schon gar nicht, obwohl ich ein riesiges Referat darüber erarbeitet hatte. Ich quälte mich sehr. Dann half das Schicksal. Wolfgang Kayser starb, und zwar auf eine ziemlich spektakuläre Weise, im Bett einer Studentin. In Frankfurt versuchte ich es erneut mit dem Doktortitel. Nun wählte ich bei Professor Kurt May ein unriskantes Thema: Thomas Manns Schiller-Bild. Ich nahm an, da könne nicht viel passieren. Aber es passierte doch etwas, denn Kurt May starb auch. Daraufhin glaubte ich, die Nornen hätten etwas gegen meinen Doktortitel, und ließ es sein. Meine Eltern aber fanden besorgt, es wäre doch besser, zu Ende zu studieren. Meine Mutter wünschte sich auch sehr, von drei Doktoren umgeben zu sein – mein Vater war Dr. med., mein Bruder auch. Zuerst reagierte ich auf diese Beschwörungen, wie man sich als junger Mann verhält. Ich fuhr seltener nach Hause, um solchem Gerede aus dem Weg zu gehen, und versuchte meine Eltern zu beruhigen: »Es geht mir doch prima, ich habe schon ein Auto und verdiene als Redakteur wie Autor bestens.«

Aber dann bekam ich von Klaus Ziegler einen bedeutsamen Brief. Ziegler, der an der Göttinger Universität Oberseminare über den späten Rilke veranstaltet hatte und mittlerweile Ordinarius in Tübingen war, forderte mich darin auf, kommen Sie nach Tübingen, machen Sie Ihre Dissertation, räumen Sie bei mir die Seminarbibliothek auf, 150 Mark im Monat könne er mir dafür anbieten. Zu diesem Zeitpunkt war ich längst Fernsehdramaturg beim Hessischen Rundfunk. Ich eilte also zu meinem Intendanten und bat ihn um ein Jahr Urlaub, um in Tübingen meinen Doktor machen zu können. Er fragte mich, ob tausend Mark im Monat genügten.

So fuhr ich nach Tübingen und erklärte Ziegler, dass ich nicht daran dächte, das Seminar aufzuräumen. Ich bekäme vom HR eine ganze Masse Geld. Jetzt wolle ich in Ruhe etwas lernen und meine Doktorarbeit schreiben. Das funktionierte dann auch gut, weil ich einen großen Vorteil hatte. Mit Anfang zwanzig weiß man weder, was Wissenschaft bedeutet, noch, was die eigenen Begabungen sind. Als alter Kracher von 28, 29 Jahren aber kannte ich meine Stärken und Schwächen. Ich wusste einerseits, dass ich für bestimmte philosophische Probleme kein Talent habe, weil ich die Argumentationen zwar im Moment verstehe, sie aber rasch vergesse, andererseits war mir bewusst, dass mir ästhetische Fragestellungen umso mehr liegen. Darum wählte ich als Doktorthema »Grillparzers dramatischer Stil«. Von Grillparzer gab es eine philologisch exakte, gut benutzbare Gesamtausgabe. Außerdem fand sich eine sinnfällige Problematik. Grillparzer empfand und gestaltete modern – aber er formulierte seine dramatischen Dialoge eklektisch. Das führte ich in meiner Dissertation so konkret wie möglich aus, auch am Beispiel des Gedankenstriches, der etwa bei Schiller eine ganz andere Funktion hat als bei ihm.

Der Gedankenstrich[11]

[...] Es kann wohl keinem Zweifel mehr unterliegen, daß der Gedankenstrich für offenes oder verstecktes, bewußtes oder unbewußtes Zögern einsteht, daß er die vielfältigen Formen des Stockens, Verdrängens signalisiert. Oft deutet er auch das bloße Abbrechen eines Gedankens, verstörtes, ermüdetes, zerstreutes, diskontinuierliches, rein assoziatives Sprechen an. Wie bewußt Grillparzer ihn angewendet hat, zeigt beispielsweise die wohlberechnete Häufung der Gedankenstriche beim langsamen, dem Einschlafen ähnlichen Verstummen des Kaisers Rudolf (*Ein Bruderzwist in Habsburg*, Vers 437: 1 Gedankenstrich. Vers 438: 3 Gedankenstriche. Vers 439: 4 Gedankenstriche). Nach Vers 439 heißt es: »Er verstummt allmählich. Sein Haupt sinkt auf die Brust.« Auch die letzten Worte des Sterbenden – Vers 2424-2430 – werden von Gedankenstrichen unterbrochen.

---

11   In: Joachim Kaiser: *Grillparzers dramatischer Stil*. Dissertation. Tübingen 1959.

Nicht weniger als 8 Gedankenstriche schreibt Grillparzer vor, um sinnfällig zu machen, wie verwirrt sich König Ottokar (*König Ottokars Glück und Ende*, Vers 2327–2335) seiner Schmach erinnert. Und auch das plötzliche Verdrängen eines Entschlusses (*Die Jüdin von Toledo*, Vers 1509–1510) wird durch einen wichtigen Gedankenstrich kenntlich gemacht.

> König: Ich will die Kette nur vom Halse legen,
> Denn sie erinnert mich –
> Und dann Lenore,

Die Zahl solcher Beispiele ließe sich beliebig vermehren. Grundsätzlich würde damit jedoch nichts Neues zu Tage gefördert. Immer wieder zeigen Gedankenstriche einen seelischen Zwiespalt, ein Zögern, eine Relativierung der Aussage an, stellen sie das Gesagte oder das Folgende in Frage, weisen sie auf Diskontinuität, innere Sprunghaftigkeit, Verwirrung, Erschlaffen hin. Der grillparzersche Dialog kennt kein wichtigeres, aber auch kein vieldeutigeres Signal. [...]

Es klänge jetzt wunderbar einsichtsvoll, wenn ich zugäbe, damals ständig siegessicher an mein Talent geglaubt zu haben. Doch so war es nicht. Es hat mir einfach Spaß gemacht, mich in dieser Zeit der Aufbruchsstimmung nach Möglichkeit in den öffentlichen, geistigen Diskurs einzumischen. Bücher interessierten mich heftig, und meine Art, sie in Vorträgen oder Aufsätzen zu interpretieren, ließ mich zumindest belesen erscheinen. Aber selbstbewusst kam ich mir nicht vor. Im Gegenteil, manchmal benahm ich mich sogar allzu gehemmt.

Bis heute noch ärgere ich mich maßlos, keinen Mut gehabt zu haben, Thomas Mann anzusprechen. Mitte der fünfziger Jahre in Frankfurt, auf einer Einladung des S. Fischer Verlages, mit knapp dreißig Leuten, da hätte ich gut mit ihm reden können. Ich kannte fast alle seine Werke, und er hätte vielleicht sogar erleichtert festgestellt, dass die jungen Deutschen keineswegs lauter Werwölfe mit Messern zwischen den Zähnen sind. Aber ich traute mich nicht, seine Autorität war zu riesig. Ebenso mutlos verhielt ich mich später gegenüber Samuel Beckett. Er saß in Berlin nach einer Premiere im Restaurant, und ich wurde ihm vorgestellt. Ich zog mich aber schnell zurück, weil ich fand, die Kreise solcher Genies solle man nicht stören. Zum Glück war ich in der Tübinger Universitätsbibliothek mutiger.

SUSANNE KAISER   Ich brauchte Literatur für ein Referat über Goethes Ur-Meister, war aber noch nie zuvor in der UB und dementsprechend verunsichert. Ein Kommilitone wollte mir helfen und behauptete, er kenne sich unglaublich gut aus. Wir sind zu zweit in die UB marschiert, dann war da dieser riesige Apparat, und es zeigte sich, dass er genauso wenig Ahnung hatte wie ich. Wir standen wie die Deppen vor den Karteikästen. Plötzlich mischte sich eine helle Stimme ein: »Das müssen Sie so und so machen, zack, zack, zack ...« Das war der Jochen.

JOACHIM KAISER   Ich sagte zu ihr: »Moment, ich glaube, Sie suchen das, und dafür müssen Sie da nachschlagen, das dritte Beispiel habe ich zufällig bei mir und das vierte ist da zu finden.« Ein wenig arrogant habe ich sicher gewirkt, aber immerhin, im Moment war ich doch ganz hilfreich. So lernten wir uns kennen. Dann ging das alles ziemlich schnell.

SUSANNE KAISER   Er machte mir enorm den Hof, und nach vierzehn Tagen stellte er die Dauerfrage, da war er wirklich nicht der Erste: »Willst du mich heiraten?« Ich dachte nur: Ja, du lieber Gott. Eigentlich wollte ich immer noch nicht heiraten. Aber »ja« sagen könne ich trotzdem mal. Das ist ja noch nicht so verbindlich.

JOACHIM KAISER   Ich schrieb in sieben Monaten meinen »Grillparzer«, doch das hinderte mich nicht, Susanne von morgens bis abends auf die Nerven zu gehen. Sie kam zu gar nichts mehr, und alle ihre anderen Freunde ergriffen die Flucht.

SUSANNE KAISER   Wenn mich andere Freunde von Tanzveranstaltungen nach Hause begleiteten, lauerte er ihnen hinter Büschen auf und beschimpfte sie als Burschenschaftler. Ich wollte noch einen letzten Versuch machen, abzuhauen und ging ein paar Monate nach

Schottland. Als ich zurückkam, war ich fest entschlossen, die Sache mit Jochen zu beenden. Ich wollte nicht heiraten. Ich will überhaupt nie heiraten, schwor ich mir und wurde für diesen kühnen Plan von meinen Freundinnen bejubelt, die alle schon verheiratet waren. Aber da hatte Jochen gerade furchtbare Zahnschmerzen. Das war für mich taktisch natürlich ungünstig. Es ging ihm jämmerlich schlecht, da konnte ich einfach nichts sagen. Kurz darauf hatte ich eine Mandeloperation. Ohne Narkose. Ich lag im Krankenhaus, gegen die Schmerzen gab man mir riesige Mengen Eis. Ich mochte aber kein Eis. Jochen kam und verschlang die Eisberge so schnell, dass das Kind, das im Nebenbett lag, vor Verwunderung beinahe herausgefallen wäre. Da stellte er wieder die Frage. Ich sagte: »Ja.« Ich glaube, weil es kürzer war als das Wort »nein«. Aber natürlich ... Er war der bunteste Vogel, der unter diesen braven Langeweilern von Philologen aufgetaucht war. Er schien mir auch weltoffener, was für mich wichtig war, weil ich zwei Jahre in Paris gelebt hatte und das sehr vermisste. Außerdem dachte ich, jemand, der sich so um mich bemüht, wird mich doch wohl lieben.

JOACHIM KAISER   Sie war blitzgescheit und ironisch. Und sie kannte sich sehr gut aus in Musik. Einmal erzählte sie, dass sie das Brahms-Violinkonzert in Paris gehört habe, und wie Isaac Stern es anders interpretiere als David Oistrach. Da dachte ich: Was? Ein gutaussehendes fünfundzwanzigjähriges Mädchen, das nicht nur das Violinkonzert von Brahms kennt, sondern auch weiß, warum Oistrach, Stern und Milstein es unterschiedlich spielen! Das fand ich toll. Da konnten die meisten anderen nicht mithalten. Außerdem: Ich habe nichts gegen schöne Frauen. Susanne sah sehr gut aus. Sie sah immer sehr gut aus und sieht ja auch jetzt noch gut aus.

SUSANNE KAISER   Wir hatten uns ungeheuer gestritten, weil ich ritt. Er sagte, Reiten sei das Zeichen einer feudalistisch-kapitalistischen Weltanschauung. So ein Quatsch! Nur weil er Reiten mit diesen ostelbischen Junkern in Verbindung brachte, mit denen ich als schwäbische Bürgerstochter überhaupt nichts zu tun hatte. Darüber stritten wir wie die Wahnsinnigen, nächtelang, und leerten dabei die Cointreau-Flaschen meines Vaters, der dankenswerterweise nur sehr selten in Tübingen war. Für ihn als Landesgerichtspräsidenten waren Journalisten per se windige Gestalten. Es hat gedauert, bis er Jochen als »weißen Vogel« unter den »schwarzen Raben« anerkannte.

JOACHIM KAISER Memorabel war die Verlobung, als sich unsere Eltern kennenlernten. Das passierte in Kressbronn am Bodensee. Unsere Väter gingen gemeinsam am Strand spazieren. Als sie zurückkamen, fragte ich meinen Vater, über was sie sich unterhalten hätten. Er sagte: »Ich glaube, er hat über den Krieg gesprochen.« Die haben sich einfach nicht verstanden. Der eine sprach breitestes Schwäbisch, der andere tiefstes Ostpreußisch.

SUSANNE KAISER Jochen fing am 1. Januar 1959 in München bei der *Süddeutschen Zeitung* an. Damals war es indiskutabel, dass man unverheiratet zusammen auftaucht. Deswegen heirateten wir noch schnell am 29. Dezember 1958.

Susanne, geborene Dopffel,
in ihrem ersten Dior-Kleid

JOACHIM KAISER Unsere Hochzeitsreise ging von Tübingen nach München. Also nicht übermäßig weit. Susanne hätte gewarnt sein müssen. Es ist mir gelungen, auf der Autofahrt, bei irgendeinem Stopp vermutlich, einen Halbschuh zu verlieren. Aber ich hatte ja noch andere Schuhe dabei und fand das nicht so schlimm. Das hat sie noch mehr entsetzt. Nicht nur, dass jemand einen Schuh verliert, sondern so tut, als ob das zu den üblichen Geschehnissen gehört, die in einem Menschenleben passieren können. Dann kamen wir in München an und gingen auf eine Silvesterparty. Susanne hatte ihr zauberhaftes Hochzeitskleid an. Irgendein Malweib goss eine halbe Flasche Rotwein darüber und sagte heiter, das ist doch nicht so schlimm, es gibt schließlich Reinigungen. Das war unsere erste Begegnung mit dem musischen München. Ich freute mich auf die Ehe und nahm an, Susanne würde meine Interessen teilen. Sie raste ja die ganze Zeit ins Theater und in Konzerte und kam aus einer musischen Familie. Ihr Vater war zwar sehr konservativ, aber gebildet, ihre Mutter war früher Violinlehrerin

gewesen, und mit ihrem enorm intelligenten und beschlagenen Bruder, Helmut Peter, freundete ich mich sehr an. Aber wir hatten keine differenzierten Vorstellungen von der Ehe, wann wir Kinder bekommen wollten, wann ein Haus bauen und dergleichen. Wir waren zwei junge Leute, die keine Ahnung von solchen Angelegenheiten und dafür auch kein Geld hatten. Nur ein Auto besaßen wir. Wir brauchten in München natürlich eine Wohnung. Im Winter 1958, während ich noch in Frankfurt arbeitete, kümmerte sich Susanne darum. Sie ging zu Herrn Schöningh, einem der Herausgeber der *Süddeutschen Zeitung*, und bat um einen Vorschuss. Er gab ihr 5000 DM! Nur auf ihr Aussehen hin, sie musste nicht einmal einen Ausweis zeigen, nichts. Dann zogen wir in eine Zweizimmerwohnung in der Schellingstraße 101, Rückgebäude.

Jochen schoss in München los wie eine Rakete. Ich kam mir manchmal vor wie der Beifahrer eines wahnsinnig gewordenen Rennfahrers. Entweder stirbt er vor Angst oder er bleibt halt drin sitzen.

Susanne Kaiser

Der steinerne Gast und das Pathos

Ich bin in der *Süddeutschen Zeitung* sehr freundlich aufgenommen worden, wenn auch unter falschen Voraussetzungen. Die Chefredaktion klagte über diese langatmigen Kunst- und Musikkritiken. Der Publizist Erich Kuby und der *SZ*-Redakteur Hans Joachim Sperr, die ich beide von der Gruppe 47 kannte, empfahlen mich Werner Friedmann, dem damaligen Chefredakteur, und zwar als jemanden, der keine langen Riemen schreiben würde, sondern Reportagen, Interviews und dergleichen. Ich sollte einerseits das Feuilleton ein bisschen beleben und andererseits Rezensionen verfassen.

Kaiser im lockigen Haar[12]
von Anneliese Friedmann

Sommer, Starnberger See, wir hatten eine alte Villa direkt am Ufer gemietet und saßen mit den drei kleinen Kindern beim Mittagessen, als der Feuilleton-Chef Hans Joachim Sperr, genannt »Jack«, das Wunderkind zu uns geleitete. Der erste Eindruck: ein Knabe, ein Tintoretto-Engel. Mit blonden Locken, ungemein liebenswürdig und auch ein wenig schüchtern.

»Setzen Sie sich zu uns«, rief Werner Friedmann, stets neugierig auf junge Talente, und fragte bei Renke und Wein den Aspiranten aus. Der hatte, obgleich kaum dreißig, schon einen Ruf als Theater- und Musikkritiker.

»Wichtig ist«, dozierte der Boss, »daß auch im Feuilleton nicht vom hohen Roß herab geschrieben wird, und vor allem kurz. Der Leser

---

12 In: SÜDPREUSSISCHE ZEITUNG, a.a.O.

ohne Abitur und Bildung darf sich nicht ausgeschlossen fühlen.« Den Kopf immer schiefer gelegt, hörte der Blonde zu, sichtlich gequält und verlegen ob solchen Ansinnens, er, den Adorno seinen Meisterschüler nannte.

Den Kaffee nahmen die Herren allein, worauf sie sich einigten, weiß ich nicht. Aber gut noch den Abschiedssatz des jungen Kaiser: »Wie hat Herr Friedmann das gemeint? Im Proust'schen Sinn? Dazu müßte man allerdings wissen, ob Herr Friedmann überhaupt Proust gelesen hat.«

Hatte er nicht. Aber Friedmann ging gern ins Theater, noch lieber in Konzerte. Und war beeindruckt von der Kompetenz der Kritiken Kaisers, den er Klugscheißerchen nannte. [...]

Meine erste *SZ*-Kritik schrieb ich am 4. Januar 1959, über eine Inszenierung von August Everding, der damals Assistent bei den Münchner Kammerspielen war. Nach einiger Zeit sagte ich: »Kinder, ich möchte nicht immer nur über Schauspiel und Dirnenmorde schreiben.« In Frankfurt war nämlich die Nitribitt ermordet worden, und ich verfasste darüber ein Streiflicht. Bei einem weiteren Dirnenmord musste ich auch wieder ran, und plötzlich erschien ich als Spezialist für Dirnenmorde. Aus dieser Branche wollte ich mich doch lieber zurückziehen und über Musik schreiben. Damals war in München sehr viel los. Der große Hans Knappertsbusch dirigierte häufig, Karl Richters Bach-Exerzitien imponierten, es gab in München mehr Orchester und Orchesterchefs ersten Ranges als irgendwo sonst in der Welt ... Die Leute von der *SZ* ließen mich und merkten, dass ich von Musik auch ein bisschen was verstand. Später hat es sich umgedreht. Jetzt gelte ich für viele nur als Musikkritiker, was mir ein wenig leidtut. Ich finde meine Theater- und Literaturkritiken nicht unbedingt schlechter als das, was ich über Musik schreibe. Aber das kann man selber wahrscheinlich nicht beurteilen.

Das Streiflicht[13]

Wir alle haben uns geirrt. Niemals ist die Leiche einer zugleich unternehmungslustigen und systematischen Blondine in der Frankfurter Stiftstraße 36 gefunden worden; niemals haben Durchreisende die berüchtigte Luxus-Wohnung mit genau dem gleichen Eifer besichtigt wie früher das Goethe-Haus; niemals stand der Name Rosemarie Nitribitt im Frankfurter Telephonbuch. Niemals auch kann ein schwerer, immer noch nicht eindeutig entkräfteter Mordverdacht auf Heinz Pohlmann gelastet haben. Denn hätte jenes Freudenmädchen gelebt, hätte sein Name im Frankfurter Telephonbuch gestanden, wäre wirklich ein brutaler Mord verübt worden, dann wäre es doch unmöglich, ja undenkbar, daß man mit dem Hauptverdächtigen redet, als wäre er ein Drehbuchverfasser und die Wirklichkeit ein todsicherer Film.

»Er kannte sie wirklich gut«, teilt uns eine Illustrierte anerkennend über Pohlmann und seine Rosi mit. Der Kenner Pohlmann darf auch einen ausführlichen Bericht über den Mord am Freudenmädchen für besagtes Blatt verfassen, denn »es geht um das Recht!«. Um sonst nichts. Pohlmann kann natürlich nicht auf alle Angebote, die ihm die Filmfirmen gemacht haben mögen, zugleich eingehen. Er muß abwägen. Er muß sich sogar bereit halten, demnächst eventuell wieder in Haft genommen zu werden. Wenn das aber nicht der Fall sein sollte, dann steht dem nächsten Nitribitt-Film eigentlich nichts mehr im Wege. Aus dem Born der Erfahrungen, die er mit Fräulein Nitribitt machte, und die sicherlich weit umfassender sind als diejenigen, die er sich bisher in der Filmbranche aneignen durfte, verkündet Pohlmann den aufhorchenden Journalisten: »Da gibt es nur zwei Frauen: Nadja Tiller und Hilde Knef.« Die Knef sei noch besser geeignet. Seine eigene Rolle spielt er übrigens selbst, so sehr überschneiden sich Wirklichkeit und Film. Der Film produziert heutzutage offenbar nicht nur Träume, und er träumt offenbar nicht nur Probleme, sondern er besetzt auch langsam die Wirklichkeit, macht uns die Unterscheidung schwer, ob ein Ereignis noch ein Skandal oder schon Kintopp sei.

---

13   In: SZ, 16. Januar 1959.

Übrigens hört die Affäre Nitribitt auch damit nicht auf, den Dreh-
buchverfassern Stoff zu bieten. So viel Mühe es kostete, aus der Tatsache, daß sehr reiche Leute sich mitunter sehr teure Fräulein leisten,
eine soziale Anklage zu zimmern – denn die Ärmeren werden schon
dadurch an solcher Unsittlichkeit gehindert, daß sie eben weniger
Geld haben –, so leicht müßte es doch sein, das Nachspiel des Nitri-
bitt-Falles zum eigentlichen sozialen Drama zu machen. Es geht ja oft
so, daß erst das Echo auf eine ungewöhnliche Provokation beweist,
wie berechtigt die Provokation war. Pohlmann sollte nun nur noch
seine umfänglichen Erfahrungen in einigen Bänden schriftlich nie-
derlegen, Pressekonferenzen abhalten, Preisausschreiben betreuen,
Filmserien ins Leben rufen. Dann ist das Sittengemälde unserer Zeit
vollendet.

Zu meinen Kollegen im *SZ*-Feuilleton zählten damals der sehr alte
Theaterprofessor Hanns Braun, der mir entsetzlich konservativ vor-
kam, Karl Heinrich Ruppel, der als Schauspielkritiker an Fritz Kortner
gescheitert war und nur noch Musikkritiken schreiben durfte, sowie
Walter Panofsky. Die beiden waren berühmte Musikrezensenten, die
Musikkritik der *Süddeutschen Zeitung* hatte damals einen beträchtlichen Ruf. Mein unmittelbarer Redaktionskollege und Freund war Rudolf Goldschmit. Wir haben uns übrigens alle nie geduzt, auch Goldi
und ich nicht, das war damals nicht üblich. Zu unserem Kreis gehörte
noch Johann Lachner alias »Mollier«, ein reizender älterer, bayerisch-
französischer Herr, dessen Vorfahr Richard Wagners Münchener Ge-
genspieler Franz Lachner gewesen war. Mollier, chronisch pleite, holte
immer sein Gehalt vom übernächsten Monat ab. Einmal hat er die Zeitung in eine peinliche Verlegenheit gebracht. Ausgerechnet mit dem
Stolz der *Süddeutschen Zeitung*, dem Streiflicht.
 Die Streiflicht-Philosophie hat W. E. Süskind, ein damals berühmter Journalist und der Vater von Patrick Süskind, entwickelt. Das Streiflicht ist sehr schwer zu schreiben. Es ist ganz präzise aufgebaut, hat
immer drei Absätze, genau 72 Zeilen und einen wohlpointierten inhaltlichen Aufbau. Unser größter Streiflicht-Spezialist war lange Zeit
der witzige Fred Hepp, aber Mollier schrieb es natürlich auch manchmal, und zwar mit der Hand! Er hatte eine wunderbare Handschrift,

wusste immer genau, wie lang sein Text ist. Mollier schrieb also über das vorgegebene Thema, die Sache gelang sehr schön, gefiel auch dem Chef und sollte gedruckt werden. Dann aber faltete Mollier sein Manuskript zusammen, steckte es in die Brusttasche und ging. War also weg – und das Streiflicht auch. Es war 19 Uhr, und spätestens um 19 Uhr 30 musste die Zeitung in den Druck. Werner Friedmann reagierte toll. Er fragte: »Was war das Thema? Gut, wir nehmen einen Lexikonartikel, und ich diktiere das schnell um, dann haben wir die 72 Zeilen. Es wird nicht Gottes Wort sein, aber bitte.«

Am nächsten Morgen kam Mollier vergnügt in die Zeitung, sank aber tief in sich zusammen, als er begriff, was er angerichtet hatte. Er war bestimmt der herzlichste von allen Kollegen, aber es herrschte insgesamt eine sehr freundschaftliche Atmosphäre, man ging häufig zusammen essen und redete über alles.

Ein Feuilleton ist eine Art objektivierte Form des geistigen Seins, nicht nur ein Haufen arbeitender Leute. Wenn da ein bestimmter, freundschaftlich-produktiver Geist herrscht, dann bedeutet das viel für die betreffende Institution, egal ob Feuilleton, Orchester oder Verlag. Heute sitzen schwer arbeitende Redakteure vor ihren Computern, sie haben kaum Muße für lange Gespräche. Meine Güte, wir haben damals nur eine, zwei Seiten machen müssen, haben viel experimentiert und hatten weit mehr Zeit. Heute kann kein Redakteur mittags zwei Stunden essen gehen und eine halbe Flasche Wein trinken. Die müssen schuften. Das bekommt vielleicht der Zeitung gut, aber nicht den Menschen. Man redet natürlich miteinander, aber ganz so homogen wie früher will es mir nicht mehr scheinen. Doch ich kann das nur schwer beurteilen. Mit Ende siebzig bin ich für die Jüngeren kein munterer Kollege mehr, sondern eher ein steinerner Gast aus einem anderen Jahrhundert. So habe ich den alten Herrn Braun und den alten Herrn Ruppel damals auch empfunden. Ich dachte, sehr nett, was die aus den zwanziger Jahren oder der Nazizeit zu erzählen haben, aber was hat das mit mir zu tun.

Eine besondere Prüfung wurde für mich in der Anfangszeit Fritz Kortner. Der berühmte Schauspieler und Regisseur war Wiener und hatte infolgedessen, das ist beinahe logisch, im Berlin der zwanziger Jahre seine ganz großen Erfolge als Darsteller. Er galt damals als bester Richard III. des Welttheaters, und über seinen Shylock schrieb Alfred Kerr: »Eine Menschenleistung hat man erblickt. Fürs Leben ... Ich sah keinen, der ihm gleicht.« Dann musste Kortner emigrieren. Seine Ankunftsgeschichte in New York besagt für mich mehr über Emigrantenschicksale als viele soziologische Untersuchungen. Als er in New York ankam und zum Hotel fahren wollte, begegnete ihm der Berliner Journalist Ralph Nürnberg. Dieser sagte zu ihm: »Herr Kortner, Richard III. wird jetzt von Werner Kraus gespielt. Ich habe die Kritiken dabei.« Kortner las die ganze Fahrt bis zum Hotel die Kritiken und hat nicht ein einziges Mal auf die New Yorker Skyline gesehen. Er wollte nur wissen, was mit seinem Richard in Berlin los war. Selbst in Kalifornien, als er mit Freunden an einem Aussichtspunkt stand, von dem man einen überwältigenden Blick über den Stillen Ozean hatte, sagte er nur: »Dies alles will ich nie mehr sehen.« Er wollte zurück.

Nach dem Krieg ist er wieder nach Deutschland remigriert und fing an zu inszenieren, vor allem in München und in Berlin. Als Regisseur war er ein grimmiger Diktator. Es gab in München tatsächlich einen Club der Kortner-Geschädigten. Einmal zum Beispiel quälte Kortner den Schauspieler Norbert Kappen. Der wehrte sich: »Herr Kortner, das können Sie mit mir nicht machen. Ich war zwei Jahre im KZ.« Da knurrte Kortner nur: »Nicht lange genug.« Er probte stets sehr ausführlich und setzte damit die betroffenen Theater heftigen

Zerreißproben aus. Seine Inszenierungen litten oft an schrecklicher Unausgeglichenheit. Aber natürlich traute sich niemand, negativ über den durchaus auch genialischen Kortner zu schreiben. Das hätte er als Antisemitismus empfunden.

An einem glühend heißen Julitag 1959 fand die Kortner-Aufführung von Georg Büchners *Dantons Tod* im Münchner Residenztheater statt. Sie dauerte bis weit nach Mitternacht und war für meine Begriffe eindeutig misslungen. Ich schrieb, es gehe doch um Akteure der Französischen Revolution, und es könne nicht Sinn der Sache sein, dass die alle wie deutsche Romantiker herumträumen. Im Grunde hätten wir nicht eine Inszenierung von *Dantons Tod* gesehen, sondern den Beginn von Kortners Spätstil. Man kann sich heute nicht mehr vorstellen, was daraufhin los war. Als die *Süddeutsche Zeitung* am Abend herauskam, lasen sich die Leute diese Kritik gegenseitig auf der Leopoldstraße vor und lachten sich krumm, weil der mächtige Kortner so herangenommen wurde.

Fortsetzung: »Kaiser im lockigen Haar«[14]
von Anneliese Friedmann

[...] Immer noch Julihitze, ich baute mit den Kindern in unserem Garten Sandburgen. Plötzlich schob sich ein Schatten vor unsere Bikini-Fröhlichkeit: schwarzgekleidet stand Hanna Kortner, die Frau von Fritz Kortner, da und fragte: »Können solche Bilder lügen?«

Wir wußten es nicht. Beim Tee bekam ich dann zu hören, daß Fritz Kortner tief erbittert sei, weil Werner Friedmann antisemitische Tendenzen in seiner Zeitung dulde, diesen Kaiser nämlich, dessen Kritik gar nicht anders zu begreifen wäre.

Kortner und Friedmann waren befreundet, wenn wir eingeladen waren, schälte Hanna zum Nachtisch für uns Äpfel. Nach ihrem Besuch hatte sie längere Zeit keine Gelegenheit dazu. Denn für die Freiheit seiner Kritiker ging Friedmann durchs Feuer und sagte, wenn wieder eine Kortner-Inszenierung ins Haus stand, zu diesem: »San ma lieber gleich bös.«

14   In: SÜDPREUSSISCHE ZEITUNG, a. a. O.

Gott sei Dank, so etwas kann über Karrieren entscheiden, waren aber Anneliese und Werner Friedmann auch in der Aufführung. Und Gott sei Dank gefiel sie ihnen genauso wenig wie mir. Werner Friedmann, immerhin »Halbjude«, verteidigte mich. So stand ich als der Erste da, der es wagte, die Wahrheit zu schreiben, und hatte plötzlich einen Ruf wie Donnerhall. So etwas wäre heute auch denkunmöglich.

Später habe ich von Kortner einige bedeutende, schöne Inszenierungen gesehen. Die Dramaturgen wussten mittlerweile, dass man ihm keine großen Stücke geben darf, also eben nicht *Dantons Tod* mit über hundert Mitwirkenden, sondern Dramen mit wenigen Personen. Da entfaltete sich seine Intelligenz, und er konnte keinen Riesenzirkus veranstalten. Ich lernte Kortner auch persönlich kennen und begann, den originellen, alten Herren verstohlen zu lieben. Der konnte unglaublich nett sein. Einmal sagte er zu mir: »Den *Faust II* würde ich sogar für Hitler inszenieren.« Dann machte er eine längere Pause, kostete meine Verblüffung aus und fuhr fort: »Aber nur, wenn ich keine Striche machen müsste.« Mich nannte er gerne »Sprühteufelchen«.

Dantons Siechtum und Tod[15]
Fritz Kortners Büchner-Inszenierung im Residenztheater

Nirgendwo im Bereich der deutschen Bühnenliteratur gibt es ein Werk, welches mit so unwiderlegbarem Schwung in die Zukunft zu greifen wagte, sowohl in die Zukunft europäischer Dramatik, deren wesentliche Tendenzen das im Jahre 1834 von einem zweiundzwanzigjährigen Medizinstudenten souverän hingeworfene Werk vorwegnimmt, als auch in die Zukunft europäischen Selbst-Bewußtseins. [...]

Doch nicht nur eine fast gespenstische Frühreife kennzeichnet Büchners Revolutions-Apokalypse, sondern auch das Stigma hinreißender Pubertät. Das Drama ist wahr, nicht obwohl, sondern weil es übertreibt, weil es verzweifelter Skepsis ebenso hymnisch sich zu überlassen wagt wie der schrankenlosen Darstellung des zugleich tätigen und schwärmenden Eros.

---

15   In: SZ, Nr. 165 vom 11./12. Juli 1959.

Trotz alledem tun sich die Theater mit diesem Stück, das 125 Jahre alt und doch so modern ist, schwer. Seit 1945 scheint es noch keine Aufführung gegeben zu haben, die das Drama, sein finsteres Pathos, seinen zornigen Realismus und seinen rhetorischen Glanz annähernd exemplarisch bewältigt hätte. Weder der vernüchternde G. R. Sellner in Darmstadt, noch Gründgens oder Buckwitz oder Schweikart oder auch die englische Erstaufführung vermöchten *den* Danton durchzusetzen, der den Ruhm des Büchnerschen Textes theatralisch bestätigt hätte. Sollte das Drama nach dem Zweiten Weltkrieg unspielbar geworden sein, so »nah« es uns steht?

Nun hat Fritz Kortner sich an die Zähmung des Widerspenstigen gewagt. Dieser große Regisseur bedarf unser *capatio benevolentiae* nicht. Zu dauerhaft ist sein Ruhm, zu leuchtend die Erinnerung an all das, was er dem deutschen Theater schenkte, ob man nun an Becketts »Warten auf Godot« denkt, dessen ungeheure Poesie er entdeckte, an die brillante Gesellschaftskritik, die er in Frischs »Graf Öderland« theatralisch zu realisieren wußte, an seine gewaltigen Shakespeare-Experimente.

Bereits die erste Szene enthielt alle Keime späteren Mißlingens. Sie müßte einen Danton exponieren, in dessen Wesen Genußsucht, tragische Apathie, der drängende Wunsch zu enthüllen, hinter das Wesen eines Menschen oder einer Sache zu kommen, die Kraft zur gewaltigen Formulierung und die Fähigkeit zu revolutionärem Elan zusammentreten. Aber Kortners und Hans Christian Blechs Danton glich einem flüsternden Philosophen, der mit verkaterten Augen über die Nutzlosigkeit einer revolutionären Aktivität sinniert, die man diesem leisen Manne nie auch nur eine Sekunde zugetraut hätte. Sätze, die nicht nur Skepsis, sondern auch innere Gespanntheit, fast berstende Bildfülle verraten, tropften wie das Gelalle eines Schlafwandlers in die konterrevolutionäre Beschaulichkeit. »Deine Stimme ist mein Grabgeläute« oder »Wir haben grobe Sinne« oder »Die Statue der Freiheit ist noch nicht gegossen, der Ofen glüht«: Alles das wurde verloren und kraftlos hingesagt, wirkte wie die Endphase einer mit Alkohol bekämpften Schlafmittelvergiftung. Dazu Herbert Brüns – unvergessen seine glühende »Öderland«-Komposition – belanglose, ständig unmotiviert einsetzende und abbrechende, offenbar um der Übergänge willen ertönende Musik, deren neumodisch aufgeputzte

Harmlosigkeit weder das Feuer noch auch die Asche revolutionären Elans ins Spiel brachte, sondern nur fetzenhaftes Behagen. Auch Johannes Waltz' Bühnenbilder offerierten wohlbehauste, keineswegs getriebene Menschen.

Wer einen leisen Begriff hat von Kortners Kunst, mußte sich bestürzt fragen, was der Regisseur sich wohl dabei gedacht hat. Wollte Kortner etwa andeuten, daß selbst im Revolutionär ein Kleinbürger steckt, ein harmloser Flüsterer, Festefeierer, Bürger? Gesetzt, diese Konzeption spuke hinter Kortners Inszenierung, dann hätte sie deutlich und definitiv werden müssen – wer so am Schwung und Sinn eines Textes vorbeispielen läßt, hat die Beweislast für das Gegenteil zu tragen. Freilich müßte dann auch noch erläutert werden, inwiefern Leute, die aussehen und sprechen, als seien sie romantische, von E. T. A. Hoffmann erfundene Komponisten, immerhin die französische Revolution gemacht und nicht nur kleinstädtisch-deutsch von ihr geträumt haben.

Nun legt sich allerdings die Vermutung nahe, im Residenztheater sei gar nicht eine Kortnersche Interpretation von »Dantons Tod«, sondern vielmehr die erste Phase des Spätstils eines bedeutenden Regisseurs zu sehen gewesen. Dies ständige Langsam- und Leise-Sprechen, diese Adagio-Atomisierung jedes Satzes, jeder Geste dürfte kaum als direkte Reaktion auf Büchners schwungvollen Text zu verstehen sein. Denn es geht Kortner ja offensichtlich nicht um eine bloße Ent-Pathetisierung, um eine modernistische Versachlichung des Dialoges. Büchners Figuren sind zwar nicht vom Schillerisch-hellen, dafür aber von schwarzem Pathos erfüllt. Zudem schließt der Umstand, daß immerhin ein Sechstel des Textes oft aus wörtlichen Zitaten der französischen (das heißt: romanisch-rhetorischen) Revolution besteht, die Möglichkeit, alles auf platt sachliche Skepsis zu reduzieren, vollkommen aus. Freilich schienen die weitläufigen und oft geradezu opernhaft manirierten Gesten aus einem sehr viel älteren Fundus zu stammen als der sanft monotone, durch gelegentlich hektische Ausbrüche unterbrochene Sprechton: Altmodisches und Neumodisches traten da schizoid zusammen.

Gewiß vermag eine entschlossen langsame Reflexion neues Licht auf den Text zu werfen. Man hört alles überdeutlich, aus den eingeschliffenen Zusammenhängen oft kunstvoll herausgebrochen. Aber solche Originalität hat nur Sinn, solange sie sich im vom Autor gegebenen Rahmen als Widerstand realisiert. Beginnt sie jedoch, dem zweifellos auch interessanten, langsamen Abspielen einer für schnellere Umdrehungen gedachten Schallplatte zu gleichen, dann wiegen gelegentliche Entdeckungen den Verlust keineswegs auf.

Überpointiert, wie die Sprachregie, wirkten auch die Koordination der Bewegungen, die kunstvolle Anordnung der Massen, der gelegentliche Ausbruch szenischen Lärms. Dem Klima trister Monotonie, das die endlos sich hinziehenden weltanschaulichen Erörterungen hervorriefen, stellte Kortner interessante Übergänge und massenhafte Turbulenzen gegenüber. Aber damit fing er die Langeweile keineswegs auf. Man saß dann plötzlich im Kino und erkannte die Mittel wieder, mit denen im Rank-Film beispielsweise ein Stierkampf und dessen entfesseltes Publikum bewältigt wird. Die freigiebig mitgeteilten symbolischen Ingredienzien schließlich wurden zwar mitunter verständlich (Plakate, Totenschädel, Orgelton), aber nie packend, nie theatralisch wirkungsvoll. Den bizarren Tiefpunkt jugendstilhafter Entgleisungen bezeichnete eine sinnige Rose, deren Verschwinden Scheinwerfer sentimental begleiteten. Grund: Liebende hatten sich getrennt.

Den Schauspielern, die gegen die abnorme Hitze und ein begreiflicherweise kaum mitgehendes Publikum anzukämpfen hatten, wurde es offensichtlich schwer, mit dem von Kortner befohlenen Artikulations-Schema einigermaßen individuell fertig zu werden. Vor allem die passivere Gruppe der verhafteten Deputierten hatte die herben Folgen seines Stilwillens zu tragen. So gelang es *Hans Christian Blech* nur selten, aus dem personifizierten Zustand zur Person zu werden: Den wenigen jähen Ausbrüchen, die sich vom Bodensatz des Pianissimo abhoben, mußte, als stets erwartete Überraschung, immer etwas allzu Gezieltes, Effektsicheres, Beabsichtigtes anhaften. Auch dem mitunter rührenden Camille Desmoulins von *Dieter Kirchlechner* oder *Volker Pfeffers* Legendre glückte trotz allen Einsatzes nicht die Durchbrechung des unmagischen Zirkels. Ja, die erzwungene Monotonie war mitunter so stark, daß selbst aus den Volksszenen − etwa der Beinahe-Lynch-Mord am jungen Adligen, der beruhigend balletthaft verlief (wie alle zu bewußt ertiftelten Massenauftritte) − kaum irgendwelche Individualitäten preisend hervorzuheben sind.

Von der mächtig gesteigerten Nationalkonvent-Szene des dritten Aktes abgesehen, die freilich durch die quälend falsch und viel zu langsam intonierte Marseillaise um ihre äußerste Wirkung gebracht wurde, ruhten die großen Augenblicke dieser Aufführung auf den Schultern des Wohlfahrtsausschusses. Der intellektuellen Präzision von Robespierre *(Karl Paryla)* und St. Just *(Wolfgang Büttner)* war Kortner näher als dem verzweifelten intellektuellen Schwung des Danton. Freilich schien jedes bedeutsame Fingerzusammenkrampfen dieses Robespierre, jede seiner Gesten, seiner neurotischen Pausen mehr literarisch als theatralisch erdacht und darum krampfhaft: trotzdem blieb er, einem fanatischen österreichischen Privatgelehrten ähnlicher als dem mysteriösen Robespierre, die Hauptfigur des Stückes.

War die sezierende, alle Gestalten und ihre Gedanken in Einzelteilchen zerlegende Sprechweise im Hinblick auf die theoretisierenden Revolutionäre noch einigermaßen begreiflich (so wenig sich das alles auch zum Drama, zur revolutionsgeladenen Tragödie zusammenschließen sollte), so wurden die Grenzen der Kortnerschen Vorstellungen bei den Frauenrollen besonders deutlich. Marion *(Topsy Küppers)* holte mit nachgerade komischer Intensität jeden Satz ihrer sinnlichen Biographie aus sich heraus. Es schien, als sei sie selbst von ihren Enthüllungen überrascht, als müsse sie noch nachträglich erschrecken, immer wieder stocken und überdeutlich vorspielen, was sie vor Jahr und Tag empfunden hatte. In ihrer Rolle überschlug sich Kortners Prinzip, die Schauspieler nicht Sätze sprechen, sondern einzelne Worte gleichsam aus sich herausgraben zu lassen: eine seltsamere Mischung aus Manier und frischer Unglaubwürdigkeit wird man so leicht nicht finden. *Charlotte Kerr* als verängstigte Julie hatte einige ergreifende Momente des Mitleidens. Zur Rolle vermochte sie ihre kurzen Einsätze gleichwohl nicht zu runden.

Daß gerade die Lucile von *Ina Peters* in ihrer letzten Szene den Unmut des Publikums auszuhalten hatte, war eine Ungerechtigkeit mehr, für die die französische Revolution, Büchners Stück und Kortners Inszenierung verantwortlich zu machen sind. Denn nach Mitternacht waren Ausrufe des Unmuts aus dem Parkett zu hören, quälend unpassende, wenn auch begreifliche Zwischenrufe, die dieser jungen Künstlerin Konzept und Text verdarben. [...]

Zum Schluß gab es dünnen, aber lang anhaltenden Beifall. Auch Kortner verbeugte sich. Daß er angesichts des fühlbaren Mißlingens seinen Schauspielern zuklatschte – und sie ihm! –, war eine rührend freundschaftliche und versöhnende Geste.

Mit ästhetischen Werten verhält es sich schwierig. Man kann nicht einfach einen Schönheitsbegriff postulieren und dann prüfen, ob und wie er von einem Werk oder einer Aufführung präsentiert wird. Man muss stattdessen vom Einzelnen ausgehen, von dem, was einen unmittelbar berührt oder interessiert. Daraus lässt sich dann entwickeln, dass es in Kunst, im Leben und in der Politik Wahrheiten, Richtigkeiten und Überzeugungen gibt. Doch Schönheit abstrakt zu definieren und zum Ideal zu machen scheint mir unsinnig. Der Begriff »reine Schönheit« hat auch etwas Tantenhaftes, Spannungsloses für mich. Eher lässt sich wohl definieren, was unschön ist.

Unschön sind miserable Proportionen. Unschön ist für mich aber auch, wenn ein Werk, das einen höheren Ton hat, zum Beispiel Verse einer gewissen Noblesse, in einen Allerwelts-Jargon transponiert wird, wie es etwa in dem gar nicht schlechten *Othello* der Münchner Kammerspiele geschah, mit dem 2001 die Ära des Intendanten Frank Baumbauer eröffnet wurde. Da war die Sprache extrem zotig. Ich habe nichts gegen eine Gossensprache mit »ficken« in jedem zweiten Satz, nur rechne ich damit nicht in der *Othello*-Tragödie und ärgere mich, wenn um des Populismus willen Shakespeares Kunstsprache ignoriert wird. Das erscheint mir unschön. Aber auch daraus lässt sich kein Gesetz ableiten, was schön oder unschön sei, richtig oder falsch.

Überragend wichtig scheint mir Folgendes: Man muss offen sein für alles und muss auch gegen seine Geschmacksüberzeugungen reagieren können. Wer dazu nicht im Stande ist, wer nur parteiisch reagiert, verhält sich erstens vollkommen vorhersehbar und zweitens phantasielos. Das gilt natürlich auch und besonders für Kritiker.

Mich kränkt sogar, wenn mir jemand arglos unterstellt, ich wisse doch bereits vor der Premiere oder dem Konzert, was ich schreiben werde. Ich weiß es keineswegs. Ich lasse es auf den Eindruck ankommen. Je nachdem versuche ich auch, meinen Stil dem Ereignis anzupassen, und äußere mich ausführlich, knapp oder gar nicht. Allerdings kann sich mein Bestes vermutlich eher entwickeln, wenn ich einen Gedanken Schritt für Schritt vorbringe, also umfassender argumentiere. Was die Kurzform betrifft, habe ich längst nicht den pointierten Witz wie meine jungen und mittelalten Kollegen. Sie können heute enorm brillant schreiben, besitzen Esprit, haben Freude an Kalauern. Das ist aber nicht nur eine Altersfrage. Auch mein Kollege Karl Schumann, der leider im Mai 2007 gestorben ist, gehörte zu jenen witzig formulierenden Intellektuellen. Er war ein grandioser Spezialist für die lakonische und geistreiche Kurzform, seine grantelnde Schopenhauer-Giftigkeit habe ich vergnügt bestaunt. Den großen Ton und das Pathos aber schätzte er wie viele andere Kollegen nicht. Diese Haltung finde ich an und für sich sehr sympathisch, dennoch glaube ich, dass im Laufe des Lebens hin und wieder auch Außerordentliches vorkommt, das beim Schreiben ein gewisses Pathos legitimiert. Wenn sich so ein Ereignis anzubahnen schien, frotzelte Schumann in den Redaktionskonferenzen nicht selten: »Da lass ma den Sauerbruch dran.« Also mich.

Schüleraufführung der Antigone, *in der Titelrolle Erika Reubke. Ich als Wächter (rechts), daneben mein Freund Joachim Schara.*

In der Theaterwelt gibt es eine leidige Debatte über zwei gegensätzliche Positionen: »Regietheater« und »Werktreue«. Du bist ein eifriger Verfechter der Werktreue.

Du und so ziemlich meine ganze intellektuelle Umgebung, ihr alle wollt mir einreden, inwiefern das Regietheater prinzipiell in Ordnung ist. Nur um des lieben Friedens willen und um nicht als altmodisch dazustehen, könnte ich einräumen, die Überzeugungstäter haben sich das und das gedacht. Aber vom Bauch her stimme ich nach wie vor der Aussage meines Freundes, dem großen Opernregisseur, Jean-Pierre Ponnelle zu, der sagte: »Mozart ist der Chef.«

Heute argumentiert man dagegen zumeist, dass sich ein Regisseur ruhig gegen den *Buchstaben* eines Werkes vergehen könne, nur den *Geist* der Sache müsse er treffen. Da sage ich: genau umgekehrt. Den Geist der Sache kennen wir alle nicht. Ob *Faust* ein ideal denkender Wissenschaftler ist oder ein egomaner Techniker, dessen Weg viele Leichen säumen, wissen wir nicht. Wir kennen den Geist des Faust nicht. Aber wir kennen den Buchstaben. Und wenn man die gegebenen Buchstaben zu verändern wagt, dann muss man schon etwas Besseres an die Stelle von dem zu setzen haben, als der Autor gewollt hat. Werktreue bedeutet natürlich nicht, dass sich alle Aufführungen gleichen. In den fünfziger und sechziger Jahren waren die Inszenierungen der großen Regisseure höchst verschieden. Alle versuchten dennoch, dem Werk treu zu sein und ihm Lebendigkeit abzugewinnen.

Was die Regisseure in den fünfziger und sechziger Jahren gemacht haben, unterlag aber doch auch einer Art Zeitgeist. Werktreue gibt es doch gar nicht.

Absolute Werktreue ist selbstverständlich eine absurde Idee. Wenn Goethe und Schiller Shakespeare-Stücke aufführten, taten sie dies auch nicht im elisabethanischen Stil, sondern weimarisch geprägt. Schon beim einsamen Lesen interpretiert man. Man liest das Stück in seinem eigenen Tempo, man stellt sich die Figuren als bestimmte Typen vor, dabei weiß man schwerlich, wie ein Schiller'scher Intrigant spricht, ob der nicht sogar ein bisschen schwäbelt. Doch nur, weil es den Idealtypus der absoluten Werktreue nicht geben kann, zu folgern, dass die ganze Forderung falsch sei, halte ich für unsinnig. Unbedingte *Werktreue* ist genauso ein abstrakter Idealtyp wie die Vorstellung von völliger Interpretations*freiheit*.

Für problematisch halte ich auch die menschenfreundliche Einstellung, einen Klassiker unbedingt aktualisieren zu wollen und ihn aus seinen historischen Gegebenheiten herauszulösen, um ihn in unsere Zeit zu versetzen, damit er jungen Leuten angenähert werde. Machen diese Anachronismen die Stücke wirklich verständlicher? Eigentlich doch eher unverständlicher, verwirrender, weil das Tugendsystem und die gesellschaftlichen Umstände, die zu Zeiten des Werkes bestanden, nicht mehr existieren. So habe ich zum Beispiel einmal einen *Tannhäuser* gesehen, der von dem berühmten und kompetenten russischen Regisseur Ljubimow aus dem deutschen Mittelalter in das Paris des 19. Jahrhunderts verlegt worden war. Dagegen lässt sich nicht einmal unbedingt etwas einwenden, denn eitle Sänger gab es zweifellos auch in Marcel Prousts feinem Paris. Wenn aber der Tannhäuser aus dem Venusberg, diesem großen Edelbordell, zu seinen Sängerkollegen und der heiligen Elisabeth zurückkommt, dann erschrecken alle zu Tode: »Er hat im Venusberg geweilt!« Im Tugendsystem des Mittelalters war Tannhäusers Bordellbesuch ein entsetzliches Verbrechen, während im späten 19. Jahrhundert, zumal in Paris, kein mittelalterliches, sondern ein großbürgerliches Tugendsystem herrschte. Da hätten die eleganten Herren nach der Adresse von dieser Venus gefragt.

Oder: In der *Arabella* von Richard Strauss beruht die Handlung darauf, dass eine aristokratische Wiener Familie im 19. Jahrhundert nicht genug Geld hat, beide Töchter standesgemäß zu halten. Infolgedessen entschließt sich die Familie, die jüngere Schwester als Jungen zu verkleiden, die ältere aber, Arabella, schön auszustatten. Sie soll ihre Zofen, ihren Regenschirm und ihr Hündchen bekommen und auf diese Weise einen aristokratischen Ehemann erlangen. Lässt man diese Handlung aber, wie hier in München, im Berlin von 1925 spielen, dann wird das alles vollkommen absurd. Kein Mensch kam im Berlin der zwanziger Jahre auf die Idee, junge Damen »standesgemäß« zu erziehen. Derartige Widersprüchlichkeiten entstehen unvermeidlich bei solchen Anachronismen. Ich wage zu bezweifeln, dass junge Leute, die das Stück zumeist nicht kennen, es dann besser verstehen.

Dann sind manche Werke kaum noch spielbar. Es sei denn, man versucht eben doch, zu diesen Stücken einen aktuellen Bezug herzustellen.

Ist das denn wirklich wahr? Ist der *Ring des Nibelungen* nicht mehr spielbar, weil die germanischen Götter uns heute, zugegeben, in die Ferne gerückt sind? Ist denn Rembrandts Bild »Aristoteles mit der Büste Homers« nicht mehr nachfühlbar, weil Rembrandt alt ist, Aristoteles noch älter, von Homer gar nicht zu reden? Müssen alte Sachen unbedingt modernisiert werden? Nimm den »Ödipus«, der ist doch auch heute noch für uns da. Nicht ohne Grund gab es immerfort Bearbeitungen des Ödipus-Stoffes. Die französischen Klassiker haben ihn bearbeitet, Freud hat den Ödipus-Komplex definiert, Max Frisch den Roman *Homo Faber* geschrieben, in dem die Ödipus-Handlung variiert erscheint.

Es ist doch aufregend, dass bestimmte Konstellationen, bestimmte Probleme sich wie die Mythen quer durch die Jahrtausende ziehen und bis heute lebendig sind. Wenn man aber aktualitätssüchtig sagt, wir lassen den *Ödipus* des Sophokles nicht in der alten mythischen Vergangenheit spielen, sondern ganz normal in Grünwald, dann verliert die Figur ihre Fallhöhe.

Er kann in Grünwald spielen, aber die mythische Dimension müsste beibehalten werden. Also eben doch der Geist und nicht nur der Buchstabe.

Das ist heikel, weil in Grünwald blinde Seher wie Teiresias kaum vorkommen. Das wirkt dann so entsetzlich absurd.

Dann ist es nicht gut gemacht, sondern plakativ, übertrieben, plump, dumm, hohl, was weiß ich. Es liegt aber nicht daran, dass der Ödipus in die Moderne versetzt wird. Es muss legitim sein, alte Stoffe für uns heute neu zu erzählen und ein paar Wandlungen der Zeiten einzubeziehen. Das ist doch sogar eine Aufgabe des Theaters.

Ich habe nichts gegen die Idee, man müsse das Stück ein bisschen näherbringen und modernisieren. Ich kenne einige Ausnahmen, wo es funktioniert, Stücke aus ihrem Zeitrahmen herauszubrechen und in einer anderen Zeit spielen zu lassen. Bei einer Aufführung der Mozart'schen *Titus*-Oper in Salzburg habe ich das einmal sehr gelobt. Die Seria-Handlung des *Titus* ist nicht so aufregend und wurde von dem Regisseur Karl Heinz Hermann sehr vernünftig modernisiert. Ein schwaches Libretto und eine Oper, die vielleicht nicht durchgehend genial ist, aber wunderbare Einzelheiten enthält, schienen endlich gerettet. Oder Wagners *Ring* in der Inszenierung von Patrice Chéreau in Bayreuth. Da ließ Chéreau Wotan teils als altgermanischen Gott, teils als einen preußisch-deutschen Banker des 19. Jahrhunderts auftreten. Auf diese Weise hat er die Sache gezeigt und zugleich seine Interpretation hinzugefügt. Dagegen ist nichts zu sagen. In diesem Zusammenhang fällt mir auch die *Empedokles*-Aufführung von Michael

Grüber ein, ein großer Regisseur, den manche sogar über Peter Stein stellten. Empedokles verlässt erbittert seine Heimat, steigt auf den Vesuv, wirft sich ins Feuer. Es ist also unter anderem auch eine Flüchtlingsgeschichte. Grüber inszenierte Friedrich Hölderlins Tragödie so, dass man auf der einen Seite der Bühne eine Art Bahnhofsrestaurant sah, in dem lauter unglückselige Flüchtlinge warteten ... Auf der anderen Seite erkannte man Hölderlins griechische Welt samt Empedokles. In der Neudeutung spiegelte sich das Alte. Das hatte viel für sich.

Aber meist fällt auf, dass sich das Regietheater nicht der Fülle eines Stückes stellt. Da wird nur der Stoff neu kostümiert. Aber es geht nicht bloß um den Stoff, um das »Thema«, sondern um dessen spezifische Behandlung. Einige Urthemen, Antigone zum Beispiel, wurden von den griechischen Klassikern verschieden behandelt. Wenn man solche Differenzierungen negiert, wenn man den Stoff absolut setzt, um ihn zu aktualisieren, verhält man sich unkünstlerisch. Wenn junge Theaterleute mit einem alten Stück nicht zurechtkommen, dann sollten sie lieber nach modernen Dramen suchen, finde ich. Brecht, Sartre, Anouilh haben die uralten Themen ja auch neu bearbeitet.

Jedes bedeutende, wertvolle Kunstwerk ist selbstverständlich vieldeutig. Geht es um ein Drama von Rang, dann existiert eine *gebundene* Vieldeutigkeit. Tut man aber so, als ob es sich um eine *faule, beliebige* Vieldeutigkeit handelt, die alles zulässt, dann scheint mir der Willkür Tür und Tor geöffnet. Man ignoriert den Charakter des Werkes, nur um es beflissen zu aktualisieren. Antigones berühmter Satz »Nicht mit zu hassen, mit zu lieben bin ich da« ist heute doch genauso verständlich oder genauso fern wie vor zweieinhalbtausend Jahren. Es ist doch gerade das Fesselnde, wenn einmal etwas nicht auf einen Nenner gebracht werden kann, sondern geheimnisvoll bleibt. Entschlossen eindimensionales Interpretieren könnte nämlich auch Verzerrung bedeuten. Das gerät dann manchmal zur wirkungsgeilen Selbstdarstellung unternehmungslustiger Theatermacher. Übrigens, nicht nur traditionsbewusste Leute wie ich sind gegen die Verschandelung der alten Stücke durch den Modernisierungszwang, wobei sie andere Gründe haben mögen. Sogar der nun wirklich unkonventionelle Herbert Achternbusch, dessen großartiger Film *Das Gespenst* aberwitzigerweise wegen Blasphemie verboten wurde, ärgert sich über das angeblich soziale Anliegen, wenn Stücke modern aufgemöbelt werden. Er schickte mir vor wenigen Jahren einen Brief, den er an den Schauspieler Sepp Bierbichler geschrieben hatte. Wegen großer Schwierigkeiten bei einer Neuinszenierung bat er mich sehr höflich, ob ich ihm vielleicht irgendwie über die *SZ* helfen könne. Ich erinnere mich genau, wie intelligent komisch er in dem Brief seinen Ärger über das »Davonlauftheater« äußerte, welches gerade dann entstehen müsse, wenn man den zwanghaften Versuch unternimmt, ein Stück unbedingt aktuell verändert vorzuführen, damit jeder Zuschauer alles versteht. Er würde zu gerne einmal einen Klassiker sehen, ohne gleich alles verstehen zu müssen. Die alten Griechen hätten schließlich auch stundenlang in der prallen Sonne ausgehalten, um die Tragödien auf sich wirken zu lassen. Keine drei Minuten wären die damaligen Athener sitzen geblieben, wenn ihnen dieses stupide »Ruckzuck-Gehabe« präsentiert worden wäre.

Mich stört bei all diesen Aktualisierungsversuchen auch eine Effektspekulation. Die Regisseure fürchten, leider Gottes nicht zu Unrecht, wenn sie ein Stück einigermaßen werktreu inszenieren, werde sich keiner dafür interessieren. Alle würden sagen, das kennen wir schon. Die Freiheiten cleveren Regietheaters haben allerdings dazu geführt, dass Werktreue, ohne viel Talent oder gar Genie geboten, tatsächlich schnell langweilig wirken kann. Theater muss heute enorm lebendig und brillant gemacht sein, damit es nicht ein bisschen hausbacken erscheint.

Was sollte denn ein Intendant oder Regisseur machen, damit junge Leute ins Theater gehen?

Wenn junge Leute, die sich überhaupt noch konzentrieren wollen und können, Dramen so erleben, dass sie ihnen nachvollziehbar sind, dann dürften sie, glaube ich, einer vernünftigen Aufführung vergnügter folgen als einer, in der alles auf den Kopf gestellt scheint. Bot der große Peter Brook eine quasi realistische Aufführung, dann ging alle Welt hin, und man war froh, Eintrittskarten zu bekommen.

Brook ist nun auch nicht gerade das allerjüngste Beispiel. Verhält es sich vielleicht nicht auch so, dass du die Codes der Jüngeren und der jetzigen Regisseure gar nicht mehr verstehen kannst? Die Ästhetik der Videoclip-Kultur, das Internet und vieles andere ist dir doch völlig fremd.

Da könnte ich mit viel Heuchelei antworten. Ich glaube aber, der Vorwurf ist berechtigt. Nur, vielleicht geht es nicht so sehr um das bloße Verstehen von Codes, sondern vielmehr darum, dass man emotional übereinstimmt. Ein Theaterbesuch ist ja nicht das Lösen einer Rechenaufgabe. Man lässt sich doch mit Leib und Seele und allen Sinnen darauf ein, will sich freuen, will etwas davon haben. Das fällt mir bei manchen dieser radikalen Umfunktionierungen tatsächlich immer schwerer. Es tut mir um die poetischen Dimensionen der Stücke leid, wenn von vorneherein unterstellt wird, alles das störe, sei unzeitgemäß. Wenn die Macher immer nur ihre Meinung, ihre aktuelle Ansicht dem Text entgegenhalten, ist das für mich oft nichts anderes als nivellierende Denunziation.

Natürlich kann man zeigen, dass Siegfried und Brünnhilde keine großen Figuren sind, sondern sich benehmen wie ein kleinbürgerliches Paar im 20. Jahrhundert, das in die bayerischen Alpen gefahren ist. Man kann aus der Königin Elisabeth und der Maria Stuart auch keifende Fischweiber machen. Das könnte sogar sehr witzig werden. Aber meistens sind solche Ideen nicht stücktragend, und die Figuren verlieren ihre Dimensionen. Mir scheint, dass der hohe Stil in großer Klassik manchmal auch zur Sache gehört. Übrigens warte ich neugierig auf das Gegenteil. Darauf, dass ein Regisseur ein naturalistisches Stück kleiner Leute plötzlich im hoch-pathetischen Stil spielen lässt. Das habe ich noch nie gesehen.

Übermenschliches Leid macht un-menschlich[16]
Dieter Dorns fesselnde »Hekabe«-Inszenierung in den Münchner Kammerspielen

Warum eigentlich nicht zugeben, daß es ziemliche Überwindung kostet, sich dem Schmerzgeheul und den Blutorgien einer griechischen Tragödie, wie der »Hekabe« des Euripides, aus freien Stücken furchtbereit auszusetzen?

Man wäre nicht in schlechter Gesellschaft mit solchem Schauder. Im Jahre 1913 – während der Hochblüte weltberühmter deutscher

---

16   In: SZ, 9. Februar 1999.

Alt-Philologie – schrieb der klügste Theaterkritiker der damaligen Zeit, Alfred Kerr:»Die Griechen auf dem Theater sind aber stets fürchterlich. Wenn ich die Kerls nur ankommen seh ... wird mir schwach. Schon die Kleidung. Der langsame Tritt. Und dann, statt zu sagen: ›Wie geht's? Hübsches Wetter heut'!‹ skandieren sie immer gleich etwa so: ›Sieh da! Sei mir gegrüßt! Mein Pimpokles! Willkommen hier im schattigen Gurkenhain! Beschirmen deinen Leib die großen Götter? Pickt dir ein Geier an der Leber lang? ... Ich weiß, du schlugest deinen Vater tot, nachdem er seinerseits die Schwester abstach ... Sei mir gegrüßt!‹ So«, fährt Kerr aufgeklärt-berlinisch-witzig fort,»geht es immer bei diesem Volk; wir müssen es erdulden.«

Zugegeben: Auch in der durchaus fesselnden Dorn-Inszenierung der»Hekabe« sah man am Schluß dutzende junger trojanischer Sklavinnen in umfangreich blutbefleckten Gewändern; sah man zwei Kinderleichen, dazu einen geblendeten, schreienden Schurken mit verkrusteten Augenhöhlen. Sicherlich zielt des Euripides mit großer Brillanz dargebotenes archaisches Horrorstück (auch) auf solche genau kalkulierten Theatereffekte. Andererseits aber bietet es mehr. Nämlich ein tiefgründiges, abgründiges Muster (leider ewig-)menschlicher Verhaltensweisen. Dabei leiden und lärmen diese Figuren aus einer frühen Menschheitsepoche zwar meist naiv-direkt-unverklemmt – wenn sie aber reden, argumentieren sie klug wie clevere Anwälte. Ob die Götter dabei (noch) verbindlich wirkungsmächtig sind für sie, mag strittig sein. Die große humane Idee dessen, was»recht«, was»gerecht« ist, geben sie auch in schlimmster Entwürdigung nicht auf.

Dieter Dorn sei uneingeschränkter Dank dafür, daß er dieses sehr selten gespielte Stück (Melchinger nennt es in seinen Tragödienbänden künstlerisch mißlungen, weil der erste Teil in hohem Ton, der zweite als»Horror-Story« geschrieben sei) aufzuführen wagte. Und ein – etwas eingeschränkterer – Dank sei Dorn auch dafür, wie vehement er die Tragödie in Szene setzte.

Was Dorn gelang: er stellte gleich in der ersten Szene einen fabelhaften»drive« her. Dieser Anfang ist ja genial ersonnen: die unbegrabene Leiche eines ermordeten trojanischen Königskindes meldet sich (als Wesen und Traumgespenst) zu Wort, erläutert, was ihr zustieß und was später mehr als alles andere die Rache-Explosion der Mutter, der Hekabe, bewirken wird. Jens Harzer machte das mit animalischer, dunkel-nackter Vehemenz. Faszinierend. Man spürte, auch wenn man vielleicht nicht alles verstand: »Furchtbares wird geschehen.«

Gefahrvoll stilisiert

Die Euripidesmischung aus Genozid-Tragödie und Rührstück darf gewiß nicht naturalistisch verkleinert oder realistisch gezähmt werden. Auch dafür fand Dorn eine Lösung: einen kunstvollen *Sing-Sang*-Ton der Worte und Klagen. Kein doofes Geleier, Gottseidank, der lebendig aufgelösten, atomisierten Chöre! Jürgen Roses düster-karges Bühnenbild wurde beherrscht von einem Zelt, schmucklosen Wänden (die donnernd in die Szene brechen konnten) und einem oder zwei schmalen, bretterartigen Stegen.

Mehr balancierend als »schreitend« bewegten sich die Protagonisten manchmal auf diesen »Stegen«. Das wirkte artifiziell, gefahrvoll stilisiert – und *richtig*. (Ohne daß man ohne weiteres begründen könnte, warum.) Dazu setzte Dorn nicht nur als Klangkulisse oder gelegentliches Signal, sondern als *Verhängnis-Aura* Jörg Widmanns Musik ein, die nachhaltig zum Gelingen des tragischen Transports beitrug.

Um die gefangene, ihres Gemahls und fast aller ihrer Kinder grausam beraubte Königin Hekabe zu spielen – sie wird von hochmütigen Siegern gedemütigt und nach äußersten Schrecknissen zur rasend-unmenschlichen Rächerin –, dazu muß eine Künstlerin viel können. Nur *ein* Leidenston, *eine* Dulder- oder Täterpose: Dergleichen wäre rasch mono-ton. Gisela Stein besitzt eine große Skala von Haltungen und Reaktionen. Sie vermag zu erstarren, zu glühen, leise oder schrill zu sein. Sie hat stücktragende Kraft. Ganz am Anfang, wie um sich rückhaltlos in Schwung zu bringen, schien sie zu forcieren. Man spürte, daß die Laute da nur gleichsam aus dem Kehlkopf kamen – aber nicht aus der Mitte ihres Wesens. Das gelang später. Am Ende war nur noch leeres königliches Rachefeuer da, nichts Menschliches mehr.

Ihre Tochter Polyxene ist die ergreifendste, rührendste Figur des Stückes. Nobel-erschrocken, wenn sie fassungslos erfaßt, zum Schlachtopfer bestimmt zu sein. Nobel-königlich, wenn sie diesen Tod sklavischem Weiterleben vorzieht. Sophie von Kessel bot das beeindruckend. Nie sentimental. Eher spröde. Wirklich nur die Mutter bemitleidend, nicht sich selbst. Glaubwürdig und kühl, geriet sie bei Ausbrüchen ein paar Mal an die Grenzen ihrer Sprechtechnik. Mit unwiderstehlichem Effektsinn läßt Euripides als Botenbericht darbieten, wie stolz diese Prinzessin ihren Tod gestaltete. Leider deklamierte Helmut Stange diesen Botenbericht viel zu weinerlich und pathetisch – so wie der erste Schauspieler im »Hamlet«. Das grenzte an Klamotte: nicht allein der Bote sollte ergriffen sein – er muß vielmehr so referieren, daß die Zuhörer es sind.

Widerlich hochnäsig, beklommen und belästigt benehmen sich die griechischen Sieger. Odysseus – Michael Maertens, gefährlich modern gekleidet, mit Intellektuellenbrille; ein neutrales Kostüm wäre ratsamer gewesen – verhält sich gönnerhaft, zynisch, will keine Konflikte. (Männer verstehen das gut.) Agamemnons Verlegenheiten und Opportunismen macht Hamel fabelhaft deutlich. Er chargierte nie, wirkte um so fesselnder. So lange es ihm keine Schwierigkeiten bereitet, läßt er Hekabe gewähren ... Jörg Hube in der Rolle des abgrundtief goldgierigen, gewissenlosen Kindermörders hatte es nicht leicht, auf hohem Pferd alle die Verlogenheiten darzubieten, zu deren Äußerung Hekabe ihn provoziert. Tiere sind komisch, lenken freilich auch ab. Mit »Blendung« bestraft, sagt am Ende ausgerechnet er die Wahrheit voraus.

Michael Wachsmanns ehrgeizige Übersetzung wirkte manchmal bewußt sperrig, manchmal auch unnötig verständniserschwerend. Doch der Gesamteindruck war stark. Ovationen.

D ieter Dorn hat es im – vom Regietheater beherrschten – gegenwärtigen Kulturbetrieb sehr schwer, seine tapfere Antithese durchzuhalten. Einmal beschrieb er das Profil seines Hauses folgendermaßen: »Radikal dem Text verpflichtet. Ein Theater der Regisseure, die das Stück inszenieren (also weder ihre Obsessionen, noch einen Kommentar.)« Damit steht er heutzutage nicht nur ziemlich allein, sondern er riskiert seinerseits auch eine gewisse Erstarrung. So geht es auch Kritikern, die sich dem Mainstream fanatisch entschlossen entgegensetzen. Es kommt nicht nur darauf an, Recht zu haben. Schon Brecht hat gewarnt: »Auch der Zorn auf das Unrecht macht die Stimme heiser.«

Susanne fällt im Theater übrigens immer viel mehr auf als mir. Ich schreibe das dann gelegentlich in meiner Kritik, und wenn sie es noch einmal sagt, glauben alle, sie redet mir nach. Schicksal, gelt?

Susanne Kaiser: »Ja, ja.«

D ieses »Schicksal« hat meine Mutter wohl. Es ist gar nicht einfach, sich aus dem Schatten der öffentlichen Wirkung von Joachim Kaiser zu befreien, um unabhängig dazustehen und eigene Wege zu gehen. Das hatte meine Mutter eigentlich immer vor. Ein Angebot, für eine Münchner Boulevard-Zeitung als Kritikerin zu arbeiten, lehnte sie trotzdem ab. Kritisieren liege ihr nicht und die Konkurrenz im eigenen Hause hätte sie nicht ertragen. Vielleicht hatte sie auch ein wenig Angst. Angst vor der eigenen Courage, Angst vor den Ansprüchen, die sich durch so einen »kritischen« Partner automatisch auf einen selber übertragen. Meine Mutter nutzte ihre Sprachbegabung, um französische Theaterstücke ins Deutsche zu übersetzen. Als Endvierzigerin begann sie, ihre Kreativität in der bildenden Kunst auszuleben. Der originelle Charme ihrer verspielt aufgebauten Stelen aus Ton lockte sogar einige Käufer, aber sie behielt ihre Werke lieber, und für Auftragsarbeiten fand sie keine Zeit.

Dann, mit Anfang sechzig, schrieb sie plötzlich einen Roman. Diesen Mut finde ich nach wie vor bewunderungswürdig: Es ist nie zu spät für einen Anfang – die meisten trauen sich nur nicht und flüchten sich in Ausreden. Meine Mutter jedoch veröffentlichte zwei Romane. (*Von Mädchen und Drachen* bekam sogar den Wetzlarer Literaturpreis.) Sie begann mit einem dritten Buch. Kurz darauf, im Jahr 2000, wurde Brustkrebs diagnostiziert. Die Krankheit erzwang eine lange Schreibpause. Als sie sich wieder gestärkt fühlte, und der Krebs besiegt schien, fuhr sie mit der Arbeit fort. Einen Tag vor ihrem zweiundsiebzigsten Geburtstag, am 15. Dezember 2004, jubelte sie: »Fertig!« Einen Tag nach ihrem Geburtstag wurden neue Metastasen entdeckt. Im Januar 2005 erfuhren wir, dass zwar Operationen, Chemos, Bestrahlungen gemacht werden könnten, doch die Metastasen seien letztlich unheilbar, unbesiegbar.

Meine Mutter nimmt nun nicht nur tapfer alle Nebenwirkungen der anstrengenden Behandlungen in Kauf, sie lebt das Leben sehr diszipliniert so normal wie möglich weiter. Ein Verlag zeigt Interesse an dem Roman. Er sei jedoch zu lang. Die neunhundert Seiten müssten um zweihundert bis dreihundert gekürzt werden.

An diese Arbeit machen sich meine Eltern, zurzeit in einem alten Ferienhäuschen, in Kressbronn am Bodensee. Wie sie sich auf den

durchhängenden Sofas gegenübersitzen, jeder mit Papierbergen vor sich, mit Schlappen an den Füßen, mit einem Stift in der Hand, meine Mutter grazil, mein Vater chaotisch – da geht mir das Herz auf. Um jedes einzelne Wort feilschen sie. Manchmal wird ein Wort seufzend gestrichen, manchmal bemängelt mein Vater einen Ausdruck, meine Mutter kontert »lass mich doch«, mein Vater »gut«. Derart kürzen die beiden im Höchstfall fünf Seiten. Aber sie strahlen eine Symbiose aus, eine Ruhe, eine Selbstverständlichkeit, wie man sie nur selten bei Ehepaaren erlebt. Sie selber sind ob dieser Harmonie übrigens am meisten überrascht. Das Alter? Die weit über vierzig Jahre während Ehe? Gar die Krankheit?

Trotz der Krankheit ist meine Mutter bereit, bei meinem Dokumentarfilm mitzumachen. Sie bittet mich nur, die Aufnahmen mit ihr vorzuverlegen, damit sie nicht kahlköpfig oder mit Strickmützchen vor die Kamera treten müsse. Die Drehplanänderung ist eine logistische Herausforderung, aber ihr Wunsch wird natürlich befolgt.

Solange meine Mutter ihre gewohnte Haarpracht noch hat, begleitet sie uns auch ins Theater. Im April 2005 steht *Hamlet* in den Münchner Kammerspielen auf dem Programm. Das Stück, von dem mein Vater sagt, es sei »vielleicht doch das reichste des Abendlandes«.

I ch bin jedes Mal vor *Hamlet* aufgeregt. Das ist für mich nicht nur irgendein Drama, sondern Teil meines Lebens. Als Student habe ich im Deutschen Theater Göttingen bei einer Theateraufführung mitgemacht, *Seit Adam und Eva* von John B. Priestley. Da gab es drei Paare, und ich war einer der jungen Männer, weil ich Klavier spielen konnte und das irgendwie nötig war. Neben uns wurde *Hamlet* geprobt. Ich sah mir immer die Proben an und dachte: Mein Gott, was machen wir für einen Unsinn, und was für ein tolles Stück ist der *Hamlet*. Inzwischen habe ich *Hamlet* sicherlich dreißigmal gesehen, und ich habe mich jedes Mal darauf gefreut, weil es ein sinnlich-übersinnliches Abenteuer ist.

Dabei ist diese Tragödie Shakespeare nicht einmal perfekt geglückt. T. S. Eliot findet sie sogar misslungen. Es sei unklar, warum Hamlet sich fortwährend verstellen muss, es gebe bestimmte Dinge und Probleme, die nicht ganz aufgehen. Aber alles das macht für mich das Stück nicht etwa verworren, sondern lebendig. Ich erhoffe mir von jeder *Hamlet*-Aufführung, dass das Archaische herauskommt, das Wirre, Wilde, Rätselhafte und vor allem das Künstlerische. Ganz perfekt können *Hamlet*-Aufführungen natürlich nie gelingen. Doch eine perfekte Aufführung wäre auch wie ein Begräbnis.

Franco Zeffirellis Inszenierung, 1964, mit großen italienischen Schauspielern hat mir ziemlich gut gefallen. Der interessanteste Hamlet meines Lebens ist Oskar Werner gewesen. Aber mir gefiel auch Thomas Holtzmann als nervöser Hamlet sehr gut, in der Aufführung von Kurt Meisel, die ansonsten nicht so geglückt schien. Doch das Stück hält viel aus. Falls der Regisseur sich nicht allzu sehr als Autor vordrängt, kann Interessantes entstehen. So fand ich leider die Aufführung des von mir oft gelobten Regisseurs Matthias Hartmann hier in München schwach. Er machte zu viele Schauspielerwitze. Von dem genialischen Regisseur Rudolf Noelte hatte ich mir Enormes erwartet. Ich wusste, er nimmt das Drama ernst, gibt sich große Mühe und beherrscht jeden Zentimeter des Bühnenraums. Das wurde dann der monotonste *Hamlet* überhaupt. Dabei kann es in gewisser Weise sogar spannend sein, wenn eine *Hamlet*-Inszenierung völlig misslingt. Trostlos habe ich es immer nur gefunden, wenn die Macher nicht den Mut hatten, sich der Fülle dieses Dramas zu stellen.

Als ich das Theater noch sehr liebte, als Theater noch eine ernsthafte Veranstaltung war, erschien mir *Hamlet* immer als eine Bewährungsprobe, als ein Stück, an dem man sich misst. Jede Zeit erkennt sich ein bisschen im Hamlet wieder. Als der Begriff des Teenagers aufkam, hat man Hamlet als blutjungen Teenager gespielt, obwohl er etwa dreißig

Jahre alt ist. Als der Begriff des »angry young man« aufkam, da wurde Hamlet dieser böse junge Mann, oft auch ein Beispiel für das zögernde, entschlussunfähige Deutschland des frühen 19. Jahrhunderts.

Selbstverständlich soll jeder Regisseur seine Schwerpunkte setzen und darf sagen, ich möchte mit dieser Stelle, mit dieser Handlung das und das zeigen. Eine absolut werktreue Aufführung würde mindestens sechs Stunden dauern und wäre wahrscheinlich furchtbar langweilig. Aber es scheint mir nicht in Ordnung, wenn ein Regisseur dem Drama alle sprachlichen Differenzierungen raubt und es als plattes Tendenzstück behandelt. Es ist doch so: *Hamlet* beginnt in ganz realistischer Sprache. Irgendwelche Wächter schreien sich ängstlich etwas zu. Dann wird der Text unvermittelt im hohen Stil poetisch, wunderschöne Blankverse. Später sogar Endreime. Es gibt also verschiedene Sprachebenen. Wenn Regisseure nun argumentieren, das ist alles unwichtig, uninteressant, die Zuschauer seien ja keine Philologen, und deswegen das Drama auf einer einzigen konversationshaften Sprachebene bieten – dann haben sie doch eigentlich bereits die Chance jener Vielschichtigkeit verpasst, die darin besteht, dass Shakespeare mehrere Sprechweisen sorgfältig disponierend verbindet.

Ich liebe die Ophelia-Rolle sehr. Normalerweise sind Shakespeares Frauenpartien ein wenig simpel. Doch bei Ophelia kommt viel zusammen: Sie ist wirklich in Hamlet verliebt, sie ist eine gehorsame Tochter und tief abhängig von ihrem Vater, der ja kein Trottel sein sollte, sondern nur ein bisschen senil. Zudem hofft sie, vielleicht unbewusst, an Hamlets Seite Königin von Dänemark zu werden. Ihr stößt schon sehr viel zu, was sie nicht aushält.

Als die bezaubernde Schauspielerin Käthe Gold 1955 bei den Hersfelder Festspielen die Ophelia spielte, habe ich eine geradezu verrückte Erfahrung gemacht. Käthe Gold war schon mindestens fünfzig Jahre alt. Ophelia soll aber ungefähr siebzehn sein. Ich ließ also Vorsicht walten und setzte mich in eine der letzten Reihen, damit mich ihr Alter nicht ablenkte. Aber auch bei noch so viel Bewunderung gelang es mir nicht ganz. In der Pause traf ich den Regisseur und sagte, die Gold sei sehr interessant, aber für die Rolle doch etwas zu alt. Er fragte mich, wo ich sitzen würde, und ich erklärte ihm die Motive meiner Platzwahl. Er schickte mich sofort in die erste Reihe, wo es zum Glück noch einen

Platz gab. So konnte ich mich in das Gesicht von Käthe Gold vertiefen und erschüttert sehen, wie sich die Ophelia darin spiegelte. Sie wurde zur besten Ophelia, derer ich mich erinnern kann. Meistens wird sie ja als ein armes, vom Vater schlecht behandeltes und vom Bruder von oben herab betrachtetes Geschöpf dargeboten, das sich in den Hamlet verliebt. Bei alledem entfällt, dass durch den Abschied von Hamlet, wenn er sich plötzlich von der ganzen Welt und von ihr trennt, auch Ophelias Hoffnung zunichte gemacht wird, an seiner Seite Königin von Dänemark zu werden. Das wurde rätselhaft in Käthe Golds Gesicht spürbar. Wie sie ihr Unglück, nach einem tiefen Erschrecken immer trauriger werdend, mimisch gestaltete, das war für mich große Kunst; eben nicht nur das Ende einer Liebesgeschichte, sondern der Zusammenbruch eines Daseinsentwurfs. Übrigens ein weiterer Gesichtspunkt, der mich ein bisschen gegen das Regietheater einnimmt: Da werden Schauspieler häufig in ein Konzept gepresst und agieren nur noch als Ideenträger. Ihre Persönlichkeit kann manchmal kaum noch zur Geltung kommen. Bei Theater geht es aber nicht nur um ein Konzept, es geht hauptsächlich um die Schauspieler.

An den Schauspielern oder einigen großartigen Momenten der Inszenierung bei dem Münchner *Hamlet* von 2005 liegt es nicht, dass wir danach ein wenig betrübt ins Lokal gehen. Gegen viele Argumente meines Vaters, warum die Inszenierung Opfer des Regietheaterwillens von Lars Ole Walburg wurde, kann ich aus Mangel an wortexakter Kenntnis des Stückes kaum ankommen, obwohl ich es brav vor der Vorführung sogar noch einmal gelesen habe. Einige Vorwürfe entkräfte ich trotzig. Aber die Autorenschaft der Macher hat auch für mich weit über ein reizvolles Modernisierungsziel hinausgeschossen und gründlich daneben getroffen. So geschieht es, wie schon so oft, dass wir uns trotz unterschiedlicher Theateransätze plötzlich in völligem Einverständnis anlächeln: Das war leider nichts. Prost.

König Becketts Kraft[17]
Der Autor inszeniert sein »Endspiel« in der Werkstatt des Schiller-Theaters

Es war viel, viel besser, als man gehofft hatte; es übertraf auch hysterisch hochgespannte Erwartungen. Ich habe noch keine Aufführung eines modernen Theaterstückes gesehen, die sich mit dieser Beckettschen Beckett-Inszenierung messen könnte, und überhaupt nur ganz weniges im Theater erlebt, was diesem Erlebnis gleichkäme. Dagegen waren, um der Verdeutlichung halber nur das Gewichtigste ranzuziehen, die »Glücklichen Tage« mit Madeleine Renaud und Jean-Louis Barrault relativ süßlich; dagegen war Kortners berühmte »Godot«-Inszenierung relativ verkrampft; dagegen ist landläufiges Theaterspiel eine zufallsbetonte Verstellerei. Noch während dieser »Endspiel«-Premiere fing die Trauer darüber an, daß so ein Wunder vergänglich ist: Wer weiß, wie lange es dauern wird, bis die Schauspieler sich dem Zugriff und der Zucht Becketts wieder entwunden haben, bis *Ernst Schröder* wieder zu seinem wirkungssicheren Tiefsinnstypus zurückgefunden hat, *Horst Bollmann* wieder auf der Charakterkomikererde gelandet ist. Ob es nicht doch möglich wäre, diese Aufführung des Jahres schnell und kunstlos abzuphotographieren? Ob man sich nicht doch dazu entschließen sollte, sie en suite zu zeigen, damit alle Beckett-Bewunderer und erst recht alle Beckett-Irritierten oder alle Beckett-Interpreten sehen, daß sie sich wahrlich nicht täuschen, daß sie ihre Anteilnahme einem fesselnden, gewaltigen, herrlich haltbaren Gegenstand zuwenden ...

Wie versteht Beckett sich selbst? Genauer: Wie stellt er sein Drama im Spiele fest?

Im Gegensatz zu allem, was man von den anscheinend in heiterster Harmonie verlaufenden Proben hörte, wird nicht etwa leise und leblos und pausenlöcherig geflüstert, sondern kraftvoll, brillant, laut und absolut vernünftig gesprochen. Die Schauspieler sind keine matten Typen, die elegische Witze machen, sondern sie wirken wie reine Energien. Alles Gekünstelte bleibt weg. Man spricht rasch, genau, mannigfache Ebenen der Mitteilung, des Selbstgesprächs, ja

---

17 In: SZ, 28. September 1967.

der Publikumsansprache (!), des Weltuntergangskabaretts, der Poesie und der Ironie sind da, werden genau zueinander in Beziehung gesetzt. Da fällt kein Satz albern oder tiefsinnsschwanger heraus, aber ein jeder belädt sich mit Notwendigkeit. Es ist ein hinreißendes Vergnügen und eine unmäßige Anregung, dem zuzusehen und zuzuhören. Kein Theaterfreund kann im Werkraum des Schillertheaters gesessen haben ohne den Wunsch, das ein zweites Mal zu erleben. Einmal ist hier zuwenig.

Was immer auch vorgeführt wird, wirkt in dieser Inszenierung nie als Endzweck, sondern als Reaktion auf eine situative Gegebenheit, auf eine seelische Not, auf eine harte Verzweiflung. Samuel Beckett, dem man gern glaubt, daß er keine Lust hat, dauernd interpretiert und »gedeutet« zu werden von Professoren oder Journalisten, die immer nur ihre Denkmodelle aus einem Kosmos herauszusuchen wissen, dieser Samuel Beckett hat das »Endspiel« gleichwohl nicht (nur) als moderne Commedia dell'Arte inszeniert, als absurde Clownerie am Rande tödlichen Stillstands, sondern durchaus als Folge deutlich präzisierter Abläufe und Vorgänge. Es war ein abenteuerlich logischer Dialog, der seine Notwendigkeit aus seiner Substanz holte und über dessen Sätze dunkle Riesenwolken von Sinn, Sinnbild, Verzweiflung, negativer Theologie, Hoffnungslosigkeit und irischer Versponnenheit hinzogen, ohne daß man nun sagen konnte, um dieser Wolken, dieser dunklen Träume willen findet das »Endspiel« statt – was aber wiederum nicht heißt, diese Wolken existierten gar nicht.

Wer sich die Mühe gab, alles zu vergessen, was er je über dies »Endspiel« gelesen und gedacht hat, um Beckett wirklich das Wort zu geben und ihn nicht einfach zum Vollzugsbeamten subjektiver Vorurteile zu machen – eine fast übermenschliche Mühe, übrigens –, sah Folgendes: In einer Situation, die vor aller Interpretierbarkeit liegt, und die auch nicht erläutert oder hinreichend genau beschrieben wird (»Nenn das Unglück nicht bei Namen«), ja, die der Erläuterung sich so zu entziehen scheint wie schließlich alle hinzunehmenden Grundgegebenheiten des Menschendaseins – Leben, Tod, Geschlechtlichkeit, Natur und so weiter –, in einer solchen, freilich extrem wirkenden Primärsituation des Übriggeblieben-Seins fängt, während fast alles andere verendet ist, nun die Logik des Spiels an. Hamm, ein kronenähnliches Samtbarett auf dem Kopf, ist wie ein erblindeter, sterbender König. So gut war Ernst Schröder noch nie, so zurückgenommen herrschsüchtig, so wild und dennoch unpathetisch, so bewegungslos und dennoch vielfältig, so gebrochen in seinen nie langweilig synchronisierten Äußerungen und dennoch unverkünstelt. Clov, alias Horst Bollmann, den ganzen Abend domestikenhaft gebeugt und dennoch vital, bot eine Mischung aus Knecht und Slapstick-Comedie, aus hegelscher Abhängigkeitspoesie und Stummfilmverzweiflung. Es gab da Augenblicke von aberwitziger Komik: Wenn dieser Clov falsch lachte, wenn er beim Hund das neue, noch nicht in der Übersetzung vorkommende Wortspiel zwischen »kuschen« und »kuscheln« ermöglichte, wenn er fliehen wollte, nicht konnte, und sich dann zum Ungehorsam förmlich zwang, abgewandten Gesichts, so, als sei das, was da zur unabhängigen Person wuchs, gerade nicht er selbst.

Die Dialektik zwischen Herr und Knecht überschnitt sich mit der Abhängigkeit von Vater und Sohn. Bleiche, kümmerliche Vergreisung verlangte aus der Mülltonne sterbenskomisch nach Brei (*Werner Stocks* eisige Komik überbot alles Einschlägige, seine »Auftritte« waren Höhepunkte selbst dieser Aufführung, die Gattin, *Gudrun Genest*, in erstarrter Sentimentalität vom »Gestern« träumend, blieb vielleicht der relativ harmloseste Punkt des Abends). Energien, in heilloser Lage sich und ihrer Logik ausgesetzt, typenähnlich, teils spezifiziert (Hamm benahm sich auch wie ein ringender Schriftsteller), teils radikal reduziert (der alte Vater ist wirklich nur alter, etwas zänkischer, seniler Vater): So stellte sich das »Endspiel« dar. [...]

Die inszenierte Energie der Darstellung wuchs und wies über den Text hinaus. Man verstand, warum man bisher so vieles nicht kapiert hatte. Hamm verlangt, noch in der trefflichen Suhrkamp-Übersetzung, dauernd nach »Pillen«. Was aber ließ der des Deutschen durchaus mächtige Beckett stattdessen fordern: »Beruhigungspillen«. König Hamm ist nicht Homöopath, sondern ein Erregter, gleichwohl Ohnmächtiger. (Es klingt pedantisch, doch solche Kleinigkeiten sind wichtig.)

Leute, die nicht einsehen, daß Genies genial sind, fragten sich natürlich, woher dieser Beckett so gut, so über alle Maßen »clever« das Theaterhandwerk kann. Man weiß zwar, daß er mit Peter Brook schon mal am »Endspiel« gearbeitet hat, daß er oft bei Inszenierungen dabeisitzt ohne »einzugreifen«, daß er eine Fernsehinszenierung gemacht hat: Aber woher kommt diese Geschicklichkeit – auch des Arrangements, des Zeitgefühls, des Beschleunigens? Natürlich, daß er seine Sätze besser betonen und »bringen« lassen kann als jeder andere Sterbliche, liegt nahe. Er muß am besten wissen, worauf es ihm ankommt. Offensichtlich gehört zu seinem Genie auch ein phantastischer Theatersinn. Das ist das Shakespearehafte an ihm. Dieser Mann, der sich zwar nicht verbeugte, aber nach der Premiere heiter, gelöst, locker und hager im Straßenanzug an der Spitze seiner Schauspieler ins Restaurant ging und einen Schwips riskierte, dieser Mann weiß, was er will, er hat das Theaterhandwerk, um das andere lebenslang ohne rechten Erfolg sich mühen, anscheinend im kleinen Finger. Bisher konnte man das ahnen, nun kann man es sehen.

Deutschlands Theaterinteressierte seien inständig gebeten, sich um ihrer selbst – es ist doch keine Schande, ein bißchen zuzulernen – und Becketts willen dieses »Endspiel« anzusehen, solange es noch so hart und geistvoll, so vorbildlich und uneitel, so witzig und gottverzweifelt vorgeführt wird, wie gestern abend im Schillertheater zu Berlin.

Diese Endspiel*-Inszenierung von 1967 ist für dich nach wie vor unübertroffen. Was war damals das Fesselnde für dich?*

Normalerweise gingen Regisseure voller Respekt an Beckett-Stücke heran. Sie wussten, da ist eine verzweifelt nihilistische Welt, man muss einen passenden Stil finden, und das Publikum wird es nicht leicht haben. Nun kam aber Beckett selbst und sagte zu seinen Berliner Schauspielern: Das ist ein widerliches Stück, wir spielen es ganz direkt. Die Zuschauer hatten nicht eine Sekunde das Gefühl, sie müssten etwas Modernes oder Stilisiertes ertragen, sondern es war wirklich die Kraft von König Beckett zu bewundern.

Samuel Beckett ist für dich einer der großen modernen Autoren. Du schreibst in der Kritik, dass Beckett nicht interpretiert werden will und wohl auch nicht zu interpretieren ist. War diese Interpretationslosigkeit das Moderne an ihm?

Das ist sehr schwer zu beantworten. Modern an ihm war, dass er ohne Psychologie eine seelische Wirkung und tiefes Erschrecken hervorrief. Es gibt bei ihm keine Kategorie des Trostes. Diese End-spiel-Situationen aber wären entsetzlich trist ohne Becketts Witz. Zum Beispiel erschrickt jemand, um Gottes willen, das ganze Land ist überschwemmt. Der andere wiegelt ab, du blickst aus dem falschen Zimmer. Das ist der Ozean, der war da schon immer.

Damals herrschte der Existenzialismus. Von dieser existenziellen Verzweiflung waren wir natürlich alle berührt. Dass sie aber derart bildhaft gestaltet wurde und zugleich so viel Humor und Situations-komik haben konnte, diese phänomenale Erfahrung vermittelte Beckett. Das haben nur wenige geschafft. Der Einzige, den man mit Beckett vergleichen könnte und den ich auch für einen großen Au-tor halte, war Eugène Ionesco. Er war nicht so verzweiflungstief wie Beckett, dafür stellte er die Absurditäten mit überraschend bunter Bühnenphantasie vor.

Ionesco hat den Fehler begangen, aggressiv zu politisieren. Er konn-te Brecht überhaupt nicht leiden, Sartre auch nicht. Über den sagte er immer der »hässliche Philosoph« und brachte sich bei der gesam-ten linken Intelligenz in Verruf. Gleichwohl herrschte damals auf den Theatern eine oft bespöttelte »Ionescose«. Max Frisch, der ganz für Brecht und Beckett war, sagte gehässig, wenn er Diktator wäre, würde er immer Ionesco spielen lassen, weil dieser lehrt, mit den Zuständen auf eine heiter-absurde Art einverstanden zu sein. Vorbehalte gegen Ionesco stecken noch heute in vielen Theatermachern. Dabei existie-ren von ihm einige Stücke, die schlicht erstklassig sind. Man könnte sie durchaus wieder auf die Bühne bringen. Nicht sicher bin ich, ob das auch für zwei andere einst glänzende, jetzt vergessene Autoren wie Jean Anouilh oder Jean Giraudoux gilt.

Ich habe dich eigentlich noch nie klatschen gesehen.

Als Kritiker soll man seine Reaktionen nicht öffentlich zeigen, also weder buhen noch pfeifen, noch klatschen. Das kann partei-isch, eitel oder demonstrativ wirken. Aber bei Leonard Bernsteins *Fidelio* oder nach Maurizio Pollinis *Appassionata* habe ich sehr wohl geklatscht.

Aber diese Nichtreaktion, dieses Nicht-Klatschen, ist doch auch eine recht demonstrative und eindeutige Meinungsäußerung.

Darum klatsche ich ein bisschen, formal, tue so als ob. Aber ältere Kollegen haben mir einst beigebracht, Kritiker sollten im Zuschauerraum ihre Reaktionen zurückhalten. Es ist natürlich grässlich, dass alle Kritiker in einer Reihe sitzen. Wenn die Sänger oder Schauspieler sich verbeugen, sehen sie ein jubelndes Publikum und eine einzelne stumme Reihe mit einer sauertöpfischen Miene neben der anderen. Ohnehin halte ich es für falsch, Kritiker nebeneinander zu plazieren. Macht sich der eine Notizen, erschrickt der andere, was fällt dem da ein, habe ich etwas übersehen, und schreibt verlegen auch irgendetwas auf. Ich sitze viel lieber allein für mich, ohne kritischen Nachbarn.

Ihr wollt aber alle auf den guten Plätzen sitzen.
Mit Recht.

Man verpasst einen ungeheuer beglückenden Teil des Lebens, wenn
man auf einem Instrument nicht so weit kommt, dass man mit anderen
zusammen musizieren kann.

Joachim Kaiser

Menschliche Begegnungen, Kritikerfreuden

Solange man jung ist, hat man viel direkte Kraft zur Äußerung. Man
entdeckt die Welt zum ersten Mal, ist frisch, noch nicht »ausgeschrie-
ben«. Will man überhaupt als Publizist mitreden können, muss man
sich für sein Fach engagieren. Das heißt, man muss alle wichtigen Aufführungen sehen, alle wichtigen Bücher lesen. Das kostet viel Konzentration und Zeit. Ich habe mir stets große Mühe gegeben und immer
gedacht, alles, auch ein noch so marginaler Beitrag, muss so gut sein
wie irgend möglich. Das ist sicherlich ein bisschen streberhaft von mir
gewesen, aber ich finde es nach wie vor verächtlich, wenn journalistische Kollegen oder Fernsehleute nicht ernst nehmen, was sie machen,
und sagen, das »versendet« sich, ist nur ein belangloser Einspalter,
den sie schnell hinhauen können. Das große Meisterwerk aber, das sie
demnächst schaffen werden, reife schon in ihnen. Damit belügen sie
sich. Meist ist besagtes Meisterwerk nur ein Alibi und kommt auch
später nicht. Ohnehin behaupte ich immer grimmig, man ist genauso
gut wie das Schlechteste, was man macht.

Ist denn der Papa eitel?

SUSANNE KAISER Maßlos! Richtig schön eitel. Das würde ich klipp
und klar sagen. Harmlos eher, aber schon sehr eitel. Vielleicht doch
nicht ganz so harmlos, und er wird auch immer eitler.

In meinen Zeiten als Feuilletonchef fungierte ich quasi als Außenminister, der viel schrieb, und Rudolf Goldschmit war der Innenminister, der alles organisierte. Goldi hatte kein großes Interesse, selber zu schreiben. Wenn leitende Redakteure sich als Autoren zurückhalten, hat das viele Vorteile. Denn, falls jemand selber leidenschaftlich schreibt, verhält er sich natürlich nicht ganz unparteiisch bei der Verteilung der interessanten Veranstaltungen. Aber ich habe gut über »Zurückhaltung« reden. Ich konnte jahrzehntelang fast immer machen, was ich wollte.

Wichtig ist das Redaktionsteam, und ich versuchte, die besten Leute für unser Feuilleton zu gewinnen. Dazu gehörte mein Freund Werner Burkhardt, der zuvor als Jazz- und Theaterkritiker für die *Welt* geschrieben hatte, der enorm intelligente Ivan Nagel und der glänzend formulierende Kritiker Reinhard Baumgart. Aber ich holte auch Leute, die ich nicht persönlich kannte. Einmal kritisierte ich zum Beispiel Ionescos törichte Brecht-Schelte. Da schrieb mir eine Dame einen Brief, ich solle nicht übertreiben, Ionesco habe sich da und dort respektvoll über die *Mutter Courage* geäußert, er sei gar nicht so antikommunistisch, wie ich ihn darstellte. Ich dachte, diese Dame argumentiert und zitiert sehr vernünftig, und lud sie in die Redaktion ein. Die Dame, so stellte sich heraus, war ein Mann, nämlich der Schriftsteller Urs Jenny, den ich wegen seines Nachnamens für eine Frau gehalten hatte. Ich warb: Herr Jenny, Sie kennen sich sehr gut aus; wenn Sie wollen, können Sie ab morgen bei der *Süddeutschen Zeitung* anfangen. Urs Jenny,

damals noch sehr jung, zögerte. Er sei noch nicht so weit, müsse sich noch mehr bilden. Das nahm mich natürlich noch mehr für ihn ein, und es gelang mir bald, ihn zu überreden, bei uns anzufangen.

Ende der Siebziger hätte ich auch gerne Rainald Goetz eine Stelle angeboten. Er hatte mir in einem Brief vorgeworfen, ich hätte in einem Aufsatz zu elitär differenziert, um für ein normales Publikum verständlich zu sein. Freilich legte er seine Argumente derart intelligent und interessant dar, dass ich ihm antwortete, jemandem, der so schreiben könne, sei leider nicht abzunehmen, meine Differenzierungen zu anspruchsvoll zu finden. Ich lud ihn zu einem Vorstellungsgespräch ein. Er kam aber nicht. Lange Zeit später, als er sich bereits als Schriftsteller einen Namen gemacht hatte, erhielt ich von ihm einen Entschuldigungsbrief. Er habe sich nicht getraut. Vielleicht wollte er auch einfach nicht. Schade.

Wenn mich jemand lobt, gefällt mir das natürlich. Merke ich aber, jemand nimmt meine Sachen ernst und widerspricht intelligent, dann gehe ich darauf ein und versuche, mehr zu erfahren. Dann habe ich etwas davon.

Mehr zu erfahren war auch ein wichtiges Motiv für mich, 1977 in Stuttgart an der Musikhochschule C4-Professor zu werden. Bei den Diskussionen mit den zwanzig- bis fünfundzwanzigjährigen Schauspielschülern lernte ich viel, weil sie moderne Stücke samt zeitgenössischem Jargon häufig besser und unmittelbarer verstanden als ich. Dafür konnte ich ihnen alles Mögliche über Klassiker beibringen. Es ist angenehm und produktiv, dass man als Professor in konkrete Beziehung zu den jungen Leuten kommen muss. Als Publizist verliert man diesen Bezug unter Umständen, weil man immer nur mit seinesgleichen umgeht. Übrigens ist es viel anstrengender, seine Position als Kritiker oder meinungsbildender Publizist durchzuhalten, als Professor zu sein. Ein Ordinarius wird längst nicht so streng beobachtet, ganz abgesehen von der bequemen Tatsache, dass er sich seine Vorlesungsgegenstände selber aussuchen kann.

Manche Professorenkollegen argwöhnten vielleicht, ich sei nicht »wissenschaftlich« genug. Doch ist das für eine Musikhochschule so wichtig? Auf den Gebieten, von denen ich einiges verstehe – Mozart, Beethoven, das klassische Theater –, war ich, glaube ich, ein ganz kompetenter Professor. Zumindest habe ich mit Leib und Seele versucht, meinen Studenten Spaß am Theater und an der Musik zu vermitteln. Meine großen Vorlesungen hatten einen guten Ruf, und die Studenten mochten mich. Ausnahmen natürlich inbegriffen. Einige von ihnen wollten auch nur möglichst unaufwendig ihre Scheine und Examina ablegen. Ich war schon ziemlich verblüfft, als sich einmal ein Student beklagte, es sei zu viel verlangt, über das Wochenende *Faust I* lesen zu müssen. Und was manche raffinierte Studentinnen ihrem Professor anbieten, um in den Prüfungen gute Noten zu erhalten, ist auch nicht ohne.

Mein Lehrstuhl hatte einen blödsinnigen Titel: »Theorie des Theaters«. Was das bedeuten soll, habe ich nie begriffen. Sei's drum. Ich nahm mit meinen Studenten, viele werden sich noch daran erinnern, die Stücke einfach ganz simpel durch. Es ist nicht leicht zu verstehen, was Don Carlos meint, wenn er einer Figur vorhält: »In ihres Nichts durchbohrendem Gefühl.« Was heißt das eigentlich? Ich erklärte dann, das müssen Sie auflösen: im durchbohrenden Gefühl ihrer Nichtigkeit. So kann man – nicht alles, bestimmte Sachen sind und bleiben dunkel – das allermeiste erklären. Unter Umständen eine etwas mühsame Arbeit, da Schillers Hochsprache vielen fernliegt. Aber es geht.

Ich ließ zunächst das jeweilige Stück mit verteilten Rollen lesen und erklärte dabei jede Einzelheit, so gut ich es konnte. Dann gab ich einem Studenten oder einer Studentin die Sekundärliteratur über das Stück und sagte: Halten Sie in vierzehn Tagen darüber ein Referat. Wurde dann das Referat diskutiert, wusste ich zumindest, wir sprechen über ein Objekt, das alle kennen. Das ist keineswegs selbstverständlich. Die meisten Leute kennen Stücke oder Romane nur vom Hörensagen. Es lohnt aber nicht, über ästhetische Gegenstände zu reden, wenn nur oberflächliches Gequatsche herauskommt. Wenn also die Leute klagen, Wagner sei so laut, bei Verdi seien die Texte so schlecht. Da frage ich immer: Welchen Text von Verdi meinen Sie? Warum finden Sie, Wagner sei so laut? Er ist doch ein Komponist von vielen zarten Nachtstücken gewesen. Wissen Sie zufällig, wie der zweite Akt der *Götterdämmerung* anfängt? Zweifellos kann man durch solche Fragen arrogant wirken. Aber es hat einfach keinen Sinn, sich über Kunst zu unterhalten, wenn das Werk nicht wirklich gegenwärtig ist. Dergleichen wollte ich bei meinen Studenten vermeiden. Auch wenn Harald Schmidt, der damals bei mir studierte, mich später ironisch getriezt hat: »Herr Kaiser, Sie haben *Don Carlos* mit uns durchgenommen. Ich habe kein Wort verstanden.« Das glaube ich ihm natürlich nicht, so intelligent, wie er ist.

Auf Filmpremieren oder bei Dreharbeiten begegne ich immer wieder ehemaligen Studenten meines Vaters. Viele von ihnen sind inzwischen renommierte Schauspieler. Erfahren sie, wer mein Vater ist, zieht sich meist sofort ein breites Grinsen über ihr Gesicht, so auch bei Stefan Hunstein: »Er war für mich als Professor eine ungewöhnliche Erscheinung. Man hatte das Gefühl, dass er aus einem unglaublich großen Fundus schöpft, und alle Seiten, die das Theater ausmachen, mit im Bewusstsein hat. Dass das Theater in erster Linie ein künstlerisches Medium ist, aber auch ein politisches und ein tagespolitisches. Er konnte einem Lust machen, über das Theater nachzudenken. Seine Vorlesungen hatten auch einen speziellen Unterhaltungswert. Das ist nicht abwertend gemeint. Ganz im Gegenteil, es war faszinierend, neben dem informativen Vortrag immer noch eine Parallelgeschichte zu erleben, wie er seine Brille verlegt und sie sucht, was mit seinem Hemd geschieht, das immer mehr aus der Hose rutscht.«

Höre ich von Gleichaltrigen, wie sie als Zwanzigjährige von meinem Vater in Themengebiete eingeführt und durch ihn inspiriert wurden, findet in mir stets ein kleines Tohuwabohu statt. Mir reichte es als

Zwanzigjährige voll und ganz, auf Punkpartys, bei Bergwanderungen, in Discos und bei Prüfungen immer wieder als »Tochter von« entlarvt und mit Debatten, Groll oder Begeisterung über eine väterliche Äußerung oder seine Person zugeschüttet zu werden. Damals hätte man mich in seine Vorträge prügeln müssen, was zum Glück niemand getan hat. Im Gegenteil, mein Vater sagte freundlich: »Du brauchst nicht zu kommen, du weißt das eh schon alles.« Ich musste Mitte, Ende dreißig werden, um vorbehaltloser seine Vorträge besuchen zu können. Da zeigte sich nicht nur jäh, wie sehr er über meinen Wissensstand im Irrtum war, da vermittelte sich mir auch ganz unerwartet seine Begeisterungsfähigkeit. Diese Liebe zur Sache, die Lust, diese Liebe weiterzugeben. An alle, die offen dafür sind, an Ältere, Jüngere, Studenten – und vermutlich auch an meinen Bruder und mich, als wir noch Kinder waren. Tja. Aber gerade da schlichen sich zähe Missverständnisse ein, wenn der Vater mit dem Sohne und der Tochter ...

Kurz nach dem 30. Dezember 1961, der stolze Vater

Kinder waren nicht geplant. Aber ich hatte nichts dagegen. Im Gegenteil. Als du auf die Welt kamst, du warst ja die Erste, habe ich eine Lebensversicherung abgeschlossen. Das gehörte für mich dazu. Du warst übrigens ein gutartiges Baby. Wenn du vom Wickeltisch fielst und wieder aufgehoben wurdest, warst du schon einigermaßen zufrieden. Wir waren ja verdammt ungeschickte Eltern. Das Aufbauen eines Paidi-Bettes schien nahezu unmöglich. Gebrauchsanleitungen sind mir schon immer völlig unverständlich gewesen.

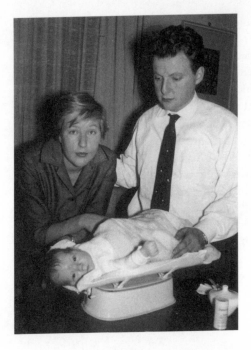

Immer noch unbegreiflich, warum die Waage nach der Nahrungsaufnahme weniger Gewicht anzeigte als davor.

Ich besuche vor der Geburt eines Kindes einen Klavierabend, ich gehe danach in einen Klavierabend, und bespreche, wie der betreffende Pianist die *Symphonischen Etüden* von Schumann interpretiert. Ob sich mittlerweile meine Familie verdoppelt hat oder nicht, tut nichts zur Sache. Die Dinge verschieben sich anders. Durch Kinder wird man plötzlich erpressbar, wie man es sich ohne Kinder nicht vorstellen kann. Ganz abgesehen davon, dass man in ihren ersten Jahren nicht zum Schlafen kommt. Die kriegen ja Zähne und lassen einen daran teilnehmen und so weiter. Doch was hat das mit der Beurteilung der *Symphonischen Etüden* zu tun? Ich sehe an meinen jüngeren Kollegen, welche Logistik sie betreiben, um sich um ihre Kinder zu kümmern, und wie gerne sie Dienstreisen unternehmen, um es nicht tun zu müssen. Ich habe die häuslichen Sorgen weithin Susanne überlassen. Neidlos.

Als Vater war ich, fürchte ich, ein ziemlicher Versager. Ich hatte ja immer mindestens vier Berufe: Redakteur, Professor, Vortragsreisender und Buchautor. Das heißt, ich war zu wenig zu Hause und zu wenig für euch da. Wenn ich heute einen zwölfjährigen Sohn hätte, müsste ich beruflich nicht mehr so ehrgeizig sein, dann würde ich ihm vielleicht mehr Zeit zuwenden. Ich würde auch versuchen, ihn nicht so zu überfordern, wie ich dich damals überfordert habe. Es war bestimmt ein Fehler, dir zwanzig Bücher hinzustellen, wenn du eine Sache wissen wolltest. Es war vielleicht auch übertrieben, den neunjährigen Philipp in die *Meistersinger* mitzunehmen. Er klagte im zweiten Akt: »Papa, wir müssen jetzt gehen.« Ich sagte: »Ich kann nicht weg, ich muss darüber schreiben!« Da verhält man sich als junger Vater falsch, obwohl es sicher verzeihlich ist, sich zu wünschen, dass die Kinder an all dem Spaß haben, woran man selber Spaß hat. Aber wenn ich heute das Gefühl hätte, jemand will nicht lesen, würde ich sagen: Er muss nicht. Es bringt ja nicht nur Glück. Sinnlos ist es natürlich auch, sein schlechtes Gewissen dadurch zu beruhigen, dass man Kindern zur Konfirmation eine vierundzwanzigteilige Gesamtausgabe Goethe schenkt. Man muss es mit Liebe versuchen. Also das Interesse ganz gezielt auf ein Buch, auf eine gute Interpretation einer großen Symphonie lenken und sich bemühen, das Werk zu erklären. Das bringt vielleicht etwas. Anders ausgedrückt: Man muss Kindern Zeit widmen.

Am 29. August 1963 kommt Philipp zur Welt.

Als Vater war Joachim Kaiser ganz bestimmt ein typischer Vertreter seiner Generation: also arbeiten, die Familie ernähren, Geld herbeischaffen. Haushalt und Kindererziehung waren Frauensache. So sind meine Erinnerungen aus Kindertagen auch dadurch geprägt, dass er ständig weg war. Und wenn er zu Hause war, durfte man ihn nicht stören. Was mich aber verwundert, dass es trotzdem viele Kindheitserinnerungen gibt, die diesem Gesamteindruck widersprechen. Es wäre verwegen, ihn nachträglich als rührigen Vater zu verklären, aber er muss sich doch auch um meinen Bruder und mich gekümmert haben.

Natürlich lag ihm am Herzen, dass wir von vornherein Kunst in ihrer Mannigfaltigkeit erleben, in Theatern, Opern, Konzertsälen, Kinos. Außerdem begleitete ich meinen Vater auch zu den Oberammergauer Festspielen, die ich als Neunjährige im eiskalten Dauerregen zumindest überlebt habe, und zu Aufführungen freier Theatergruppen wie der linken »Roten Grütze«. Durch sie erlebte ich als Zwölfjährige einigermaßen verblüfft nackte Menschen samt Kopulationsakt auf der Bühne, und der Song »Angie« von den Rolling Stones schoss in mich. Falls die künstlerischen Aspekte nicht ausreichten, mich aufzuwühlen, waren solche Kulturabenteuer trotzdem nicht vergebens, sondern eine lehrreiche Prüfung, mit zäher Langeweile und ungemütlichen Sitzen zurechtzukommen, einen Hustenreiz und schwere Parfümdüfte der Damen im Parkett auszuhalten. Und die Eigenheiten eines Kritikers. Wenn ihm während des Konzertes die Partituren und Klavierauszüge vom Schoß herunterfielen und er sie »unauffällig« aufzuheben gedachte. Wenn er ebenso unauffällig in sämtlichen Taschen seines Anzuges nach Schreibzetteln und Stiften suchte, stattdessen eine Nagelschere fand und sich mit ihr genüsslich im Ohr kratzte. Wenn er im Theater den Kopf minutenlang auf die Brust senkte, die Augen verschloss und der Bühne keinen Blick schenkte, während dort die abenteuerlichsten Dinge geschahen. Oder wenn er mich, das Publikum und die Akteure plötzlich mit einem gellenden »Ha!« aufschreckte, immer kurz vor dem eigentlichen Lacher. Auch die Pausen sorgten für Erlebnisse der besonderen Art. Nicht nur galt es als unbeachtete Begleitung die Gespräche meines Vaters mit anderen Erwachsenen einigermaßen höflich und freundlich blickend zu überstehen. Besann sich mein Vater endlich wieder, eine Tochter zu haben, rief er mit lauter Stimme durch das Foyer: »Dicke! Willst du ein Eis?« Alle Menschen drehten sich um und sahen ein dünnes Mädchen mit langen blonden Haaren und knallrotem Kopf, das gerade sterben wollte. Hoch und heilig hatte er mir versprochen, mich ausschließlich im privaten Rahmen mit diesem schmeichelhaften Kosenamen aus der Babyzeit zu nennen.

Kasperlepuppen. Meine erste konkrete Erinnerung an Joachim Kaiser sind Kasperlepuppen. Mit denen spielte er mir Opern vor, im Krankenhaus und auf meinen Geburtstagsfeiern. Dann gab es ausführliche Runden mit Karten- und Würfelspielen, auch gemeinsames Lesen von Theaterstücken mit verteilten Rollen, *Der Arzt am Scheideweg* von George Bernard Shaw oder Schillers *Räuber*. Die konzentrierten Stunden, in denen er mit meinem Bruder die Schachpartien der damaligen Weltmeister nachspielte, und die Nächte, in denen wir von ihm aus dem Bett geholt wurden, um die Mondlandung und die großen Boxkämpfe live im Schwarzweiß-Fernseher mitzuerleben.

Vermutlich kann man zusammenfassen, dass er, wenn er sich für uns Zeit genommen hat, auch wirklich da war. Und das ist ja schon etwas. In einem Punkt allerdings wäre mir weniger Aufmerksamkeit lieber gewesen.

Ich bin sehr traurig, dass ich im familiären Rahmen mit niemandem musizieren kann. Philipp verweigerte von vornherein jedes Instrument, obwohl er wahrscheinlich sogar das absolute Gehör hat. Alle Töne, die ich vor ihm auf dem Klavier anschlug, benannte er richtig. Bestimmt habe ich auch bei dir pädagogische Fehler gemacht. Wenn

Familienfreuden,
unser Kindermädchen Rena, der Fiat 500
und der Citroën

du dreimal hintereinander einen falschen Ton spieltest, sagte ich so heiter wie möglich: »Spiel es ein bisschen langsamer, aber richtig, sonst übst du dir den Fehler ein.« Dass das zur Folge hatte, dass du gleich ganz aufhörst, damit rechnet man als Vater nicht. Ich habe übrigens in Hamburg und Frankfurt Klavierstunden gegeben. Mit Fremden geht es leichter als mit eigenen Kindern.

M ein Vater verschweigt, dass er mich nicht nur »heiter« aufforderte, die Stelle langsamer zu üben, sondern befahl: »Fünfzigmal hintereinander ohne einen Fehler. Und danach, um den Fingersatz einzuimpfen, in einem anderen Rhythmus weitere fünfzigmal.« Ich glaubte, mich vielleicht in hundert Jahren der betreffenden Stelle wieder normal nähern zu dürfen. Aber natürlich bedaure ich, dass ich damals aus Protest gleich aufhörte, Klavierunterricht zu nehmen. Gerne würde ich heute besser spielen, für mich allein, mit Freunden, oder auch hin und wieder mit meinem Vater. Nun denn, das ist seinen Freunden vorbehalten.

Das Quartett (Auszüge)[18]
Von Reinhold Kreile

I. Das Klavier war schwarz und ziemlich zerkratzt. Auf ihm standen eine etwas grau gewordene Beethovenbüste und einige Nippesfiguren. Links vom Beethovenkopf ein Stoß von Manuskripten; rechts von ihm ein Notenstapel. Auf ihn ging Joachim Kaiser zu, als ich zum ersten Mal dieses Frankfurter »Westend-Möblierter-Herr-Zimmer« betrat, suchte einen Band heraus, der den Eindruck erweckte, dort griffbereit – also häufig benutzt – zu liegen, nahm ihn zur Hand und sagte, noch im Mantel: »Lieber Herr Kreile, [...] von Opern mögen Sie ja vieles wissen und verstehen, aber von Kammermusik« – und er machte jene ihn so kennzeichnende nachdrückliche, wenn auch nur den Bruchteil einer Sekunde dauernde Gesprächspause, die mit einem leichten Kehlkopfgeräusch unterstrichen wird, und wiederholte – »aber von Kammermusik wissen Sie nichts: das muß geändert werden.« Und so machte er sich denn daran, dies zu ändern, [...] legte die vierhändige Bearbeitung der Brahms-Quartette auf den Klaviernotenständer, zeigte mir den Einleitungspart, die Hauptmelodie, und wir begannen zu spielen. Er hatte recht, Kammermusik kannte ich wenig, und dieses Werk gar nicht, [...] er aber kannte es, war ein Kenner, wie es nur durch Beschäftigung mit den Werken seit früher Jugend möglich ist. Und er meinte, mein Nichtkennen (und möglicherweise auch mein pianistisches Unvermögen, das nur durch die von ihm akzeptierte Fähigkeit, einigermaßen taktfest vom Blatt spielen zu können, kompensiert wurde) sei zwar nicht zu entschuldigen, denn Kammermusik müsse man eben in den frühen Schülerzeiten bis zum Abitur gemacht haben; wer aber dies nicht getan habe, so wie ich, könne dies nur dadurch wettmachen, daß man dies jetzt mit ihm zusammen nachhole, dafür aber ihn nachholen lasse, was er versäumen mußte, das Leben vor, hinter und in einer Oper, wie er es bei mir zu Recht vermutete. [...] Kurzum: in jenen Frankfurter Tagen und Nächten schlossen wir, Jochen und ich, einen Pakt, daß wir dem anderen stets das ergänzten, was ein launisches – aber auch bei Laune zu haltendes – Geschick dem einen mehr als dem anderen gegeben hat. [...]

18 In: SÜDPREUSSISCHE ZEITUNG, a. a. O.

II. Immer wieder – wenn auch viel zu wenig – haben wir in diesen fünfzig Jahren, die wir uns kennen, miteinander Musik gemacht. Mehr allerdings haben wir geredet und diskutiert, über Literatur und Politik, Theaterkritiken, Zeitungmachen und Rundfunkmachen; am liebsten haben wir geredet bei gutem Essen im Freundeskreis. [...]

Dem unvergeßlichen Tonio Mingotti, einem der kurzen Form verhafteten Musikkritiker der *Münchner Abendzeitung* und weit über diese hinaus eine kenntnisreiche kritische Institution des Münchner Musiklebens und der sommerlichen Festspiele, war es eines Abends etwas zu wenig, nur über Musik zu reden: er nahm seine Geige hervor, erinnerte sich an die Zeit als Konzertmeister der Kopenhagener Oper, und Jochen und ich wetteiferten darum, wer ihn begleiten dürfe. Zuerst natürlich Jochen, auch weil er besser spielte. Und so wurde ich auf den nächsten Abend vertröstet, zu dem Bettina Mingotti mit ihren nach klugem Geheimrezept gekochten hinreißenden Spaghettis einlud. Dann begannen wir zu spielen, es war eine Schubertsonate, Jochen erbot sich umzublättern und ich merkte schon an der Art des Seitenwendens, daß er innerlich etwas spröde wurde. Als wir dann den ersten Satz beendet hatten, schaute er mich an wie ein zürnender Vater, der sein Kind bei üblen Streichen ertappt hat, und sagte nur schmallippig: »Du hast geübt!«

Dann zogen wir aus dem Notenstapel die ungarischen Tänze von Brahms heraus und spielten, wenn auch nicht ganz geübt, aber dann wiederum sehr herzlich verbunden, in vierhändiger Freundschaft: er oben, ich unten. [...]

Reinhold Kreile zum Beispiel gehört, wie auch seine Frau Eva, zu meinen ganz alten, wahrhaft guten, immer verlässlichen Freunden. Was uns von vorneherein verbündete, war unsere gemeinsame Bewunderung für den liebenswerten, aber chaotischen Guggenheimer, dessen Steuerangelegenheiten Kreile, so gut es ging, ordnete.

Weil ich in meinem Beruf schon relativ rasch erfolgreich war, lernte ich, und das empfand ich als ein Glück meines Lebens, schon früh zahlreiche Zelebritäten kennen. Ich bewundere leidenschaftlich gern. So schwärmte ich für meine Kollegin Hilde Spiel, für den Witz von Johannes Gross, für die ungeheuerliche Fülle von Martin Walser, für

Enzensbergers originelles Genie, für Gregor von Rezzoris nach wie vor unterschätzte Kunst. Leute, die ich bewundere, möchte ich natürlich gut kennenlernen. Es ist mir eine tiefe Genugtuung, mit einigen von ihnen dauerhaft befreundet zu sein.

Hilde Spiels Lauterkeit[19]
Österreichs größte Publizistin starb 79jährig in Wien

Im zweiten Teil ihres Memoirenbuches »Welche Welt ist meine Welt?« hat Hilde Spiel über drei schwierige, gebildete und musische Österreicher, die in ihrem Leben eine wichtige Rolle gespielt haben – nämlich über Hans Flesch von Bruningen, Alexander Lernet-Holenia und Heimito von Doderer –, geschrieben, mit ihnen sei die letzte Generation derer dahingegangen, »denen die Urbanität, eine aus vielen Sprachen und Kulturen stammende Bildung des habsburgischen Imperiums noch ganz natürlich zu eigen war«. Heute, da wir betroffen erfahren, daß auch die große österreichische Schriftstellerin Hilde Spiel gestorben ist, 79jährig, wird deutlich, wie sehr man diese Charakterisierung auch auf sie selber beziehen muß. Hilde Spiels Talent, in großen Kulturen und Gedankenwelten wirklich zu Hause zu sein, ihre ganz individuelle Vielsprachigkeit, ihre Fähigkeit, sich zart, prägnant, herzlich, ohne Rechthaberei und doch vollkommen lauter auszudrücken; alles das machte sie während der letzten Jahrzehnte zur bedeutendsten Publizistin und Schriftstellerin Österreichs.

Es ist eine merkwürdige und bittere Erfahrung: Obwohl Hilde Spiels Freunde von ihrer schweren Krankheit wußten, obwohl sie vor zwei Monaten noch bei dem Empfang, den der List-Verlag ihr zu Ehren gab, zwar mit gewohnter Präsenz und Brillanz plauderte (aber den Hauptgang doch vorbeigehen lassen mußte), erschrecken wir tief, da eingetreten ist, was alle erwarteten. In den allerletzten Jahren hat Hilde Spiel dem Tod keine Herrschaft eingeräumt über ihr Denken und Fühlen, sondern mit großer Konzentration ihre literarische Arbeit zu Ende gebracht. Wie schwer es ihr wurde (jedem älteren Menschen wird), allein zu sein, nicht mehr diejenigen als Freunde, Partner und

19   In: SZ, 1./2. Dezember 1990.

Widersacher um sich zu wissen, die zu ihrem Leben gehörten – das hat sie mir 1979 gestanden, als Friedrich Torberg gestorben war. Und mit großer Anteilnahme lasen die Bewunderer Hilde Spiels einmal ihren schmerzlichen Ausbruch im Zusammenhang mit einem kritischen Stück von Christopher Hampton, das sich über die Querelen unter den deutschen Emigranten in Hollywood lustig machte. Nichts sei schlimmer, schrieb Hilde Spiel, als miterleben zu müssen, wie ein junges, ahnungsloses, übelwollendes Geschlecht Menschen und Poeten unfair zerzaust, mit denen man einst selber jung gewesen ...

Sie war am 19. Oktober in Wien als Tochter eines Naturwissenschaftlers, des Dr. Ing. Hugo Spiel, geboren worden. Studierte in Wien, und zwar nicht etwa die Schönen Künste, sondern etwas so Strenges wie die Philosophie des Wiener Positivismus bei Moritz Schlick und Karl Bühler. Die 25jährige machte ihren Doktor mit Auszeichnung, hatte aber schon während ihres Studiums Romane veröffentlicht, derer sie sich später nicht zu schämen brauchte.

Kurz nachdem sie Peter de Mendelssohn geheiratet hatte, mußte das junge Paar emigrieren. Es gelang sowohl Hilde Spiel als auch ihrem Mann, sich englisch schreibend in der englisch schreibenden Welt einen geachteten Platz zu erkämpfen.

Doch die Briten, die sich während des Krieges als großzügige und hilfreiche Samariter gezeigt hatten, waren es – Hilde Spiel beschreibt es in ihrem Memoiren-Buch nicht ohne Bitterkeit – nach 1945 nicht mehr ganz so sehr. Und darum entschloß sich Hilde Spiel, trotz ihrer tiefen Vertrautheit mit der englischen Kultur (sie hat, beispielsweise, wunderbar über Virginia Woolf geschrieben, Peter de Mendelssohn immerhin eine Churchill-Biographie verfaßt) doch nach Österreich und Deutschland zurückzukehren. Die typische Wiener Lebensart – mit »Herrn Hinsichtl und Frau Rücksichtl«, so klagte sie – behagte Hilde Spiel keineswegs übermäßig. So ging sie denn wieder nach England, um schließlich ein weiteres und letztes Mal die alte Heimat aufzusuchen. Ganz zuletzt, glaube ich, wollte sie doch in Wien sterben.

Wer sie näher kannte, sie in ihrem Ferienheim am Wolfgangsee oder in ihrem schönen Wiener Heim besuchen durfte, der genoß eine Auszeichnung, ein Glück. Hilde Spiel war keineswegs einfach. Aber die zarte Art, in der sie auch mit sich selber ins Gericht ging, die Hofmannsthalsche Diskretion, mit welcher sie im Gespräch den Partner nicht überlegen beschämte, sondern vielmehr zurückhaltend animierte, die Heiterkeit, mit der sie über eine beträchtliche Kunsterfahrung gebot und mit der sie es fertigbrachte, ihre weiß Gott komplizierten Freunde und noch komplizierteren Freundinnen in Distanz zu halten: Das waren Stärken und Eigenschaften, wie man sie unter den Jüngeren so selbstverständlich kaum mehr antrifft.

Hilde Spiels Leser (und sie hatte in Deutschland ein großes, bewunderndes – in Großbritannien wohl ein kleineres, spezialisierteres Publikum) spürten von alledem nur den indirekten Abglanz. Als Publizistin liebte sie es nicht, Persönliches oder gar Intimes auszubreiten. Auch daß sie als junge Schreiberin entschieden »links« war und sich später nur ungern von den sozialistischen Impulsen ihrer Jugend distanzierte, war ihrer kritischen oder tagespolitischen journalistischen Arbeit in der *FAZ* kaum anzumerken.

Es ist ein herber Verlust für das geistige Leben in der deutschsprachigen Welt, daß uns der »Ton« der Hilde Spiel nun für immer fehlen wird.

Ende der sechziger Jahre rief Erich Maria Remarque in der Redaktion an und wollte mich treffen. Er interessierte sich für Musikkritiken, weil er als junger Mann Musikkritiker werden wollte. Er war es wohl sogar ein Jahr lang, bis dann *Im Westen nichts Neues* erschien, und er merkte, dass er zum Romanschreiben entschieden mehr Talent hatte. Susanne und ich trafen ihn ein paarmal. Er wirkte ungemein weltläufig, seine Begleiterin war Chaplins einstige Starschauspielerin Paulette Goddard. Stolz erzählte ich ihnen, dass Bücher von mir ins Japanische übersetzt worden seien. Allerdings hätte ich eine japanische Freundin gebeten, mir einige Passagen zurückzuübersetzen, und was ich da zu hören bekam, sei mir absolut fremd gewesen, unerkennbar, ein tiefer Schock. Da meinte Remarque lächelnd: »Darüber dürfen Sie sich nicht aufregen. In Indien wurde aus *Im Westen nichts Neues* ›Die Geschichte eines Oberförsters‹. « Mit so einer genialen Verfremdung konnte ich natürlich nicht konkurrieren.

Remarque lebte damals in Rom in der Villa Hassler, wohin er Susanne und mich auch einlud. Ich schrieb ihm, wir kämen gerne, ob er denn einen alten Cognac habe. Also etwas affig von mir. Er antwortete, er habe einen Napoleon von 1802, der würde mir hoffentlich alt genug sein. Dann kam dies und das dazwischen. Und dann starb er 1970, ohne dass ich bei ihm gewesen wäre.

Einmal habe ich mich sehr geschämt. Gregor von Rezzori besuchte uns Ende der Siebziger. Es war auch eine Gruppe junger Leute da. Sie mochten ihn nicht und griffen ihn polemisch an. Es ist mir bis heute peinlich, dass ihm so etwas in meinem Hause passieren musste.

Das müssen Freunde von mir oder Philipp gewesen sein. Wir haben damals vielleicht mit Rezzori nicht viel anfangen können.
Oh je! Das ist aber kein Grund, ihn so ranzunehmen. Na, ich muss auch meine Empfindlichkeiten haben dürfen.

Ein nachträgliches Sorry. Es gab allerdings auch die eine oder andere Situation, in der ich durch Bekannte meines Vaters in größte Verlegenheit gebracht wurde. Zum Beispiel als ich vierzehn oder fünfzehn war und meinen Vater in ein Konzert im Herkulessaal begleitete. Plötzlich steuerte ein Mann auf uns zu und bat meinen Vater, nach der Pause neben mir sitzen zu dürfen. Ich wurde gar nicht gefragt. Mein Vater aber feilschte mit ihm herum wie auf einem Basar, handelte erfolgreich eine Flasche »Dom Perignon«-Jahrgangschampagner aus, und ich musste neben diesem mir völlig unbekannten Mann Platz nehmen. Es war der Medienmogul Leo Kirch.

Kirch hatte vor, mit seiner Firma BetaTechnik Musikfilme zu machen, und bat mich, ihn dafür fachlich zu beraten. Zum Beispiel fragte er mich, ob er Bachs *Johannes-Passion* von Karajan oder von Karl Richter aufnehmen solle. Karajan, sagte ich, sei viel populärer, würde das bestimmt sehr schön machen und sähe natürlich auch besser aus als Richter. Rezzori bezeichnete Karl Richter tatsächlich einmal als »stigmatisierten Jungmetzger«. Aber rein musikalisch sei Karl Richter bei Bach eine ganze Dimension gewichtiger. Daraufhin zeichnete Kirch die *Johannes-Passion* mit Richter auf.

Des Weiteren bat er mich zu prüfen, welche Theateraufführungen sich für Filmaufzeichnungen eigneten. So schickte er mich 1965 auch nach London, wo Laurence Olivier Shakespeares *Othello* spielte. Ich riet Kirch sehr zu einer Aufzeichnung. Im ersten Akt, der noch in Venedig spielt, hätten die Londoner zwar ein kümmerliches Bühnenbild, das man deutschen Zuschauern kaum zumuten könne, aber bei den Szenen in Zypern sei Olivier überwältigend. Wie der wegen eines epileptischen Eifersuchtsanfalls plötzlich zu Boden stürzen konnte, mit Schaum vor dem Mund – ich hatte es bis dahin nicht für möglich gehalten, dass Schauspielerei so etwas vermag. Kirch akzeptierte den Rat.

Etwa zehn Monate später rief mich die Theaterredaktion des ZDF an: »Wir wollen Sie etwas Grundsätzliches fragen. Unser Vorschlag ist bei den Gremien noch nicht ganz durch, doch wenn Sie ja sagen, kann die Reiseerlaubnis vielleicht erwirkt werden. Wären Sie bereit, für uns nach London zu fliegen, und sich dort Laurence Olivier anzusehen? Wir überlegen, ob wir mit ihm einen *Othello*-Film machen sollen.« Ich sagte: »Diese Mühe können Sie sich sparen. Auf die Idee ist Leo Kirch bereits vor zehn Monaten gekommen.« Da fluchte der ZDF-Dramaturg natürlich ungeheuer: »Dieser Schuft!« Kirch war auch deshalb unbeliebt, weil er viel schneller handeln konnte als die Öffentlich-Rechtlichen, und einen unschlagbaren Instinkt hatte. Er kaufte etwa Fellini-Filme, als sie noch niemand wollte, oder *Biene Maja*-Serien, von denen er selbst natürlich keine einzige Folge gesehen hatte, sich mit ihnen aber dumm und dämlich verdiente. Sicher ist Kirch als Geschäftsmann durchtrieben. Mein lieber Freund Gert Rabanus, ein Fernsehproduzent, der auch einmal für Kirch gearbeitet hat, nannte ihn vergnügt einen »Kirchhofsgänger«, der notfalls über Leichen geht. Doch mir gegenüber war er immer sehr freundlich und ein großzügiger Partner. Überdies habe ich selten in meinem Leben einen Menschen kennengelernt, der zu Männern wie zu Frauen gleichermaßen charmant sein kann. Seine Mitarbeiterinnen schwärmten regelrecht für ihn.

Es gibt Kritiker, die sagen, Freundschaften mit Künstlern seien ausgeschlossen. Für mich aber ist Vertrautheit mit Künstlern enorm wichtig. Ich bin sehr froh, in der Gruppe 47 gewesen zu sein und dort Autoren ganz aus der Nähe miterlebt zu haben. So weiß ich auch, wie schwer es ist, an einem Roman oder an einer großen Dichtung zu arbeiten. Wie quälend manches misslingen kann, und wie viele Unwägbarkeiten bewältigt werden müssen. Genauso wertvoll ist es für mich, Pianisten zu kennen und mit einigen von ihnen gut befreundet zu sein: wie mit dem leider schon verstorbenen Robert Alexander Bohnke, mit dem fabelhaft talentierten Rudolf Buchbinder, mit Alfred Brendel und Maurizio Pollini. Solche Tuchfühlung bringt zärtliche Nähe zum Metier. Auch die originelle, analytische Intelligenz des Nicht-Mehr-Pianisten Josef Bulva regt zu immer neuem Nachdenken an.

Mit Hans Magnus Enzensberger, Marianne Koch (links oben), Heinrich Böll, Jürgen Habermas (links unten), Heinz Friedrich, August Everding und Susanne

Ingeborg Bachmann bin ich erstmals 1953 bei einer Tagung der Gruppe 47 begegnet, und wir haben uns schnell angefreundet. Sie hatte sehr wenig Geld, so wenig, dass sie in Hamburg nach einer Lesung, für die sie 300 DM Honorar bekommen hatte, zur Kasse ging und sagte:

»Sie haben sich geirrt. Das können nur 30 DM sein.« Aber die Summe stimmte. Sie war nur niedrigere österreichische Honorare gewöhnt.

Ich arbeitete damals als Rundfunkredakteur beim HR und machte auch eine Sendereihe, die »Das Buch der Woche« hieß. Als damals Kafkas Roman *Amerika* erschienen war, schlug ich ihr vor, das Buch zu besprechen, damit sie ein wenig Geld verdienen könne. Sie sagte erfreut zu, und der HR kündigte stolz an, die Preisträgerin der Gruppe 47 für eine Besprechung verpflichtet zu haben. Der Sendetermin nahte bedrohlich, aber ein Manuskript näherte sich nicht. Ich telegraphierte ihr x-fach, aber nichts geschah. Als junger Redakteur dachte ich verzweifelt: Ich muss mich umbringen, die Erde hört auf, sich zu drehen, wenn das nicht klappt.

Sonntags sollte die Sendung stattfinden, und am Freitagnachmittag davor kam endlich ihr Manuskript. Vierzig Zeilen, davon zwanzig Zeilen Zitate. Natürlich alles sehr schön, aber vierzig Zeilen reichen wirklich nicht für eine Viertelstundensendung, sondern nur für etwa vier Minuten. Da ich selber gerade an einem großen Aufsatz über *Amerika* arbeitete, der ein paar Monate später in den *Frankfurter Heften* erscheinen sollte, dachte ich: Kein Problem, ich fülle ihr Manuskript ein bisschen mit meinen eigenen Weisheiten auf, das wird dann gesendet, sie kriegt ihr Geld, und niemand wird etwas merken. So geschah es.

Wer beschreibt jetzt mein Erstaunen, und wenn Ingeborg nicht schon gestorben wäre, würde auch sie staunen: In der großen vierbändigen Bachmann-Ausgabe des Piper Verlages ist auch diese *Amerika*-Besprechung abgedruckt. Etwa vier Fünftel des Textes stammen von mir. Das kann man ganz gut erkennen. Ich habe eine intellektuellere, theoretisierendere Art, längst keine so poetische Ausdrucksweise wie sie.

In München fuhren Susanne und ich einmal mit ihr durch die Stadt. Damals hatten wir einen Volkswagen. Es mag sein, dass ich zu schnell oder falsch fuhr, jedenfalls wurde ich von der Polizei angehalten und sollte Strafe zahlen, den Führerschein abgeben, ins Gefängnis geworfen werden, was weiß ich. Da kurbelte die Bachmann das Fenster herunter und beschwor den Polizisten flehentlich, mit Tränen in den Augen, so dass er uns ganz gerührt weiterfahren ließ.

Ingeborg Bachmann hatte ausgesprochen Spaß daran, sich elegant zu kleiden, und gab sich sehr damenhaft. Wenn sie vorlas, starb sie vor

Befangenheit. Sie flüsterte mit kaum hörbarer Stimme, mitleiderregend fielen ihr die Skriptseiten vom Schoß. Sofort stürzten alle Männer zu ihr hin und hoben sie wieder auf. Frauen, die das mit ansahen, knirschten mit den Zähnen und fragten sich ärgerlich: Hat sie so etwas nötig? Aber die Männer waren von ihr gefesselt. Sie hatte die Aura einer Dichterin, wie ich sie bei keinem anderen Menschen je erlebte. Als ein anderer Kritiker einmal ein Buch von ihr besprochen hatte, legte sie einen handgeschriebenen Zettel in mein Büro: »Dass du nicht mehr über mich schreibst, gehört zu den Schlägen, die ich mich gewöhnt habe, hinzunehmen.« Leider gingen die Notizen verloren.

Ob Ingeborg Bachmann und Ilse Aichinger aufeinander ein bisschen eifersüchtig oder ob sie innig befreundet waren, ist schwer zu sagen. Wenn sie sich in der Gruppe 47 begegneten, gab es natürlich Küsschen hier und Umarmung da. Österreich ist ja ein kleines Land. Man kennt sich.

Ilse Aichinger traf ich ebenfalls das erste Mal bei der Gruppe 47. Sie war ungemein herzlich und schöpferisch wortgewandt. Als sie ihr Baby bekam, besuchte ich sie im Krankenhaus und erzählte ihr, dass ich eine Dissertation über Grillparzer schreiben würde. Da sagte sie: »Das heißt nicht ›Grillparzer‹. Das heißt ›Ameisnorner‹.« Oder als ein reichsdeutscher Autor, Michael Mannsfeld, bei einer Tagung eine etwas derbe Geschichte vorlas, die nicht direkt schlecht, aber auch nicht erlesen gut war, da meldete sich Ilse zu Wort und sagte: »Es fehlt, dass das noch einmal verschwiegen wird.«

Die Höhepunkte ihrer Prosa gehören für mich zum Schönsten, was ich kenne. Zum Beispiel einige Sätze aus ihrem Roman *Die größere Hoffnung*, in dem sie ihre Erinnerungen als »halbjüdisches« Mädchen beschreibt.

Die Familie muss einen alten Schrank verkaufen, um sich über Wasser zu halten. Die Romanheldin liebt diesen Schrank sehr und sagt zu einem potentiellen Käufer: »Im Herbst kracht er, als ob er ein Herz hätte!« – »Kracht man im Herbst, wenn man ein Herz hat?«, fragt dann der Käufer, legt viel Geld auf den Tisch und geht, ohne den Schrank mitzunehmen. Am Anfang des Romans hat die Heldin einen Angsttraum. Sie sieht sich mit anderen verfolgten Kindern auf einem Floß in den Wogen des Atlantik treiben, ganz hinten in der Ferne die Freiheitsstatue. Aber unerreichbar, so hat man das Gefühl. Neben dem

Floß schwimmt die ganze Zeit ein Haifisch, der sich das Recht ausgebeten hat, sie vor den Menschen schützen zu dürfen. Und dann folgt ein Satz, um dessen willen ich die Aichinger nie zu lieben aufhören werde: »Der Haifisch tröstete sie, wie nur ein Haifisch trösten kann. Und er blieb neben ihnen.«

Wenn ein befreundeter Künstler mir über eine anständig begründete, halbwegs nobel formulierte, aber negative Kritik nachhaltig böse ist, dann war die Freundschaft nichts wert. So etwas habe ich einige Male erlebt und bedauerte es sehr. Ganz anders verhielt sich da zum Glück mein sehr guter Freund Jean-Pierre Ponnelle. Mit seiner brillanten Personenregie konnte er aus Sängern charakteristische Menschen formen wie nur wenige andere. Sosehr ich ihn als Regisseur bewunderte, an manchen seiner Inszenierungen hatte ich auch etwas auszusetzen. Zum Beispiel bei seinem Stuttgarter *Ring* gefielen mir *Rheingold* und *Walküre* aus mannigfachen Gründen nicht, was ich in der *SZ* deutlich zum Ausdruck brachte. Als wir uns später trafen, sagte er: »Jochen, ich habe mich über deine Kritik sehr geärgert.« Na, das wird er dürfen. Aber es bedeutete eben überhaupt nicht, dass er mir die Freundschaft kündigte. Zudem: Die meisten Künstler wissen selber ganz gut, vielleicht nicht im Moment, aber vierzehn Tage später, was ihnen gelungen ist und was nicht. Manchmal denken sie über ihre eigenen Arbeiten sogar weit kritischer als unsereiner.

Viele meiner Freunde sind längst gestorben, und ich vermisse sie sehr. Auch Jean-Pierre. Als Gesprächspartner, sprachgewandt, ungemein gebildet, französisch hochmütig, habe ich kaum je einen anregenderen Freund besessen. Seine Ehefrau, die Schauspielerin und Regisseurin Margit Saad, bedeutet mir auch immens viel. Und über die Freundschaft mit dem Sohne, dem Dirigenten Pierre Dominique Ponnelle, bin ich richtiggehend froh. Wir treffen uns fast regelmäßig, reden über Musikprobleme. In gewisser Weise setzen wir damit sogar die Gespräche fort, wie ich sie einst mit seinem Vater führte. Voller Verehrung widmete ich Jean-Pierre darum auch mein Mozart-Buch. Noch in der letzten Woche vor seinem Tod, als wir beide im Sanatorium »Jägerwinkel« waren, sprachen wir ausführlich über Wagners *Ring*, den er nicht modernisierend, sondern archaisierend inszenieren wollte – und über Mozart.

Intensiv befreundet war ich auch mit dem Schauspieler Robert Graf. Wir nahmen uns unter anderem vor, sämtliche Mahler-Symphonien miteinander durchzugehen, doch wegen seiner Krebserkrankung kamen wir dazu nicht mehr. Für Selma, seine Ehefrau, mit der Susanne und ich herzlich befreundet sind, muss es ein heikles Schicksal gewesen sein, drei Kinder alleine aufzuziehen.

Zum Tod von Robert Graf[20]

[...] Robert Graf liebte es nicht, sich in Szene zu setzen. Komödiantische Gedankenlosigkeit war ihm fremd. Immer ging es ihm darum, sein Ideal einer modernen, lakonischen, alle sentimentale Verlogenheit und routinierte Süßlichkeit ausschließenden Nerven-Darstellung zu realisieren. Da er sein Handwerk vollkommen beherrschte, differenzierte innere Regungen ohne jede Übertreibung absolut deutlich zu machen wußte, wurde er bald und selbstverständlich zu einem der ersten Künstler unseres Landes. Gegner hatte er nicht, viele liebten ihn.

Obwohl sein Beruf ihm leicht fiel, machte er es sich nicht leicht. Wie einfach wäre es für ihn gewesen, sein interessantes Gesicht – dessen leise Dämonie ebenso von seinen slawisch-siebenbürgischen Vorfahren sprach wie von seiner westfälischen Herkunft (Graf wurde am 18. November 1923 in Witten an der Ruhr geboren) – zum Markenartikel zu machen! Doch er wollte mehr. Mehr als nur ein großer Schauspieler sein. Und er wurde mehr. Jenes Ungenügen, das ihn und andere intellektuelle Künstler erfüllt, die sich als erwachsene Menschen höchst ungern einen Bart ankleben, ließ ihn produktiv werden.

Graf wurde herzlich verehrt, weil er es verstand, jene furchtbaren Erfahrungen, die viele Angehörige des grausam dezimierten Jahrgangs 1923 hinter sich haben, ohne jedes Selbstmitleid in seine Kunst hineinzunehmen. Graf »spielte« so, wie wohl nur Künstler spielen, die die Nazizeit, die Hölle des Rußlandkrieges und die darauffolgende Lust, endlich »frei« zu sein, ganz ernstzunehmen, ganz umzusetzen vermochten. Er hatte erkannt, dass gewisse Erfahrungen nicht

20   In: SZ, 7. Februar 1966.

mitteilbar sind durch theatralisches Gefuchtel, sondern nur durch strenge Beherrschung des Körpers und des Gesichts. Seine beispiellose Ehrlichkeit, seine Leidenschaft, ohne jedes komödiantische »Fett« Erfahrungen mitzuteilen (natürlich nicht nur ernsthafte, problembeladene Erfahrungen, sondern auch die Humanität eines guten Lustspiels oder die charmanten Spannungen einer intelligenten Komödie), alles das machte ihn zum Inbegriff, zum Exponenten und zum Idol einer Generation. Die ihn bewunderten, wußten vielleicht gar nicht, daß sie in ihm die guten Eigenschaften jenes noch einmal davongekommenen Deutschlands verehrten.

Nach kurzen Vorspielen in Wiesbaden und Salzburg begann seine Karriere an den Münchner Kammerspielen, zu deren beliebtesten Schauspielern er alsbald zählte. Vor etwa zehn Jahren war er auch mit glücklicher Leidenschaft daran beteiligt, dem deutschen Fernsehen künstlerische Qualitäten abzugewinnen und zuzubringen. Das Team Wirth, Jedele und Gottschalk brachte damals, zusammen mit Graf, einige Inszenierungen zustande, die Fernsehgeschichte machten (Sartres »Schmutzige Hände«, Anouilhs »Lerche«). Zugleich arbeitete Graf auch bei dem leider folgenlos gebliebenen Versuch mit, dem deutschen Film wieder Weltgeltung zu verschaffen. Das »Jonas«-Experiment und die »Wunderkinder« lebten von seiner Kunst.

Robert Grafs Vielseitigkeit entsprang genau dem Gegenteil von Unentschlossenheit, von verlegenem oder gar profitgierigem Tasten. Da er den Anforderungen des Funks, des Fernsehens, des Spielfilms und des Theaters perfekt zu entsprechen vermochte, konnte er es sich leisten, immer wieder den Versuch zu machen, sein Ideal eines nicht etwa demonstrativ-kalten, aber doch besonnenen Understatements, einer unterkühlt-spannungsvollen Darstellung seelischer Reaktionen innerhalb der verschiedenen Medien auszuprobieren. Er überlegte es sich lange, welche Rolle er annehmen sollte. Angebote gab es immer genug. Oft ging sein Streben nach vollkommener Verwirklichung so weit, daß er die gleiche Rolle im Fernsehen und auf der Bühne spielte, aber doch verschieden auslegte (unvergeßlich war er in Kipphardts »Der Hund des Generals«, tief-eindringlich als Sprecher in der Fernsehproduktion des »Joel Brand«, nicht minder beklemmend in seiner letzten Theaterrolle, dem Joel Brand der weniger anspruchsvollen Kammerspiel-Inszenierung). Gerade in den letzten Jahren erwog er immer mehr, wie man mit den Klassikern fertig werden könnte. Alles äußerliche Aktualisieren, etwa durch sensationelle Auftritte und unmotivierte Aktion, war ihm verhaßt.

Die ihn nur von fern kennen, mögen ihn für einen überlasteten, vielseitigen und rastlosen Künstler gehalten haben. Nichts kann falscher sein. Robert Graf zog sich am liebsten in den Kreis seiner Familie zurück, arbeitete leidenschaftlich und unermüdlich in seinem prachtvollen Garten, spielte auf dem Klavier Bach und Händel und ärgerte sich darüber, wenn Filmaufnahmen in Hamburg oder sonstwo meist so lange dauerten, daß er danach kein Konzert mehr besuchen konnte. Die deutschen Theater haben an und mit ihm einen jener wenigen Männer verloren, die noch absolute Forderungen nach Wahrhaftigkeit und Sorgfalt zu stellen wagten, und seine Freunde einen guten Freund. Die letzte Produktion, an der er, schon geschwächt, beteiligt war, hieß: »Porträt eines Helden.«

Den Dirigenten Enoch zu Guttenberg lernte ich Anfang der sechziger Jahre kennen. Ich hatte eine Bühnenmusik seines Lehrers, Karl von Feilitzsch, höchst negativ besprochen, darum schickte der noble alte Herr seinen Schüler Enoch zu mir, um ein Gespräch mit mir zu vereinbaren. Was die Komposition von Feilitzsch anging, blieb ich zwar eisern bei meiner Meinung, aber mit dem damals wohl erst achtzehnjährigen Enoch entwickelte sich eine verlässliche Freundschaft. Mir gefiel seine emphatische Art, Bach so zu dirigieren, dass der Text nicht nur neutraler Vorwand für schöne Töne blieb, sondern Zentrum passionierter musikalischer »Verkündigung« wurde. Auf seine Weise war Guttenberg für mich ein Nachfolger von Karl Richter, obwohl der das Dirigentenmetier zunächst geschickter beherrschte und als Organist ein Virtuose war. Ich traf Richter alle vier Wochen zu langen Unterhaltungen im Restaurant des Hotels Vier Jahreszeiten. Er sagte mehrmals lächelnd zu mir: »Es ist rührend, wie Sie sich für Ihren Freund Enoch zu Guttenberg einsetzen.« Unter Berufsmusikern galt Enoch nämlich anfangs als »adeliger Dilettant«. Die Tatsache, viel Geld und einen großen Namen zu besitzen, hatte ihm eher geschadet. Mittlerweile müsste sich das geändert haben. Heute dirigiert er mit seiner Chorgemeinschaft Neubeuern im Wiener Musikvereinssaal die *Matthäus-Passion* und unternimmt erfolgreiche Tourneen durch Amerika. Wir haben zusammen viel über Musik gesprochen, sind etwa die große C-Dur Symphonie von Schubert Takt für Takt am Klavier durchgegangen und überlegten, wie einzelne Stellen zu interpretieren seien. Inzwischen sind wir so eng befreundet, dass ich nicht mehr über ihn öffentlich schreiben möchte. Zumal er sich gegenwärtig, was ich bedaure, rückhaltlos Nikolaus Harnoncourts Meinung anschließt, Streicher sollten Mozart, Bach und Beethoven nahezu ohne jedes Vibrato interpretieren.

Große Teile meines Buches über Beethovens Klaviersonaten schrieb ich auf Schloss Guttenberg. Zuerst hoffte ich etwas naiv, ich könne den Text neben meiner Redaktionsarbeit fertigstellen. Irgendwann aber sagte mein Kollege Albrecht Röseler, er könne meine Quälerei mit dem Beethoven-Buch nicht mehr länger ertragen: »Hauen Sie ab, und kommen Sie erst wieder, wenn Sie fertig sind.« Ich packte Unmassen von Platten, Noten und Aufzeichnungen zusammen, nahm Enochs Einladung an und schrieb dort in einigen Monaten, oft völlig allein, nur von einem Diener betreut, mein Buch zu Ende.

1974 lud mich Artur Rubinstein nach Zürich ein und empfing mich lachend mit dem Satz: »Lieber Herr Kaiser, was Sie in Ihrem Buch *Große Pianisten in unserer Zeit* über mich geschrieben haben, ist ganz wunderbar zu lesen, aber alles nicht wahr.« Ein zwiespältiges Kompliment. Es war ein Sonntag. Vormittags probte er mit Christoph Dohnanyi, nachmittags fand das Konzert statt. Zunächst Mozarts d-Moll Klavierkonzert, nach der Pause das Es-Dur Konzert von Beethoven. Für einen alten Herren ein »Mordsprogramm«, aber ich dachte mir: Er hat das Mozart-Konzert schon 1898 als Zehnjähriger gespielt, das wird wohl kein Problem für ihn sein. Doch Rubinstein war ausgesprochen nervös. Wegen seiner sehr trockenen Finger sollte ein Assistent für ihn die Tasten anfeuchten, freilich nicht zu sehr, damit die Finger nicht wegrutschten. Der arme Mann konnte es eigentlich nur falsch machen.

Im Konzert saß ich neben Rubinsteins Ehefrau Aniela Mlynarski, deren Vater, Emil Mlynarski, einst in Warschau als Chefdirigent der Oper auch die erste *Parsifal*-Aufführung geleitet hatte. Am Anfang verspielte sich Rubinstein hörbar. Seine Frau zuckte jedes Mal vor Schreck zusammen. Bald wurde es besser. Rubinstein bot den langsamen Satz und das Finale wunderschön. Riesiger Beifall. Man gestattete mir, in der Pause zu ihm zu gehen. Seine Entourage dort wirkte schrecklich betroffen. Rubinstein hatte offenbar einen Zusammenbruch erlitten. Mir war es sehr peinlich, ich wollte nicht stören. Aber ich wurde zu ihm geführt und erblickte einen tränenüberströmten alten Mann. Er flüsterte: »Dieses wunderschöne Konzert! Es rührt mich über alle Maßen, dass ich in meinem Alter noch eine solche Musik von Mozart spielen darf.« Nach der Pause donnerte er das Es-Dur Konzert von Beethoven mit dem enthusiastischen Finale. Er spielte es fulminant, und der Beifall des eher zurückhaltenden Zürcher Publikums war so stark, dass man fürchten musste, die Kronleuchter würden von der Decke fallen. Derselbe Rubinstein, der eben noch hemmungslos geweint hatte, benahm sich nun wie ein strahlender Clown. Er lachte das Publikum an, ob es noch Lust auf eine Zugabe habe? Welche Frage. Dann spielte er die As-Dur Polonaise von Chopin, polnisch, heroisch, mit bewegender Ritterlichkeit.

Nach dem Konzert lud er mich zum Essen ein. Seiner nicht mehr ganz stabilen Zähne wegen gab es nur Spargel, Kaviar und Champagner. Nichts Schlimmeres soll mir passieren. Wir sprachen Deutsch, er konnte ja acht Sprachen fließend. Unermüdlich fragte ich ihn nach allem, was mir wichtig war: ob man Chopins späten Kompositionen dramatisierend nachhelfen müsse, warum Schumanns Klaviersatz so vertrackt sei, wie er die *Appassionata* verstehe. Seine wunderschöne Antwort: »Bei der *Appassionata* habe ich das Gefühl, manchmal tritt Beethoven wie hinter einer Wand hervor. Dann macht er sich wieder unsichtbar.« Ich fragte ihn auch nach Pablo Casals, über den er sich abfällig äußerte. Sein Streit mit dem einzigartigen Cellisten war übrigens vollkommen abstrus: Da ging es um 10 Pfund, die Casals Rubinstein in ihren jungen Jahren einmal geliehen hatte. Rubinstein hatte schlicht vergessen, ihm das Geld zurückzugeben. Jahrzehnte später, beide waren längst reich und berühmt, weigerte sich Casals im Hause einer Gräfin, mit einem »Dieb« zusammenzutreffen. Man fragte ihn entsetzt, wen er meine. Es war Rubinstein. Unmittelbar danach überwies Rubinstein Casals 20 Pfund. Keine Reaktion. Doch zu Silvester erhielt Rubinstein vom ehrpusseligen Katalanen kommentarlos die überzähligen 10 Pfund zurück. So plauderte Rubinstein stundenlang. Gegen halb vier Uhr morgens, Gott strafe mich, wurde ich etwas müde. Er, siebenundachtzigjährig, immerhin eine Probe und ein Konzert hinter sich: »Diese jungen Leute heute sind völlig unbelastbar.«

Swingender Klassiker[21]

Kaum je in der Geschichte großen Klavier-Spiels hat sich ein wahrhaft genial begabter, über untrüglichen rhythmischen Sinn und beschwingte Empfindsamkeit verfügender Pianist so heftig im Wege gestanden wie Friedrich Gulda. Der wurde und argumentierte immer seltsamer, verstörender, zum Schluß verrückter ...

Daß er sich mit »Klassik« nicht begnügen wollte, dafür im Jazz, beim Improvisieren sein eigenes »Ich« einbringen zu können meinte – es war verständlich. Er nahm auch in Kauf, selber nur ein mittlerer Jazzer zu sein, während Karl Böhm oder Rubinstein ihn als ungeheuerlich begabten Bach-Mozart-Beethoven-Spieler bewunderten. Wegen der vielen Kräche und Affären, die grimmig anzuzetteln ihm ein Bedürfnis schien, haben auch die ihm Nahestehenden verdrängt, wie blitzend bravourös und zugleich empfindsam delikat der blutjunge Gulda einst etwa die »Burleske« von Strauss meisterte, mit welcher atemberaubenden Eleganz er den Schluß der Komposition zum beschwingten melancholischen Walzer-Wunder verklärte. Später, nach allzuviel Jazz, schien sein Anschlag ein wenig brutalisiert.

Was ihn als einzigartigen, durchaus »modern« interpretierenden Sachwalter der E-Musik auszeichnete, das machen seine Einspielungen der konzertanten Sonaten, zumal der »Mondscheinsonate«, des mittleren Beethoven genial sinnfällig. Beethovens G-Dur Sonate (Opus 31, Nr. 1) ist eines der witzigsten Werke des Komponisten: Da scheint im »Adagio grazioso« Rossini vorweggenommen, und Strawinskys Ironie hat Beethoven im Kopfsatz zumindest vorweg-geahnt. Bietet Gulda diese G-Dur Sonate mit glänzendem brio: dann scheint konventionelles Beethoven-Spiel fesselnd abgelöst durch schlanke, beinahe swingende Vehemenz, Espressivo-Weihe durch knappen, aber tiefen Ernst.

---

21   Booklet zur CD-Sammlung: Klavier Kaiser, SÜDDEUTSCHE ZEITUNG GmbH 2004.

Je älter Gulda wurde, desto wichtiger wurde ihm Mozart – desto mehr liebte er es aber auch, zu improvisieren, etwa bei Zugaben, Wiederholungen, in den Finali Neues zu wagen. Trotzdem wirkt sein Mozart-Spiel auf unsere Ohren keineswegs besonders »modern«. Sondern eher werktreu-klassisch auch im konventions-nahen Sinne ... So versteht Gulda Mozarts d-Moll Konzert ehern gezügelt, nie tragisch forciert. Nur bei der großen – Mozarts Nuance in Beethovens Geste verwandelnden – Beethovenschen Original-Cadenz des Kopfsatzes packt er vehement zu. Diese gewiß exzellenten Gulda-Interpretationen zwischen Mozartscher Klassizität und Ravels wahnwitziger »Toccata«-Motorik geben jedoch ein viel zu »akademisches« Bild des Pianisten. Wie er wirklich war, wenn er sich entfesselt wohl fühlte, etwa eine Variation aus der Arietta von Beethovens Sonate Opus 111 wie Bebop-Donner hinlegte, den Conferencier spielte, nach Schubert und Debussy rasch auch eigene Gewächse vorführte: das lehrt authentisch der Mitschnitt jenes Jubiläumskonzertes, mit welchem Gulda 1966 in Wien seine Bewunderer entzückte.

Als Fliegenträger in Ossiach, mit Friedrich Gulda und Werner Burkhardt (rechts)

Gulda sagte oft stolz: »Der Kaiser ist ein Fan von mir.« Ich bin nicht unstolz darauf, ihn so bewundert zu haben, obwohl Gulda meist das Gegenteil von dem tat, was ich »eigentlich« richtig finde. Seine kaltschnäuzige Art irritierte mich manchmal. Aber sein wahnsinnig Motorisches besaß eine derart drängende und elementare Wahrhaftigkeit, seine Technik war so sicher, er wusste so genial-klug, was er wollte, und spielte manche langsamen Sätze so bewegend ausdrucksvoll, dass ich vor ihm den Hut zog, obwohl mir der »romantische« Typus Rubinstein oder der »expressive« Edwin Fischer viel besser gefielen. Ich fragte Gulda einmal nach Rubinstein, und er antwortete: »Ich hab ihn in New York gehört, es war mir fad.« Dafür lobte er über die Maßen einen Pianisten, der genau das Gegenteil von ihm darstellte, nämlich Alfred Cortot. Als ganz junger Mann war Gulda Cortot regelrecht verfallen. Er reiste ihm nach und bat Cortot sogar, zuhören zu dürfen, wenn er übte. Cortot antwortete, es sei nicht üblich, den Gast in die Küche zu lassen, wenn man ihn zum Essen einlade. Gulda hörte dann heimlich durch die geschlossene Türe zu und war maßlos enttäuscht. Cortot übte stundenlang nichts anderes als Tonleitern rauf und runter.

Cortot war ein geistvoller französischer Künstler. In seinen letzten Jahren war er allerdings Morphinist, und die Pariser warteten schadenfroh darauf, dass der alte Meister einen Hänger hatte oder falsche Töne spielte. In Augsburg führte er einmal mit Wolfgang Sawallisch das a-Moll Klavierkonzert von Robert Schumann auf und kam im letzten Satz vollkommen raus. Da stand der weltberühmte alte Herr auf und machte dem Publikum deutlich, er trage die Schuld und nicht das Orchester, es tue ihm leid. Früher war er sicherlich der phantasievollste Schumann-Spieler des Jahrhunderts gewesen. Er hat auch ein treffliches Buch über Chopin verfasst. Da beklagt er zum Beispiel, dass die Pianisten Chopin viel zu sentimental spielen. Man dürfe nie die »Königswürde« von Chopins Musik aus den Augen verlieren.

Gulda und ich hatten in den achtziger Jahren ein großes Fernsehgespräch. Nach der Aufzeichnung sagte er zu mir, er spiele am nächsten Tag im Konzert Chopin. Da er jahrzehntelang keinen Chopin mehr vorgetragen habe, bat er mich, ihm zuzuhören und eventuell ein paar Ratschläge zu geben. Im Studio, vor allen Technikern und Redakteuren! Es waren vierzig bis fünfzig Leute anwesend. Höflich, aber unverblümt sagte ich ihm im Anschluss, was meiner Ansicht nach fehle, was man vielleicht ändern oder verbessern solle. So etwas hätte ich auch zu meinem Freund Alfred Brendel und vielleicht sogar zu Rubinstein oder Horowitz äußern können: aber doch nur unter vier Augen! Vor so vielen Leuten wären sie bestimmt gekränkt gewesen, wofür ich viel Verständnis aufbringe. Gulda indessen reagierte überhaupt nicht beleidigt, sondern sagte: »Da haben Sie nicht recht, da haben Sie recht, das und das werde ich mir noch überlegen.« Er war in einer Art und Weise kritikempfänglich, wie ich es bei seinem doch enorm widerspenstigen Charakter nie erwartet hätte. Als ich das Werner Burkhardt erzählte, sagte der nur, das sei sehr typisch für Jazz-Musiker. Vernünftige Jazzer seien offene und ehrliche Kritik gewöhnt. Am nächsten Abend hörte ich Gulda im Konzert und fand zu meiner tiefen Befriedigung, dass er auf achtzig Prozent meiner Ratschläge einging.

Anfang der sechziger Jahre waren meine Frau und ich bei dem Dirigenten Claudio Abbado auf Sardinien eingeladen. Es war auch noch ein sehr junger Mann zu Gast. Wir spielten zusammen Tischtennis. Ich verlor knapp, worüber ich mich mächtig ärgerte, denn ich war damals im Tischtennis recht gut, aber der junge Mann spielte leider noch ein bisschen besser. Ein paarmal hatte er aber auch nur Glück, da half ihm das Netz. Verschwitzt fragte ich ihn anschließend: »Wie heißen Sie?« Er nannte seinen Namen: Pollini. Nun wollte ich wissen, ob er mit dem Pianisten zu tun habe, der kürzlich in Warschau den Chopin-Wettbewerb gewonnen hatte und von dem ich eine sehr schöne Einspielung des e-Moll Konzerts von Chopin kenne. Er war es tatsächlich selber. Maurizio Pollini erläuterte, er habe zwar den Preis gewonnen, wolle aber nicht sogleich Karriere machen, sondern sich eine Zeitlang ruhig vorbereiten, ein größeres Repertoire erarbeiten etc. Diese Intelligenz imponierte mir. Später besuchte ich seine Konzerte häufig, würdigte sie ausführlich, wofür er sich in einigen Fernsehstatements sehr großzügig bedankte. Unvergesslich, wie er in den siebziger Jahren Beethovens *Hammerklaviersonate* ausdrucksvoll meisterte. Ich war ganz von den Socken. Manch anderer Pianist ließ mich neidvoll wissen, eine derart enthusiastische Kritik hätte er auch gerne einmal von mir. Ich konnte natürlich nur antworten: »Mit Freuden, falls Sie die *Hammerklaviersonate* so spielen wie Pollini.« Auch die *Appassionata* spielte er noch vor wenigen Jahren umwerfend. Er ist ein wahrhaft nobler Künstler. Seit er in den frühen Siebzigern Chopins Etüden souverän einspielte, wurde seine Kunst zum Inbegriff höchsten pianistisch-musikalischen Standards. Aber er dachte nicht daran, nur im klassischen Bereich zu wirken. Passioniert und systematisch setzte er sich für die Moderne ein, zumal für seinen Freund Luigi Nono, aber auch für Karl-Heinz Stockhausen. Die italienische Linke war und ist ihm Herzenssache. Zudem ist er ein treuer Freund. Wie seine Frau und er sich letztes Jahr bemühten, wegen Susannes Krebserkrankung Mailänder Spezialisten zu mobilisieren, das hat mich sehr bewegt ...

In den sechziger Jahren wurde von Joachim Kaiser für den Garten unseres Eckteils eines Fünf-Familien-Reihenhauses eine Tischtennisplatte angeschafft. Eine wetterbeständige, aus Stein und damit verdammt schnell. Nicht nur wir Kinder tobten mit der gesamten Nachbarschaft lautstark an ihr herum, auch mein Vater lieferte sich mit seinen Freunden und Bekannten Matchrunden, ebenfalls nicht totenstill – und manchmal ein wenig alkoholbeschwingt. Tief in meinem Gedächtnis hat sich der SZ-Jazzkritiker Baldur Bockhoff eingebrannt: Eben noch schneidet er messerscharf einen Ball, dann torkelt er leicht, schlägt schließlich wie ein gefällter Baum der Länge nach auf den Rasen hin. Steht nicht mehr auf, muss weggetragen werden, schläft stundenlang auf unserem Sofa.

1972 zog die Steinplatte mit der Familie ein paar Straßen weiter in ein großes, neu erbautes Einfamilienhaus. Im dortigen Hof wurden die Spielrunden an ihr regelmäßig weiterzelebriert, dank einer Neonlampe oft bis tief in die Nacht. Auch Maurizio Pollini kam einmal. Seine freundliche Diskretion und die Anmut seiner langgliedrigen Hände faszinierten mich allerdings so stark, dass ich nicht mehr erinnere, ob es meinem Vater gelang, an ihm wegen seiner einstigen Niederlage erfolgreich »Racha« zu nehmen, wie er in solchen Fällen zu sagen pflegte.

Laut seinem Schulfreund Joachim Schara sei mein Vater schon als Kind eine Art Champion an der Platte gewesen. Vermutlich hatte er damals seine Gegner auch eher unelegant, aber perfide ausgetrickst. Seine Spieltechnik als Erwachsener zumindest trieb einen in den Wahnsinn. Extrem nahe an der Platte stehend, also äußerst uncool, spielte er vorwiegend mit der Rückhand, wechselte aber so unvorhersehbar und blitzschnell die Schlagrichtung, dass man kaum hinterherkam. Er nutzte auch den Vorteil aus, Linkshänder zu sein. Er schnitt den Ball, was das Zeug hielt, und er hatte legendäres Glück mit dem »Bär«, wie die Netzkante im Familienjargon genannt wurde. Außerdem war er grausam stur.

Natürlich habe ich oft gegen ihn gespielt und mich auch wacker geschlagen, irgendwie. Aber dieses von links nach rechts Gejagtwerden war meine Sache nicht. Das überließ ich großmütig meinem Bruder, der im Gegensatz zu mir ein ausgezeichneter Schmetterer wurde, und zwar mit Vorhand wie mit Rückhand. Leider hielt sein Nervenkostüm dem unbarmherzigen Siegeswillen unseres Vaters nicht immer stand.

Da waren die älteren Gäste ausgeglichener und boten reichlich Anschauungsunterricht in verschiedenen Spielstilen.

Am meisten beeindruckte die sympathische Nonchalance des Dramaturgen Hans Pavel, der zwar in Folge von Kriegsverletzungen kaum aufrecht stehen konnte, aber erlesen elegant spielte. Oder die Lässigkeit der Brüder Florian, Eckhardt und Bernhardt Furtwängler. Die standen kilometerweit hinter der Platte und zogen erst in allerletzter Sekunde den Schläger hoch, so dass man dachte, sie verschlafen den Ball. Dann aber kam ein fulminanter, an Schärfe nicht zu überbietender Schlag zurück.

Der Filmregisseur Flori, der Anwalt Ecki und der Architekt Banni sind Großneffen von Wilhelm Furtwängler. Sie besaßen unter der Herrschaft ihrer Mutter, der Ehrfurcht gebietenden Ama Furtwängler, ein riesiges Grundstück mit Waldanteil und sanft geschwungenen Hügeln am Tegernsee. Tanneck. Dieser märchenhaft schöne Ort war Ende der sechziger, Anfang der siebziger Jahre Wochenend- und Ferientreffpunkt für Freunde der Familie, darunter auch ein bunter Mix aus Künstlern, wie der Komponist und Dirigent Eberhard Schoener, der Filmemacher Volker Schlöndorff, der Opern- und Filmregisseur Johannes Schaaf, die Schauspielerin Rosemarie Fendel und viele andere. In Tanneck ging es hoch her. Für die unzähligen Kinder sowieso: eine Freiheit, wilder und entfesselter als in jedem Bilderbuch. Aber auch für die Erwachsenen.

Mein Vater war, wie sollte es anders sein, ein Liebling von Ama. Er durfte nicht nur in das geheiligte Wohnzimmer, das für Kinder meist ein Tabu war, sondern wurde dort auch auf den Ehrenplatz gesetzt und mit Kuchen verwöhnt. Was er als selbstverständlich empfand. Außerhalb dieser elitären Kuchenrunden aber musste er sich wie alle anderen zum Sonnen und Baden einen Platz auf dem Holzsteg ergattern. Die Männer trugen Badehosen, die Frauen badeten nackt. Das war für damalige Verhältnisse so außergewöhnlich, dass manche Schiffe extra nah am Steg vorbeisteuerten, um den Bayern-Urlaubern diese Sensation zu präsentieren. (Und die Schwester unseres Kindermädchens, sie kam aus einem Dorf und empfand sich mit ihren fünf Zentimeter langen Fingernägeln als unwiderstehlich sexy, lief beim Anblick der Nacktbaderei vor Schreck davon und ward nie mehr gesehen bei uns.) Mein Vater hatte auf dem Steg seinen eigenen Dresscode: Halbschuhe, beige Socken, eine überdimensional große Badehose, zugeknöpftes Hemd, darüber einen Frotteebademantel. Am Abend, wenn alle über Sonnenbrände jammerten, triumphierte er freilich: »Ich weiß nicht, was mit euch ist. Ich habe noch nie einen Sonnenbrand bekommen.«

Verweilte er nicht am Steg, spielte er auf einem der Flügel oder Klaviere, die im Hauptgebäude mehrfach herumstanden. Kaum ein Abend, an dem in Tanneck nicht in wechselnder Besetzung musiziert wurde. Musik spielte bei den Furtwänglers natürlich eine große Rolle. Nomen est omen. Sie waren auch alle sehr musikalisch. Bis auf Ama, die manchmal mit scharfer Stimme die Soirées durch Liedvorträge krönte, erinnere ich mich allerdings nur an musizierende Männer. Sicher spielten auch ein paar Frauen. Aber die Schauspielerin Kathrin Ackermann, Irène Furtwängler, Ulla Rapp und so viele andere Frauen standen doch meist in der Küche, kochten, schnibbelten und buken, während die Männer ihre Rivalenspiele an den Instrumenten und an der Tischtennisplatte austobten.

Hubert Burda nahm sogar einen Tischtennislehrer, um uns Tanneckern gewachsen zu sein. Doch er verlor trotzdem knapp gegen mich, 3:2 in einem Fünf-Satz-Spiel. Damals stand er noch ein wenig im Schatten seines mächtigen Vaters und seiner imposanten Mutter, deren Hausfrauenzeitschriften immerhin erfolgreich bis nach Moskau drangen. In jenen Tanneck-Jahren bat Hubert mich auch, ein Buch zu lesen, das er geschrieben hatte. Da merkte ich, was in ihm steckt. Seit Jahrzehnten ist er ein guter, hilfreicher, treuer Freund.

Es war 1994 seine Idee, mich für eine Kolumne in der *Bunten* zu gewinnen, in der ich jeweils ein klassisches Musikstück vorstellte, einige Informationen dazu gab und wichtige Interpretationen nannte. Als Angestellter der *SZ* hätte ich das wahrscheinlich gar nicht gedurft. Doch die *Süddeutsche* nahm zunächst die *Bunte* überhaupt nicht zur Kenntnis. Erst mit der Zeit bekam die Redaktion Wind davon, weil alle, auch Leser aus *SZ*-Kreisen, »zufällig« beim Friseur oder im Flugzeug die *Bunte* lasen. Damals genierten »feine« Leute sich noch, die *Bunte* zu lesen. Es war auch nicht »standesgemäß«, für die *Bunte* zu schreiben, was mir aber nicht so wichtig schien. Außerdem waren wir in großen finanziellen Nöten wegen eines Bauherrenprojekts und anderer Steueridiotien. Ein dubioser Steuerberater hatte uns ins Zwei-Millionen-Unglück gestürzt.

Mein Freund Hans-Geert Falkenberg konnte sich über meine *Bunte*-Tätigkeit kaum beruhigen. Bestimmt wurde sie auch von manch anderen Kollegen missbilligt, aber direkt vorgeworfen hat es mir niemand. Als dann die Kolumne von Jahr zu Jahr fortgesetzt wurde, erhielt ich von manchen prominenten Publizisten sogar Unterstützung. Joseph Joffe, Frank Schirrmacher und weitere beteuerten, dass dies genau die Form sei, in der sie Musikkritiken verstünden.

Franz Josef Wagner, damals Chefredakteur der *Bunten*, inzwischen Kolumnist bei der *Bild*, entschied irgendwann, zwei Seiten für dieses Kulturgeschwätz seien zu lang. Die Kolumne müsse auf eine Seite gekürzt werden, um mehr Platz für lukrative Werbung zu haben. Ich fügte mich, bitteschön.

Dann geschah aber etwas Überraschendes. Es gingen viele Leserbriefe ein, in denen gegen die Kürzung protestiert wurde, so viele, dass Wagner mir wütend vorwarf, ich hätte die Leute dazu animiert. Wie hätte ich das wohl tun sollen! Die Briefe kamen aus Ortschaften, deren Namen ich nicht einmal kannte. Aber die Fülle der Proteste beeindruckte mich. Beim Feuilleton der *SZ* hatte es ebenfalls beträchtliche grundlegende Veränderungen gegeben. Doch dagegen formulierten nur relativ wenige Leser Beschwerden. Großstädter protestieren offenbar nicht, die ärgern sich nur. Schlägt aber ein Zahnarzt in Osterode oder einer anderen kleinen Stadt die *Bunte* auf, freut sich, da ein Kunstwerk ernst genommen zu finden, dann wehrt er sich brieflich gegen jede Veränderung. Ein erstaunlicher Unterschied, der mich nachdenklich machte über die Arroganz von Großstädtern gegenüber Bewohnern der Provinz. Vier Wochen nach der Kürzung wurde die Kolumne wieder auf zwei Seiten verlängert. Ich bedauerte es sehr, dass die Kolumne nach sieben Jahren eingestellt werden musste – und zwar auf Druck der *Süddeutschen Zeitung*. Mein Vertrag ließ es tatsächlich nicht zu.

Vier Töne und der Tod[22]

Meine Affäre mit Schuberts Es-Dur-Klaviertrio Opus 100 fing in Tilsit an. Ein Jura-Assessor, der ganz ordentlich Cello spielte, mein Vater (Arzt), der eigentlich Geiger hatte werden wollen, und ich, 14jähriger Gymnasiast: wir machten uns damals an die herrliche Arbeit. Das Gesangs-Thema des Kopfsatzes, Sehnsucht und süßer Trost zugleich, erfüllte mich schwärmerisch. (Auch gut 50 Jahre später finde ich es, nach wie vor, herzbewegend schön.) Schubert verliert sich während

22   In: SZ, 1. Juli 1997.

der Durchführung selig-unersättlich in diesem Thema, kombiniert es mit Schwalben-Impromptu-Passagen. Vergißt fast die Zeit, die Rückkehr in seine Sonaten-Ordnung. Im Paradies ist das erlaubt. Leider scheiterten wir am haarigen, ausgedehnten und virtuosen Schlußsatz. Kamen nicht gut durch. Der Cellist hatte mittlerweile doch zu viel getrunken. Und ich (Klavier) doch zu wenig geübt ...

Ein paar Jahrzehnte später im Haus Tanneck (Bad Wiessee), wo einst Wilhelm Furtwängler groß geworden war und nun die Schwägerin des Dirigenten samt seinen Neffen herrschte: wiederum Schubert Es-Dur. Diesmal war der Cellist (immerhin Rudolf Metzmacher) mit Abstand der Beste. Die Geigerin, eine fabelhafte russische Virtuosin, kannte das Stück nicht genug. Metzmacher mußte ihr dauernd zunicken, zusingen, falls sie zu früh oder zu spät einsetzen wollte.

Daß dieses Es-Dur-Trio philosophischer, großartiger und schöner sei als manche bekannteren, populäreren Stücke Schuberts – etwa als das »Forellen-Quintett« oder die »Unvollendete« –, leugnet kein Eingeweihter. Begegnet man einem solchen Werk immer wieder – übrigens gibt es unter zahlreichen Einspielungen, anders als bei Schuberts B-Dur-Trio, bis zur Stunde noch keine völlig befriedigende Plattenaufnahme des Es-Dur opus metaphysicum! –, dann erlebt man die Musik wie einen wunderbaren Garten. Kennt sich aus, kommt kaum darauf, schlau herumzuanalysieren. Darum ging mir die fatalistische Dramatik des Werkes erst viel später auf.

Mit einem selbstbewußt stolzen Thema setzt der Kopfsatz ein. Das wird kraftvoll fortgesponnen. Dann aber, es sind etwa 50 Sekunden vorbei, ereignet sich Gespenstisches. Vorher war das Klavier ins entlegene h-Moll-Fortissimo gerauscht. In dieser fernen Tonart, exterritorial, erhebt sich nun mutlos ein Klopfmotiv. Ein Viertel, vier Achtel. Gelangt ins Dur, sinkt depressiv zurück ins Moll. Dann, als wäre nichts gewesen, geht der Satz regulär weiter, träumt in der Durchführung seinen paradiesischen Schubert-Traum. Erst gegen Schluß kommt es wieder: das tödliche Klopfen. Ganz am Ende aber, während des vorletzten Taktes, ertönt unser Klopfmotiv gleichsam verklärt und hauchzart in reinem Es-Dur.

Alles gut? Schwerlich – wir sind doch bei Schubert. Der c-Moll-Trauermarsch, als zweiter Satz, nimmt von Anfang an den Klopfrhythmus vierfacher Tonwiederholung auf, steigert den Verlauf dann zur ungeheuerlichen Tragödie. Im Scherzo erscheint der eigentlich gar nicht hineinpassende Klopfrhythmus verängstigt während des Trios. Beim zweiten Thema des Finales begegnen wir ihm ein letztes Mal. Gewiß, der Satz endet positiv. Aber zu viel geschah – das fatale rhythmische Symbol hallt nach im Innenraum der Seele. Entlegenen Orts dichtete Ingeborg Bachmann: »In den Strängen der Stille kommen die Glocken / zur Ruhe, es könnte der Tod sein, / so komm, es muß Ruhe sein.«

Ich diktierte »blonder Allgäuer«, weil der Autor blond und Allgäuer war. In der Zeitung stand »blinder Aasgeier«, was nicht wirklich zum Verständnis der Argumentation beitrug.

Joachim Kaiser

Gefahren, Politik und Ästhetik

Als es noch die Mauer und den Ost-West-Konflikt gab, ließen die Kulturbehörden Russlands oder der DDR nur sorgsam ausgewählte Künstler in den Westen, um sich auf keinen Fall zu blamieren. Wie heikel die Situation für Ost-Künstler war, erzählte mir der weltberühmte Pianist Krystian Zimerman, ein hochbegabter Pole, den ich sogar ein bisschen mitentdeckt habe. Bei einem Konzert in Salzburg aber spielte er die Chopin-Walzer allzu schnell. Alfred Brendel verließ das Konzert sogar kopfschüttelnd in der Pause, und ich schrieb eine entsprechend negative Kritik. Ein Jahr später lud mich Zimerman in München zu einer Tasse Kaffee ein. Er war ein sehr wohlerzogener, schwieriger und empfindlicher, aber eleganter junger Mann und sagte: »Sie haben keine Ahnung, was Sie mit Ihrer Kritik angerichtet haben. Daraufhin ist meinen Eltern in Warschau die Wohnung weggenommen worden.« So etwas möchte man eigentlich nicht glauben. Nur, warum sollte ein Krystian Zimerman mich anlügen? Das hat er wirklich nicht nötig. Auch ein berühmter Cellist aus Russland durfte aufgrund meiner Rezension viele Jahre nicht mehr in den Westen.

Wie soll man sich als Kritiker unter solchen Umständen verhalten? Reich-Ranicki plädierte dafür, Künstler aus dem Osten, in seinem Falle Schriftsteller aus der DDR, etwas schonender zu behandeln. Er nannte das den DDR-Bonus. Dergleichen kann man gutheißen. Nur, dann straft man indirekt die westlichen Künstler, die man mit kritischer Offenheit und Ehrlichkeit behandelt. Bespreche ich einen mittelmäßigen Pianisten aus der Sowjetunion positiv und einen halbwegs positiven Pianisten aus dem Westen nur mittelmäßig, herrscht Ungerechtigkeit. Natürlich liegt die Konsequenz nahe, Künstler aus Diktaturen, solange solche Verhältnisse bestehen, überhaupt nicht zu kritisieren. Doch gerecht wäre das auch nicht.

Es ist das gute Recht eines Kritikers, etwas misslungen zu finden. Leider muss man sich seit einiger Zeit als Kritiker immer besorgter fragen: Wem nützt die Kritik, wie kann sie von Interessenten benützt werden, und in welcher Weise schadet sie? Die Öffentlichkeit, Kulturdezernenten und andere Entscheider bilden sich kaum mehr ihr eigenes Urteil und verabsolutieren die Presse als Maßstab. Wird ein Künstler dort verrissen, so kann es leicht passieren, dass kulturpolitisch Verantwortliche, die bisher vorgaben, an den Betreffenden geglaubt zu haben, ihre Meinung ändern, von ihm abspringen und ihm keine Engagements mehr geben. Damit kann und will man als Kritiker nicht leben. Aber man möchte auch nicht immer nur loben oder übervorsichtig und blass formulieren, nur um den Kulturbehörden keine Vorwände zu geben. Es wäre fatal, falls kritische Äußerungen im Kulturbetrieb plötzlich eine derart verhängnisvolle Rolle spielen wie die Einschaltquoten beim Fernsehen ... Alles das verzerrt ein freies Entstehen kritischer Meinungen. Und es verdirbt mir auch den Spaß an der Sache, wenn mit der Veröffentlichung von Kritiken gezielt Kulturpolitik betrieben wird.

Ich war immer der Auffassung, kulturpolitische Besetzungsentscheidungen sollten andere, Minister oder Dezernenten treffen, und ich als Kritiker nehme mir dann die Freiheit, zu überlegen, ob und wie sich die Gewählten bewähren. Das kann manchmal auch zu völliger Ablehnung führen. Nach einer Theaterpremiere äußerte ich, der Intendant hätte spätestens bei der Generalprobe eingreifen müssen und diese Regiearbeit nicht herausbringen dürfen. (Daraufhin unterzeichnete das gesamte Ensemble einen zornigen Brief gegen mich.)

Aber eine rückhaltlose kritische Ablehnung bedeutet noch nicht Kulturpolitik, ebenso wenig wie das größte Lob. Derartige kritische Reaktionen können natürlich auch Publikums-Reaktionen zur Folge haben. So hatte beispielsweise mein enthusiastisches Lob über Friedrich Gulda die Konsequenz, dass bei seinem nächsten Konzertauftritt viertausend Leute in den Münchner Herkulessaal wollten. Solche Wirkungen hervorzurufen gehört zum kritischen Metier. Kulturpolitik hingegen bedeutet, dass man jemanden bereits im Vorfeld protegieren oder verhindern möchte, indem man alles dafür tut, ihn zu lancieren oder zu diffamieren. Solches Verhalten grenzt für mich ans Mafiöse.

Die Veranstalter richten sich immer mehr nach der Presse, weil der Konkurrenzkampf um die Finanzierung von Projekten stetig größer wird. Am meisten hilft den Intendanten natürlich Lob, zumindest aber brauchen sie eine gemischte öffentliche Reaktion. Wenn sich negative Kritiken nicht allzu sehr häufen und nicht allzu vernichtend ausfallen, ist es für sie sogar besser, als überhaupt keine Presse zu bekommen. Man muss erwähnt werden. Und das ist eine gefährliche Situation: Über Herrn X, der solide Sachen macht, steht fast nie etwas in der Zeitung. Herr Y mit seinen sensationellen Events aber kommt dauernd in den Feuilletons vor. Also setzen auch wir auf Herrn Y.

Ebenso problematisch ist das Phänomen der *selffulfilling prophecy*, der sich selbst bestätigenden Prophezeiung. Wenn Tageszeitungen nicht mehr ausführlich über Streichquartett-Aufführungen diskutieren, dürfte sich das Publikum weniger dafür interessieren als zu Zeiten, da engagiert darüber geschrieben wurde. Nun werden Kammermusik-Veranstaltungen gegenwärtig tatsächlich schlechter besucht. Kulturpolitiker könnten daher zu Recht sagen, elitäre Veranstaltungen ohne lebendige Publikumsresonanz unterstützen wir nicht mehr finanziell. Und die Blattmacher könnten daraus wiederum folgern, was nicht besucht wird, muss bei uns nicht erwähnt werden. Ein abscheulicher Circulus vitiosus. So beginnt die Barbarei.

Als ich bei der *Süddeutschen Zeitung* anfing, spielten die Hochkultur, die Wortwörtlichkeit der Interpretation und das Ernstnehmen von Kunsttexten noch eine fast unbestrittene Rolle. Zudem war das Feuilleton viel stärker auf Oper, Schauspiel, Konzerte und Ausstellungen spezialisiert – vielleicht zu sehr. Als ich in den sechziger und siebziger Jahren mit Rudolf Goldschmit zusammenarbeitete oder nach seinem Tod mit Albrecht Roeseler das Feuilleton machte, konnte es passieren, dass auf der Seite eins des Kulturteils eine große Klavierbesprechung stand und auf Seite zwei eine ausführliche Violinrezension. Leute, die sich nicht heftig für Musik interessierten, mussten manchmal denken, die *SZ* gleiche einer Musikzeitung. Unbestritten blieb trotzdem, dass im Feuilleton ästhetische Themen abgehandelt werden.

Heute hat sich das nicht nur in der *SZ* beträchtlich verändert. Auch in der *FAZ* oder in der *Zeit* wird im Feuilleton viel mehr über

Politik und gesellschaftliche Probleme geschrieben als über Streichquartette. Eine unvermeidbare und nachvollziehbare Entwicklung, denn offenbar ist die Hochkultur nicht mehr so repräsentativ, wie sie meiner Generation erschien. Ich bedaure trotzdem, dass es mir nicht gelingen konnte, die Überzeugung zu vermitteln, Feuilletonleser wollten nach wie vor etwas Kompetentes über Kunst und Kunstinterpretation erfahren, und das wahrlich wichtige Politische gehöre in andere Ressorts.

Ein weiterer Grund für diese Verschiebung im Feuilleton liegt in der gegenwärtigen Kultur selber. Sie hat immer weniger klare Regeln und wird immer unübersichtlicher. Ende der sechziger Jahre, Anfang der siebziger Jahre veränderte sich unsere Beziehung zur Kunst und zur Moderne grundsätzlich. Immanente Werktreue, auch die Avantgarde der Künste, wurden von der Postmoderne oder der Postpostmoderne abgelöst. Im Augenblick kann man verbindliche Maßstäbe kaum mehr definieren. Man kann nicht mehr fordern, ein Stück muss dramaturgisch zwingend gearbeitet sein, ein Film muss eine überschaubare Handlung haben, ein Bild muss einen definierbaren Gegenstand oder zumindest einen klaren Rhythmus erkennen lassen. Alles das klingt altmodisch. So wird die begründete Beurteilung eines Werkes oder einer Interpretation ungemein schwierig. Der angegriffene Regisseur kennt den fraglichen Text ja auch. Er sagt, es ist meine freie künstlerische Meinung zu finden, dass Mozarts Don Giovanni ein alter Schwuler war und kein junger potenter Edelmann. Also zeige ich ihn so. Da kommt man sich als Kritiker schon albern vor, pedantisch zu beweisen, dass Don Giovanni kein schwuler Greis gewesen ist.

Diese heikle Mischung aus Regellosigkeit und Willkür, in der alles gleichermaßen möglich, wichtig oder unwichtig wird, spürt die Öffentlichkeit natürlich. Darum nimmt auch sie ästhetische Kontroversen nicht mehr so ernst und reagiert achselzuckend.

Es drängt sich außerdem der Eindruck auf, dass bei Kulturaktivitäten und den bildenden Künsten immer mehr darauf geachtet wird, was gerade »in« ist. Dafür wird dann sehr viel bezahlt und anderes vernachlässigt. Modisches wird zu Events aufgebläht und mit riesigem Werbeeinsatz angepriesen. Ohne Presseapparat geht es kaum mehr. Die Öffentlichkeit muss mit Tricks »motiviert« werden, sich zu interessieren.

An dieser Entwicklung trägt nicht allein das Fernsehen die Schuld. Aber in recht hohem Maße doch, weil das Fernsehen die Menschen ihrer geistigen Kauwerkzeuge beraubt. Ich finde es geradezu verächtlich, dass sogar Sender, die von öffentlichen Gebühren leben, immer stärker auf die Quote schielen. Natürlich argumentieren die Redakteure, sie könnten keine komplizierten Sendungen zeigen, denen niemand zusieht, sondern sie müssten sich um Akzeptanz kümmern, um nicht für überflüssig gehalten zu werden und keine Subventionen mehr zu bekommen. Einleuchtend ist diese Haltung schon. Aber sie entspricht so gar nicht dem, was man bei der Gründung öffentlich-rechtlicher Institutionen beabsichtigte, als es noch mehr um die Sache selber und um ihre Wahrheit ging – und nicht nur um Werbetauglichkeit, wie sie von Managern und Wirtschaftsbossen gefordert wird.

Es war durchaus einmal ein sehr deutsches Motto, eine Sache um ihrer selbst willen zu tun und nicht nur ans schnöde Geld zu denken. Nun haben wir Deutschen aus guten-schlechten Gründen zu uns selbst ein ungeheuer gebrochenes Verhältnis. Ich fürchte, auch darum sind wir kulturell ein wenig austauschbar, ja läppisch geworden. Es ist nicht zu übersehen, dass sich bei uns immer mehr Leute durchsetzen, die keinen hohen Kunstanspruch vertreten. Und unsere Gesellschaft kommt ihnen entgegen. Sie ist inzwischen so beschaffen, dass sich mittelbegabte oder oberflächliche Figuren durchsetzen können, wenn sie nur geschickt mit der Öffentlichkeit und der Presse umzugehen wissen. Gefährlich scheint mir, sosehr ich jungen Talenten Unterstützung gönne, der Umstand, dass durch diese allzu zahlreich verliehenen Auszeichnungen und Preise letztlich auch das Mittelmaß gefördert wird. Wer vierundzwanzig Jahre alt ist, frisch und jung, der wird schon ein halbwegs hübsches Buch, einen flotten Aufsatz oder einen brauchbaren Film schaffen. Jeder ein wenig befähigte junge Mensch hat etwas zu sagen. Doch was kommt dann? Figuren, die nicht ein wahrhaft produktives Talent besitzen, nicht erfüllt sind von unbedingtem schöpferischen Drang, die aber trotzdem wohlwollend gefördert und ermutigt wurden, sie bilden später – wenn sie erst vierzig, fünfzig, sechzig sind – ein bedauernswertes akademisches, literarisches oder publizistisches Proletariat. Freilich muss man sich der Grenzen solcher Jammerei bewusst sein. Kulturpessimismus klingt immer schrecklich überzeugend, aber der Weltgeist hat Überraschungen in petto.

Es ist schwierig genug, die Vergangenheit oder die Gegenwart vernünftig zu analysieren. Aber die Zukunft zu prognostizieren heißt nichts anderes, als Linien zu verlängern. Das führt erfahrungsgemäß immer in die Irre. Man kennt das Lebendige, die Zukunft nicht. Die Chance, auf die wir alle hoffen, besteht darin, dass plötzlich ein Widerstand der Konsumenten, *consumers resistance*, erwacht: Nein, wir wollen den Quatsch nicht mehr mitmachen, wir wollen endlich wieder Brot statt Steine. Entsprechendes scheint sich gegenwärtig sogar als geistige Reaktion anzubahnen. Aber es kann genauso sein, dass ein solcher Umschlag nicht stattfindet, weil es keine Grundlagen mehr für ihn gibt. Dann setzen sich die gefährlichen Tendenzen fort. Und davor möchte man ja sein Haupt verhüllen.

Ich bin ein Alt-45er[23]
Eine Erinnerung an die bewegten und bewegenden Jahre, die dem Krieg folgten – unter besonderer Berücksichtigung des Jahres 1968.

Nein, weise oder abgewogensouverän kann und will ich nicht darüber Auskunft geben, was die APO-Bewegung geleistet hat an gesellschaftlicher Befreiung, erotischer Entkrampfung, akademischer Liberalisierung sowie selbstkritischer Aufmerksamkeit gegenüber deutscher Nazi-Vergangenheit und Schuld. Darüber existieren mittlerweile Bibliotheken. Ich würde zum Verräter an allem, was ich seinerzeit betroffen und verwirrt mehr noch fühlte als dachte, wenn ich die damaligen Exzesse relativierte.

Offensichtlich hat das Verhältnis deutscher Intellektueller zu der 1968er-Bewegung viel zu tun mit Generationsunterschieden, Generationskonflikten. Wer, wie ich, 1968 vierzig Jahre alt war, steht der außerparlamentarischen Bewegung weit kritischer gegenüber als junge Sympathisanten. Es kann kein Zufall sein, dass von Jürgen Habermas (Jahrgang 1929) damals die grimmige Formel vom »Links-Faschismus« geprägt wurde. Erwägt man überhaupt noch, welche ungeheuerliche contradictio in adjecto die Verbindung des »Linken«

23 In: SZ, 15. März 2008.

mit dem rassistischen Radikalismus des Faschismus bedeutet? Günter Grass (Jahrgang 1927) gehörte gleichfalls zu den heftigen Kritikern eines, wie er meinte, unverbindlich-theoretischen Aufstandes feiner Bürger-Söhnchen ...

Und ich? Wahrscheinlich hing es ebenso mit meinem Geburtsdatum wie mit meiner Sozialisation zusammen, dass mir die APO so wenig geheuer, so zuwider war. Ich bin ein typischer »Fünfundvierziger-Demokrat« gewesen. Seit 1943, seit Stalingrad, wusste ich, so jung ich war, dass der Krieg verloren sei und die Lage hoffnungslos. Bis zum 8. Mai 1945, dem Tag glückseliger Befreiung, wuchs unermesslich die Angst. Und nicht der Mai 1968, sondern der Mai 1945 war für mich und manche meiner Generation: die Erlösung. Mir ist bis heute absolut unbegreiflich, dass halbwegs intelligente Gleichaltrige oder Ältere existieren, die erst von den Nürnberger Prozessen aus ihren Nazi-Träumen geweckt werden mussten.

Man kann sich die freiheitliche Emphase, die Erleichterung von uns dem totalitären Zwang Entronnenen nicht idealisch genug vorstellen. Dass Deutschlands Städte in Schutt und Asche lagen, empfanden wir als eine Art verdiente Bestrafung für die böse Schuld einer offenbar wahnsinnig gewordenen Nation. Da war auch keine Mogelei mehr möglich, wie sie wahrscheinlich eingesetzt hätte, wäre Stauffenbergs Attentat 1944 gelungen. Von »Im Felde unbesiegt«, wie nach 1918, konnte also wahrlich nicht mehr die Rede sein. Eugen Kogons Buch über den SS-Staat erschien 1946. In demokratisch aufklärenden Zeitschriften (Frankfurter Hefte, Monat, Gegenwart, Neue Rundschau, etc.) ging es nun vor Hunderttausenden Lesern um neue Redefreiheit, um Gewissenskämpfe, um ästhetische oder politische Utopien. Von den Leiden und Verlusten, wie von den Bombardements, die wir alle erlebt und durchgemacht hatten, war öffentlich recht wenig die Rede. Nun zählte die Zukunft.

Dann kamen die 50er Jahre, die mittlerweile als Nierentisch-Epoche, stumpfsinnige Wiederaufbau-Ideologie, selbstgerechte Verdrängungsphase belächelt werden. Ein selbstverständlich gewordener Irrtum. Für mich war es, und zwar bis auf den heutigen Tag, Deutschlands in der zweiten Hälfte des Jahrhunderts produktivstes Jahrzehnt. Eine sture Gegnerschaft zum Adenauer-Staat schweißte damals die jungen, meist linken Intellektuellen zusammen. Und wenn man den

Gedanken für zutreffend hält, dass eine Nation in gewissem Maß doch nach denen beurteilt werden könnte, die sich in ihr wortführend (sozusagen als »kritische« Repräsentanten) durchsetzen, dann stehen die 50er Jahre nicht schlecht da. Ob Heinrich Böll, Günter Grass, Wolfgang Koeppen oder Arno Schmidt, ob Ingeborg Bachmann, Ilse Aichinger, Hans Magnus Enzensberger, Martin Walser oder Alexander Kluge, ob Hildesheimer oder Habermas, sie alle, ihre Produkte und Leistungen wirkten mächtig in der Bundesrepublik Deutschland der 50er Jahre. Auch für mich war es das Jahrzehnt meiner ersten Erfolge. Als Autor, als Kritiker in der Gruppe 47 – und seit 1959 hier in der Süddeutschen Zeitung, (deren erste Ausgabe im Oktober 1945 aus den geschmolzenen Bleiplatten von Hitlers »Mein Kampf« gewonnen worden war). Ich erlebte nun glücklich, wie die große bürgerliche Kultur, deren Werke und Heroen die Nazis für sich zu vereinnahmen versucht hatten, davon beschädigt, aber doch noch existent war. Ich wurde engagierter Zeuge, mit welcher Vitalität hierzulande Schauspiel-Regisseure und Dirigenten von Weltruf dieser Kultur zu dienen und sie vor einem dankbaren, verständnisvollen bürgerlichen Publikum zu vergegenwärtigen versuchten.

Für junge deutsche Intellektuelle spielte damals Frankfurt, spielten Adorno und das Institut für Sozialforschung eine heute kaum mehr nachzuvollziehende Rolle. [...] In einer solchen Welt, und also auch in meiner Welt, passierte dann die APO-Revolution. APO heißt nicht bloß außerparlamentarische Opposition, sondern es bedeutete ja vor allem massiven anti-institutionellen Protest. Die damaligen APO-Wortführer äußerten ihn unverblümt: Der Bundestag sei eine Quasselbude. Durchgreifende Veränderungen ließen sich über seinen Schematismus unmöglich erreichen. Ja, spürten sie denn nicht, dass sie mit dem Begriff »Quasselbude« (leider, leider ist er nicht ganz abwegig) die Systemkritik von Joseph Goebbels am Berliner Reichstag wiederholten? Freilich berührten mich nicht nur solche munteren verbalen Entgleisungen schmerzlich. Frankfurter Studenten, die von Adorno kritisches Misstrauen gegen die bürgerliche Gesellschaft gelernt hatten, verlangten nun grell von eben jenem Adorno, er möge ihnen bei der Bekämpfung dieser Gesellschaft aktiv helfen.

Aber sie »verlangten« es nicht nur. Theodor Adorno, der mit den oppositionellen Linken immer noch Solidarität empfinden wollte, war den Tränen nahe, als aufgeregte, aggressive Gruppen sein Institut besetzten und ihn dazu zwangen, polizeiliche Hilfe zu holen. Er floh verstört, als ihn drei barbusige Studentinnen im Hörsaal bedrängten. Die feinen Frankfurter Professoren waren der lauten Brutalität ihrer Gegner überhaupt nicht gewachsen. Nie werde ich vergessen, wie ein Schüler Adornos mit Mikrophon und Trillerpfeife den armen und tatsächlich überaus verängstigten Professor — der zudem das Unglück hatte, auch dort noch geliebt werden zu wollen, wo er selber nicht liebte — bei einer öffentlichen Veranstaltung mundtot machte, um seinen akademischen Lehrer wüst zu beschimpfen. Dann wandte er sich leutselig an Adorno und flüsterte ihm zu, das alles sei nicht persönlich gemeint gewesen. Ich habe auch den ungeschickten Golo Mann noch vor Augen, wie er sich bei der Frankfurter Buchmesse vor entfesselten Revoluzzern mit ihren Mikrophonen und Verstärkern fürchtete. Zu mir sagte er dann, wir Bürgerlichen hätten gegen solche Gewalt keine Chance.

Erinnerungen wie die hier vorgebrachten beruhen selbstverständlich auf selektiver Wahrnehmung. Mir graute, ohne dass ich mir darüber begrifflich Rechenschaft gegeben hätte, vor dem, was sich in all diesen Aktionen sozusagen ideengeschichtlich ankündigte. Die APO spöttelte ja nicht nur über den Muff von tausend Jahren, wie er sich unter den Talaren vieler mächtiger Ordinarien verbarg, sondern die Logik ihrer ebenso anti-akademischen wie antibürgerlichen Affekte brachte es mit sich, dass die affirmativen Errungenschaften bürgerlicher Kultur entzaubert werden mussten. Man denunzierte sie als »elitär«. Es war ein vielleicht unbewusster Hass auf die berühmten Gebilde großer, zeitloser oder klassischer Kunst — und auf das, wofür sie standen.

Schwerlich werde ich vergessen, wie ich damals in einem heftigen Kampfgespräch mit jemandem, der später als ziemlich konservativer Literatur-Professor wirkte, für die Dramen der Tradition ein gutes Wort einzulegen versuchte. Er war der Ansicht, traditionelle Kunstwerke lenkten nur von revolutionären Haltungen ab. Störten, seien Alibi der Reaktion. Als ich ihm zu bedenken gab, es wäre doch schade, wenn niemand mehr Kleists Drama »Der Prinz von Homburg« sehen könnte, antwortete er knapp, und nun wörtlich: »Was kümmert mich der Tod dieses Krautjunkers?« Dabei stirbt der Prinz von Homburg in dem Stück ja nicht einmal ...

Offenbar hatte die bewusstseinsverändernde APO-Revolution auch die Konsequenz, den Werkbegriff zu dekonstruieren. So unendlich verschieden, beispielsweise, die bis dahin gültigen Schauspielinszenierungen von Bertolt Brecht, Gustaf Gründgens, Heinz Hilpert, Fritz Kortner, Hans Schweikart, Jürgen Fehling und Walter Felsenstein auch gewesen sein mögen: Dass man grundsätzlich »werktreu« inszenieren müsse, sich also nicht zum Autor aufspielen dürfe, der gegebene Texte erweitert, verändert, mit neuen Zutaten vermischt, darüber herrschte damals Einverständnis. Man befolgte Edwin Fischers schöne Devise: »Verlebendige die Werke, ohne ihnen Gewalt anzutun.« Seit 1968 gilt sie nicht mehr. Doch mittlerweile scheint es mir, dass auch jüngere Theaterbesucher der kessen Umfunktionierungen ein wenig müde geworden sind.

Ich war dabei, wie bei der letzten Tagung der Gruppe 47 aufgebrachte junge Protestler das Ende dieser mittlerweile zur Altherren-Vereinigung gealterten Literatenschar herbeizuführen versuchten, und dies nicht erfolglos. »Die Gruppe 47 ist ein Papiertiger« schrien sie. Hans Werner Richter, ein erfahrener Alt-Kommunist, regte sich schrecklich auf. Von diesen jungen Leuten brauche er sich keinen Marxismus beibringen zu lassen. Wir hätten damals womöglich etwas entspannter reagieren sollen. Kann es denn für Literaten etwas Naheliegenderes geben, als »Papiertiger« zu sein?

Mein Jahrgang, die Art meiner Sozialisation und auch mein beruflicher Werdegang haben mich nie schrecklich unter jenen Repressionen leiden lassen, wie sie Jüngeren damals offenbar das Leben schwermachten. Mein Fazit? Gewiss könnte man den hier mitgeteilten, mich empörenden Einzelheiten genauso viele positive Erscheinungen des APO-Protestes entgegensetzen. Trotzdem scheint mir unleugbar zu sein, dass die wilhelminische Ordinarien-Universität, wie sie sich einst entwickelt hatte, geistiger, erfolgreicher, wissenschaftlich ergiebiger arbeitete als unsere immerfort hilflos reformierten akademischen Institutionen. Und was das preußische Gymnasium betrifft, das ich zwischen 1939 und 1947 in Tilsit, Elbing, Templin und Hamburg sehr gern besuchte, so war es gewiss keine völlig liberale, gesellschaftlich offene Institution. Nur: beim Vergleich damaliger Gymnasiasten mit heutigen Abiturienten schneidet es keinesfalls schlechter ab.

Wilde Jahre also, an die ich mich zornig erinnere und zugleich beschwingt. Was danach kam, war längst nicht mehr so spannend.

Alles in allem – das muss ich zugeben – war ich nie sehr politisch. Ich fand das dogmatische Linke langweilig und spürte, dass meine ästhetische Lebensform die mir gemäße ist. Dieses ästhetische Weltbild hat mich auch davor geschützt, allzu starke Sprünge von einem Extrem ins andere zu machen. Es war seinerzeit in den sechziger und siebziger Jahren übrigens recht unpopulär, nicht politisch zu argumentieren, sondern nur ästhetisch. Von vielen Leuten ist mir immer wieder vorgeworfen worden, dass ich mich so wenig verändert und entwickelt hätte. Auf mich wirkt es andererseits manchmal recht opportunistisch, wenn sich Leute zu viel ändern oder immer im Einklang mit der allgemeinen Veränderung befinden. 1989 hat man gut beobachten können, wie sich manche linke Protagonisten verbogen, weil alles, was sie noch ein halbes Jahr vorher bei ihrer Einschätzung der DDR für richtig gehalten hatten, nicht mehr zutraf. So war es auch bei der pauschalen Opposition gegen das Adenauer-Regime. In Adenauers Kabinett taten nicht nur reine Nazis mit. Man musste unterscheiden, ob ein Nichtmörder, wie beispielsweise Kiesinger, ausgeschaltet werden sollte oder ob er nicht doch eine Chance verdiente, obwohl er in der Nazizeit Deutschland keineswegs den Rücken gekehrt hatte. Das ist eine sehr schwierige Frage. Weder wir 45er-Demokraten noch die 68er haben sie in den Griff bekommen. Was mit den Juden geschah, ist nicht diskutierbar. Da kann man nur die Augen niederschlagen, das ist außerhalb des Verhandelbaren.

Das Streiflicht[24]

Mit wachsender Entschiedenheit und Wut hat der Dramatiker Peter
Weiss im Laufe des letzten Jahrzehnts seine linken Überzeugungen
ausgedrückt. »Die Richtlinien des Sozialismus enthalten für mich die
gültige Wahrheit.« Und er ist ein passionierter Linker. Von den kapita-
listischen Untaten in Auschwitz, in Vietnam, in Angola, ja neuerdings
sogar von der geistigen Brüderschaft zwischen Hölderlin und Marx
kündete er in schlagfertigen, fabelhaft einseitigen, des Objektivismus
unverdächtigen Dramen. Er nahm leidenschaftlich Partei – ähnlich
wie der Komponist Hans Werner Henze, der für Castro und Cuba komponierte, dirigierte und sprach, bis er – irritiert – erleben mußte,
daß Castros Regime sich zur Unrechts-Diktatur einer kleinen Gruppe
entwickelte, daß man seinen Künstler-Freunden den Mund verbot
und sie einsperrte. Enzensberger, auch sehr links, machte ähnliche
Erfahrungen.

Aber bei Peter Weiss verlief der Weg von der Passion zur Zurückwei-
sung noch viel dramatischer. In Rostock, bei einer Aufführung seines
Marat/Sade-Dramas, sah er bereitwillig ein, daß da nicht etwa, wie
er als Autor angenommen hatte, der dekadente de Sade, sondern daß
der revolutionäre Marat eigentlicher Held des Dramas sei. Seitdem
hielt man in der DDR viel von Weiss und spielte ihn häufig. Weiss war
darüber hocherfreut. Er hatte nur ein paar kleine Einschränkungen

24 In: SZ, 8. Oktober 1971.

vorzubringen: es wäre doch zum Lachen, wenn der souveräne und zukunftsverheißende Sozialismus nicht auch ein bißchen Meinungsfreiheit und Diskussion einführen könnte.

Aber die Funktionäre lachten nicht. Als Weiss ein Wort für den verfemten Biermann einlegte, als er, noch vor dem russischen Ende des Prager Frühlings, den tschechoslowakischen Schriftstellerverband um freie Fortschritts-Diskussionen bat – diese sonst immer so freundlichen Ideologen sagten nicht: aber natürlich, wie konnten wir das bloß vergessen. Nein. Man griff den Weiss an. In Bukarest wurden seine Bücher von Ausstellungstischen zurückgezogen. Und nachdem er dramatisch um Gerechtigkeit für den verpönten (in der Sowjetunion verpönten) Trotzki ersucht hatte, da wurden die Leute in Moskau geradezu böse. Sein Übersetzer beschimpfte ihn, fand plötzlich auch die (einträglichen) früheren Stücke gar nicht mehr so gut. Jüngst hat man Weiss nicht einmal mehr nach Ostberlin hineingelassen. Er sei *eine unerwünschte Person.*

Es ist rührend und bitter-grotesk, wenn zwei Sturheiten einander begegnen. Weiss möchte so gern parteiisch und nur ein wenig kritisch sein. Aber in der DDR läßt man ihn nicht mehr (nur im Westen darf er …). Und der DDR schadet die meinungsstramme Dummheit dieser Maßnahme – von der Unfreiheitsmoral ganz abgesehen – natürlich viel mehr, als es tausend mittelmäßige Trotzki- und Hölderlin-Dramen tun könnten. Ob Weiss sich daran erinnert, daß er einmal über »komische Individualisten« gelächelt hat?

Die *Ästhetik des Widerstands* von Peter Weiss habe ich als Sprache und Kunstwerk analysiert und dabei weniger sein politisches Engagement beurteilt. Fast war es ein Nachteil, dass ich Peter Weiss persönlich kannte, und zwar als sehr nachdenklichen, freundlichen Künstler, dessen frühere Arbeiten *Fluchtpunkt, Das Gespräch der drei Gehenden* und *Abschied von den Eltern* ich bewunderte. Da hat er sensibel geschrieben, als ob er Proust wäre. In seiner *Ästhetik des Widerstands* aber entwickelte er infolge seiner politischen Haltung bemerkenswert absurde Meinungen. Wie er sich über die DDR und die dortigen Bonzen beipflichtend geäußert hat, erschien mir nahezu lächerlich. Ästhetisch allerdings fand ich den Roman herausragend. Ich wollte mich durch den ideologischen Extremismus von Peter Weiss in keine rechthaberische, reaktionäre Kritikhaltung drängen lassen, sondern versuchte, ästhetisch stilkritisch zu argumentieren, egal, was er politisch mit dem Roman beabsichtigt haben mochte.

Ein wenig stur-literarische Besserwisserei könnte mit im Spiele sein, wenn ein Werk nur daraufhin geprüft wird, was in ihm als künstlerische Bewältigung, als Beschreibung von Menschlichem zutage tritt, selbst wenn dem Autor die Propagierung seiner politischen Ansichten viel wichtiger waren. Manchmal allerdings kann man unter rein ästhetischen Gesichtspunkten den Kunstwerken viel mehr entnehmen, als deren Autoren vielleicht bewusst war. Das ist eine aufregende Sache, ein wichtiges Motiv meines Kritisierens, auf das ich bereits als Student in Göttingen stieß.

Mein Dozent Klaus Ziegler hatte ein vieldiskutiertes Buch über Hebbels Dramen veröffentlicht, *Mensch und Welt bei Friedrich Hebbel*. Ziegler durchschaute, dass in Hebbels *Nibelungen* oder auch in der *Judith*-Tragödie ganz andere Tendenzen gestaltet waren, als der Dichter eigentlich gewollt hatte. Hebbel dachte nämlich noch ganz im Banne der Hegel'schen Weltgeisttheorie mit den Stufen historischer Entwicklung, These, Antithese und Synthese. Ziegler hat nun mit Vergnügen nachgewiesen, was Hebbel dabei misslingt. Seine positiven Schlüsse, die Synthesen, entsprächen den Figuren nicht, wirkten künstlich und absichtsvoll konstruiert. Dem Hegelianer Hebbel kam sein tragischer Pessimismus dazwischen.

Dieses Buch hat mir Mut gemacht, große Literatur daraufhin zu mustern, ob sich der Kunstwille von Sprache und Form manchmal gegen die Intention der Autoren in eine Richtung bewegt, die sie nicht mehr bewusst beherrschen können. Das Werk wächst dann quasi über das anfängliche Wollen des Autors hinaus. Wenn zum Beispiel Thomas Mann 1913 die Absicht gehegt haben sollte, im *Tod in Venedig* die Gestalt eines großen, preußisch disziplinierten Schriftstellers darzustellen ... Dann wurde daraus Aschenbachs Dekadenz. Oder (schon Georg Lukács hat darauf aufmerksam gemacht) wenn Balzac in seiner *Menschlichen Komödie* eigentlich vorführen wollte, die Konservativen von 1750 bis 1800 seien ganz tolle Kerle gewesen, die Neuzeitlichen aber scheußlich deformiert ... Dann aber kritisierte er infolge seiner konkreten, unbestechlichen Genauigkeit auch die einstigen französischen Aristokraten heftig. Als Shakespeare den *Kaufmann von Venedig* schrieb, wollte er mit Shylock bestimmt einen komischen, grässlichen Juden schildern, über den das Publikum lachen sollte. Es ist ihm sicher nicht bewusst gewesen, dass er trotzdem etwas wunderbar Tiefgründiges, Dauerndes über die Juden zum Ausdruck brachte. Das erstaunlichste Missverständnis dieser Art passierte ausgerechnet dem klugen Marxisten Bertolt Brecht, bei der *Maßnahme*.

Brecht-Probleme

Es ist ein großes, durchaus schicksalhaftes Glück für mich gewesen, dass die erste anspruchsvolle Brecht-Aufführung meines Lebens – nämlich im Mai 1959 die Gründgens-Premiere der *Heiligen Johanna der Schlachthöfe* im Hamburger Deutschen Schauspielhaus – gleich die mit Abstand faszinierendste war: wunderbar theatralisch, funkelnd brillant, poetisch mitleidsvoll.

Nach einer solchen Kunst- und Theater-Erfahrung fühlte man sich ein für alle Mal immunisiert gegen die damals mit heutzutage kaum mehr vorstellbarer Wildheit diskutierten Versuche, Brecht zu boykottieren, weil er ein Kommunist, ein Totengräber des demokratisch liberalen Parlamentarismus, ein linker Horst Wessel sei. Solche Vorwürfe gegen Brecht äußerten aber nicht bloß irgendwelche unverbesserlichen Alt-Nazis oder finstere CSU-Funktionäre, die ihrerseits keine Toleranz aufbringen wollten für einen die westliche Lebensform offen intolerant ablehnenden »nihilistischen« Gegner. Sondern auch kluge jüdische Publizisten, wie mein liebenswürdiger Kollege und späterer Freund Friedrich Torberg, der es zusammen mit dem Theaterkritiker Hans Weigel tatsächlich schaffte, sein Wien viele Jahre lang Brecht-frei zu halten ...

Wir stritten öffentlich darüber. In der Zeitschrift *Der Monat* hatte Torberg vehemente Anti-Brecht-Thesen publiziert. Die Redaktion war liberal genug, mir Platz für eine riesige Antwort einzuräumen. Ich gab ihr den Titel: »Heißer Krieg gegen kühle Dramen«. Torberg hatte geschrieben: »Um es auf die Spitze zu treiben: selbst ›Hänschen klein‹ wäre, wenn Bertolt Brecht als Verfasser zeichnet, kommunistische Propaganda.« Torberg behauptete, seinem kommunistischen Todfeind hört man nicht zu, auch wenn er irgendwann die Wahrheit sagt, auch wenn er gerade nichts Todfeindliches vorbringt.

Alles das hatte die Passion des Kalten Krieges. Dagegen hielt ich, wir sollten unseren vernünftigen Freiheitsbegriff ausspielen. Jede spannungsvolle Brecht-Aufführung demonstriere einen für den Osten blamablen Unterschied zwischen humanistischer Toleranz und östlicher Diktatur. Immerhin sei drüben die Angst vor Brechts ambivalentem Formalismus (»In mir habt ihr einen, auf den könnt ihr nicht bauen«) so groß, dass Brecht selber öffentlich klagen musste: »Die Theater der DDR gehören – betrüblicherweise, von meinem Standpunkt aus – zu den wenigen Theatern in Europa, die meine Stücke nicht aufführen.«

Nicht nur gegen ideologische Brecht-Boykottierer des Freien Westens hatte mich die Fülle der Gründgens-Uraufführung konditioniert, sondern auch gegen die weit schwerer angreifbare dogmatisch-philologische Brecht-Kanonisierung der Scholastiker in Berlin/Ost wie in Frankfurt/Main. Es ging um den (doch eher langweiligen) Brecht-Stil, das Anti-Einfühlungs-Prinzip, die Angst vor dem »Rein-Kulinarischen«, den vergötterten »Verfremdungs-Effekt«. Von alledem waren die Brechtianer, konvertitenhaft eifrig, durchdrungen.

Doch hätte ich Brecht gewiss nicht als Schriftsteller von Rang, als Dichter verehrt, falls seine Stücke wirklich so eindeutig wären wie die Thesen, auf die sie hinauslaufen, oder die Theorie, der sie sich verdanken. Man weiß bei ihm stets, in welche Richtung man lachen soll. Allerdings: Wo Dogmen das Lebendige zu beherrschen trachten, da kommt es immerfort ganz rasch zum »Verrat«. Brecht selber sah sich, und beklagte es oft, missverstanden. Der schwungvolle Charme des beschwipsten Herrn Puntila ließ dann das Publikum leider dessen reaktionäre Brutalität auf die leichte Schulter nehmen. Mit der unglücklichen Mutter Courage symphatisierten betroffene Theaterbesucher, statt sie als Verblendete zu durchschauen. *Dreigroschenoper* und *Mahagonny* wurden leider immer wieder als pures »kulinarisches« Theater geboten.

Nur lagen solche vermeintlichen Missverständnisse aber tief in den Texten. Am ungeheuerlichsten im Lehrstück *Die Maßnahme*, über das ich 1973 einen riesigen Essay veröffentlichte, »Die Maßnahme und die linke Angst«, auf den ich heute noch stolz bin. Da wollte Brecht also zeigen, wie schuldhaft sich ein disziplinloser spontaner »Junger Genosse« verhält, der seine Kameraden in Gefahr und sich in den Tod bringt. Doch der Fehlerhafte mutiert zum Sympathischen! Zu einer farbigen, mit individueller Ausdrucksweise begabten, eigensinnigen Figur – und das Lehrstück darum zur Tragödie. Nichts konnte Brecht ferner liegen. Er verbesserte, schrieb um, machte aus dem Helden nachträglich einen Narren. Doch alles das half nicht. Eine Natur war mit einer Struktur zusammengestoßen. Brecht blieb nichts anderes übrig, als sein kleines Meisterwerk von 1930 – zu verbieten! Der Verlag versuchte, sogar lange Zeit über Brechts Tod hinaus, dieses Verbot aufrechtzuerhalten.

Dem Auf und Ab der Brecht-Apperzeption kann man gleichmütig folgen, wenn man Brechts poetische Potenz ernst nimmt. Er war in den sechziger Jahren hierzulande übermäßig in Mode. Der Suhrkamp-Verlag publizierte fortwährend neue Texte, Materialien-Bände, Ausgaben. Bücherregale barsten. Dann wurde es stiller um Brecht. Nun zieht die Aktie B.B. wieder an. Es scheint sogar, als bilde sich eine Art »Kanon«. Er enthält vor allem die frühen Dramen, auch die »saftigen« Lehrstücke. Die eher trockenen Lehrstücke hingegen werden kaum mehr diskutiert. *Galileo Galilei*, *Sezuan*, *Kreidekreis* schwächeln. Dafür hat sich der Lyriker Brecht als klassisch durchgesetzt ... Der »Theoretiker« bleibt noch zu entdecken.

Souverän weiß Brecht allerdings auch Goethes Fülle zu interpretieren. Grimmig empört er sich 1927 als junger Lyrik-Preisrichter über sämtliche vierhundert zur Prüfung vorliegenden Einsendungen. »Angesichts des unbeschreiblichen persönlichen Unwerts dieser Leute meines Alters könnte man sich nicht einmal etwas davon versprechen, einen von ihrer Art mit irgendeiner beliebigen Wirklichkeit zu konfrontieren ... Das sind ja wieder diese stillen verträumten Menschen, empfindsamer Teil einer verbrauchten Bourgeoisie, mit der ich nichts zu tun haben will!« Ob nicht die beträchtliche Spannweite, die sich in enorm kontrastreichen, luzide formulierten Urteilen bekundet, wie aggressiv sie sich auch gebärden mögen, eben doch anzeigt, dass der Prosa-Schriftsteller Brecht unserer literarischen Öffentlichkeit noch einiges zu sagen hat?

Ich habe eine Schwäche für schlechte Starts. Meine Beziehung mit Friedrich Torberg begann kontrovers, gewann aber zunehmend an Substanz, weil er witzig und klug gewesen ist. Der miserable Anfang hing damit zusammen, dass mir sein militant betriebener, in Wien erfolgreicher Brecht-Boykott zugleich fanatisch und idiotisch schien. Darum achtete ich, als Torberg sich zu Hochhuths *Stellvertreter* äußerte, sorgsam darauf, ob auch da jener reaktionäre Anti-Kommunismus zu Tage trete. Darüber beschwert sich Torberg in seinem Brief einleuchtend.

Sonst waren wir in Schauspielfragen ähnlicher Meinung, und Torberg bat mich um riesige Aufsätze über Salzburgs Schauspiel oder Wiener Premieren.

Wien, 13. Februar 1963[25]

Lieber Herr Doktor Kaiser,

drittens wollte ich Sie wieder einmal daran erinnern, daß das Jahr 1963 im vollen Zuge ist und daß wir nach wie vor auf Ihren Beitrag über das deutsche Nachkriegstheater warten, den Sie uns 1961 versprochen haben. [...]

Erstens jedoch, und Sie werden gleich sehen warum. Vom Bayerischen Rundfunk ist uns die Teilabschrift eines von Ihnen geleiteten Sonderprogramms (Zeitschriftenschau) zugegangen, in dem Sie sowohl der FORI als auch zweier seiner Herausgeber vorteilhafte Erwähnung taten. Hierfür meinen Dank.

---

25 Der Briefwechsel Kaiser/Torberg wurde entnommen aus: Friedrich Torberg: *Gesammelte Werke*, Band XIV, München 1983.

Aber was, if anything, haben Sie sich gedacht, als Sie von »dem scharfen Anti-links-Kurs des FORUM« sprachen? Ein solcher Kurs wäre mir nicht nur völlig neu, sondern wäre es auch einigen unsrer regelmäßigen und durchaus repräsentativen Mitarbeiter, z. B. dem sozialistischen Außenminister Kreisky, [...]. Sie alle würden, seien Sie dessen gewiß, an einer Zeitschrift mit scharfem Anti-links-Kurs niemals mitarbeiten. [...]

Was Sie offenbar gemeint haben, war ein scharfer *antikommunistischer* Kurs, den wir darum verfolgen, weil wir im Grunde pro-links eingestellt sind. (Die Etikettierung, die uns bei in- und ausländischen Besprechungen, Zitaten etc. am häufigsten erteilt wird, ist »links-liberal«.) Indem Sie »antikommunistisch« einfach mit »anti-links« gleichsetzen, machen Sie sich – sicherlich unbewußt – einer der übelsten kommunistischen Simplifikationen schuldig, von der es dann nur noch ein Schritt zum ominösen »rechts«, »kleriko-faschistisch«, »imperialistisch« und dergleichen ist: bis wir dann wieder eines Tages womöglich als Anwälte des Kolonialismus im Kongo dastehen.

Das alles wollte ich Ihnen schon sagen, als ich Sie, es ist noch nicht so lange her, einmal dabei betraf, wie Sie den braven Jürgen Rühle allen Ernstes als »rechtsstehend« bezeichneten. Er ist einer der wenigen echten »Linken« im weiten Umkreis (und folglich scharf anti-kommunistisch).

Ich hoffe mit dem Vorstehenden einiges zur Begriffsklärung auf diesem reichlich und bedrohlich verworrenen Gebiet beigetragen zu haben, freue mich auf unsre nächste mündliche Auseinandersetzung darüber, und hielte eine solche für ungleich televisionsgemäßer als alles Televisionäre.

Herzlichst Ihr
Torberg

München, 17. Juni 1963
Lieber, hochverehrter Herr Torberg!

Nun ist ja mein Theateraufsatz doch bei Ihnen im Erscheinen begriffen – und wie gut hätte er werden können, wenn man noch sechs oder neun Monate mit ihm gewartet hätte. (Aber wahrscheinlich kann ein so schöner Aufsatz, wie ich ihn gelegentlich mit meinem »geistigen Auge« sah, überhaupt nie fertig werden.)

Viel bedrückender ein anderes: Nach meinem Bericht über die Münchner Hochhuth-Diskussion machte mich ein Leser darauf aufmerksam, ich hätte Sie falsch verstanden. Ich fragte viele andere, ob Ihnen das auch aufgefallen wäre. Da lautete die Antwort: Nein, ich hätte sinngemäß berichtet.

Nun höre ich aber, daß Sie sich doch sehr mißverstanden fühlen, und wäre Ihnen herzlich dankbar, wenn Sie mir sagten, was Sie mit dem fraglichen Passus, der mir eindeutig, wenn auch etwas überspitzt schien, meinten. Es hätte übrigens nur eine Zeile von Ihrer Seite bedurft und eine betreffende Korrektur wäre in der SZ von mir mitgeteilt worden; den nötigen Freud können die Leser der Berichtigung sich dann ja hinzudenken.

Doch auch, wenn Sie jetzt noch schreiben, um was es ging, ist es nicht zu spät. Irgendein Hochhuth-Aufhänger findet sich immer. Ich würde dann in meinem nächsten Bericht die betreffende Korrektur einbauen. Leitet mich in einer ziemlich militanten Welt doch ein geradezu krankhafter Gerechtigkeitsfimmel.

Sehr herzlich Ihr sehr ergebener
Joachim Kaiser

Wien, 4. Juli 1963
Lieber Herr Doktor Kaiser,

[...] Übrigens hatte ich bereits erwogen, in diesem Heft auch das von Ihnen beregte »Mißverständnis« aufzuklären, kam dann aber von meinem Vorhaben wieder ab; wie ich ja auch von meinem allerersten Impuls abgekommen war, mich nach Erscheinen Ihres Referats in der SZ durch einen zur Veröffentlichung gedachten Brief zur Wehr zu setzen. Ich will Ihnen gerne gestehen, daß diese meine Friedfertigkeit weniger sachlich als persönlich motiviert war, und daß ich vor allem aus persönlichen Motiven sehr froh bin, Ihren Brief bekommen zu haben.

Überhaupt bin ich sehr froh, daß es Sie gibt. Ich wollte, es gäbe mehrere wie Sie. Schon damit ich nicht immer so froh darüber sein muß, dass es Sie gibt. Aber man kann nicht alles haben.

Nein, es handelt sich um kein »Versehen« und um keinen »Hörfehler«. Sie haben richtig gehört. Sie haben falsch akzentuiert und falsch gedeutet; falsch im Sinne von falschem Bild.

Sie haben aus meiner Bemerkung: »Ein von Rowohlt verlegtes und von Piscator inszeniertes Stück kann keine christliche Tragödie sein« – aus dieser verhältnismäßig nebensächlichen, ad hoc in die Publikumsdiskussion geworfenen Bemerkung haben Sie das Um und Auf meiner Ausführungen gemacht. Sie haben meinen ungleich wichtigeren und kompakteren Beitrag zur jüdischen Position, der in sämtlichen halbwegs ernstzunehmenden Berichten gebührlich hervorgehoben wurde, vollkommen ignoriert.

Sie haben auch für alles andre (und gleichfalls Wichtigere), was ich gesagt hatte, keine Silbe erübrigt. Aber jener einen Bemerkung widmen Sie gleich 16 Druckzeilen. So wichtig ist sie Ihnen. So linksempfindlich sind Sie. So kraß verlagern sich Ihnen die Akzente, wenn es um »links« geht. So sehr ist es Ihnen – nicht mir, Ihnen – darum zu tun, inwieweit die Motive und Auswirkungen des »Stellvertreters« ins Linksklischee passen oder nicht passen. So dringend wünschen Sie selbst Rowohlt und Piscator – die doch wirklich *genau* das repräsentieren, was Ihnen als »linke Linie« gilt – gegen den »Vorwurf« zu schützen, daß sie eine linke Linie repräsentieren.

Warum das in Ihren Augen überhaupt ein Vorwurf ist, verstehe ich nicht. Ich habe es nicht als solchen gemeint. Ich habe lediglich festgestellt, was niemand und am allerwenigsten die in Rede stehenden Faktoren bestreiten würden: daß ein im Geiste des Vorsitzenden der deutsch-sowjetischen Freundschaftsgesellschaft geführter Verlag und ein vom Altkommunisten Piscator im Geiste funktionell-marxistischer Kunstverpflichtung geführtes Theater sich nicht dafür interessieren, was an Hochhuths Stück etwa »innerchristliche Auseinandersetzung« wäre, sondern ausschließlich dafür, was sich bei dieser Auseinandersetzung für die »linke Linie« herausholen läßt.

Und wahrlich: Sie fahren gut damit.

Gerade Ihre Reaktion auf meine Nebenbemerkung beweist mir das mit einer Schlagkraft, deren ich mich gar nicht versehen hätte.

Ein auf Ihren Bericht angewiesener Leser muß den Eindruck gewinnen, daß es dem berüchtigten Kommunistenfresser Torberg wieder einmal nur darauf angekommen sei, Kommunisten zu fressen, und daß die ganze Sache sich wieder einmal auf die alte Antithese links-antilinks zuspitzt. Wenn das tatsächlich geschieht – und es sieht mir bedrohlich danach aus, als sollte binnen kurzem tatsächlich jeder, der etwas gegen Hochhuth einzuwenden hat, als reaktionärer Kleriko-Faschist dastehen, indessen Hochhuths Befürworter sich stolz auf der Seite des »Fortschritts« blähen – wenn es so weit kommt, dann werden aber Sie daran schuld gewesen sein, nicht ich (und nicht einmal der arme Zauberlehrling Hochhuth.) Denn die Akzentverlagerung wurde von Ihnen betrieben, nicht von mir.

Und das ist es, was mich eigentlich betrübt und erregt: daß Menschen, mit denen ich mich in so vielen Dingen einig weiß und mit denen ich mich darüber in einer so fraglos gemeinsamen Sprache verständigen kann, Menschen Ihrer Integrität und Intelligenz sich so unbekümmert dazu verleiten lassen, eine üble, verlotterte, verräterische »Linke«, eine Linke des verkniffenen Ressentiments und hämischen Unverstands immer wieder durch Integrität und Intelligenz zu stützen – und damit die ehrliche und saubere Linke, die schon aus humanistischem Affekt notwendig antitotalitär ist zu schwächen.

Das wollte ich Ihnen in Freundschaft gesagt haben, weit jenseits aller kindischen Rechthaberei im just gegebenen Anlaß und ohne alle Faxen. [...]

Herzlichst Ihr
Torberg

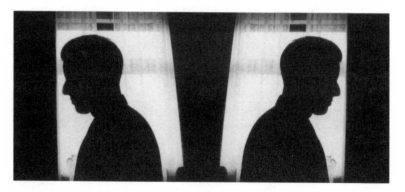

ch bin blitzschnell oder nichts«, hat Paul Valéry einmal gesagt. Mir geht es nicht anders. Bei einer Aufführung von Goethes *Egmont*, einem Stück, das gut vier Stunden dauert, habe ich einmal einen Selbstversuch unternommen. Ich habe jedes Mal die Zeit gestoppt und notiert, wann mir etwas für meine Kritik einfiel und sich meine Ansichten über die Schauspieler oder über die charakteristischen Eigentümlichkeiten des Dramas in mir sedimentierten. Kaum wage ich es zu sagen: Nach fünfzehn bis zwanzig Minuten war alles Entscheidende passiert.

Als Literaturkritiker wird man oft bedauert, was man alles lesen müsse. Aber dankbar bin ich dem Beruf beispielsweise dafür, dass er mich zur sorgfältigen Lektüre aller vier Bände der *Jahrestage* von Uwe Johnson gezwungen hat. Ohne kritische Verpflichtung hätte ich wohl im zweiten Band schlappgemacht und mich um eine beträchtliche Erfahrung, eine gewichtige Einsicht sowie ein großes Vergnügen gebracht.

Ich kannte Johnson, seitdem er zum ersten Mal im Westen auftauchte. In der Gruppe 47 las er ein Kapitel aus *Das dritte Buch über Achim*, und ich erinnere mich, dass mir sein Text Mühe bereitete. Grass meinte später grinsend, man müsse einfach die Satzzeichen hinzufügen, die Johnson vermied, dann sei es ganz simpel. Den mühsamen Weg des Entstehens seiner *Jahrestage* habe ich aus der Nähe verfolgt, und das war eine sehr wichtige Erfahrung für mich. Man fürchtete damals, Johnson würde das Projekt unvollendet lassen müssen. Er galt als ungemein schwierig und hegte die aberwitzige Überzeugung, seine Frau betrüge ihn mit einem Spion aus der ČSSR.

Über den zweiten Band der *Jahrestage* habe ich mich in einer alles in allem respektvollen Rezension doch ziemlich spöttisch geäußert. Johnson hält da nämlich stur daran fest, Tag für Tag mitzuteilen, was in der *New York Times* stand, um daran seine epischen Kommentare zu knüpfen. Als Gerüst, als Konstruktionsprinzip der Romanhandlung erschien mir das etwas billig, zufällig. Johnson ärgerte sich, beschwerte sich schriftlich, vermutlich mit einem maliziösen Lächeln auf den Lippen. Beim Lesen des dritten Bandes der *Jahrestage* ging mir freilich auf: Donnerwetter, welch ein gewaltiges Epos entsteht da. Umso größer war nicht nur meine Trauer, dass Johnson wegen seiner fundamentalen Krise den vierten Band wohl nicht mehr fertigbringen würde.

Ein Riesenglück für ihn, für seine Freunde und die deutsche Literatur, dass er den Abschlussband trotz allem schaffte. Der vierte Band wurde der beste! Er ist am ungezwungensten geschrieben.

Steht man als Autor anfangs einem großen Stoff gegenüber und verfügt über einige Fakten und Einsichten, die man vermitteln möchte, dann zweifelt man vielleicht, ob das alles trägt. Man wählt dann Nothelfer, erbaut Eselsbrücken und merkt oft erst später, dass die Sache viel reicher ist, als man zunächst ahnte. So entsteht Freiheit.

Seit 1960 waren Uwe Johnson und ich befreundet. Ich schickte ihm regelmäßig Schallplatten nach Berlin, dafür schickte er mir in- und ausländische Zeitschriften nach München. Wir hatten damals ja wenig Geld und konnten auf diese Weise beide ein wenig sparen.

Susanne war richtig gut mit ihm befreundet. Die beiden schrieben sich ziemlich verrückte Briefe. Leider alle verloren. Mir schrieb er eines Tages, ich hätte unbedingt verhindern müssen, dass meine Frau in der Türkei entführt wurde. Das war natürlich ein Witz. Susanne saß ja neben mir auf dem Sofa. Vermutlich fand er, ich kümmere mich nicht genug um sie. Penibel ging ich auf seinen Vorwurf ein und erläuterte, warum ich damals in der Türkei hätte passiv bleiben müssen.

Der Germanist Richard Alewyn hatte in einem Aufsatz, den er eine »Nachprüfung« Johnsons nannte, sich hämisch über dessen Buch *Zwei Ansichten* lustig gemacht. Er fand es unnötig schwierig. Ich schrieb in der *Süddeutschen* die »Nachprüfung einer Nachprüfung«, nahm mir Alewyns Beispiele vor und zeigte, dass er nicht begriffen hatte, warum Johnson sich so kompliziert ausdrücken musste, da bestimmte Nuancen auf andere Weise nicht zu haben gewesen seien. Bei Johnson ging es auch um eine Studentin, die mit einem Kommilitonen um ein Zimmer konkurriert. Die Wirtin entscheidet, sie wolle lieber das Mädchen aufnehmen. Ein Student sei unselbständiger, mache mehr Arbeit, komme am Ende noch mit lästigen »Flick-Ansinnen« zu ihr. Das zitierte ich in der Kritik. Leider fiel das »l« beim Druck unter den Tisch. Nun stand »Fick-Ansinnen« in der Zeitung. Die Leute haben darüber natürlich enorm gekichert, und Alewyn hatte es leicht, zu triumphieren. Wieso »lästig«, fragte er. Und spöttelte: Wäre dem Johnson doch nur so etwas »Lustiges« eingefallen!

Noch viel peinlicher als dieses fehlende »1« war die Geschichte mit dem Sohn von Max Reinhardt. Gottfried Reinhardt hasste die Presse. Er sagte, es gebe keinen Aufsatz, in dem nicht mindestens ein Fehler stecke. Alles, was Journalisten schrieben, sei falsch. Durch kein Argument ließ er sich von dieser extremen Meinung abbringen. Er lebte in Rom. Eines Tages rief unsere Rom-Korrespondentin an und teilte mit, Gottfried Reinhardt sei gestorben. Ich wunderte mich ein wenig, da es gar keine Agenturmeldungen gab. Doch sie beharrte, sie wisse es genau, sie habe dabeigesessen. Ich formulierte dann einen nicht gerade vor Mitleid triefenden Nachruf, der am nächsten Tag in der Zeitung erschien. Dann aber klingelte das Telefon. Der Tote meldete sich recht befremdet. Natürlich habe ich mich bei ihm ungeheuerlich entschuldigt, es sei keine böse Absicht gewesen, sondern ein finsteres Missverständnis, und musste ihm zähneknirschend beipflichten, dass seine Aussage über journalistische Fehler nun leider auf das Unangenehmste bestätigt worden sei. Wir schrieben sofort eine Berichtigung in der *SZ* für den nächsten Tag. Doch alle anderen Zeitungen hatten die *Süddeutsche* gelesen und genierten sich, dass sie Reinhardts Tod verpasst hatten. Während bei uns die Berichtigung erschien, kamen in ganz Deutschland, von den *Kieler Nachrichten* bis zur *Frankfurter Allgemeinen*, die Nachrufe heraus. Unsere Korrespondentin in Rom trank gern. Sie hatte Gottfried mit seinem Bruder verwechselt.

Film und Zeitgeist[26]
Reinhardts »*Sommernachtstraum*« in München

Wer in Max Reinhardts amerikanischen Sommernachtstraum-Film geht, wird erschüttert der Macht des Zeitgeists inne. Man denkt sich das ja anders: Man meint, aus einem wahrscheinlich altmodisch gemachten Hollywoodfilm als jüngerer Theaterfreund herauslesen zu können, wie Reinhardt den »Sommernachtstraum« inszeniert hätte, wenn es nicht erstens ein Film gewesen wäre, und wenn er zweitens amerikanische Schauspieler gehabt hätte. Diese detektivische

26 In: SZ, 21. September 1966.

Spürarbeit läßt sich gewiß bei der 1936 in den USA gedrehten Sommernachtstraum-Version leisten.

Doch zunächst ist da ein Schock. Die ersten zehn Minuten des Films haben Schwächen, wie sie sich in den gut gemachten, aber verlogen-positiven, hektisch-sentimentalen, verspielt-flotten Ufa-Filmen aus derselben Zeit finden. Viele Erklärungen bieten sich dafür an. Vielleicht ist der Zeitgeist so mächtig, daß der Stil eines vor den Nazis emigrierten Regisseurs gewissen Ufa-Filmen gar nicht so fern sein kann ... Diese Vermutung klingt phantastisch – so, als ob man annehmen könnte, in ein paar Jahrzehnten würden Erhard und Ulbricht als dieselbe Spielart des deutschen Politikerwesens interpretiert werden.

Näher liegt eine andere Erklärung. Die Ufa-Männer hatten vom »alten Berlin« gelernt. Im Grunde machten Fachleute unter Goebbels Filme, hatten aber Reinhardt-Vorbilder. An der allerkitschigsten Stelle dieses Sommernachtstraum-Films wird man geradezu an Leni Riefenstahls Olympia-Film erinnert. Braun-nackte Leiber, Fackeln, wehende Schleier, der Gott Pan: Zwischen dem griechischen Kitsch des Olympia-Films und dem athenischen Kitsch des Reinhardt-Films ist kaum ein Unterschied. Es ist eine niederschmetternde Erfahrung.

Hat man sie hinter sich, dann kann man es sich wieder erlauben, zu bemerken, wie Max Reinhardts produktive Phantasie arbeitete. Wenn Zettel in einen Esel verwandelt wird, dann läßt Reinhardt den armen Kerl so erschrecken, wie noch in keiner Sommernachtstraum-Aufführung je ein Schauspieler erschrak. Puck ist wirklich ein grandios amoralisches Naturkind: ein *Kind* nicht nur der Mitleidslosigkeit, Boshaftigkeit und Schadenfreude, sondern auch dem Alter und der tödlichen Harmlosigkeit nach. Der muß sich einen Ast abbrechen, um über Länder und Seen hinwegzufliegen, der verläßt, als wäre er der ewig schattenhaft anwesende Jago, nicht einen Augenblick das Spiel. Der ist unvergeßlich.

Überhaupt fällt mir auf, daß der Zeitgeist nur Macht hat über die positiven, edlen, konventionellen Gefühle und Gefühlchen. Sowie es ins einzelne geht, in eine psychologische Begründung, eine inszenierte dramatische Sequenz, kam Reinhardt nicht mehr dazu, seinem schlechten Zeitgeist-Genius zu folgen, weil er sich zu sehr um seinen eigenen, besseren Genius des Theaters kümmern mußte.

So verrückt es klingt: man ist ästhetisch und als altgieriger Theaterkritiker von Szene zu Szene gespannt, was denn dem Reinhardt
da wieder eingefallen ist – und man langweilt sich bei aller Spannung ganz hübsch, weil ein solches verfilmtes Theater, zusammen
mit einem quizartigen, riesigen Mendelssohn-Musikprogramm (allzu
üppig instrumentiert von Korngold), eben nur noch schlecht museal
apperzipiert werden kann. Wir müssen allen Theater- und Reinhardt-
Freunden dringlich raten, sich diesen Sommernachtstraum-Film anzusehen, und sie zugleich warnen vor zwei Stunden, die manchmal
unerträglich sind.

Niemand reagiert auf Kritik empfindlicher als einer, der sein Leben lang Kritiken schreibt. Wenn man einen Kritiker kritisiert,
geht für den die Welt unter. Die vernichtendste Kritik, die ich bisher
hinnehmen musste, stand in der *Zeit* über mein Beethoven-Buch. Da
schrieb der Kritiker Joseph Herbort, man müsse das Buch wütend aus-
einanderreißen und auf die Erde werfen, damit es in lauter »schöne
Stellen zerfällt«. An solche Sachen erinnert man sich als Betroffener
leider lebenslang.

Es gibt eine novellistische Skizze von mir: *Dinosaurier sterben im
Schnee.* Sie erschien Anfang der fünfziger Jahre in der *FAZ*. Mit zweiundzwanzig habe ich einen Roman begonnen, brach ihn aber ab, als
ich merkte, so etwas können andere entschieden besser. Später dachte ich manchmal, es müsste vielleicht möglich sein, einen halbwegs
mittelmäßigen Roman hinzubekommen. Aber ich spürte auch, dass
ich nie ein schöpferischer Autor werden würde. Darunter habe ich nie
gelitten. Es ist schwer genug, anständige Essays zu schreiben. Außerdem macht mir mein Beruf, das Kritisieren, viel zu viel Spaß. Und was
mir wichtig ist, habe ich schon geschrieben. Immerhin fast zwanzig
Bücher.

Zerlina[27]

(Koloratur-) Sopran. Ein Landmädchen. Entzückend natürlich und ziemlich schlau. Wer Zerlina bloß »harmlos« nennt – der ist es wahrscheinlich selbst.

Aus: Don Giovanni

Fräulein Zerlina hebt sich aus einer Gruppe junger Bäuerinnen sogleich sicht- und hörbar heraus. Denn Zerlina will ja, bräutlich geschmückt, heiraten – gerade an dem Tage, da Don Giovanni sie erblickt. Fräulein Zerlina verhält sich stets derart unmittelbar, temperamentvoll, liebesfähig, intelligent und naiv, daß zumindest alle männlichen Opernbesucher für dieses entzückend spontane Geschöpf so schwärmen wie die weiblichen für den vornehmen Verführer. Die beiden Arien der Zerlina, vorgetragen zum Zwecke der Versöhnung oder Tröstung ihres Bräutigams, sind innig lyrische Inseln im *Don-Giovanni*-Meer. Theodor W. Adorno hat in seiner wunderschönen »Huldigung an Zerlina« darauf hingewiesen, daß Zerlina Arien singt, deren Melodien schon liedhaft klingen, daß sie keine reine Rokokoschäferin mehr ist, aber noch keine Citoyenne.

Für die Wiener Fassung des *Don Giovanni* hat Mozart eine große Szene (Rezitativ und Duett) Zerlina/Leporello nachkomponiert und seinem Werkverzeichnis eingefügt. Es ist ein ausführliches Stück, weit über hundert Takte lang, das aber von allen irgendwie repräsentativen *Don-Giovanni*-Aufführungen der letzten Jahrzehnte wie auch von Schallplatteneinspielungen schamhaft verschwiegen wird. Entweder, weil man sich Mozarts (nicht übermäßig inspirierter, aber doch lebendiger, sinnvermittelnder, auf die Schlußwendungen von Leporellos G-Dur-Arie Nr. 20 ausdrücklich bezugnehmender) Nachkomposition geniert oder, wahrscheinlich, wegen des Verhaltens von Fräulein Zerlina.

Zerlina hat nämlich nicht vergessen, in welche Verlegenheit Leporello sie gebracht, wie rücksichtslos er auf Don Giovannis Geheiß ihren Masetto ausgeschaltet hat. Zerlina, das liebe Landmädchen, schleift also den ohnehin bereits heftig gebeutelten Leporello an den Haaren

---

27 Aus: Joachim Kaiser: Mein Name ist Sarastro. Die Gestalten in Mozarts Musikopern von Alfonso bis Zerlina. München 1984.

quer über die Bühne. Sie denkt nicht daran, auf dessen verzweifeltes Schöntun hereinzufallen, stößt ihn als Abschaum zurück, fesselt (!) ihn mit Hilfe eines gerade hinzukommenden Bauern an einen Stuhl. Leporellos Flehen um Mitleid ignorierend, bindet sie den Übeltäter »mit großer Kraft« fest. Der jammert elendiglich über enge Fesselung und Schläge. Zerlina, von Leporello »Furie« geheißen, aber jubelt: »Vor Freude und Vergnügen fühl' ich mein Herze schlagen. So macht man's mit den Männern.« Bevor dann Zerlina mit Masetto und Donna Elvira, die sie herbeiholen wollte, zurückkehrt, ist es dem todesängstlichen Leporello gelungen, samt dem Stuhl, an den er gefesselt war, zu entfliehen.

Seltsam. Strenge Sitten, in deren Licht man auch Zerlinas graziösen Vorschlag an Masetto ein wenig anders sehen könnte. Zerlina singt und sagt da zu dem von ihr betrogenen Geliebten nicht, wie es noch Hermann Levi lieb-prüde übersetzt hat: »Schmähe, tobe, lieber Junge, wie ein Lamm will ich's ertragen«, sondern sie bietet Masetto, der sich weigert, ihr überhaupt noch die Hand zu geben, sie anzufassen, sie bietet Masetto unzweideutig an: »Batti, batti, o bel Masetto.« Zu deutsch: Schlage mich, verprügle mich nach Herzenslust ... mach mit mir, was dir gefällt. Aber dann: Frieden.

Wiederum: Seltsam. Nicht gerade feministisch, aber raffiniert feminin. Daß sie eine Tracht Prügel in sehr viel höherem Maße verdient als der unselige Masetto, der sie später von Don Giovanni beziehen wird, scheint durchaus einleuchtend.

Weiter: Wenn sie im zweiten Akt ihrem zukünftigen Eheliebsten begegnet, nachdem Don Giovanni den Masetto schrecklich zugerichtet hat, fallen ihr keineswegs nur schöne Trostworte ein. Sondern sie legt die Hand des Geschundenen an ihren Busen. Ein Heilmittel, das bestimmt hilft: »Fühlst du es klopfen hier?«

Was ist dem Verhalten Zerlinas in diesen drei Szenen gemeinsam? Nichts, was auf so aufgeplusterte Begriffe zu bringen wäre wie Fesselungsmanie oder Masochismus. Aber doch eine ungewöhnliche Mischung aus Klugheit und Körperlichkeit. Sie setzt Situationen, in denen sie ist, in die sie sich schuldhaft oder auch schuldlos gebracht hat, um in ein adäquates körperliches Verhalten. Sie setzt also ihren Leib bewußt ein.

Du willst mich nicht mehr berühren? Gut, hau mich zur Strafe durch (womit der Körperkontakt ja, wenn auch auf zunächst schmerzliche Weise, wiederhergestellt und der Friede vorbereitet wäre).

Du hast Schmerzen, weil Don Giovanni dich malträtierte? Gut, hier ist mein Herz, mein Busen – werde an diesem Balsam gesund.

Du, Leporello, warst als steter Begleiter und Helfer deines Herrn ein Teufel. Gut, ich fessele dich hier schmerzhaft und räche mich im Namen beleidigter Mädchen an dir!

So definiert zumindest der Text die Zerlina, falls man die spielerische, die übertreibende Komponente ihrer Worte vernachlässigt und nur beachtet, *wovon* sie singt, aber nicht – *wie* sie es tut.

Bereits in ihrem ersten Auftritt liebt sie es, weiterzuträllern, also am Phrasenende melismatisch auf einer Silbe einfach weiterzusingen, aus bloßer Lebenslust. (Masetto übrigens, falls er sich dazugesellt, beschränkt sich auf die zweite Stimme. Keine Frage, wer in dieser Liebesbeziehung die Hosen anhat ...) Es ist schon was Besonderes an ihr dran, und sie weiß es wohl auch. Gerissen trifft Don Giovanni sogleich den Punkt: Er versichert Zerlina mehr, als daß sie schön wäre; er gibt ihr deutlich zu verstehen, daß sie etwas Besseres sei. Viel zu schade für einen Bauerntölpel.

Zerlina wehrt sich nicht unmäßig heftig gegen Don Giovannis Edelmanns-Zudringlichkeit. Sie lobt in braver Weise ihren gutherzigen Masetto. Im übrigen vergißt sie ihn umstandslos, denkt nicht daran, zu ihm zu halten. Dabei lassen Mozart und da Ponte der Treulosen nicht die Chance, später behaupten zu können, sie sei häßlich hinters Licht geführt worden. Vor ihren Augen wird Masetto nämlich mit nackter Gewalt – Don Giovanni weist auf seinen Degen – weggeschafft. Vor ihren Augen veräppelt Leporello Don Giovannis kaum sehr schwer durchschaubare Phrase, er böte Zerlina »seinen Schutz« (wovor eigentlich) an: Leporello sagt nämlich seinerseits auch einigen Bäuerinnen, »mit denen er scherzt«, solchen »Schutz« zu.

Also: bei erster Gelegenheit verrät, düpiert Zerlina am Hochzeitstag den Gatten.

Don Giovanni hat sie offenbar paralysiert. Das A-Dur-Duett »Là ci darem la mano« ist Ausdruck holdester weiblicher Abhängigkeit. Die Betörte kann immer nur wiederholen, was der Edelmann unwiderstehlich vorgefühlt, vorgesagt, vorgesungen hat – Zerlina freilich führt diese Substanz individuell aus, verziert, trällert weiter. Sie ist also ganz jene Zerlina, wie wir sie unter ihren Freundinnen kennenlernten – spinnt beschwingt fort, was ein Unwiderstehlicher vorgab. Dabei neigt sie sogar, aus dringlichem Lustverlangen, zur Antizipation, »Vorwegnahme« (Takt 24 des Duettino Nr. 7), zu glückseligen Koloraturen oder schwärmerischen Ausweitungen. Völlige Übereinstimmung und Gemeinsamkeit herrscht am Ende des Duetts, beim »Andiam, andiam mio bene«. Umschlungen wendet das ungleiche Paar sich dem Schlößchen zu.

In Zerlinas vergnügtem Weiterträllern liegt herzlicher Überschwang, liegt vitale Phantasie. Wie sie sich im ersten Gespräch mit Don Giovanni immer folgsam seinen Rezitativharmonien einfügte, so paßt sie sich später ihm, seinem liebenden Werben an – und geht darüber hinaus. (Es ist nicht ihr Verdienst, daß sie einigermaßen unbeschädigt am Ende der Oper Masetto in die Arme schließen kann. Oder doch? Vielleicht bilden auch Herzlichkeit, Gefühlssinnigkeit, unwiderstehliche Offenheit ganz zuletzt eine Art Schutz.)

Zerlinas erste Versöhnungsarie scheint unauffällig geprägt nicht von liedhaft reiner Melodie, sondern wiederum von jener schwärmerischen Tendenz zur Erweiterung, Bereicherung (variierte Strophenform). Reizender als die Überleitung zur Wiederholung des »Batti, batti«, als die Auflösung der Melodie in Sechzehntel, als die beruhigt lustig trällernden Koloraturen im raschen Schlußteil kann Musik nicht sein.

Nach der ersten Unterbrechung »liebt« Zerlina den Edelmann hoffentlich nicht mehr so vertrauensselig. Sie empfindet nun eher Angst vor ihm sowie Angst wegen Masetto. Beide, Masetto und Zerlina, haben ziemlich ungute Motive, das Fest Don Giovannis doch zu besuchen. Er, noch immer nicht völlig zufriedengestellt, will doch sehen, ob sie ihm treu war und ist. Sie gibt vor, Masetto, den sie von Don Giovannis Wut bedroht meint, nicht durch allzu widerspenstiges Verhalten gefährden und in Auseinandersetzungen verwickeln zu wollen, denen er doch nicht gewachsen wäre. Manchmal scheint sie jetzt eher in Trance als bewußt entschlossen zu irgend etwas. Vielleicht läßt sich – schön wär's – auch das Angenehme (Don Giovannis Gegenwart) mit dem Sittlich-Rechten (Masettos Gegenwart) verbinden. So willigt man ein, samt dem Edelmann »zu dritt« tanzen zu gehen. Allzu rasch verliert Zerlina dann wieder die Kontrolle über sich selbst.

Immerhin ergibt sie sich dem unverhüllt gewaltsamen Drängen Don Giovannis nicht (mehr) wehrlos. Wenn sie ins Nebenzimmer weggezerrt ist, schreit sie dort laut und überhaupt nicht heuchlerisch: aus Angst, keineswegs aus Lust. In diesem Augenblick wirkt sie wie ein Opfer. Jetzt stellt sie einen klaren, lebenden Beweis für Don Giovannis Schurkerei dar. Nun herrschen keine Zweifel mehr. Im Finale des ersten Aktes vollendet sich die entscheidende Polarisierung: Jetzt weiß sogar Zerlina eindeutig, wohin und zu wem sie gehört!

Daß Zerlina ihren Busen darbietet, um den armen Masetto zu trösten, daß sie Leporellos Körper heftig drannimmt, um die Ehre betrogener Frauen zu rächen (zumal sie des Don Giovanni ja nicht habhaft wird), daß sie am Ende, wenn Don Giovanni zur Hölle gefahren ist und die Überlebenden sich ihre Zukunft handfest irdisch ausmalen, plant: »Wir gehn nach Hause, um mit Freunden zusammen zu essen« – es paßt zum Bilde dieses phantasievollen, vergnügt trällernden, innigen Landmädchens mit leichten Abgründen.

Nichts geworden ist aus meiner Biographie über Max Frisch. Mit Frisch war ich recht gut befreundet, ich war auch oft bei ihm zu Hause. Einmal besuchte ich ihn fünf Tage in Rom, noch vor seiner Trennung von Ingeborg Bachmann, bei der es beiderseitig schlimme Verletzungen gegeben haben muss. Frisch konnte irrsinnig gut erzählen, besaß das Auge eines Künstlers, eines Architekten. Er erläuterte mir damals ungemein konkret und lakonisch die Spanische Treppe und andere römische Sehenswürdigkeiten. Ich machte mir dauernd Notizen, analysierte seine Werke und Tagebücher und begann zu schreiben.

Dann fuhren Susanne und ich nach Madrid. Ich hatte die ersten siebzig Seiten des Frisch-Buches dabei und wollte weiter daran arbeiten. Susanne hatte sich vorgenommen, den *Ulysses* zu lesen. Aber in Toledo wurde aus unserem Auto die Aktentasche gestohlen, samt Skript und *Ulysses*. Wir gingen zur Polizei und füllten unendlich viele Formulare aus, bekamen aber natürlich die Aktentasche nie zurück. Da ich keinen Durchschlag von den Seiten gemacht hatte – und Fotokopien gab es damals noch nicht –, resignierte ich: All die formulierten Einzelheiten kriegst du nie wieder hin. Pech. Susanne las also nie den *Ulysses*, ich schrieb kein Frisch-Buch. Das hat dem sehr hilfsbereiten Frisch ein bisschen leidgetan. Und mir sehr.

Ich hätte noch viel Stoff für die von mir immer wieder verschobene *Geschichte der Klaviermusik*. Doch ein umfangreiches Buch macht viel Mühe. Es bedeutet, dass man sich zwei oder drei Jahre regelrecht einschließen muss. Immer quält einen das Gefühl: Hauptsache fertig werden. Während des Schreibens kommen heftige Zweifel, neue, andersartige Stoffe scheinen viel reizvoller. Doch auf diese Anfechtungen darf man gar nicht hören, man muss sich stur stellen und das Ding zu Ende bringen, koste es, was es wolle. Ist man endlich fertig, fühlt man nichts als namenlose Erleichterung. So verstehe ich auch, inwiefern manche Autoren vielleicht doch nicht mogeln, wenn sie behaupten, Kritiken seien ihnen egal. Die Freude, fertig geworden zu sein, überwiegt alles. So wie sich eine junge Mutter auch nicht darum kümmert, wenn die Tante mäkelt, das Baby habe ein riesiges Hämatom auf der Stirn.

Musik ist wie Luft für mich. Sie ist mir unentbehrlich, wenn ich sie nicht habe, fehlt sie.

Joachim Kaiser

Große Sonate, Symphonik

Beethoven-Sonaten als Zentrum

Nach der Fernsehausstrahlung des Films *Musik im Fahrtwind* schrieb ein einstiger Tilsiter Mitschüler, Egon Janz, meiner Tochter einen Brief. »Bei dem Anschauen des Films kamen doch manche Erinnerungen an unsere gemeinsame Zeit in Tilsit wieder zurück. Es stimmt, mit dem NS-Jungvolk hatte Ihr Herr Vater nicht viel im Sinn. Schließlich hatte er dafür auch gar keine Zeit.

Denn nach meiner Erinnerung begann er schon damals an den 32 Sonaten von Beethoven zu arbeiten. Ich erinnere mich noch ganz deutlich, wie er einmal sagte: ›DJ-Dienst?? Da setze ich mich doch lieber hin und spiele eine Beethoven-Sonate.‹ Ich weiß noch, dass ich ihn damals nicht verstanden hatte. Sonst würde ich mich nicht daran erinnern.

Dass es eine *Pathétique*, eine *Mondscheinsonate* und die anderen Sonaten gab, habe ich zuerst von Ihrem Vater im Musikunterricht gehört. Auch höre ich immer noch, wenn er unseren Musiklehrer Herrn Schories berichtigte, ›aber Beethoven hat in der ... Sonate das so und so geschrieben.‹ Herr Schories lächelte und gab ihm recht.«

Der freundliche Briefschreiber erinnert sich gewiss richtig. Ja, es machte mir Spaß, während meiner Schuljahre in Tilsit, später Templin, zuletzt in Hamburg, einige Sonaten zu üben, auswendig zu lernen, vorzutragen. Noch mehr Freude empfand ich dabei, denen, die es hoffentlich wissen wollten, den unvergleichlich reichen Werkkosmos der Beethoven-Sonaten emphatisch zu erläutern.

Unleugbar waren und blieben diese zahllosen Beethoven-Aktivitäten, diese riesigen Vortragsreihen mit Interpretationsvergleichen, passionierten Deutungen, Querverweisen, Beethoven-Lob und gelegentlicher Pianisten-Schelte, mir Herzenssache.

Aber warum eigentlich? Beethovens Werk käme wahrlich auch ohne mich aus. Was steckt dahinter, wenn man, gewissermaßen, Proselyten machen möchte? Wenn man andere von dem zu überzeugen trachtet, wovon man selbst überzeugt ist, Ergriffenheit und Begeisterung weiterzugeben versucht …

Ich weiß es nicht. Rational lässt es sich nicht völlig erklären – so angenehm es natürlich auch ist, mit Kenntnissen hervorzutreten, mit Vorträgen etwas Geld und Ehre einzuheimsen, anderen Größe und Glück zu vermitteln.

1970, als Beethovens 200. Geburtstag gefeiert wurde, bat mich der WDR, alle 32 Sonaten in 22 einstündigen Sendungen mit Hilfe von Interpretationsvergleichen zu präsentieren. Das wurde regelmäßig ausgestrahlt – und beinahe so etwas wie eine Kultsendung. So kam ich auf den Gedanken, ein Buch über die Sonaten zu verfassen, mit anderer Zielsetzung, als sie die vielen gelehrten Autoren der Bücher über Beethovens Sonaten sich sonst vornehmen.

Normalerweise – das ist vernünftig und liegt nahe – schreiben eifrige Professoren derartige Bücher, nachdem sie die Sonaten studiert und die bereits vorliegende Sekundärliteratur kritisch betrachtet haben. Ein Professor differenziert – oder polemisiert dagegen –, was seine Vorgänger herausbrachten und schriftlich fixierten. Das ist durchaus in akademischer Ordnung. Nur lassen dabei fast alle den Umstand außer Acht, dass diese Sonaten auch von genialen, tiefgründigen oder exzentrischen Interpreten gespielt und in vielfach verschiedener Weise gedeutet werden. Ein Claudio Arrau, ein Edwin Fischer, ein Daniel Barenboim, ein Alfred Brendel, ein Wilhelm Kempff, ein Maurizio Pollini, ein Friedrich Gulda, ein Arthur Schnabel, ein Solomon sind doch nicht dümmer, naiver, gedankenärmer als noch so kluge Musik-Professoren! Diese Pianisten haben lebenslang über die Sonaten nachgedacht, haben all ihr Scharfgefühl, all ihren Scharfsinn den Werken gewidmet. Sie sind nur eben keine »Schreiber«, sondern »Spieler« ihrer Einsichten. Da nun seit etwa 1925 dokumentiert ist (und elektroakustisch immer dichter dokumentiert wird), wie Pianistinnen und Pianisten Beethoven bieten, da das, was sie in Konzerten oder während ihrer Kurse vortragen, wesentlich hinzutritt, probierte ich in einem umfangreichen Buch zusammenzufassen, was mir in dreieinhalb Jahrzehnten über Beethovens 32 Klaviersonaten und ihre Interpreten aufgegangen war. Natürlich gab es bei alledem ein Irrtums-Risiko. Man kann Platten zur Sicherheit mehrfach hören – aber eben doch nicht »sicher« sein, dass die Studioaufzeichnung der Interpretations-Vision des Künstlers zuverlässig entspricht. Man kann sich an beeindruckende Interpretationen erinnern. Doch Erinnerung trügt manchmal. Nur: Ein solches Irrtums-Risiko muss jede intellektuelle oder musische Bemühung in Kauf nehmen, die einem geistigen Gebilde gilt, einem Werk, einer Interpretation, einer Schauspielaufführung, einer Rilke-Elegie.

Sowenig ich exakt mitzuteilen vermag, warum mir mein Geschäft der wertenden (immer seltener auch: warnenden) Deutung gewichtiger Werke und Interpretationen Spaß macht, ja Herzens-Sache ist, so wenig kann ich auch befriedigende Gründe dafür angeben, warum Leser oder Praktiker sich dafür interessieren sollten. Viele wollen einfach erfahren, was alles in den unergründlichen Texten steckt.

Im Folgenden wird ein Ausschnitt aus meiner Darstellung des größten Sonatenwerkes der Musikgeschichte (Beethovens B-Dur Sonate, Opus 106, die sogenannte »Hammerklaviersonate«) abgedruckt. Es geht um das gewaltige Adagio. In meiner umfangreichen Analyse steht auch ein aufschlussreicher Vergleich, wie Arrau, Schnabel und Pollini eine wichtige Folge von 32stel-Variationen boten. Das hat mich als Problem gefesselt.

Zu Beginn der Reprise wiederholt Beethoven die Essenz des riesigen Hauptthemas, umspielt sie mit herrlichen, keineswegs ausgeglichen symmetrisch erfundenen 32steln. Arrau versteht diese Verzierungen auf eine Weise, dass die Gestalt, die Identität des Themas affirmativ unterstrichen erscheint. Er betont erhaben streng in den Passagen die jeweiligen Melodie-Noten. Schnabel hingegen macht die schmerzvollen Abweichungen zu seinem Ausdrucks-Ziel. Die Akzente der 32stel fallen bei ihm gerade nicht mit der Melodie zusammen, sondern wirken als schmerzvolle klagende Hinzufügungen, wie verzweifelte Flöten. Nimmt man jedoch, wie der Architektensohn Pollini es tut, die Takte, die ununterbrochene Folge von Akkorden in der Tiefe und weitgespannten 32steln in der Höhe als Graphik, als Bild, wo die auffallend tiefen Passagen-Töne keineswegs gleichmäßig nach unten herausstechen, betont man eben diese Abweichungen der graphischen Noten-Kurve: Dann erscheint die Interpretation weder »affirmativ«

(wie bei Arrau) noch »expressiv-dissonant« (wie bei Schnabel), sondern visuell »strukturalistisch« …

Ob solche Hinweise anderen wissenswert sind, ob sie haltbar sind, ob sie (nicht nur für »Laien«) fast unverständlich sind – habe ich nicht zu beurteilen. Zur Entschuldigung ihrer Schwierigkeit ließe sich immerhin vorbringen, dass sie einem Werk gelten, in dessen Form geradezu aberwitzige kompositorische Intelligenz (von der Genialität ganz zu schweigen) einging. Die Hauptthemen aller fünf Sätze der »Hammerklaviersonate« basieren auf der Terz. (»Leiden einer Terz«, schrieb ein empfindsamer Kommentator.) Erster und zweiter Satz entsprechen viertem und fünftem. Das Mittelstück, der dritte Satz, ein Adagio, ist ungefähr so lang wie erster und zweiter oder vierter und fünfter Satz zusammen. Was für eine Architektur! (Beethoven, der Schöpfer solcher Entwürfe, verzweifelte groteskerweise beim Ordnen seiner Leibwäsche oder bei der Berechnung, was der Erwerb einiger Naturalien kosten würde.)

Große Sonate für das Hammer-Klavier Opus 106 B-Dur[28]

Wie aus dem Abgrund heraufgeholt setzt das fis-Moll-Adagio sostenuto Appassionato e con molto sentimento ein; heraufgeholt durch einen Einleitungstakt, den Beethoven erst mit vielmonatiger Verspätung seinem Schüler Ferdinand Ries nachsandte. Daraufhin reagierte Ries folgendermaßen: »Ich gestehe, daß sich mir unwillkürlich die Idee aufdrang: ›sollte es wirklich bei meinem lieben alten Lehrer etwas spuken?‹ Ein Gerücht, welches mehrmals verbreitet war. Zwei Noten zu einem so großen, durch und durch gearbeiteten schon ein halbes Jahr vollendeten Werke nachzuschicken! Allein wie stieg mein Erstaunen bei der Wirkung dieser zwei Noten … Ich rate jedem Kunstliebenden, den Anfang dieses Adagios zuerst ohne, nachher mit diesen zwei Noten, welche nunmehr den ersten Takt bilden, zu versuchen, und es ist kein Zweifel, daß er meine Ansicht teilen wird.«

28 Erheblich gekürzter Auszug aus: Joachim Kaiser: Beethovens 32 Klaviersonaten und ihre Interpreten. Frankfurt am Main 1999, S. 502 – 557.

Aus dem Abgrund heraufgeholt erscheint eine Adagio-Melodie, wie es sie so weit gespannt, so zart und bebend erfüllt von Akkord-Wiederholungen, Rückungen und Steigerungen bei Beethoven noch keine gab. 26 Takte dauert dieser Anfang – dann setzt eine »con grande espressione«-Melodie ein. Man kann darüber streiten, wie dieser Fortspinnungskomplex zu bezeichnen sei, als Überleitung zum D-Dur-Thema? Oder, seinem melodischen und emotionalen Gewicht gemäß, bereits selber als Seitensatz? Es ist eine Definitionsfrage ...

Mehr als eine Definitionsfrage, nämlich Interpretations-Problem auf Leben und Tod, ist aber in diesem gewaltigsten Adagio Beethovens die Frage nach dem »Wie«. Und zwar nicht nur nach dem Wie vieler Einzelheiten – jeder Interpret dürfte hier mit allem Ernst, aller Anschlagskunst und Andacht, deren er überhaupt fähig ist, die melodische und überreiche Sprache Beethovens nachzusprechen versuchen –, sondern nach dem inneren großen Ablauf des Ganzen. Wer den Satz, gar als jüngerer Mensch von Claudio Arrau oder Solomon oder Barenboim gehört hat, dem ist eine prägende Erfahrung zuteil geworden. Mit langsamster Gewalt stellen Arrau, Solomon und Barenboim das Adagio sostenuto dar. Barenboim verwandelt den nachgelieferten Einleitungs-Takt in einen quasi unendlichen Vorgang. Als müsse auf das Besondere dieses Anfangs ganz besonders hingewiesen werden, benötigte Barenboim im Konzert für die zwei Töne mehr als eine Viertelminute! Dann entfaltete sich groß und ernst die Klage.

Wie unendlich weit dieser Satz hinausführt über schöne Traurigkeit, das hat Claudio Arrau tief berührend fixiert. Während des großen ersten Themas kommt zweimal eine G-Dur-Ausweitung vor. Das erstemal erscheint sie in der Mitte als einfache Melodie; ihr antwortet sogleich wieder fis-Moll. Diese Kadenz wird ausgesponnen. Dann meldet sich zum zweiten Mal der G-Dur-Gedanke. Jetzt weithin in Oktaven. Diesmal aber antwortet das fis-Moll nicht ruhig kadenzierend, sondern ausdrucksvoll abschließend. Die Melodie endet dann mit einem langsam abreißenden espressivo.

Dieser große Schluß des Adagio-Hauptthemas kehrt im Verlauf des Satzes mehrfach wieder: in der Reprise und in der Coda. Arrau macht aus den charakteristisch verschiedenen Varianten des von Beethoven tiefsinnig erweiterten Schluß-Gedankens Stationen einer Entwicklung. In der Reprise erscheinen die – melodisch fast gleich geführten – ersten beiden Takte dieser abschließenden Wendung anders harmonisiert, in reichere, empfindsamere Farben getaucht.

[...]

Aber es kommt noch toller. Nach einem Kraft-Ausbruch in der Coda, der nur eben genaues Gegenteil eines Ausbruchs war, nämlich die Fesselung an einen einzigen, gellend hohen, immer erregter begleiteten Ton, setzt das fis-Moll-Hauptmotiv wieder ein. Durchaus verkürzt, reduziert. Und schon wenige Takte später erscheint ein letztes Mal die wohlbekannte G-Dur-Gestalt samt fis-Moll-Kadenz. Diesmal ohne Volksliedassoziation. Sondern so leise – una corda – wie zu Anfang des Satzes und zugleich so langsam wie in seiner Mitte. Im Zusammenhang mit dem rasend erregten Coda-Schluß und als letzte Wiederholung im Kontext dieses riesigen Adagios signalisiert diese ganz leise, ganz vom ritardando überschattete Wiederkehr der G-Dur-Gestalt bei Claudio Arrau das Ende einer Tragödie. Den Zusammenbruch eines Themas. Arrau führt es gespenstisch vor: der letzte ritardando-Takt vor dem a tempo dauert bei ihm gut doppelt so lang wie der erste. Der Musik und ihren Hörern stockt der Atem – wenn ein großer Pianist vorschweigt, was in der Hammerklaviersonate an dieser Stelle geschieht. Danach versucht Fis-Dur zu trösten.

Drei Adagio-Vorgänge als Protokoll eines psychologischen Ablaufs: schöpferische Interpreten wie Arrau, Solomon, Barenboim und Brendel vermögen die Sinnkurve, die Wahnsinnskurve einer solchen Entwicklung zu entdecken und nachzuzeichnen. Läßt sich aus dieser vorgeschriebenen Ritardando-Steigerung folgern, Erstarrung sei der schwarze Hintergrund dieses fis-Moll-Dramas? Oder gar: das Adagio der Hammerklaviersonate spreche mit seinen Mitteln, im Rahmen seiner Form und Anthropologie ähnliche Zustände aus, wie sie – um es mit Hilfe einer literarischen Analogie zu sagen – später von Tschechow oder Beckett gestaltet wurden ...

Daß der Ausgang des langsamen Hammerklaviersonatensatzes ein Tragödien-Ende ohne Trauermarschbeiklang sein kann, lehrt Wilhelm Kempff mit Hilfe einer tiefsinnigen Relation. Kempff zeigt: genau die gleiche, starr-strenge Gestalt, die nach dem ekstatischen Ausbruchsversuch ertönte, erscheint jetzt wieder. Noch abstrakter, noch zeichenhafter, aber unmißverständlich als dieselbe Geste, dieselbe Formel erkennbar. Weil Kempff diese Entsprechung verhalten und klar spielt, stellt sich am äußersten Ende des Adagios ein tief depressives Fazit her: gleichviel ob leidenschaftlich wahnsinniger Tumult herrscht oder sanfter Fis-Dur-Trost – danach wartet doch immer dasselbe: die unbeweglich herbe fis-Moll-Geste. Kempff erreicht diese Wirkung, indem er den Einsatz des Themas als identische Reaktion artikuliert. Was auch vorherging, dieselbe Terzen-Gestalt antwortet. Entmutigung oder Trost werden fahl, gleichgültig ...

Solomon konstituiert die immer größere Langsamkeit seiner Interpretation nicht als Konsequenz der Entwicklungs-Linien, der Ablaufkurven, der seelischen Verläufe, sondern transpsychologisch. Solomon beginnt ruhig, dann weitet sich bei ihm die Ruhe allmählich aus zum erhabenen, herben Gesetz der Sache. So sorgfältig Solomon auch phrasiert, Kontraste vermittelt, Bewegungen und Entwicklungen vorführt: in diesem Künstler muß eine Waage existiert haben, die ihn befähigte, alle diese Differenzierungen zwar durchaus deutlich zu machen, aber gegebenenfalls ganz bewußt immer nur als Zweitwichtigstes. Wichtiger war für Solomon der langsame, immer langsamere Weg. Bei den ruhigen, archaisierenden Wendungen am Schluß des Dur-Themas läßt Solomon eine Stille entstehen, die nicht als Folge von Nuancen oder »Interpretationseinfällen« beeindruckt, sondern als Ausdruck von Strenge und Größe. Archaisierende Akkorde gerinnen bei Solomon zum höchsten und einsamsten Augenblick. Kein Gefühl vergehender Zeit mehr. »Die Erde könnte unbewohnt sein« – wenn Solomon ganz ruhig, ohne den verbindlichen Schönheitssinn des ebenso langsamen Barenboim, Beethovens Akkorde aus dem Schweigen holt.

Solomons strenges Extrem und Arraus tragische Inständigkeit: solche großen Auffassungen schaffen tiefe und prägende Eindrücke. Aber sie dürfen nicht unempfänglich machen für alle anderen Auseinandersetzungen mit dem Adagio. Wer Arraus oder Solomons Tempo einmal ganz mitgefühlt hat, dem wird das Adagio der Hammerklaviersonate als desto bedeutender, desto richtiger verstanden erscheinen, je langsamer es erklingt. Es sei ein »Mausoleum des Kollektivleids der Welt« hat Wilhelm von Lenz befunden. Die Riesen-Größe dieses Satzes wirkt nach solomonisch-arrauischer Adagio-Predigt, geradezu verharmlost und zum Andantino verkürzt, wenn die Töne fließend oder gar bewegt herauskommen.

Trotzdem hat sich wahrscheinlich eine tiefsinnige und konsequente Umdeutung an die Stelle der Bedeutung des Adagio-Bildes gesetzt.

Welche Argumente sprechen denn gegen Arrau, Solomon und Barenboim, die den Satz manchmal weit über zwanzig Minuten dauern ließen?

Erstens: Beethovens wiederum eindeutige und ausführbare Tempo-Vorschrift. Zweitens der Umstand, daß auch sehr verhalten beginnende Pianisten zumindest während der Durchführung wie von selbst dem von Beethoven verlangten 1/8 = 96 nahekommen. Drittens: die Tatsache, daß nicht nur Friedrich Gulda und Egon Petri Beethovens Angaben ohne Abstrich und ohne offenkundige Sinnverfälschung ausführen können, sondern daß auch so adagio-fromme Hohepriester des Klaviers wie Rudolf Serkin, Wilhelm Kempff oder der unkonventionelle John Ogdon dem Beethovenschen Tempo immer noch sehr viel näher sind als Barenboim oder Solomons Adagissimo ...

Beethovens klare Vorschrift im nachprüfbaren Hammerklaviersonaten-Ausnahmefall weist doch zumindest in eine Richtung, vermittelt eine »Idee«! Der Satz ist eben nicht »Adagio sostenuto – e con molto sentimento« überschrieben, sondern vielmehr: »Adagio sostenuto – Appassionato e con molto sentimento«. Trotzdem wird er bei allzu getragenem Tempo in einen Adagio-Monolog verwandelt, statt als leidenschaftliche Adagio-Ballade vorgetragen.

Voller Respekt für die so ungemein verschiedenen Interpretationen eines Arrau und eines Schnabel, eines Solomon und eines Gulda, eines Backhaus und eines Barenboim, eines Brendel und eines Charles Rosen kommt man als Interpretations-Interpret zu einer Erfahrung, die gewiß ihrerseits interpretationsbedürftig ist. Ich möchte die folgende naive und banale Antithese nicht verschweigen: Gefühl und musikalischer Instinkt plädieren hier für die Sehr-Langsamen, Verstand und musikalische Erfahrung hingegen für die Rascheren, Leidenschaftlicheren ...

Dabei bleibt immer noch offen, ob die Gewißheit, dieses Adagio müsse unendlich langsam vorgetragen werden (egal, was die bestimmt anfechtbaren Metronom-Angaben, die keineswegs eine Interpretation ersetzen, auch besagen), nicht vielleicht einfach damit zusammenhängt, daß viele große Adagio-Spieler sich für ein getragenes, erhaben langsames Tempo engagiert haben, während Pianisten, die keine eigentlichen Adagio-Interpreten sind, lieber eine raschere, unter ihren Händen zweifellos belanglosere Version wählten. Aber die dadurch nahegelegte Alternative, ob der Satz harmlos-gemäßigt oder erfüllt langsam herauskommen soll, ist keine. Genauso gut, genauso unfair wäre die rhetorische Frage, ob weichliche Abgründlerei denn besser sei als leidenschaftlich ausdrucksstarke Spannung. Zwischen Arraus herbem Ernst und Guldas gewichtigem Gleichmaß verbirgt sich dieses fis-Moll-Adagios uneinholbare Herrlichkeit ...

Musik besitzt eine vom Getümmel des unreinlichen Lebens unangetastete Sprache. Es gibt keine realistische oder unrealistische Musik. Diese Kunst hat ihre eigenen Gesetze, und sie kann, obwohl begriffslos, eine innere Logik entwickeln für Emotionen und Schönheiten. Ich höre Musik nie punktuell oder nebenher, sondern ich lasse mich ganz und vollkommen konzentriert auf die gerade erklingende musikalische Realität ein.

Mir geht ständig Musik durch den Kopf. Wenn ich nicht gut in Form bin und mich ein Thema verfolgt, das ich nicht erkenne, kann das regelrecht beklemmend werden. Der kluge Plan, nicht daran zu denken, scheitert natürlich. Das unerkannte Thema wird immer insistenter. Ich probiere dann die verrücktesten Techniken, um das Rätsel einzukreisen: Es ist offenbar nicht Haydn, könnte es Bach sein? Oder Mozart? Oder Dittersdorf?

Kultivierte Leute verhalten sich vielleicht um eine Spur gesitteter als völlig unkultivierte, derbe und rohe, die nichts als bloße Gewalt kennen. Aber eine stetige Beschäftigung mit Kultur verbessert den Menschen nicht unbedingt. Den Obersturmbannführer, der in Auschwitz Bach hörte, soll es schließlich gegeben haben. Ich fürchte sogar, dass jemand, der über die Maßen kultiviert und sensibel für Schönes ist und darin einen großen Teil seines Menschseins verwirklicht, möglicherweise im Privatleben jene dunklen und schmutzigen Seiten, die auch zum Menschsein gehören, umso heftiger und ungehemmter herauslässt. Mozart tat das durchaus. Ein spezifisches Talent, sich in Kunstsprache auszudrücken oder sie zu schätzen, bewirkt keineswegs, dass man ein besserer Mensch wird. Möglicherweise ein sensiblerer.

Es bleibt aber die bange Frage, ob Sensibilität bedeutet, man verhalte sich weniger aggressiv oder grausam. Dirigenten zum Beispiel. Ein Dirigent ist körperlich höchst aktiv, kann dabei herrschen und strahlend seinen Willen und sein Ego durchsetzen. Dieser Beruf scheint ein langes Leben zu versprechen. Toscanini, Karajan, Böhm, Klemperer, Monteux waren alle mit achtzig Jahren noch außerordentlich aktiv. Allerdings sind positive charakterliche Konsequenzen bei Dirigenten nicht zwangsläufig auszumachen. Viele verhalten sich recht aggressiv, schimpfen auf Kollegen.

Es gibt den unverächtlichen Typus des Kapellmeisters, der seinen Beruf gelernt hat, gut hört, über die Stücke und Instrumente informiert ist, weiß, wie man Instrumentalisten zueinander in Beziehung setzt, wie Sänger atmen, in welcher Lautstärke er sie begleiten und welche Tempi er wählen sollte. Ein großer Dirigent jedoch muss noch über Fähigkeiten verfügen, die schwerer zu beschreiben sind. Er muss eine Aura besitzen, mitzureißen und zu faszinieren, er muss Energien und Leidenschaften übertragen können. Einmal saß ich in der ersten Reihe direkt hinter dem Dirigentenpult, als Karajan Verdis *Otello* dirigierte. Karajans rhythmischer Elan, seine Spontaneität ergriffen mich derartig, dass ich mich die ganze Zeit mit ihm bewegte und kaum dazu kam, die Musik zu genießen.

Nach zwölf Tagen Kuba und Mexiko endlich einen Flügel entdeckt. Im Stadtpalast von Merida, Dezember 2001

Noch etwas ist essentiell wichtig: Wilhelm Furtwängler, Leonard Bernstein, Karl Richter, Carlos Kleiber und viele weitere berühmte Dirigenten wissen oder spüren, es kommt nicht nur darauf an, jede schöne Stelle auszukosten. Sie verzichten instinktiv oder bewusst auf manche Effekte und vertrauen darauf, dass »Ausdrucksloses« im Gesamtzusammenhang oft erschütternder wirkt als manches überströmende Espressivo. Zudem müssen Dirigenten natürlich ihre »Eins« so schlagen können, dass hundert Instrumentalisten präzise und schwungvoll einsetzen.

Furtwängler allerdings wirkte besonders bei den ersten Einsätzen, den Anfängen von Ouvertüren oder Symphonien, unentschlossen, wartete mit zitternden Armen irgendwie »medial«, bis ihn das Kommende ganz erfüllte. Dann erst fing er an. Wie Adorno hat auch Arturo Toscanini über ihn gespöttelt: ein genialer Dilettant. Dieses zitternde »Noch-Nicht« muss für die Musiker entsetzlich gewesen sein. Von den Berliner Philharmonikern existieren zahlreiche Witze darüber: Wir fingen an, wenn wir nicht mehr weiter warten konnten. Oder, wenn seine Arme am dritten Knopf der Frackweste angekommen waren. Infolge dieser spannenden Unklarheit klangen Furtwänglers Anfänge allerdings oft gewaltiger als korrekt geschlagene.

Einmal wurde Furtwängler von den Orchestermusikern gebeten, eine schwierige Stelle, vor der sie sich fürchteten, ganz genau zu probieren und zu »schlagen«. Er tat ihnen den Gefallen. Es klappte bestens. Nach der Probe fragten sie ihn stolz, wie es ihm selber gefallen habe. Er antwortete: »Überhaupt nicht. Es klang so scheußlich direkt.« Dieses direkte, kalt perfekte Funktionieren warfen deutsche Furtwängler-Fans Toscanini vor.

231

Toscanini war natürlich kein bloßer Perfektionist. Ich ließ mich seinerzeit leider sehr von Adorno gegen ihn beeinflussen. Manches war ja auch fürchterlich. Wenn Toscanini Schuberts große C-Dur Symphonie dirigierte, beschlich einen das Gefühl, eine italienische Geiß knabbere den deutschen Wald an. Schubert war nicht Toscaninis Sache. Dafür gibt es von ihm eine wunderbare Interpretation der *Meistersinger*. Das langsame Vorspiel zum dritten Akt – es setzt sich aus Choralthema und dem Melancholie-Leitmotiv von Hans Sachs zusammen – zelebriert er langsamer als alle anderen, klar und ohne jeden Kitsch, besser als Furtwängler oder Karajan. Es gibt von Toscanini auch eine panisch-wilde Aufführung von Beethovens *Missa Solemnis* und schöne Brahms-Interpretationen. Verdis *Aida* unter seinen Händen klang authentisch. Aber die progressiven Musiker des 20. Jahrhunderts, zum Beispiel Schönberg, konnten Toscanini alle nicht leiden. Es ist ein Witz: Die deutschen Emigranten schwärmten für Furtwängler, und Toscanini mochten sie nicht, obwohl er sich politisch höchst anständig verhalten hatte. Übrigens soll sich Toscanini 1936 dafür ausgesprochen haben, dass Furtwängler in New York sein Nachfolger werde. Welche politische Intrige Furtwängler diesen kühnen Plan kaputtmachte, zugleich in Hitlers Berlin und in Toscaninis New York zu dirigieren, weiß man nicht genau.

Für die Südpreußische Zeitung, *ein gewaltiges Geschenk zu meinem Siebzigsten, wurden hinter meinem Rücken circa fünfzig Freunde aktiviert. Winfried Greser karikierte mich als Mozart.*

Ich habe zahlreiche große Musiker kennenlernen dürfen. Zu den allerwichtigsten Musikerpersönlichkeiten meines Lebens gehört neben Rubinstein, Furtwängler und Karl Richter als Bach-Interpret auch Leonard Bernstein. Bernstein habe ich über die Maßen verehrt und geliebt. Seine Lebendigkeit, seine Hingabe, sein Feuer! Er hat natürlich hundert Zigaretten am Tag geraucht und das mit einer Flasche Whisky ausgeglichen. Man kann ihm auch kaum vorwerfen, prüde gewesen zu sein. Vorsichtig-sparsam und zurückhaltend war er wirklich nicht, sonst hätte er vielleicht zwanzig etwas harmlosere Jahre länger gelebt. Er verausgabte sich. Und konnte enorm viel. Vierundzwanzigjährig sprang er in New York für den plötzlich erkrankten Bruno Walter ein und dirigierte ohne Probe (!) den *Don Quichotte*, eine der schwierigsten Kompositionen von Richard Strauss. Das war sein Durchbruch als Dirigent, denn das Konzert wurde über Radio in ganz Amerika ausgestrahlt. Er spielte auch betörend schön Klavier. Einmal erzählte er mir, er habe in Münchens Hotel Vier Jahreszeiten tief in der Nacht Chopins *Nocturnes* auf dem Flügel versucht, bis es von unten an die Decke klopfte. Später stellte sich heraus, dass ausgerechnet Karajan in der Suite unter Bernstein um Schlaf gerungen hatte.

Irgendwann wurde ihm das Dirigieren ein wenig lästig, weil ihn die dauernd wechselnden Orchesterbesetzungen ärgerten. Er sagte mir, er wolle jetzt nur noch Klavier spielen. »Rate mal, was?« Da ich ihn immer als hinreißenden Dirigenten der Schumann-Symphonien bewundert hatte, antwortete ich prompt, wahrscheinlich eine Schumann-Sonate. Er war ganz baff: »Woher weißt du das? In der Tat, die fis-Moll Sonate.« Ich gab zu bedenken, dass die Ecksätze zwar wunderbar seien, der langsame Satz aber doch ein bisschen langweilig. Bernstein widersprach flammend: »Jochen! Give me half an hour and I can show you!« Da kein Klavier zur Verfügung war, hat er es mir vorgesungen.

Nie verhielt er sich wie ein Prominenter. Einmal kam auch eine unbekannte junge Fotografin zu ihm und bat ihn unbefangen um ein Vorwort zu einem Bildband. Da ihm die Bilder gefielen, beschenkte er sie mit einem Text, den sie selig abdruckte. Andere ihres Ranges bewusste Dirigenten hätten das kaum getan.

1979 dirigierte Bernstein in Berlin die 9. Symphonie von Mahler. Wir wohnten während der Proben im selben Hotel und fuhren einmal mit dem Taxi zusammen in die Philharmonie. Beim Einsteigen sagte er lächelnd: »Kein Krieg der Dirigenten.« Er wolle jetzt nicht auf Karajan schimpfen, was er dann doch ausführlich tat. Es lag ihm daran, dass junge Leute und Schüler Mahlers 9. kennenlernten, und er wollte für sie eine Sonderaufführung planen, ohne Honorar natürlich. Doch Karajan war damals Chef der Berliner Philharmoniker. Er lehnte, wohl aus Eifersucht, Bernsteins Vorhaben ab und schob organisatorische Gründe vor. Dabei zeigte sich Bernstein sogar bereit, für alle Kosten selber aufzukommen. Am Ende der langen Taxifahrt lud Bernstein mich ein, ihn in New York zu besuchen. Ich nahm den Vorschlag nicht richtig ernst. Tja, und dann ist er 1990 gestorben, ohne dass ich ihn jemals in New York besucht hätte. Als ich mich neulich aber auf meine Vorträge über die 9. Mahler vorbereitete, entdeckte ich wieder, wie penibel Bernstein seine Adresse, seine Privatnummer und die seines Büros auf die letzte Seite meiner Partitur geschrieben hatte.

Mit Leonard
Bernstein

Sergiu Celibidache habe ich das erste Mal als Schüler in Hamburg gehört, in der Zeit, als es darum ging, ob er in Berlin Furtwänglers Nachfolger werden solle. Celibidache war damals jung, schlank, sah glänzend aus. Er dirigierte Tschaikowskys 4. Symphonie. Die schnellen Sätze rasend rasch. Später, als er Orchesterchef in Stockholm war, begegnete ich ihm noch einmal. Wieder gefiel er mir sehr. Auch als er von 1979 bis 1996 Generalmusikdirektor der Münchner Philharmoniker war, schrieb ich erstaunlich viele positive Rezensionen über ihn. Ich galt doch eher als erbitterter Celi-Gegner! Seine Wagner-Ouvertüren, sein Debussy, sein Richard Strauss imponierten mir aber. Meist jedoch störte mich, dass der gealterte Celibidache zu pedantischer, ja dogmatischer Langsamkeit neigte. Immer waren alle Subtilitäten perfekt herausgearbeitet, manchmal sogar überprobiert. Weil es ihm um die Erfüllung bestimmter Absichten ging, fehlte ihm oft der vitale Schwung. Da bekenne ich mich gerne als Bernstein-Fan. Nie werde ich vergessen, wie enthusiastisch Bernstein sich von der Kraft eines großen symphonischen Satzes ergreifen ließ, wie glühend er Energien zu steigern und zu gestalten vermochte.

Als Beethoven und Wagner,
von Winfried Greser

Welche Symphonien zählen für dich denn zu den größten? Kannst du
das überhaupt sagen?

Es gibt zahlreiche gewaltige Symphonien. Anton Bruckners 4., 9. und 7. Nicht so sehr seine 8. Da habe ich immer das Gefühl, Bruckner wolle nach dem Erfolg seiner 7. endlich triumphal zeigen, was er kann. Sie wirkt auf mich ein wenig demonstrativ großartig, obwohl gerade sie die Symphonie ist, mit der Bruckner nach Erfolgen in Deutschland endlich auch in Wien seinen Durchbruch erzielte. Und zwar in Anwesenheit von Brahms, dem sie wohl nicht sehr gefallen hat ...

Ich schätze auch die 4. von Tschaikowsky, Dvořáks 8. und 9., und Mahlers 1., 4. und 9. Sehr liebe ich Schumanns 1., 2. und 4. Symphonie. Seine 3., die »Rheinische«, erscheint mir in den Mittelsätzen ein wenig biedermeierlich. Beethovens *Eroica* mit ihrem gewaltigen Trauermarsch gehört selbstverständlich zum Allergrößten.

Dieser Trauermarsch ist ein Wunder. Er fängt normal und großartig an. Man hat das Gefühl, Soldaten tragen einen gefallenen Helden zu Grabe. Wie in der Gattung Trauermarsch üblich, ist der Tote das Objekt, um den eine Gemeinschaft affirmativ trauert. Dann aber kommt es zu einer einzigartigen Wendung. Plötzlich wird der Tote zum Subjekt! Nach einem ungeheuerlichen Fugato wandelt sich der Trauermarsch, also die vorgegebene Form aus dem 18. Jahrhundert, zur »Symphonischen Dichtung«, die das Sterben eines Helden vorführt. Am Ende stockt das Thema, verliert den Zusammenhang, bricht auseinander, das Keuchen und Sterben scheint realistisch dargestellt. Als Napoleons Tod in Wien gemeldet wurde, sagte Beethoven stolz, dieses Ereignis habe er zwanzig Jahre zuvor komponiert.

Meine Lieblingssymphonie ist nach wie vor die große C-Dur von Schubert. Der erste Satz birgt wunderbare Spannungen. Der zweite fasziniert mit seinem melancholischen Schlendern und Echoeffekten, wie sie bereits im Kopfsatz vorkamen und nun über riesige Generalpausen weiterhallen. Das Scherzo, zumal sein Trio, hat etwas Mystisches. Und der Jubel im Finale pulsiert schlechthin atemberaubend. In der Coda kommt dreimal nacheinander ein majestätisches Unisono-C vor, eine äußerste Steigerung des fröhlichen Rausches. Es ist aber ein Zitat aus Mozarts *Don Giovanni*. In der letzten Szene pocht der Tod in Gestalt des Komturs mit genau einem solchen C an Don Giovannis Pforte. Das heißt: Im Augenblick höchsten Jubels erinnert die Symphonie, wie zur Steigerung des Jubels, an den Tod! Schwer zu sagen, ob Schubert das bewusst gewollt hat.

Bei diesen Symphonien geht es dir aber nicht darum, dass in ihnen die Form der Symphonie am besten oder korrektesten gestaltet ist.

Die Form der Symphonie stellt für den Komponisten sowohl eine traditionelle Voraussetzung als auch eine Art von Widerstand dar.

Zunächst ist eine Symphonie, grob gesagt, eine Sonate für Orchester, die mit Hilfe von Instrumentation, Klangfarben, Orchestereffekten komponiert wird. Die Sonatenform scheint selbstverständlich gegeben. Lehrbuchartig gesprochen liegt eine Sonatenhauptsatzform vor, eine wandelbare Folge der Tonarten und Modulationen unterschiedlicher Themen in der Exposition, die in der Durchführung behandelt und in der Coda vielleicht noch einmal aufgenommen werden. Der Rang einer Symphonie, überhaupt einer Sonaten-Komposition, misst sich für mich auch daran, welchen spezifischen Formverlauf der Komponist dieser vorgegebenen Form hinzufügt. Auf der einen Seite führt der Komponist bestimmte Verläufe vor, weil die Form sie fordert, auf der anderen Seite gestaltet er weitere Zusammenhänge, Verläufe und Steigerungen, also eine dramatische Entwicklung unabhängig vom Schema. Daraus können mächtige Spannungen entstehen. So geschieht es etwa in Beethovens 9. Symphonie bei der Reprise. Der Eintritt der Reprise ist in der Klassik stets ein großer Moment, der die Haupttonart gleichsam bestätigt. Der Kopfsatz von Beethovens 9. steht in d-Moll. In der Reprise aber erscheint das Hauptthema in D-Dur. Es könnte ein großer, triumphaler Augenblick sein. Nur gestaltet Beethoven dieses Reprisen-D-Dur derart donnernd und mit panischer Pauke, dass es, zumal unter Furtwängler, als Katastrophe schlechthin erscheint. Der vitale Elan geht an seiner eigenen Kraft zu Grunde. Kein Wunder, dass der Kopfsatz in seiner Coda zum grimmigen Trauermarsch vereist. Auch in der *Appassionata*, Beethovens f-Moll Klaviersonate Opus 57, erlebt man förmlich, wie die Hauptthemen nicht nur der Reihe nach erscheinen, sondern wie sie einem prozessualen Verlauf unterworfen werden und fahl im Pianissimo enden. Das heißt, der Verlauf hat ein anderes Ziel als die Form. Solchen Zusammenhängen nachzuspüren, sie bewundernd herauszufinden, macht natürlich Spaß. Derart fesselnde Spannungen kann man auch bei Brahms entdecken, bei Schubert und Chopin, eigentlich bei allen Komponisten, die die Sonatenform ernst nahmen.

Die Sonate ist die höchstentwickelte Form deutscher Musik. Große Symphonien und Sonaten stammen auch weithin von deutschen Komponisten oder sind zumindest von der deutschen Tradition beeinflusst, wie zum Beispiel die großen russischen Klassiker des 19. Jahrhunderts.

Italienische Komponisten haben diese Sonatenform doch auch ge-
kannt. Haben sie sich nicht dafür interessiert?

Der wunderbare italienische Komponist Giuseppe Domenico Scarlatti hat viele hundert Klaviersonaten geschrieben. Alle sind außerordentlich erlesen, ja delikat. Seine Bewunderer nannten Scarlatti den Chopin des 18. Jahrhunderts. Auch heute noch wählen kluge Pianisten bei ihren Konzerten die Scarlatti-Sonaten als Einspielstücke oder als Zugaben. Nur: Im Grunde ähneln sich diese Sonaten trotz ihrer genialen, entzückenden Themen formal alle sehr. Beethovens Klaviersonaten dagegen sind erstaunlich verschieden. Jede ist ein eigentümliches Individuum. Vielleicht hängt das mit dem deutschen Nationalcharakter zusammen. Man hat uns mit einem gewissen Recht den Vorwurf gemacht, wir seien als Individuen eigentlich niemals »fertig«. Da bleibe immer etwas Jünglingshaftes, etwas Werdendes. Dass ein Deutscher – eine Deutsche – zum regelrecht erwachsenen reifen Künstler wird (Goethe als ewige Ausnahme), das ist relativ selten.

Nietzsche hat festgestellt, es sei ein Wahrzeichen der deutschen Seele, zugleich jung und veraltet zu sein. Die Deutschen »sind von vorgestern und von übermorgen – sie haben noch kein heute«. Kein Wunder, dass wir politisch so undeutlich bleiben und keine richtige Identität entwickeln. Im Gegensatz zu Frankreich, England und den USA haben wir lange Zeit so getan, als ob Politik, Staatsform und Demokratie nicht unsere Sache seien, und haben die Dringlichkeit gestalteter Zivilisation allzu spät kapiert. Das schuf viel politisches Unglück.

Im Hinblick auf Musik aber stellt diese seltsame Jünglingshaftigkeit, dieses »Werden«, dieses sich Immer-weiter-Entwickeln und Niemals-fertig-Sein, einen spannenden Vorzug dar. So ist die deutsche Symphonik der Musik anderer Nationen vielleicht in dem Maße überlegen, in dem wir diesen Ländern politisch und gesellschaftlich unterlegen blieben. Auch der sogenannte Bildungsroman zwischen *Wilhelm Meister* und *Blechtrommel* hat emphatisch mit dem Werden zu tun. Er ist wohl auch ein typisch deutscher Gegenstand.

Du sagst, das Streichquartett sei für jeden Komponisten die größte Her-
ausforderung, musikalische Essenz zu gestalten. Als Laie denkt man
vielleicht, dass Symphonien für große Orchester die noch gewaltigere
Herausforderung darstellen.

Ein Orchester mit hundert oder hundertzwanzig Leuten, die mit Affekt und Farbigkeit aufspielen, bietet natürlich eine tolle und völlig unprivate Herausforderung. Unprivat darum, weil die große Symphonie mit Recht als eine Art Testament an die Menschheit bezeichnet werden könnte. Bei einer Sonate wäre eine solche Beschreibung fast lächerlich. Doch in der Symphonie geht es gerade darum, über alles Elitäre, Feine, Persönlich-Depressive, Kammermusikalische hinweg das Schlagend-Menschenverbindende auszudrücken. Beethovens 9. Symphonie mit ihrer Ode an die Freude wäre als Streichquartett schwer vorstellbar. Auch seine 5. sprengt den Konzertsaal, und man hat das Gefühl, sie ende unter freiem Himmel, als Volksfest.

Es ist jedoch für Komponisten nicht leicht, gegenüber dem rhetorischen Öffentlichkeitsanspruch der Symphonik ihre eigene, individuelle Musiksprache durchzusetzen. Am ehesten gelang es Schubert. Trotz fabelhaften symphonischen Schwunges spürt man bei ihm eine überwältigende, sympathische, melancholische Individualität, seine unnachahmliche Form und seinen privaten Ton. Natürlich, im zweiten Satz von Beethovens 7. Symphonie, diesem bewegenden a-Moll-Allegretto, gestaltet Beethoven auch Magisch-Privates, das ins Allgemeinere überhöht wird. Und ein Meisterwerk wie die 3. Symphonie von Brahms stellt ebenso eine wunderbar philosophische Lösung des Symphonie-Problems dar.

Vielleicht könnte man antithetisch sagen, die Symphonieform sei riesig, öffentlich, rhetorisch, das Streichquartett und Kammermusik feinsinnig, privat. Doch gehört natürlich immer beides zu großer Musik. Beethovens *Waldsteinsonate* ist, weiß Gott, nicht nur feinsinnig, aber eben doch Kammermusik, elitär. Mir scheint sie übrigens sehr viel schwerer zu interpretieren als die *Appassionata*. Die Spannung eines objektiven C-Dur will ja erst geschaffen sein, während die Moll-Leidenschaft viel unmittelbarer mitreißt.

Im Jahr 2007 hast du eine vieljährige Vortragsreihe »Symphonie und große Sonate zwischen Beethoven und Mahler« mit Mahler abgeschlossen. Hast du Gustav Mahler dabei neu für dich entdeckt?

Ich höre Mahler seit 1950, das erste Mal in Anwesenheit von Adorno, als Winfried Zillig Mahlers 2. Symphonie in Frankfurt dirigierte. Die junge Christa Ludwig war Gesangssolistin. Für meine

Vorlesungen habe ich mich natürlich wieder sehr in Mahlers Werk vertieft, alle seine Lieder unendlich liebgewonnen und manche Stärken entdeckt, die mir früher nicht so bewusst geworden waren. Seine viel gerühmte Instrumentationskunst bewunderte ich schon immer. Da kann er es ohne weiteres mit Strauss und Wagner aufnehmen, die, wie er, auch Dirigenten waren und trotzdem keine Kapellmeistermusik geschrieben haben. Andererseits glaube ich, einigen Schwächen Mahlers auf die Spur gekommen zu sein. Manche seiner großen Symphonien scheinen mir von der Konzeption nicht völlig plausibel, als habe er beim letzten Satz nicht mehr ganz genau gewusst, was ihm im ersten vorschwebte. Dann macht er – er war ja ein Genie – aus der Not eine Tugend und mischt Triviales, Banales, Schlagerhaftes mit Tiefem, Religiösem, Emphatischem. Dafür gibt es das schöne Schlagwort: »synkretistisch«. Als Mahler in den sechziger Jahren Mode wurde, galt sein Synkretismus als positives Zeichen dafür, wie unkonventionell und wenig klassizistisch er komponierte. Vielleicht hat er auch mit Absicht gegen das angeschrieben, was ich den organischen Zusammenhang einer großen Symphonie nenne. Das kam ihm vielleicht eklektisch vor, und es mag meine Grenze sein, damit nicht immer zurechtzukommen. Zumal in der 2. und 3. Symphonie stören mich die positiv gläubigen kantatenhaften Schlüsse. Wie meinte doch Adorno: »Mahler ist ein schlechter Ja-Sager.«

Bei Mahler muss ich sehr viel mehr differenzieren, was ich genial oder weniger gelungen finde, als bei anderen Komponisten seines Ranges. Man sollte aber nicht die Phrase nachbeten, Mahler habe sich für seine Symphonien vielleicht zu viel vorgenommen. Denn gerade die problemerfüllten ersten Sätze sind fast immer die besten. Er scheint, so banal es klingt, oft nicht genügend Zeit zur Kontrolle gehabt zu haben. Als Chef der Wiener Staatsoper konnte er nur in seinen wenigen Ferienwochen komponieren und war gegen Ende immer in Zeitnot. Er führte ein verhetztes Leben und sagte nicht zu Unrecht: »Andere Leute ruinieren die Oper und pflegen sich – ich pflege die Oper und ruiniere mich.« Mit Anfang fünfzig starb er.

Er erscheint mir, ein wenig frivol gesagt, dem Maler Max Beckmann oder dem Lyriker Gottfried Benn ähnlich. Deren Produkte sind so kraftvoll und schlagend originell, dass auch Menschen, die nicht allzu viel Sinn und Sensibilität für Malerei oder Lyrik besitzen, sie vergöttern. Entsprechendes gilt für Mahlers Wirkung. Seine Unmittelbarkeit und Ekstase, die Leidensgewalt seiner Symphonien scheinen unwiderstehlich. Man darf bei Mahler aber nicht nur an den Symphoniker denken. Herzbewegend sind seine Lieder, zum Beispiel *Wo die schönen Trompeten blasen*, oder sogar *Bald gras ich am Neckar, bald gras ich am Rhein*. Auch seine Liederzyklen und die erlesenen Rückert-Lieder: Alles das ist obersten Ranges.

Glanz und Grenzen des Simon Rattle[29]
Umjubelte Auftritte der Berliner Philharmoniker bei den Salzburger Festspielen

Es ist eine Respekt gebietende Salzburger Tradition, dass am Ende jedes Festspielsommers gewichtige Symphoniekonzerte den Abschluss bilden. Diesmal boten die Berliner Philharmoniker unter ihrem Chefdirigenten Sir Simon Rattle zwei ungemein verschiedene Programme. Am ersten Abend Mahlers IX. Symphonie, am zweiten eine gemischte Folge aus Brahms, Schumann, Ligeti und Strawinsky.

Mahlers riesige Symphonie, deren Ecksätze jeweils eine halbe Stunde dauern, stellt für jeden Dirigenten eine heikle Aufgabe dar. Simon Rattle führte sein mittlerweile auffallend verjüngtes Orchester mit engagierter Inständigkeit, ohne alle Mätzchen, Allüren, Posen. Die hat der 52-jährige Star nicht nötig. Etwa die langsam einschwingenden Anfangstakte des Kopfsatzes, wie auch das strömende Melos des Schluss-Adagios faszinierten. Wie professionell Rattle sein Orchester im Griff hat, machte die virtuos vorüberrauschende »Burleske« der Symphonie deutlich. Da holte Rattle sogar keck heraus, was den meisten seiner Kollegen entgeht: eben nicht bloß die rasend rasche trotzige Energie des Stückes, sondern auch den unwiderstehlichen Witz mancher Mahler'scher Fugenthemen.

Sinn für Zartes und Subtiles
Man lauschte also einem Orchesterchef, der mit loderndem Temperament sowie mit wachem Sinn für Zartes und Subtiles musiziert.

---

29   In: SZ, 30. August 2007.

Zweifellos ein trefflicher Interpret. Aber auch ein großer? Einer vom Rang des Leonard Bernstein, Herbert von Karajan, Erich Kleiber, Igor Markewitsch, Wilhelm Furtwängler? Da scheinen Zweifel angebracht. Es trat zutage, dass Rattles Darbietung des schwierigen Kopfsatzes von Mahlers IX. an etwas krankt, was gemeinhin eher als Vorzug, als Stärke gilt: nämlich an Eindeutigkeit, Überdeutlichkeit, Geheimnislosigkeit. Gewiss: Der Satz begann nachdenklich, zart, verhalten. Aber bei vielstimmigen Steigerungen, bei unhomogenen Flächen schien Rattle überfordert. Er fühlt zu wenig, dass der reife Mahler oft genug mannigfache Dimensionen des Klanges wollte, die alle ertönen müssen. Sie lassen die Fülle des Kopfsatzes erscheinen – und verschleiern sie zugleich. Stets meint man, dass sich hinter dem Erklingenden noch etwas Geheimnisvolles verberge.

Bei Rattle donnern gegebenenfalls hauptsächlich die Blechbläser – und man glaubt sich in Verzweiflungsorgien Tschaikowskys. Dann wieder lässt er schwungvoll melodisch die Geigen triumphieren – und man staunt, wie viel Strauss in Mahler steckt.

Es muss eben immer etwas Entschlossenes, Eindeutiges, Unverkennbares passieren. Rattle zielt auf einen isolierenden Affekt-Aktionismus. Dieser Künstler spürt offenbar gar nicht, wie wichtig gelegentliche Zurückhaltung, ja Ausdruckslosigkeit ist in großer Musik. Weil er alles auflädt, aktiviert, darum verlieren sich – umzingelt von lauter Auch-Höhepunkten – die entscheidenden herben Ereignisse.

So nimmt Rattle im Eifer des Gefechts kaum zur Kenntnis, wie enorm sich beispielsweise Dringlichkeit und Aura ändern müssten, wenn Mahler gegen Schluss Trauermarsch-Pathos verlangt: »Wie ein schwerer Kondukt.« Kurz vor Schluss des Kopfsatzes will Mahler eine kadenzartige Solo-Episode: »Misterioso. Plötzlich bedeutend langsamer.« Erstes Horn und Solo-Flöte sollen in ruhigem Tempo eine fast unspielbare, duettierende Solo-Kadenz bieten, eine kammermusikalische Parenthese von einzigartiger Subtilität. Wonach es dann logischerweise »Nicht mehr so langsam« weitergeht. Rattle musizierte darüber hinweg, alles lief kaum abgewandelt weiter. Vielleicht fehlt Rattle das Gespür für solche tiefsinnigen Kontraste überhaupt, für tragische Affekt-Dramaturgie ...

Im zweiten Satz der Mahler'schen »Neunten«, einem Ländler, der täppisch-derb unterbrochen wird, empfindsam weitergeführt, am

Ende süß grausam hingerichtet, imponierten Durchsichtigkeit und Homogenität des Orchesters. Merkwürdigerweise fehlte Rattle der Sinn für die Idiomatik des Ländlerthemas. Es blieb, fast demonstrativ, starr. Dabei war Mahler doch Böhme, der hätte wahrscheinlich überhaupt nicht begriffen, was daran so schwer sein soll.

Rattles Triumph: die folgende Burleske. Sie erklang fabelhaft virtuos und witzig. Den Stretta-Schluss hat selbst Bernstein nicht besser geschafft. Im Final-Adagio wich Rattle dem naheliegenden Vergleich mit Bruckner aus, indem er Mahlers Melos wunderbar blühend, ja sinnlich-wagnerianisch verstand. So wirkte die Interpretation weniger fromm als hysterisch. Und das war ihre Stärke ... Erst im extrem langsamen Schluss mischten sich – wie am Ende des »Liedes von der Erde« – ersterbendes Abschiedsweh und mystische Daseins-Feier.

Simon Rattles zweites Konzert hatte einen erstaunlich munteren Höhepunkt. Caroline Stein, entzückende Mischung aus seriösem Koloratursopran und agiler Koloratur-Soubrette, sang drei sogenannte »Arien« (in Wahrheit total absurdes Wiederholungsgestammel sinnfreier Silben und Worte) aus Ligetis Oper »Le Grand Macabre«. Auch wer diese Oper mehrfach gehört hat, musste stets mit Ligetis Textwahl hadern: Ein Jammer, dass dieser geniale Komponist so viel Geschmack fand an den albernen Forciertheiten von Ghelderodes Phantasie-Ländchen. Carole Stein verblüffte mit halsbrecherischen Koloraturen und charmant mühelos gebotenen Spitzentönen. Die Musiker spielten in jeder Weise mit, Rattle äußerte sogar einen kommentierenden Satz. Die rhythmische Vitalität der Partitur erfreute. Alles das sorgte für beste Laune und jubilierendes Publikum.

Verlustanzeigen

Vor der Pause meisterte Gidon Kremer Schumanns Violinkonzert. Ein beklemmend problematisches Werk – dem Schumanns Geschwächtheit anzumerken ist. Jene Passion, wie sie die späten Violinsonaten oder gar das Cellokonzert beseelt, fehlt weithin. Es griff ans Herz, wie Kremer, sehr frei langsamer werdend, am Ende der Durchführung Verdämmern und Ersterben gestaltete, wie er das Melos des Mittelsatzes nobilitierte und die erschreckende (überkompensierende) Polonaisen-Munterkeit des Finales zart zurücknahm.

Leider zwingt Rattles zweiter Abend zu zwei Verlustanzeigen. Waren nicht die Berliner Philharmoniker einmal das beste Brahms-Orchester der Musikwelt? (So wie die Wiener »das« Bruckner-Orchester?) Nun sind sie es nicht mehr. Ihr Brahms (»Tragische Ouvertüre«) klingt recht unspezifisch, sogar etwas extrovertiert. Den Akkorden fehlt es an Innenspannung, archaischem Gewicht. Und wer einst Strawinskys »Symphonie in drei Sätzen« (von 1945) als ein gewaltiges Schreckensdokument liebte – der hat sich damals wohl getäuscht. 2007, in Salzburg, wirkte das Stück nur mehr imperial-monumental aufgedonnert. Hätte auch von Respighi sein können. Filmmusik. Rattle versuchte kaum, jene gläsern panischen Effekte herzustellen, die einst faszinierten. Immerhin: An Beifall fehlte es nicht.

*Den Unterschied von Strauss' Guntram und Wagners Tristan hätte ich
gerne auf meinem Konto.*

Joachim Kaiser

Opernwelten

Fidelio gilt als unaufführbar. Das meinte sogar Jean-Pierre Ponnelle.
Im Libretto finden sich auch ein paar Direktheiten und Simplizitä-
ten, über die man sich blasiert mokieren kann. Walter Jens und Hans
Magnus Enzensberger wollten darum sogar den Text von Joseph Sonn-
leitner verbessern und haben ein neues Libretto geschrieben, was ich
für abwegig halte, sosehr ich Jens und Enzensberger schätze. Doch
Beethoven hatte beim Komponieren eben nicht ihren Text vor Augen.
Er nannte *Fidelio* sein »Schmerzenskind«. Bei der ersten und zweiten
Fassung gab es viele Probleme, erst die dritte, enorm revidierte Fassung
von 1815 brachte der Oper Erfolg. Gleichwohl ein Stück, in dem nicht
die *entstehende* Liebe Zentrum ist, sondern die *eheliche* Liebe, die es
immer schwer haben dürfte, wirklich populär zu sein.

Ich finde es sehr rührend, dass Beethoven, ewiger Junggeselle, hier
die eheliche Liebe rückhaltlos verklärt. Oder auch, dass er als tauber,
einsamer und vergrämter, relativ alter Künstler eine Symphonie über
die Freude komponierte. Da musste Beethoven bestimmt heftig kom-
pensieren. Eine faszinierende Gewaltsamkeit ist den Werken ja auch eigen. Aber gerade Beethovens Übertreiben kann wahnsinnig spannend
wirken. Nichts ist kümmerlicher, als wenn *Fidelio* oder die 9. Symphonie abwiegelnd-vernünftig auf einer mittleren, moderaten Linie geboten werden.

Als Professor habe ich natürlich Vorlesungen über die großen Symphoniker, Beethoven, Schubert, Bruckner und Brahms gehalten. Bei
einer Prüfung fragte ich eine Studentin, was denn das Gemeinsame an
diesen vier Komponisten sei. Die nette Studentin antwortete, ihnen sei
gemeinsam, dass sie alle nicht geheiratet hätten. Ich zuckte zusammen.
Mir war es eigentlich um bestimmte Formen des symphonischen Aus-
drucks gegangen. Doch sie hatte nicht Unrecht.

Wiener Festwochen[30]
Bernstein und Schenk lösen Fidelio-Rätsel
Überwältigende Eröffnungspremiere im Theater an der Wien

Als sich der Vorhang schloß vor der überwirklichen C-Dur-Helle des
»Fidelio«-Finales und vor dem rhythmisch gläubigen Schwung dieses ebenso demonstrativen wie beschwörenden Opernendes, das ich
noch nie so ekstatisch und doch sicher, so zweifellos und doch un-
überhetzt gehört zu haben glaube, da dankte das Publikum mit mehr
als bloß endlosem Beifall: nämlich mit einem Aufschrei. Die aberwitzige Spannung dieser idealischen Freiheitserfahrung entlud sich
auf vielerlei Art. Gwyneth Jones, die den Fidelio mit größter, passionierter Inbrunst gesungen hatte, brach in Tränen aus; Leonard Bernstein, dem eine äußerste Steigerung zu danken war, weit hinaus über
seine Wiener Missa solemnis des Vorjahres, umarmte den Regisseur
Otto Schenk, der das zwar – als wahrer Held des Abends – durchaus
verdient hatte, aber doch etwas verdutzt wirkte. Alle spürten, daß
etwas Besonderes geschehen sei. Und so leicht wird man in einem
»Fidelio«-Publikum auch nicht Christa Ludwig und Birgit Nilsson sitzen sehen. Weit hinaus über alle halbgelungenen oder anfechtbaren
»Fidelio«-Aufführungen zumindest des letzten Jahrzehnts, die meist
entweder die »Fidelio«-Welt mit unsinnig dissoziierenden Bühnen-
bildern zerstörten oder die Opernhandlung mit der dritten Leonoren-
Ouvertüre symphonisch deklassierten, ist hier ein neuer Standard gesetzt worden. [...]

Auch die kleine Welt wird nah und dringlich!
Man muß mit dem Ort der Handlung anfangen: mit dem Theater an
der Wien. Ein relativ kleines Haus, eher dem Münchner Cuvilliés- als
unserem Nationaltheater vergleichbar. Unmittelbare Folge: Musik
wird nicht irgendwo in weiter Entfernung gemacht, sondern sie ist
jedem Zuhörer ganz nah. Sie ist unausweichlich (wie im Beatschup-
pen), sie ist dringlich, direkt, frontal, aber ohne jene falsche akus-
tische Perspektive, die sich in Riesenopernhäusern natürlich immer
herstellt, wenn man ganz vorne sitzt.

---

30 In: SZ, 26. Mai 1970.

Für die Gedenkjahrsaufführung hatte das folgende Vorteile, um die wir Zuhörer (ebenso wie Beethoven!) in den großen Opernhäusern unvermeidlicherweise betrogen werden: bereits das angeblich harmlose E-Dur-Vorspiel wird, zumal wenn die Wiener Philharmoniker es so kontrastreich, so sehr vom Paukenrhythmus beherrscht vortragen wie unter Bernstein, so spannend, als ob es mindestens die »Dritte Leonoren-Ouvertüre« wäre. Und die angeblich platte Singspielhandlung ist plötzlich nicht mehr platt. Marceline, anfangs beherrschender Mittelpunkt: Lucia Popp, will sich mit dem einen (Fidelio) verloben, den anderen (Jaquino) stößt sie zurück. Das ist für sie und die Betroffenen keineswegs unwichtig, weil man ja nicht weiß, weder wissen will, noch zu wissen braucht, daß man nur Beiwerk ist. Warum soll dem gemütlich feigen Kerkermeister Rocco (Franz Crass), den Schenk in einen gutmütigen, aber nicht völlig charakterlosen spanisch-qualtingerhaften *Herrn Karl* verwandelt hatte, sein bürgerliches Privatleben nicht allein seligmachende Hauptsache sein? Mit den Gefangenen hat er − leider, leider − ja tagtäglich zu tun ... Er hat sich gewöhnt, er nimmt Mordgeld nur an, wenn er nicht morden, sondern höchstens Beihilfe zu einem Mord leisten muß.

Privatleben und Staatsgefängnis

Günther Schneider-Siemssen hat noch nie so überragende Bühnenbilder gebaut wie für den »Fidelio«. Das 1. Bild − der Hof des Staatsgefängnisses − ist eine nette private Enklave in einem Riesenareal aus sichtbaren Mauern, aus Gitterwerk und Finsternis. Schneider-Siemssens Trick: Er benutzt dafür nicht nur ein Seitenstück der Bühne, sondern den (singgerechtesten) ganzen Vordergrund: das Gefängnisuniversum wächst sichtbar darüber in die Höhe, geht nach den Seiten weiter. Das 2. Bild − eigentlicher Gefängnishof, Wachtürme und so weiter − führt dann ganz ins Freiheitsberaubungszentrum. Florestans Kerker in der Tiefe (3. Bild) überzeugte am wenigsten. Das ist für ein Versteck alles viel zu groß, zu leicht einsichtig, zu opernhaft. Das 4. Bild wurde konstituiert durch eine Bewegung: Eine gigantische Zugbrücke, alles verfinsternd wie eine Riesenmauer, wurde langsam heruntergelassen. Hellstes Freiheitslicht strömte in den nun offenen Hof.

Verfehlte Bühnenbilder können jede »Fidelio«-Aufführung umbringen, aber auch gelungene können keine »retten«, sondern nur notwendige Bedingungen schaffen für zureichendes Gelingen ... Merkwürdigerweise war gerade der Temperamentsunterschied zwischen Otto Schenk und Leonard Bernstein das spannende Glück des Abends. Denn Otto Schenk ließ die Figuren des Stückes – weil sie als dramatische Personen doch nicht zu retten seien – eben nicht in vager, netter Singspielferne, aus der dann eine ebenso vage wie realistische Überhöhung erwächst: sondern er nahm sich des »Fidelio«-Personals konkret, witzig, manchmal boshaft und voller Menschenkenntnis an. Ganz direkt stellte er die Relationen und Brutalitäten der Schreckensoper her. Für die »Überschreitung«, die »Transzendierung« dieser realistisch-kolportagehaften Grenzen, die keine Regie der Welt zustande bringen könnte, sorgte dann Beethovens naiv-überwältigender Impuls.

Die musikalische Erfüllung

Nach der infolge großer Adagiopausen hochgespannten Ouvertüre erlebten wir einen Verlobungskrach: Temperamentvoll wies Lucia Popp den gutartigen Jaquino des Adolf Dallapozza ab, schadenfroh verwies sie ihn dabei auf seine Pförtnerpflichten, wenn es derb pochte: Hoffnung und Glück ihrer c-Moll-Arie kamen danach glockenrein, aber fast zu privat. Noch während des »Quartetts« hätte die Oper »Marceline« heißen müssen, denn Lucia Popps Belcantosopran und ihre Sehnsüchte waren sowohl wichtiger wie auch faszinierender als der etwas stockende, leise, kalte, bewußt verlegene Beginn der Leonore.

Während Franz Crass die gemütliche Brutalität des zum Mitleid, aber erst recht zum versoffenen Selbstmitleid neigenden Rocco ausspielte, entwickelte sich langsam der unwiderstehliche Ernst des »Fidelio«-Abenteuers. Theo Adams Pizarro war ein Schurke ohne Makel, grandios bei Stimme, im übrigen ein intellektueller Bösewicht, der zur Lektüre wichtiger Briefe eine blitzende Brille aufsetzt.

Bernstein konnte nun auch mit den »kleinen«, nicht riesig symphonisch ausinstrumentierten Einzelheiten der Partitur das Haus füllen und bannen. Wenn das erstemal vom »Gouverneur« die Rede ist, erstarrt die Musik; wenn hohle Kontrabässe (gerade keine wohllautenden Celli!) die beklemmende a-Moll-Grabgrabungs-Szene begleiten, dann entsteht fahle Finsternis, unterbrochen von wildem Rollen. Bernstein machte beispielsweise die Vor- und Nachspiele zum Gefängnischor zu tiefempfundenen Ereignissen. Gwyneth Jones mußte am Anfang um ihr »Piano« kämpfen. Die exponierten Stellen, mit denen so viele weltberühmte Künstlerinnen Schwierigkeiten haben, waren freilich ihre Höhepunkte, nur die mittleren Pianoeinsätze blieben zunächst etwas schwerfällig. Aber da half Bernstein. Er machte auf Winzigkeiten aufmerksam, wie auf die zweimal gleiche, schmerzliche Modulation (wenn Rocco singt »der kaum noch lebt« und gleich darauf Leonore »der blickt so still«). Und als sich dann diese Leonore verzweifelt vor Rocco warf (der sie zunächst nicht in den Keller hinunternehmen zu wollen schien), wie später vor den Pizarro, da entsprach die Regie nicht nur dem musikalischen Verlauf, sondern sie weckte in Gwyneth Jones eine Ausdruckskraft von reinster und wildester dramatischer Größe.

Daß James King strahlend bei Stimme war und auch die halb wahnsinnigen, halb verzückten hohen Töne des Florestan brillant bewältigte, war musikalisch ein Labsal, musikdramatisch indessen fast bedenklich. Wie Theo Adam klang er da etwas zu wirkungssicher opernhaft. Doch dem Schluß – mit Karl Ridderbusch als rettendem Minister – bekam die Kraft dieses schwerlich überbietbaren Solistenensembles natürlich ungeheuer gut.

Die Glut, mit der Bernstein die Einzelheiten der Partitur manchmal in Verdi-Nähe und -Ekstase zu dirigieren wußte, war bei der dritten Leonoren-Ouvertüre auch zu bewundern: nur schadete da das Feuer des Überbeteiligtseins möglicherweise ein wenig der logischen Härte dieses Stückes. Doch das wiederum wirkte sich sehr gut aus auf die Architektur des Opernganzen. Kerkerakt und Schlußapotheose waren nun im Theater an der Wien mindestens so nah, erschütternd, spannend, dramatisch und verzückt wie die Ouvertüre selber. Auch das f-Moll-Vorspiel zur Florestan-Arie könnte man sich vielleicht etwas herber vorstellen. Und – damit sei die Liste der Einwände beendet – der teils ausdrucksvoll leidende, teils hinkende, teils geblendete Gefangenenchor war optisch so unüberzeugend und theatralisch wie immer.

Doch die Aufführung als Ganzes diente dem »Fidelio« in Normen setzender Weise. Man genierte sich förmlich, bei mittleren

Aufführungen ein bißchen an Beethovens Freiheitsoper gezweifelt zu haben, von deren »Schwächen« gewiß kein Zeuge dieser Schenk-Bernsteinschen Aufführung jemals mehr reden wird. Die musikdramatische Spannung zwischen glaubensgewisser Hoffnung und brutaler Wirklichkeit schien kaum aushaltbar. Und so wie Samuel Beckett in seinen Stücken davon ausgeht, daß es zwar bestimmt keinen Gott gibt, wobei er aber diese nihilistische Überzeugung unbedingt sicherheitshalber möglichst von Gott selbst bestätigt haben möchte – so drücken Beethovens Musik und sein Text immerfort den Glauben an eine göttliche Fügung aus, die in Augenblicken höchster Bedrängnis rettende Trompetensignale veranlaßt –, aber die Welt und die Not, von der Beethovens Musik gleichfalls künden, ist so groß, daß schon der Aufschwung einer genial-naiven Seele dazu gehört, trotzdem zu glauben: »Fidelio«.

Leonard Bernstein dirigierte mit einer Inständigkeit, einem Feuer und einer Transzendenz, dass man schon während der Aufführung dachte, hoffentlich nimmt sie nie ein Ende. Kurz darauf führte Karajan in Salzburg den *Fidelio* auf. Das konnte mir nicht recht gefallen, ich verglich nun alles mit dem Bernstein-Eindruck. Dabei war Karajan ein exquisiter Operndirigent, den seine Sängerinnen und Sänger vergötterten. Mirella Freni schwärmte sogar, unter Karajan würde sie notfalls auch den Sarastro singen. Und es wurde zur Kultaufnahme nicht nur aller Stimmfetischisten, wie er Maria Callas bei der Wahnsinnsarie der Lucia di Lammermor begleitete. Dennoch, die Überspannung von Bernsteins *Fidelio* erreichte er nicht.

Mit dieser einmaligen Aufführung verbindet sich für mich auch ein beklemmendes Erlebnis. 1977 dirigierte Bernstein in Wien abermals den *Fidelio*, dieses Mal an der Staatsoper. Ich fuhr natürlich voller Erwartung hin. Riesige Vorfreude ist unter Umständen das Gefährlichste, womit man einer Darbietung begegnen kann, und so war ich von der Qualität der Aufführung auch ziemlich enttäuscht. Nach dem Schlussakt natürlich wieder großer Beifall; ich versuchte mich unauffällig aus dem Parkett zu stehlen, weil ich niemandem Auskunft geben wollte. Da legte sich eine Hand auf meine Schulter – der Pressesprecher der Wiener Staatsoper. Er flüsterte mir zu, der Meister würde mich gerne sehen. Ich darf sagen, ich erschrak sehr. Doch ich hätte es feige gefunden, der Aufforderung des großen Bernstein nicht zu folgen. So sagte ich zu, aber nur unter der Bedingung, dass wir unter vier Augen sein würden. Ja, Bernstein sei ganz allein.

Während ich zu seinem Zimmer geführt wurde, legte ich mir in meinem armseligen Schulenglisch ein paar Redensarten zurecht, die ihn nicht kränken würden, mit denen ich aber auch nicht mogeln musste. Der Beifall rauschte immer noch, als ich die Tür zu seinem Zimmer öffnete. Schweißüberströmt saß Bernstein da, in einem prächtigen Morgenrock, morgenländisch vergoldet. Er sah mir in die Augen. Und noch bevor ich irgendetwas stammeln konnte, flüsterte er: »I know, I didn't achieve.« (Ich weiß, ich hab's nicht geschafft.) Das hat mich umgehauen. Denn die Aufführung war natürlich nicht schlecht gewesen, nur eben längst nicht so gut wie manches andere von Bernstein. Zum Beispiel sein umwerfender *Rosenkavalier* 1971 in Wien.

Ganz Wien sprach damals von nichts anderem. Bernstein erzählte sehr lustig, wie einzelne Musiker des Orchesters nach den Proben zu ihm gingen und sagten: Herr Bernstein, wunderbar, wie Sie das machen, alles sehr schön. Nur bei dem Wiener Walzer müssen wir Ihnen einen Rat geben. Jeder Wiener hält sich begreiflicherweise für einen Spezialisten, wenn es um Walzer geht. Doch die Musiker erteilten Bernstein lauter verschiedene Ratschläge. Er solle beim Schlagen die »2« ein bisschen näher an die »3« heranziehen, oder genau umgekehrt, die »1« dehnen und, und, und. Bernstein hörte sich alles an und machte es dann genau so, wie er es von vornherein vorhatte. Die Aufführung gelang memorabel. Eigentliches Ereignis dieses *Rosenkavaliers* war für mich aber, trotz der betörenden Christa Ludwig als Feldmarschallin, der Ochs von Lerchenau.

Normalerweise wirft man Richard Strauss vor, er habe den differenzierten, tiefsinnigen, manchmal sogar pretiösen Text von Hugo von Hofmannsthal banalisiert. Strauss wusste nur zu gut, was Effekte sind, und kannte seine Pappenheimer. Deshalb scheute er sich auch nicht, im *Rosenkavalier*, der im Theresianischen Wien des 18. Jahrhunderts spielt, bedenkenlos Walzer des 19. Jahrhunderts einzufügen. So wird häufig als Argument angeführt, dass Strauss mit seinem operndramaturgischen Wirkungssinn der Hofmannsthal'schen Vielschichtigkeit geschadet habe. Auch die Rolle des Ochs von Lerchenau sahnt durch die Komposition meist nur als reiner Buffo-Charakter ab, obwohl der Ochs aristokratisch-gebildet ist, nur eben heftig verbaut. Nun aber kam Bernstein und bot die Themen vom Ochs so dunkel und schwergewichtig, er beschwor den Tiefsinn der Strauss'schen Partitur derart eindringlich, dass sie den erlauchten Text von Hofmannsthal nicht nur nicht verharmloste, sondern seiner Poesie gleichkam, manchmal sogar mit Mahler'scher Gewalt über das dichterische Libretto hinausdrängte. Schade, dass die ein paar Jahre später erschienene Plattendokumentation enttäuschte. Sie war wohl ungenügend vorbereitet.

Die Musik des frühen Strauss besitzt faszinierende Rapidität. Sie hat Tempo, auch wo sie ausführlich ist. Beim späten Strauss gibt es manchmal Längen. Aber *Elektra*, *Salome* und die meisten Symphonischen Dichtungen, mit Ausnahme vielleicht des *Heldenleben* und der *Alpensymphonie*, können durchaus enden, sind konzise und nicht redselig. Zugegeben, manchmal geht mir die süßliche Effekthascherei von Strauss ein wenig auf die Nerven. Doch je älter ich werde, desto mehr bewundere ich, wie professionell seine Partituren geschrieben sind, wie meditativ Strauss sein Orchester atmen lassen kann. Nicht nur, wenn es um »Tod und Verklärung« geht. Die beiden ersten Akte der *Frau ohne Schatten* halte ich in mancher Hinsicht für sein Bestes. Ein wunderbar symbolisches Ehedrama. Leider ist der dritte Akt nahezu unerträglich mit der pompösen Arie des Färbers Barak, in diesem affirmativen C-Dur. Man hat das Gefühl, Strauss probiere da, Beethoven zu sein. Rasch erweist sich, dass er es nicht ist. Strauss und Hofmannsthal nannten die *Frau ohne Schatten* übrigens immer nur Frosch. Fr(au) – o(hne) – Sch(atten).

Richard Strauss selber sagte bescheiden, er sei nur eine Art Umweg um Richard Wagner, und hat dessen Werk als das Größte gepriesen, was es im Bereich der Oper je gab, von Mozart abgesehen. Tatsächlich hat sich Wagner in seinen Opern nie wiederholt. Alle seine Leitmotive sind von unübertrefflicher Prägnanz und Wandlungsfähigkeit. Zudem verfügte er über eine ruhig-epische Erzählweise, im Gegensatz zur Schnelligkeit von Richard Strauss. Und Wagners harmonische Erneuerungen, etwa der berühmte *Tristan*-Akkord, der als Ursprung aller freien Atonalität gilt, sind in der Musikgeschichte einzigartig. Den komponierte er ja schon 1857, da gab es die Zwölftonmusik noch lange nicht.

Wagner verliebte sich zu jener Zeit in Mathilde Wesendonck und komponierte die fünf Wesendonck-Lieder auf eher mittelmäßige Gedichte seiner reichen Angebeteten mit einigen *Tristan*-Themen. Geistreiche Leute stellten die Frage: Hat er den *Tristan* geschrieben, weil er so verliebt war, oder hat er sich nicht eher verliebt, um den *Tristan* schreiben zu können? Er komponierte auch das Venusberg-Bacchanale seines *Tannhäuser* für die Pariser Aufführung von 1860 neu und gestand, die Venus des früheren *Tannhäuser* aus der Zeit um 1845 sei eine »Kulissenvenus« gewesen. Jetzt, fünfzehn Jahre später, als lebenserfahrener Mann und *Tristan*-Komponist, wisse er besser, was Liebe sei. So entwickelte er sich stets produktiv weiter. Er erklärte später auch, der Amfortas aus seinem Alterswerk *Parsifal* sei »Tristan in seiner äußersten Steigerung«. Bei Wagner hängt immer alles zusammen, und er trug seine Themen lange mit sich herum. Über den *Parsifal*-Stoff hat er 1859, 1860 noch gelästert, er sei nicht verrückt, so etwas zu komponieren. Das könne der frömmelige Franz Liszt übernehmen.

Backen aufgepolstert – und fertig ist der Richard Wagner für den Film Bruckners Entscheidung *von Jan Schmidt-Garre.*

Am *Ring* hat Wagner gut zwanzig Jahre gearbeitet. *Götterdämmerung* und den Schluss des *Siegfried* komponierte er erst in den siebziger Jahren, *Walküre* und *Rheingold* Mitte der fünfziger Jahre. Dass die Kompositionsweisen des mittleren und des späten Wagner trotz aller Verschiedenheit bruchlos zusammenpassen und ein zusammenhängendes Werk bilden, lässt sich mit den Leitmotiven begründen. Das Wotan-Motiv, das Ring-Motiv, das Wallhall-Motiv waren gegeben. Sie bilden die große Klammer, die er nach dem jeweiligen Stand seiner musikalischen Erfahrung, seiner Musiksprache und nach der Forderung der Situation mit Hilfe von Abwandlungen und Metamorphosen variieren konnte.

Tristan und *Walküre* liebe ich am meisten. Der letzte Akt der *Walküre* bereitet mir allerdings Schwierigkeiten. Wotans Abschied von Brünnhilde scheint mir zu lang und zu sentimental. Wie der Göttervater da weinerlich Adieu zur Lieblingstochter sagt, von mir aus könnte er es kürzer machen. Doch auf den ersten und zweiten Akt der *Walküre* lasse ich so leicht nichts kommen.

Schon Rossini klagte: »Bei Wagner gibt es böse Viertelstunden.« Kein noch so musikalischer Mensch, egal wie gut er sich vorbereitet, ist meiner Erfahrung nach imstande, in einem großen Tondrama von Wagner allen Akten die gleiche, frische Aufmerksamkeit zuzuwenden. Sie sind so lang und so dicht! Hinzu kommt, was ich als eine bemerkenswerte Besonderheit bei Wagner empfinde, dass jeder Akt in einer neuen Welt spielt. Wagner geht nicht von einem Ort oder einem Zusammenhang aus und spult sein Thema ab, sondern bei der Fortsetzung fängt immer wieder alles neu an. Dem konzentriert zu folgen ist keineswegs leicht. Ich gebe gerne zu, dass auch ich fast immer einen Akt verschenken muss, und zwar durchaus nicht unbedingt den letzten. Bei *Tristan* finde ich seltsamerweise den berühmten zweiten Akt, den Liebesakt, am relativ schwächsten. Der erste Akt mit Isoldes furiosem Zorn ist unwiderstehlich komponiert: Der düstere Auftritt Tristans, am Ende die grelle Freude der Matrosen, anzukommen, während Isolde nichts weniger will – etwas Dramatischeres gibt es für mich nicht. Ebenso scheint mir ein absoluter Höhepunkt, wie Wagner im dritten Akt die Schmerz-Finsternis, die traurige Weise des Hirten und Tristans Fluch auf die Liebe symphonisch variiert. Aber das Liebesduett im zweiten Akt, in dem sich die beiden nach Art junger Verliebter unersättlich die

Vorgeschichte ihrer Liebe erzählen, wird mir manchmal zu ausführlich. Ich atme auf, wenn endlich der Kanon kommt: »O sink hernieder, Nacht der Liebe.«

Freilich konnte von Erschöpfung keine Rede sein, als Bernstein 1981 *Tristan und Isolde* Akt für Akt konzertant aufführte. Die Solistenproben, die ich miterleben durfte, die öffentlichen Orchesterproben im Herkulessaal gehören zu den wenigen wirklich unvergesslichen musikalischen Eindrücken, die ich das Glück hatte, je zu erleben. Sogar Karl Böhm, ein berühmter Wagner-Dirigent, äußerte nach einer dieser Proben: »Hätte ich nicht gedacht, dass noch so viel zu entdecken ist.«

Leonard Bernsteins Münchner Wagner-Abenteuer[31]
»Tristan und Isolde«: höchste Herausforderung

Dies der Plan: Mit einer Sängerbesetzung, wie sie gegenwärtig idealer kaum zu denken ist – Hildegard Behrens/Isolde; Peter Hoffmann/Tristan; Yvonne Minton/Brangäne; Bernd Weikl/Kurwenal – und dem Symphonieorchester des Bayerischen Rundfunks studiert Leonard Bernstein eine »konzertante« Aufführung von Wagners »Tristan und Isolde« ein. Die erste Klavierprobe fand am Silvesternachmittag statt. [...] Das »erste« Arbeits-Ergebnis? Ja, nur der erste, freilich anderthalbstündige Akt wird einstweilen gesendet! Der zweite Aufzug ist am 27. April dran, der dritte am 10. November 1981. Man kann sich unschwer vorstellen, daß diese Fernsehproduktion nicht nur der Tristan des Jahres 1981 werden soll, sondern auch ein Schallplatten-Ereignis, ein Bildaufzeichnungs-Dokument – und vielleicht, mit Hilfe eines Regisseurs, noch mehr. Der Bayerische Rundfunk und ein amerikanischer Schallplattenkonzern investieren Enormes.

Zunächst lächelt man und findet es ein wenig ruchlos, wenn man erfährt, daß Bernstein einen geteilten Tristan bieten will, daß die Termine großer Sing- und Dirigierstars also keine andere Möglichkeit zuzulassen scheinen als: *Tristan und Isolde ratenweise.* Wer weiß, ob die großen Dirigier-Kollegen des großen »Lennie« nur lächeln: vielleicht knirschen sie auch mit den Zähnen und nennen das Ganze

---

31 In: SZ, 10./11. Januar 1981.

überheblich. Als ich zum erstenmal von diesem »Tristan«-Projekt hörte, habe ich mich natürlich gefragt, ob denn eine über elf Monate sich erstreckende Aufteilung diesem Werk, das sich »Handlung in drei Aufzügen« nennt, bekömmlich sein kann. Natürlich hat es »konzertante« Aufführungen Wagnerscher Kompositionen immer wieder gegeben, und zwar stets zum Vorteil der ungeheuerlich-symphonischen Musik. Man erinnere sich an Furtwänglers konzertante Vergegenwärtigung des »Ringes«! Damals in Mailand, 1953, saßen viele, heute prominente italienische Musiker im Publikum und hatten ihr erstes entscheidendes Wagner-Erlebnis, obwohl (oder weil) Furtwängler den »Ring des Nibelungen« nur konzertant darbot. Aber er tat es doch in unmittelbarem Zusammenhang, nacheinander.

Andererseits macht der tolle Tristan-Plan natürlich auch neugierig. [...] Denn was ist das auch für eine Chance: Wagners einzigartige Partitur, dargeboten ohne die unvermeidlichen Abstriche, die eine Inszenierung (was das Rein-Musikalische betrifft) unvermeidlich bedeutet. Wagners Partitur wird dargeboten nicht als im Grunde kaum ohne Konzentrationsschwäche erlebbares Drei-Akt-Ungeheuer, sondern in Länge und Form dreier normaler Symphonie-Konzerte.

Was für eine Chance! Die Art aber, in der Leonard Bernstein während der Proben diese Chance ausnutzt, die fast beängstigende emotionale Sicherheit, mit der die Sänger während der Proben mittun, fast ohne je zu markieren (ein Isolde-Ausbruch »markiert« sich nicht, wenn aber Hildegard Behrens aussingt, will Yvonne Minton auch nicht flüstern, und der stimmstarke, stets zu Lustigem aufgelegte Kurwenal/ Bernd Weikl kann wahrscheinlich gar nicht unauffällig leise sein), die Art, in der Bernstein samt seinen intelligent folgenden Musikern die Gunst der Umstände nutzt, tilgt rasch jeden Zweifel daran, ob des Bayerischen Rundfunks Mammut-Wagnis berechtigt war – dessen Ausgang, während diese Zeilen geschrieben werden, noch gar nicht feststeht.

Was tut Bernstein während der Proben? Zunächst demonstriert er ganz absichtslos, was mehr als alles andere entscheidend ist und überdies unerlernbar, unnachahmlich: seine überspringende Musikalität. *Seine Liebe zur Sache steckt an.* Der glüht so vor Musik, daß er auch bei einer anfänglichen Klavierprobe, während der Korrepetitor am Flügel herumhämmert (und die Sänger im weiß Gott zu kleinen

Probenraum die Wände zum Wackeln und die Fenster zum Klirren bringen mit ihren hochdramatischen Wagner-Stimmen), keineswegs sitzen bleibt, sondern aufspringt vor Ekstase, innerem Glück, innerem Beteiligt-Sein. Diejenigen, die bei Bernstein immer nur von »Show« faseln, sollten einmal miterleben, wie er mit vier Sängern und vor kaum mehr Ohrenzeugen privat probiert: da ist er nicht im mindesten anders (etwa zynisch, routiniert, von oben herab oder emotionsgebremst), als wenn es öffentlich ums Ganze geht.

Weil er aber dauernd mitsingt – zum Beispiel jene Nebenstimmen, die der Pianist auslassen muß, oder die Chorpartie, oder das, was er für wichtig hält –, darum ist er stets heiser wie ein verkühlter, verkaterter Rabe. Wenn dieser Krächz-Rabe dem Weikl etwas vorheult, dann antwortet der selbstsichere Bariton fröhlich-ungeniert, er wolle ja auch nicht dirigieren. Nur begreift man trotzdem genau, was Bernstein vorschwebt.

Da sitzt er also, schweißüberströmt, erkältet, fiebernd vielleicht sogar, auf seinem Stuhl und springt auf und seine Liebe zur Sache steckt an und seine Kommentare erklären mehr als Bücherwände. Neben sich hat er ein Mittel, das helfen soll, *Chloraseptic Menthol*, gegen Heiserkeit, gegen wehe Kehle. Dessen bedient er sich – unvernünftig wie jeder Mensch – keineswegs häufiger als der denkbar schädlichen Zigaretten, mit denen er die womöglich hilfreiche Wirkung der Arznei sogleich zu neutralisieren weiß.

Wie er probiert? Seine Angaben und Wünsche formuliert er keineswegs immer nur mit exakt musikalischen Fachausdrücken. Anderes ist ihm wichtiger. Daß da *piano* oder *forte* steht, sehen die Sänger und Instrumentalisten auch so. Im ersten Aufzug kommt zum Beispiel ein Spottchor vor, gegen Isoldens ehemaligen Verlobten Morold (»Sein Haupt doch hängt im Irenland, als Zins gezahlt von Engelland: heil unser Held Tristan, wie der Zins zahlen kann!«) Bernstein sagt: nicht *schneller* – sondern: *schneller werden*. Also: statt eines bloß rascheren Tempos eine wüste Beschleunigung. Und er fügt hinzu: wie ein immer wilder ausuferndes Kinderschmählied. Die Wirkung ist so, daß man Isoldes Wahnsinnswut wahrlich teilt.

Und die Sehnsuchts-Akkorde? Wenn die klar und gestochen kommen, meint er, dürfe man die Aufführung sofort verlassen. Es müsse, im Bläser-Ansatz, ein Keuchen, ein – seine Heiserkeit macht es ihm leicht, das herauszubringen – ein stöhnender Druck, ein »chchch« mitschwingen. In der Ouvertüre dürfe kein Schwung, kein Effekt sich ausbreiten. Da handele es sich nicht um einen bloßen Orgasmus (wovor, es klingt seltsam, übrigens einst der kühne Nietzsche tantenhaft erschrak), sondern um's ewig unstillbare Sehnen ...

Wagners Tristan-Text, meiner Auffassung nach eines der großen, vollkommen logischen und vollkommen zwingenden Dramen der deutschen Literatur, legt mit seinem steten Wechsel von *Erinnerung* (Bernstein weist sogar auf plötzliches Märchentraum-Element hin in der Klavier-Probe), von *Zorn, Verdrängung und Ironie* – eine unendliche Fülle von Ausdrucks-, aber auch von Tempo-Charakteren nahe.

Und da ist Bernstein schrankenlos unerschöpflich. Er liebt die atmende, keineswegs forcierte Bewegungs-Änderung im einzelnen. Es kommt ihm an auf die reale emotionale Widersprüchlichkeit in Isoldes Äußerungen, eine Widersprüchlichkeit, die mit Isoldes seelischer Eindeutigkeit zusammenhängt. Etwa, wenn sie sich beherrscht, gar hochmütig-ironisch stellt und doch nicht verhindern kann, daß plötzlich die aus ewiger, verschmähter Liebe verdrängte Wut, die Mord- und Selbstmordbereitschaft vorbricht.

Doch dergleichen verlangt Bernstein nicht so abstrakt. Sondern beispielsweise mit Hinweis: die junge Frau, die außer sich ist, solle immer dann eiskalt rhythmisch singen und skandieren, wenn sie ermahnt und befiehlt. »Getreu befolg' was ich befehl«. Schwer zu beantworten, noch unentschieden bleibt die Frage, was aus der quasi italienischen Allüre der tief gekränkten Prinzessin werden solle. Wo also Isolde (und Wagner hatte den »Tristan« ja zunächst als endlich mal was Einfacheres, Erfolgversprechendes, »Italienisches« geplant!) zu – ruhigen? – Achteltriolen das hochmütige Königskind hervorkehrt, und zwar mit der schönen Geste von Verdi- oder Strauss-Oktaven (»Herrn Tristan bringe meinen Gruß, und meld' ihm, was ich sage«). Ist Isolde da grell erregt oder stolz souverän? Äußert sie sich da trotz aller schönen vokalen Linienführung, voller wilder Expression (wie manche Orchesterakzente es nahelegen), oder spielt sie die Rolle der belcantistisch Überlegenen? Hildegard Behrens, eine Künstlerin, deren Ausdruckskraft und Stimmbeherrschung während der Proben bewunderungswürdig waren, neigt offenbar dazu, auch hier Erregung, Pathos, Wildheit vorzuführen in einem nicht allzu langsamen

Tempo. Und man glaubt es ihr. Auch wenn man es vorher anders empfunden hat ...

Das Tristan-Vorspiel probiert Bernstein so langsam, mit so ruhig durchgehaltenen Pausen, so schmachtend – daß produktionsverantwortliche »Fachleute« in Sorge geraten und ihn warnen möchten, zumal wenn sie aus Amerika kommen und Toscanini lieben. Sie könnten in die Partitur schauen. Da steht nämlich: »langsam und schmachtend«.

Bernstein fängt, bei der Orchester-Probe, übrigens keineswegs mit dem Vorspiel an. Warum nicht? Er hat es mir verraten: Wenn der ganze Akt, von Stelle zu Stelle, probiert und begriffen ist – dann brauche er beim Vorspiel längst nicht mehr so viel zu erklären. Dann wissen die Musiker schon das meiste. Und weil er mit Lob nicht spart, bei der Behrens auch mit seinen Küssen nicht, wenn er glücklich ist und wenn die Begeisterung aus ihm herausbricht, weil er also mit Anerkennung nie geizt, aber dabei auch deutlich werden läßt, daß es sich um kein bloß »taktisches« Lob handelt, welches die Musiker bei Laune halten soll – darum folgen sie ihm hingebungsvoll. Sogar, wenn er immer wieder »Zartheit« verlangt. Erst recht, wenn er manche expressiven Kontrapunkte sehr laut haben will, selbst da, wo sie leise notiert sind. Wenn er alle Auftakte zu übermäßigen oder verminderten (also verschärften) Intervallen kräftig haben möchte, wenn er andeutet, daß das Orchester da seufze, weine – wo die stolzen Protagonisten es sich versagen.

Nur einmal, als die Passagen des Vorspiels zum brillanten Selbstzweck gerieten, ärgerte er sich ein wenig. Er weiß, er verlangt bewußt »Unmögliches«. Immer, ohne jede Atempause, müsse »schmachtendes Legato« herrschen. Die Musiker indessen spielten den großen Aufschwung so brillant belebt, wie es üblich ist. Da sagte er nebenher: das sei keine Ouvertüre des (heiter empfindsamen Franzosen) Ambroise Thomas, sondern etwas anderes, Wagner.

Weshalb dirigiert er Wagner in München? Es ist ja sein erster Gesamt-Tristan. Vor drei Jahren machte er ein paar Szenen, mit Ingrid Bjoner und James King, in Amerika. Vor langer Zeit, als junger Mann, Auszüge mit Melchior und Flagstad.

Warum jetzt München? Zunächst wohl, weil er hier viele Freunde hat, gewonnen hat. Überdies fiel es ihm auch nicht allzu schwer, im

Moment New York zu verlassen. Er wohnt dort in demselben Haus, in dem John Lennon ermordet wurde, ein Stockwerk höher. Seine tagelang fassungslosen Töchter sahen noch das Blut im Vestibül. Jetzt (wie immer: zu spät) seien dort natürlich aberwitzige Bewachungs-Orgien ausgebrochen. Er kann nicht ohne Polizeischutz zum Zahnarzt gehen ... Da ist er wohl ganz gern in München.

Im übrigen lebt er hier so, wie jeder (man müßte Wagner-Dirigent sein) leben möchte. In den »Vier Jahreszeiten«, mit Schlüssel zur nächtlichen Benutzung des Swimmingpools nach des Tristan-Tages Müh und Last. Umgeben von Bewundernden. Daß er, wenn er sich so überwältigend verströmt mit ganzer Kunst und Seele, danach nicht allein ins Fernsehen glotzen oder ein Buch lesen möchte: man kann es ihm nachfühlen. So leicht schaltet ein emotionaler Motor nicht ab.

Dabei begrüßte München einst den jungen Bernstein, es war wohl 1948, gar nicht so herzlich. Er ist überzeugter Jude und überzeugter Amerikaner – und er meint, das habe ihm damals viele grimmige Gesichter eingetragen (bis die eben noch Widerstrebenden von seinem Schumann besiegt wurden). [...]

Es gibt eigentlich nur zwei Kollegen-Namen, die gelegentlich voller Respekt genannt werden von Bernstein und seinen Trabanten. Der eine (Furtwängler) wird aus der Ferne, nicht kritiklos, verehrt. Und der ganz andere (Karajan) aus der Nähe nicht sympathielos, doch gelegentlich auch reserviert bedacht. Sonst kommen Dirigenten nicht vor. [...]

In den frühen fünfziger Jahren dirigierte Bernstein, Jahrgang 1919, auch in Holland. Tags darauf gab es dort ein Konzert Furtwänglers. In Holland, das unter den Nazis gelitten hat, demonstrierten Entschlossene gegen Furtwängler, dem man vorhielt, was niemand Ansermet oder Beecham oder Strawinsky je vorwarf: nämlich im 3. Reich dirigiert zu haben. Alte Geschichten, damals schlimm und aufwühlend. Die Kette der Demonstranten mochte Bernstein nicht durchbrechen. Aber er hatte denselben Agenten wie Furtwängler, erinnert er sich. Und er wollte ihn, den Alten Großen, doch wenigstens einmal hören. Also ging er durch den Hintereingang ins Konzerthaus und verbarg sich in einer Loge, damit man ihn, den damals bereits populären Amerikaner, nicht erkenne. Und er war gebannt, bis zum heutigen Tag, durch Furtwänglers Darbietung der 1. Symphonie von Brahms.

Nach dem Konzert wäre er gern zum Gratulieren ins Künstlerzimmer geeilt. Aber der Agent riet ab. Damals wollte ja Amerika den Furtwängler nicht einreisen und dirigieren lassen. Die beiden zusammen, photographiert, es wäre ein Politikum gewesen. Also nicht.

Später zeigte man Bernstein eine Tagebuch-Eintragung Furtwänglers, der sich ja lebenslang Aufzeichnungen machte. Da steht, so berichtet Bernstein, daß Furtwängler tags zuvor, unerkannt, zu Bernstein ins Konzert geschlichen sei, daß er von dem jungen Mann begeistert gewesen wäre! Daß er eigentlich zu ihm ins Künstlerzimmer hätte gehen wollen, dazu aber aus vielen, vielen Gründen, auch politischen, zu scheu war ...

Die bedeutendste bisher vorliegende Schallplatten-Einspielung von »Tristan und Isolde« stammt von Furtwängler. Jetzt unternimmt in München ein großer Dirigent ein Gegenexperiment. Bei manchen Stellen bezieht er sich sogar auf Furtwängler; so habe der es gemacht. Wie das Experiment ausfällt, ob irgendein Zufall am Abend zerstört, was sich an Herrlichkeiten während der Proben ereignete, kann niemand voraussehen. Und ob der »konzertante« Rahmen trägt oder stört, man wird es erleben ...

Eines jedoch hätte ich schon während der Proben gern erlebt: diejenigen deutschen Musik-Intellektuellen, die Wagner zwar kennen und respektieren, ihn aber nicht *mögen*, und die (es steht gedruckt da, auch nachdem man sich die Augen gerieben) allen Ernstes erwägen, ob man nicht besser auf Wagner, den Schlimm-Erfolgreichen, verzichten und statt dessen lieber die h-Moll-Klaviersonate Liszts als mögliche Alternative spielen solle – sie alle sollten eine Bernstein-Probestunde miterleben. Herzlicher, bewegender und gescheiter als die Musik des Ungeheuers Wagner können Töne nämlich, von Bernstein zum Glühen gebracht, kaum sein.

D er Theater- und Filmregisseur Christoph Schlingensief und ich waren zu einem Gespräch in meinem Büro verabredet. Er kam gerade aus Afrika und hatte ungefähr zweihundert Koffer dabei, in denen wahrscheinlich lauter Affen und Schlangen steckten. Schlingensief hatte einen Mords-Charme. Meine Sekretärin verliebte sich umstandslos in ihn. Wir unterhielten uns trefflich, und er erzählte mir, er habe

Gespräch mit Christoph Schlingensief, 2004

in Afrika an der Küste eine gute Million Robben mit Wagner-Musik beschallt. Die Weibchen reagierten überhaupt nicht, aber die Männchen reckten alle die Köpfe hoch. Robbenmännchen erwiesen sich als begeisterte Wagnerianer. Ja, wenn das so ist. Männliche Wesen sind eben sehr musikalisch.

Ich sprach ihn auf seine bevorstehende *Parsifal*-Inszenierung in Bayreuth an. Der *Parsifal* war ihm ganz neu. So riet ich ihm, er könne in wenigen Wochen unmöglich zwanzig oder vierzig Jahre Wagner-Erfahrung nachholen, also solle er guten Mutes machen, was er für richtig halte.

Er schickte mir sehr lustige E-Mails aus Bayreuth, wo er sich mit dem Tenor Endrik Wottrich, dem Schützling von Katharina Wagner, umfangreich gestritten hat. Ich habe mir die Aufführung dann aber nicht angesehen, weil ich meinen sympathischen Eindruck von ihm nicht dadurch einbüßen wollte, dass ich mir die visuellen Seltsamkeiten antue, die er sich hatte einfallen lassen.

Darf Tristan nach Israel?[32]
Der Wagner–Boykott – verstehbar und beklemmend

Er, Richard Wagner ist zweifellos ein großer Komponist gewesen – aber auch lebenslang ein bekennender Antisemit, Verfechter einer rassistischen Ideologie, Idol Hitlers, der den Bayreuther Meister bewunderte

---

32   In: SZ, 10. Juli 2001.

und sich von heldischen Figuren wie »Lohengrin« zu seinem mörderischen Weg begeistern ließ.

Von all diesen Feststellungen darf niemand behaupten, sie seien schlechthin unwahr, unzutreffend. Und weil die öffentliche Meinung stets dazu neigt, sowohl zu übertreiben als auch zu versimpeln, ist soeben die Meldung um die Welt gegangen, Barenboim habe in Jerusalem den dortigen Boykott *gegen den Antisemiten Wagner* zu brechen versucht, indem er nach Schumann und Strawinsky zuerst eine Tschaikowsky-Zugabe bot, dann aber Vorspiel und Liebestod aus »Tristan und Isolde« wagte. Darauf hätten wilde Proteste geantwortet. [...]

Dirigent zwischen den Fronten[33]
Was Daniel Barenboim im Konflikt zwischen Israelis und
Palästinensern von seinen Landsleuten erwartet – Eine
Begegnung mit dem Künstler

Wer Paul Smacznys Dokumentarfilm über die Aktivitäten Daniel Barenboims und seines West-Östlichen Divan Orchesters gesehen hat, dürfte einen beklemmenden Moment schwerlich vergessen können. Barenboim wurde 2004 im israelischen Parlament der Wolf-Preis überreicht. Man sieht, wie er – statt eine launige Dankesrede zu halten –

---

33   In: SZ, 5. Januar 2006.

kühl ein Dokument verliest: die Israelische Unabhängigkeitserklärung von 1948 mit ihren edlen, programmatischen Grundsätzen. »Der Staat Israel ... wird allen seinen Bürgern ohne Ansehen der Unterschiede ihres Glaubens, ihrer Rasse oder ihres Geschlechtes die gleichen sozialen und politischen Rechte garantieren.« Auch Frieden und gute Beziehungen mit den Nachbarstaaten seien anzustreben. Zum Schluss stellt Barenboim knappe rhetorische Fragen. Ob man sich zu den Palästinensern entsprechend verhalte ...

Bleich und entschlossen erhebt sich sogleich eine junge, attraktive Dame, die Erziehungsministerin Limor Livnat. Blickt keine Sekunde zu Barenboim hin, sondern teilt mit, wie sehr sie missbillige, dass Barenboim Situation und Podium benutze, »Israel anzugreifen«. Barenboim reagiert unmittelbar, eilt noch einmal zum Rednerpult, um festzustellen: Keineswegs habe er Israel attackiert. Sondern Israels Unabhängigkeitserklärung zitiert.

Ziemlicher Aufruhr. Barenboim, von dessen bekenntnishaftem musischen Einsatz für ein sowohl aus jungen Israelis wie auch aus jungen Palästinensern, Syrern, Ägyptern zusammengesetztes Orchester alle wissen, wird von Freunden umarmt. Freilich hält ein, offenbar überstimmtes, Jurymitglied ein Schild hoch: »Musik macht frei« (eine, man kapiert es verstört, Parodie des zynischen Auschwitz-Mottos »Arbeit macht frei«).

Welch riesige Erbitterung schlägt ihm doch entgegen, dem bekennenden Wagnerianer, Furtwänglerianer, dem sich für ein friedliches Zusammenspiel von Israelis mit all ihren Nachbarn engagierenden Künstler.

Wenn Feinde musizieren

Als ich Barenboim Ende Dezember in seiner erlesen schönen Berlin-Dahlemer Villa besuchte, fragte ich ihn, ob er damals, nach der Feier, auf Limor Livnat zugegangen sei, ein Gespräch begonnen und die Gründe ihres klirrenden Hasses zu entschärfen versucht hätte. »Nein«, antwortete er. Er kenne die Dame nicht. Oft genug habe er es selbst bei noch so gebildeten, musischen, aufgeschlossenen Israelis erlebt: In dem Moment, da es um Palästinenser gehe, höre alles Kultivierte auf. »Da reagiert nur der Instinkt. Wir sind hier – und die akzeptieren uns nicht!«

Seit Jahrzehnten beobachtet eine hilflose Welt, wie der Konflikt zwischen Israelis und Palästinensern sich immer hoffnungsloser verhärtet und von fanatischen Parteigängern beider Seiten heillos chauvinistisch verschärft wird. Die meisten Beobachter verhalten sich wie der Chor in der Griechischen Tragödie: Sie klagen, ringen die Hände, sehen Schlimmstes voraus. Und tun sehr wenig. Barenboim aber – schon darum möchte man ihn wie einen Heiligen verehren – hat sich zur Situation etwas Konkretes einfallen lassen. Einen Orchester-Workshop, also die Bildung eines Klangkörpers aus jungen Musikern der Region, die glücklich sind, unter ihm spielen, lernen, vielleicht sogar ihre Karriere in der Welt vorbereiten zu können. Wenn »Feinde«, so Barenboim, miteinander musizieren, sinke, zumindest während sie spielen, der Hass auf Null. Mögen sie auch nachher wieder streiten.

Nun beseelen auch Barenboim politische Wunschvorstellungen. Er äußert sich gelegentlich dahingehend, dass ihm als Konfliktlösung so etwas vorschwebe wie eine »Semitische Föderation« aus Jordaniern, Israelis, Palästinensern. Doch er weiß sehr wohl, dass er kein Politiker ist. Hört man ihn im Gespräch argumentieren, dann berührt weit mehr als alles unmittelbar »Real-Politische« jene Vision Barenboims, die offenbar seinem Künstlertum entspringt. Das ist, mögen alle hartgesottenen Fundamentalisten auch noch so überheblich grinsen, Barenboims Bereitschaft zuzuhören. Sich einzufühlen. Barenboims Mitleidsfähigkeit. Sein Gerechtigkeitssinn. Seine dirigentische Genialität, Menschen auf einem Terrain zusammenzubringen, wohin die verhärteten Konflikte nicht reichen.

Natürlich beginnt jedes Gespräch mit dem Staunen über den Erfolg seines West-Östlichen Divan Orchesters. 2006 wird es immerhin zum achten Male spielen, Workshops durchführen, die Möglichkeit israelisch-arabischer Gemeinsamkeit demonstrieren. Ausgewählt werden die Künstler aus den Hochschulen in Haifa, Tel Aviv, Jerusalem, Kairo und natürlich auch sonst von überall her, wenn sie nur aus der »Region« stammen. Als wisse er nicht, wie provokant seine Analogie wirken könnte, erklärt Barenboim die Sache so: Mit der Mischung aus Beständigkeit und gewählten Neuzugängen in seinem Orchester verhalte es sich etwa so »wie beim Orchester in Bayreuth«.

Doch müssen junge Palästinenser oder Ägypter nicht viel Courage aufbringen, wenn sie es wagen, sich mit einem prominenten Israeli zusammenzutun? Von irgendwelchen familiären Zwängen wisse er nichts, sagt Barenboim, gesellschaftlichen Druck aber gebe es schon. Dem seien auch die Israelis ausgesetzt, wenn sie sich dafür entscheiden, mit Arabern zu musizieren. Ein gravierendes Problem scheint das für Barenboim nicht zu sein. Stolz sagt er: »Mit dem Feind zusammenzuleben (bei Konzertreisen) und zusammen zu musizieren, das ist eine existentielle Erfahrung.« Jeder, der sie mache – und das gelte auch für ihn selber – erfahre dabei eine beträchtliche Veränderung. Barenboims Fazit: »Die jungen Leute, die in diesem Orchester spielen, sind ihrer Zeit um 20 oder 30 Jahre voraus.«

In Barenboim stecken Skepsis und Optimismus. Er glaubt nicht an einen möglichen militärischen Sieg, an die Vernichtung eines Kontrahenten. Gewiss sei er froh, dass Israel über eine starke Armee verfügt. Es könne fraglos Kriege gewinnen gegen seine Nachbarländer. Nur: »Kein Volk hat das Recht, ein anderes zu besetzen, und von allen Völkern am wenigsten die Juden.« Zudem: Habe eine solche Politik denn Ruhe gebracht? Keine soldatische Armee, so weiß er, könnte das palästinensische Volk in die Knie zwingen. Denn, so wiederholt Barenboim immer wieder beschwörend, »85 Prozent aller Palästinenser sind jünger als 33 Jahre.«

Dass Israel für jene Juden, die Auschwitz entkamen, der einzige Platz war, den sie als Heimat zu empfinden vermochten, weiß Barenboim sehr wohl. Doch beinahe verzweifelt fügt er hinzu: »Was haben wir denn den Palästinensern gegeben, das sie nicht verlieren wollen? Nichts!« Beschwörend beschreibt er die Demütigungen, den Mangel an Mitgefühl, welche in diesem Verhalten lägen. »Aber wir erwarten, dass sie uns was geben, und sagen immer: Die akzeptieren uns nicht. Natürlich akzeptieren sie uns nicht. Warum sollten sie?«

Für jene uneinsichtigen Israelis, die den Arabern nicht entgegenkommen wollen, die nicht redlich und schuldbewusst zu gestehen wagen, warum sie sich gezwungen glaubten, alteingesessenen Palästinensern Land wegzunehmen, findet Barenboim, freilich lächelnd, nur ein Adjektiv: »dumm«. So sei es tatsächlich gelungen, »diesen Mythos zu erledigen, dass Juden intelligent sein sollen«.

Und nun? Dass sein West-Östliches Divan Orchester keinen Frieden schaffen oder bringen kann, ist Barenboim klar. Von seinen israelischen Landsleuten verlangt er Konkretes. Nicht nur, dass sie keine Gebiete besetzen sollten, wo es keine Juden gibt, sondern sie müssten mit ganzer Kraft versuchen, sich für die Palästinenser akzeptabel zu machen. Und überdies so viel wie möglich dafür tun, »ein organischer Teil der Region zu werden«. Man könne nicht Fremdkörper bleiben, Jahrhunderte lang.

Das heißt in der Praxis: Die Israelis sollten in der Schule Arabisch lernen. Und wenn man als Musiker dort lebt, müsse man auch die arabische Musik ernst nehmen, erforschen. Auf mein Geständnis, ich wüsste wenig anzufangen mit arabischen Tonfolgen, gibt Barenboim zurück: »Ich auch nicht.« In München könne man sich das leisten – aber eben nicht, wenn man in Israel lebt. Die Akademie von Jerusalem bemühe sich inzwischen, auch auf sein Betreiben hin, um die Erkenntnis arabischer Musik, aber, so Barenboim: »Wir kommen zu spät mit all diesen Ideen.« Übrigens habe bereits 1931 in Kairo ein Kongress über arabische Musik stattgefunden, an dem Bartòk, Kodaly und sogar auch Hindemith teilnahmen. Hochinteressant sei Bartòks damaliger Hinweis, die Musik in arabischen Dörfern wäre weit substantieller als das pseudo-europäische Gedudel in den Städten. Mittlerweile freilich seien die gegnerischen Lager derart verhärtet, dass die Araber selbst auf dieses eigentlich ja pro-arabische Vorhaben argwöhnisch reagieren: »Jetzt wollen uns die Juden auch unsere Musik nehmen.«

Reagiert sentimental, wer Rührung empfindet, wenn er erfährt, dass zwei Musikerinnen in Barenboims Orchester heiter verwundert feststellten, ihre Väter hätten noch aufeinander geschossen, während sie jetzt zusammen Beethoven spielen? Verhält sich kitschig, wer bewegt von jenem Ramallah-Mädchen erfährt, das Barenboim selig anstarrte und flüsterte, er sei the first thing aus Israel, dem sie begegne, welches kein Soldat sei und kein Panzer? Barenboim jedenfalls betrachtet seine west-östlichen Aktivitäten als das Wichtigste, was er momentan tue. Der Magnetismus eines die Seele erfüllenden Interesses ist stark und geheimnisvoll. Auf die Frage, ob ein Nachfolger in Sicht sei, falls er aufhören müsse, sagt Barenboim: »Ich weiß es nicht.«

Die Idee der Gemeinsamkeit

Es war ein Trugschluss, zu glauben, Barenboim würde es in unserem Gespräch vor allem um seine beiden kommenden Münchner Abende gehen, an denen er Bachs »Wohltemperiertes Klavier«, Teil I. und II., bietet (am 9. und 11. Januar). Barenboims CD-Einspielungen des Werkes sind auch gerade erschienen. Anders als jene Pianisten, die auf dem Flügel Cembalo-Wirkungen herzustellen suchen, führt Barenboim vor, wie viel große Orgel-Erhabenheit in Bachs Klaviermusik steckt. Das C-Dur Präludium des II. Teils entdeckt er förmlich neu – ganz frei, erhaben ruhig und expressiv-furtwänglerhaft den chromatischen Reichtum dieser Kunst beschwörend. Was seine bemerkenswert verhaltenen Tempi betrifft, so beteuert er, gelangweilt habe sich bisher noch kein Hörer dabei, mochten sich auch manche ärgern. Entscheidend sei, dass die große erfüllte Ruhe Bachs nie umschlage ins Elegische.

Während unseres Gespräches machte ich eine erstaunliche Beobachtung: In Barenboims Bemerkungen über Kunst und Künstler kehren, wie versteckte Leitmotive, jene Kategorien wieder, die auch seine west-östliche Passion prägen. Junge Instrumentalisten von heute, so berichtet er, die sich um Orchester-Plätze bewerben, spielten technisch weit besser, als es entsprechende Kandidaten vor 40 Jahren taten. Doch die Jetzigen besäßen »kein Gefühl für die Idee der Gemeinsamkeit«. Für den Platz, den ihr jeweiliger Ton im Gesamten einnehme. Sie seien nicht neugierig, nicht konzeptbewusst genug, sondern nur fabelhaft virtuose Einzelkönner. Und weiter: Früher hätte man Künstler wie Cortot, Rubinstein, Arrau, Backhaus sogleich an ihrem »Ton«, an ihrer Individualität erkannt, bei den Virtuosen von heute gehe das nicht.

Tatsächlich ist die Fähigkeit, zuzuhören und sich einzufühlen, dem künstlerisch individuellen Schaffen keineswegs abträglich. Sondern durchaus charakterbildend ... Barenboims zahlreiche, alle Grenzen überwindende Aktivitäten haben ihn so zu einem einzigartigen Künstler werden lassen. An ihm hängen die Hoffnungen einer Welt von Mühseligen und Beladenen.

Claudia Trübsbach, die Leiterin der Kulturabteilung der Münchner Volkshochschule, bat mich 1989 sehr charmant darum, Vorlesungen über Wagner zu halten. Ich schlug eine Reihe von zwölf Lesungen vor. Sie erschrak, so viele! Im Höchstfall würde sie sechs Veranstaltungen zu diesem schwierigen Thema riskieren können. Daraus wurden dann, sage und schreibe, sechsundsechzig Folgen, die ich bis 1993 im Carl-Orff-Saal des Gasteig gehalten habe, stets von ihrem großen und beherzten Engagement betreut. In dieser Reihe ging es natürlich auch um *Siegfried*, das für mich weitaus problematischste Stück des *Ringes*.

Am Schluss des zweiten Aktes erschlägt Siegfried den Lindwurm, den Drachen. Zum letzten Mal in dieser Oper ertönt da das Drachen-Thema. Im ersten Akt der darauffolgenden *Götterdämmerung* aber gibt es eine Stelle, bei der sich Brünnhilde passioniert äußert, und erstaunlicherweise kommt da auch das Thema vor, das im *Siegfried* zum Drachen gehört. Wagner hat seiner sinnlich vitalen Brünnhilde also das Drachen-Thema verpasst. Daraus schloss ich, und ich hatte es nirgendwo zuvor gelesen, dass für Wagner, ganz anders als in der christlichen Welt, der Drache etwas Positives ist, nämlich Symbol der Lebenskraft, wie beispielsweise in China. Man weiß aber nicht, woher Wagner diese asiatische Auslegung des Drachen gekannt haben könnte. Er muss unglaublich belesen gewesen sein.

Nach der Vorlesung, in der ich diesen Zusammenhang erörtert hatte, starrte Susanne mich ganz perplex an. Sie hatte mir bis dahin noch nicht erzählt, dass sie an der Konzeption zu einem Roman über junge Drachen-Damen arbeitete: *Von Mädchen und Drachen*, ein Buch, in dem sich Frauen als weibliche Drachen zusammentun, als eine Art Metapher für Emanzipation. So kamen wir auf denkbar verschiedenen Wegen auf das gleiche Motiv.

Bayreuther Tagebuch[34]

Ankunft. Was ist ein Theatraliker? Kurz gesagt, ein Mann, der unfehlbaren Sinn für Wirkung hat. Wer zu Wagner geht, begibt sich in die Hände des größten Theatralikers der Musikgeschichte, und wenn er

---

34 Im September 1951, in: FRANKFURTER HEFTE, 6. Jahrgang, Heft 9, 1951 (Auszüge).

1951 – das erste Mal vor der Villa Wahnfried

sich nicht mit sehr viel Vorsicht und Zurückhaltung wappnet, dann ist er bereits bezaubert, Opfer; ehe noch der erste Ton erklingt. Denn nicht nur das Musik-Drama des »Meisters«, auch seine Konzeption der Bayreuther Festspiele ist ausgesprochen theatralisch, das heißt: unfehlbar wirkend, indem sie den Gast vorbereitet, einstimmt, hebt. [...] Wer nach Bayreuth will, kann schwerlich ablenkende Nebenabsichten haben. Auch die mehr oder weniger weite Anreise bleibt nicht ohne Rückwirkung; wenn man sie unternimmt, mit festem, spirituellem Ziel, dann ist man eigentlich schon nicht mehr Reisender, sondern Pilger. [...]

Sonntag. Am Tage des »festlichen Auftaktes« regiert Beethoven, noch nicht der Meister. Furtwängler dirigierte die IX. Symphonie, ich bin froh, daß ich nicht nur im Konzert selbst, sondern auch in der unvergeßlichen Generalprobe am Vormittag war. Über sie darf nicht geschrieben werden, Wolfgang Wagner – der organisierende Enkel – hat es den Journalisten, »die sich, wie ich höre, eingeschlichen haben«, temperamentvoll, aber streng verboten. Nun, der Abend hat das wahrhaft überwältigende Erlebnis – freilich ohne die intimen Intermezzi der Probe – wiederholt und verdichtet.

Bereits das Vorspiel war legendär. Der Mythos Wagner und die erlauchten Preise machten Bayreuth zum Mittelpunkt des glanzvollsten gesellschaftlichen Ereignisses, das Deutschland nach dem Kriege sah; es war, als ob eine Autoausstellung und eine Christian-Dior-Mammutschau zu Füßen des Festspielhauses zusammenfielen. (Jetzt glaube ich, daß es in Deutschland schon wieder 200 Nachkriegsmillionäre gibt.)

Die *Neunte*, das hat mich der doppelte Eindruck jetzt nachdrücklich und endgültig gelehrt, ist wahrlich das opus summum summi viri. Nie wieder in der Geschichte der Musik hat Subjektivität sich zu einem solchen Kosmos der Gesichte ausweiten können, die alle Äußerstes besagen, rätselhaft miteinander verbunden sind und sich doch nicht gegenseitig zurücknehmen oder relativieren. Es gibt Leute, Thomas Mann gehört zu ihnen, die mit dem letzten Satz dieser Symphonie nichts anfangen können. Der Ausdrucksallmacht des ersten, seinem geisterhaft aus leerer Quinte hervorspringenden Hauptmotiv, den zärtlichen Seitenepisoden, der ungeheuren Entsagung, die in den häufigen, unterbrechenden Ritardandi zum Ausdruck kommt und dem abgründigen, unheilbaren Todesrhythmus der Coda kann sich freilich niemand entziehen. Der letzte Satz aber zerfalle, sagt man, sein Schiller-Optimismus sei nahezu unglaubwürdig. Jedoch die Herrlichkeit, ja auch nur die Menschen-Möglichkeit der Idee einer solchen Freude ist bewundernswert groß – kein Leverkühn kann sie zurücknehmen. [...]

Montag. Jetzt gibt es nur noch Wagner. Schon der Vormittag läßt keinen Zweifel mehr daran. Man besucht die Ausstellung »Wagner in der Welt«, der ich aber nicht viel abgewinnen konnte außer der Einsicht, daß selbst die »Tristan«-Ouvertüre wie Kaffeehausmusik klingt, wenn sie als Geräuschkulisse aus irgend einem Grammophon irgendwoher ertönt, als sei sie zur Untermalung diskreter Gespräche geschaffen. [...]

Seit Nietzsche sind sich ja die meisten Musik-Intellektuellen darüber einig, daß Wagner den »Parsifal« doch wohl besser nicht geschrieben hätte. [...]

Eine 17 Seiten lange tiefenpsychologische Analyse im üppigen Programmheft — »verdrängte Mutterbindung mit unerfüllter Vatersehnsucht gekoppelt« — führt überzeugend und unsympathisch in seelische Irrgärten ein. Ich war froh, sie gelesen zu haben, da ich in der Pause zwei reizenden Amerikanerinnen den Inhalt der Oper klarzumachen hatte.

Es gelang, Einigkeit darüber herbeizuführen, daß Parsifal »jener boy in der Mitte« gewesen sei. Weniger befriedigend schien mir die Kennzeichnung der Kundry als »nurse«, aber Übersetzungen für die Wagnerworte »Urteufelin« und »Höllenrose« wollten erst gefunden sein. [...]

Dienstag. Die »Rheingold«-Aufführung war trübseliger Tiefpunkt. [...] Das Werk ist auffallend arm an menschlichen und musikalischen Höhepunkten, es exponiert zur Hauptsache Handlungsfäden und Leitmotive, so daß Wagner es mit Bedacht nur »Vorspiel« genannt hat. Dennoch ist der matte Eindruck vorwiegend auf Wieland Wagners Regie zurückzuführen; jetzt fiel auf seine Inszenierungsabsichten klares Licht, wenn sonst auch alles dunkel blieb.

Wieland Wagner hat offenbar die Absicht, Wagners Opern zu entstauben, den musikalisch-dramatischen Kern herauszuarbeiten und eingefahrene Regietraditionen nur nach unerbittlicher Prüfung zu übernehmen. Er fand — mit Recht —, daß ein überladenes Bühnenbild oder ein Zaubergarten mit kitschigen Papierrosen nicht mehr zu unserem Wagnerbild paßt. Wenn Wagner noch lebte, würde er auch manches anders machen, wähnt Wieland weise. Warum wüten wir? Nun, neue Formen sind niemals nur Negationen der alten. Statt eines Bühnenbildes, das nach Gründerzeit schmeckt, lieber keines? Das ist doch absurd. Wagners Opern sind Gesamtkunstwerke, keine Objekte für Abstraktion und Sparsamkeit; auch die Aufnahme der Musik leidet, wenn der Hörer nicht von der Bühne her im Banne des Karfreitagszaubers, in der Atmosphäre des Zaubergartens, auf dem durchwogten Grunde des Rheines ist, sondern wie am Radioapparat apathisch in dunkle Kärglichkeit starrt. Richard Wagner selbst machte sich über

die Bühnen lustig, in denen Opern »nur notdürftig bis zur künstlerischen Unanständigkeit szenisch dargestellt« werden könnten. Danach hätte ihm seines Enkels fatale Lust an der Askese genausowenig
behagt wie uns. Ganz abgesehen von vermeidbaren Ungeschicklich-
keiten und Steifheiten wirkt jetzt ohnehin jeder drastisch reale Vorgang wie Stilbruch (etwa der niedergeschossene Schwan). Vollends
unmöglich aber sind die geradezu den Buntfilm herbei-assoziieren-
den Beleuchtungseffekte, die schon im »Parsifal« befremdeten, als
Regenbogenbrücke im »Rheingold« nun gar die Grenze zum Kitsch
nicht nur streiften. [...]

Mittwoch. In einem Dörfchen, 6 km von Bayreuth entfernt, habe ich
ein nettes Zimmer gefunden, mit Bedienung DM 1.50 pro Nacht. [...]
Die Musiker aber treffen sich Abend für Abend in der traditionsbe-
ladenen »Eule«. Da sind alle Wände mit Bildern und Autogrammen
alter und junger, berühmter und vergessener Künstler bedeckt, es
wimmelt von »Wanderern« in Schlapphüten, stimm- und staturge-
waltigen Isolden, feisten Siegfrieden. Aus einer Ecke schaut gar der
Meister selbst über die Seinen.
[...] Die glutheiße Atmosphäre des wunderbaren ersten »Walküre«-Aktes, in dem Wotan, unsichtbar anwesend, das Schicksal der
armen, seligen Geschwister lenkt, erschütterte, wie nur selten ein
Theatererlebnis. [...]
Knappertsbusch aber, der die lyrischen Partien des »Parsifal« mit
so strenger Hingabe ausgekostet hatte, gelang der jagende Schwung
des Walkürenritts ebensowenig wie das Sengen und Brennen des
»Feuerzauber«. Natürlich war beides nicht gerade »schwach«, aber
doch ein wenig lahm, wenn man sich auf Äußerstes bereitet hatte.

Donnerstag. Allmählich werden die Festspielgäste eine große Familie. Dazu tragen vor allem die langen Pausen bei; sie werden von den
Journalisten geschätzt, die an Gartentischen ihre Kritiken vorbereiten
können. Der widerwärtige Druck, unter allen Umständen aktuell zu
sein, in den der Konkurrenzbetrieb unsere Redaktionen hineingestei-
gert hat, zwingt sie, von ihren Korrespondenten oft schon eine halbe
Stunde nach dem Ende einer sich von 16 bis 22.30 Uhr hinziehenden
Oper einen Bericht zu verlangen. Die unbeschwerteren Gäste aber

erholen sich, bis die Fanfaren das Ende der Pause mit einem jeweils passenden Wagnerthema ankündigen. Man kennt sich jetzt, und der blendende Glanz nackter Schultern und kostbarer Stoffe fängt an, selbstverständlich zu werden. Die Damen haben herausgebracht, daß die Trägerin einer unvergleichlichen Perlenkette indische Prinzessin ist, und nun wird auch dies Kleinod neidlos bewundert, denn mit einem indischen Fürsten kann und soll nicht einmal der industrielle Ehemann konkurrieren. [...]

Freitag. [...] Man bedenke: Seit Jahren nehmen die Wortführer der kulturellen Öffentlichkeit, nimmt vor allem die Jugend beinahe geschlossen gegen Wagner Partei. Nun, nach längerer Pause kommt es wieder zu den Bayreuther Festspielen, und was geschieht? Die Öffentlichkeit ist geschlossen da, die Plätze sind ausverkauft, die Begeisterung ist groß wie eh und je.

Ist diese Wagner-Renaissance nicht vielleicht ein Symptom mehr für unsere jetzt nahezu vollendete Restauration? Wer ging denn nach Bayreuth? Fast alle deutschen Besucher, die ich kennenlernte, waren Industrielle, von denen ein nicht unbedeutender Teil aus dem Ruhrgebiet kam. Dennoch ist die Atmosphäre keineswegs deutsch-national. Sie läßt sich in politischen Kategorien eigentlich gar nicht fassen, viel eher in geist-soziologischen. *In Bayreuth feierte 1951 der Romantizismus des wohlhabenden deutschen Bürgertums* zusammen mit Wagner seine öffentliche Wiederauferstehung. Die Festspiele waren, vielleicht unbewußte, aber gerade deshalb desto nachhaltigere Demonstration gegen das Neue; gegen alles Unsentimentale, Bewußte, Verantwortliche, Klärende, zu Bewältigende. Schade, daß Wieland Wagners im Kern richtiger Versuch mißlang, die Wagner-Oper antireaktionär umzuinszenieren. Jetzt nämlich haben die verstockten Wagnerianer sogar das Recht, unzufrieden, ja zornig zu sein.

Sonnabend. Unter den Klängen des düstersten aller Trauermärsche wurde Siegfrieds Leiche hinweggetragen. Danach schlugen die Flammen hoch und Wallhall verbrannte zu Asche. Die »Götterdämmerung« hat sich, allen unaufhaltsam, vollzogen; die Götter, die Helden, die Liebenden, die Leitmotive, die Zwerge und die Riesen sind nicht mehr ...

Die Welt des »Ringes« kann keineswegs, wie es oft und vorwurfs-
voll geschieht, eine germanistisch-deutschnationale genannt wer-
den. Wagner hat ganz offensichtlich die Urmythen und Urtypen des
Menschlichen auf eine höchst kunstvolle, psychologische Art zum
»Ringe« verschmelzen wollen. [...]
Mich läßt das Geschehen, das Gegen- und Miteinander der Götter
und Menschen, ziemlich kühl. Für den Hörer ist heute – ganz gegen
Wagners Willen – alle Aktion nur Vorwand für die Musik. [...]

Sonntag. Während der ganzen Woche hatte Wieland Wagner die Regie geführt und Knappertsbusch den Dirigentenstab, heute, für die
»Meistersinger«, hat erstmalig R. O. Hartmann die Inszenierung besorgt, und Karajan dirigierte. [...]
Noch nie habe ich einer Oper mit mehr Enthusiasmus zugehört
als diesen »Meistersingern« in Bayreuth. Man sollte von den Solisten
eigentlich keinen hervorheben, weil alle Sänger hervorragend waren.
Nur den Beckmesser will ich besonders loben. So wie der Jago, oder
der Mephisto, ist auch hier der Übeltäter die eigentlich interessanteste
Figur. [...] Ich klatschte, so lange es nur ging; denn es war mein letzter
Abend im Festspielhaus für dieses Jahr.

Mühe mit Wagner

Den Richard Wagner habe ich mir erkämpfen müssen. Kammermusik
von Brahms, Klavierwerke von Mozart, Beethoven, Schubert, Schumann, Chopin – alles das umgab mich von klein auf. Musikalische
Muttermilch.

Wagner'sche Musikdramen jedoch traute sich das Tilsiter Grenz-
landtheater kaum aufzuführen. Aber meine Mutter hatte einst in
Berlin ein paar Wagner-Opern gesehen. Sie liebte die *Meistersinger*
sehr. Nahm mich einmal mit in die bei Danzig gelegene Zopotter
Waldbühne, zu einer *Meistersinger*-Aufführung. Ich war vielleicht
zwölf oder dreizehn. Traute mich nicht, meiner begeistert anteil-
nehmenden Mutter zu sagen, wie derb ungefüge ich, an Chopin
und Streichquartette gewohnt, die Opern-Musik fand und wie ab-
geschmackt die Handlung. Die Nuancen des Textes bekam ich
nicht mit.

Später, in Hamburg, während der letzten Gymnasiums-Jahre bis zum Abitur, erlebte ich dann durchaus beeindruckende Wagner-Aufführungen. *Walküre, Tristan, Fliegender Holländer.* Wirklich »begriffen« habe ich den Rang von Wagners Kunst kaum. Sonst wäre ich, als junger Autor der *Frankfurter Hefte* und Mitarbeiter von Rundfunkanstalten, kaum unvorbereitet zur Wiedereröffnung der Bayreuther Festspiele gefahren. Dass man nämlich ohne genaueste Kenntnis des Wagner-Textes die erweiternde oder widersprechende Kraft der Musik schwerlich zu erfühlen und zu würdigen vermag, war mir noch nicht aufgegangen. So äußerte ich in meinem *Bayreuther Tagebuch* von 1951 töricht kesse Sottisen über die Langeweile des *Rheingold*. So verfasste ich für den mutigen Redakteur Alfred Andersch ein theatralisches Feature, das seinerzeit Stürme der Entrüstung unter gekränkten Wagnerianern und hunderte empörte Hörer-Briefe provozierte. Die alberne Jugend-Sünde hieß »Kummer in Bayreuth«. Ich hatte mir ein junges Paar einfallen lassen, dessen Liebesleben – so mein Plan – immer genau umgekehrt verlaufen sollte wie die Opern, die sie gerade gesehen hatten. Dazu Erläuterndes. Verliefen die Opern tragisch, waren die beiden vergnügt, nach den *Meistersingern* hatten sie Krach. Etwas Derartiges schwebte mir zumindest vor. Ich haute den alten Wagner nicht gerade in die Pfanne, dafür bewunderte ich seine Kunst mittlerweile doch zu sehr. Aber über die Langeweile der vierzigminütigen Gurnemanz-Erzählung des ersten *Parsifal*-Aktes machte ich mich schon lustig. Hoffentlich ist das freche Elaborat, das NWDR und Hessischer Rundfunk erstaunlicherweise sendeten, mittlerweile verdientem Total-Vergessen anheimgefallen.

Der Faszination Bayreuths erlag ich nach 1951 unheilbar. Monatelang studierte ich mit Klavier-Auszug, Partitur und Gesamtaufnahmen die unvergleichlich reichen, rätselvollen Werke. Wurde dabei zum bewundernden Kritiker des Neuen Bayreuth. Wieland Wagner standen glänzende Sängerinnen und Sänger zur Verfügung. Orchester und Chor waren außer Konkurrenz. Seine Personen-Regie war originell, kraftvoll. Gewiss: Er hatte einen von aller Welt lächelnd akzeptierten Busen-Tick. Der störte aber weit weniger als Wielands schrecklich abstraktes Symbolisieren. Wieland hasste nämlich, aufgrund traumatisierender Erlebnisse mit naturalistisch-illusionistischem Wagner-Theater der Nazizeit, alles »Realistische«, »Handfeste« auf der Bühne. »Das kann der Film besser«, meinte er. Und schuf seinerseits eine idealisierende, wirklichkeitsferne, reine Total-Symbolik. Auch ihr hätte man wahrlich den Vorwurf faschistischer Wirklichkeits-Verleugnung machen können. Doch bei diesen Anfangs-Forciertheiten des jungen Enkels, die Knappertsbusch nicht verzeihen wollte, blieb Wieland nicht stehen. Die Differenziertheit lebendiger Fülle drängte unaufhaltsam in seine Bühnen-Arbeit. *Rheingold* und *Walküre* der zweiten Wieland'schen Bayreuther *Ring*-Inszenierung glückten faszinierend. *Siegfried* und *Götterdämmerung* nicht ganz in demselben Maße. Doch weil Wieland Wagner allzu früh starb, 1966, war es ihm nicht mehr möglich, seinen zweiten *Ring* so zu perfektionieren, wie es in Bayreuth – »work in progress« lautete das Schlagwort – ja mit fast allen Aufführungen geschieht. Nie werde ich vergessen, wie ich, in einer Pause der *Walküre*, dem erhitzten Wieland vor dem Bayreuth-Restaurant begegnete, ihm ehrlich und strahlend gratulierte, worauf er lachend erwiderte: »Ja, manchmal glückt's.«

Wielands Bruder Wolfgang trat als Regisseur nicht so ehrgeizig hervor. War dafür, nach Wielands Tod, ein kenntnisreicher und wagemutiger Festspielleiter. Auf den *Ring* von Boulez und Chéreau das Team Solti/Peter Hall souverän klug folgen zu lassen, war eine fast geniale programmatische Idee. Leider spürte der hochbetagte Wolfgang Wagner, dass die Öffentlichkeit auf »events« ebenso munter reagiert wie auf Qualität. Darum überließ er zuletzt oft Wagner-Fremdlingen das Feld.

Als junger Intellektueller las ich einmal bei T.S. Eliot, dem großartige Essays über Shakespeare zu verdanken sind, in seinem Leben hätte es eine umfangreiche Phase gegeben, in welcher Shakespeare für ihn wunderbar wichtig gewesen sei, doch inzwischen fühle er, dass er mit ihm fertig wäre. Begegne ich einer mittleren Wagner-Aufführung, dann verstehe ich gut, was Eliot meinte. Nicht, dass mir der Rang gerade von Wagners finsteren Szenen fraglich wäre. Doch ich fühle: Wird nicht ganz außerordentlich passioniert gesungen, besitzt die Inszenierung kein der Sache nahes Erkenntnis-Feuer, dann reizt mich aller mit dem Wagner-Operngenuss verbundene Aufwand mittlerweile recht wenig.

Wagnerverein auf Reisen. Mit Evelyn Hamann (links), Romi v. Bülow, Susanne und Vicco v. Bülow alias Loriot

Loriot bewundert mich, und ich bewundere ihn. Keine schlechte Voraussetzung für eine Freundschaft. Ich finde seine Texte, die Bildunterschriften, die Sketche mindestens so gut und originell wie seine Zeichnungen. Mir scheint sogar, dass Loriot auf diese Weise eine gewisse politische Bedeutung erlangt hat. Wir Deutschen gelten doch in aller Welt als humorlos, was ich für unberechtigt halte, wenn ich an Georg Christoph Lichtenberg, Goethes Mephisto, Wilhelm Busch und Christian Morgenstern denke. Wahr ist höchstens, dass man die Humoristen hierzulande unterschätzt und die Tragiker bewundert. Dieser Situation stellt nun Vicco sehr erfolgreich sein heiter-erlesenes Deutsch entgegen. Er disqualifiziert politische Phrasen und Internetgequatsche und hat damit quer durch die deutsche Gesellschaft einen unangefochtenen Erfolg.

Unterhalten wir uns privat, geht es meist um Musik. Er ist noch viel mehr Wagnerianer als ich, zudem ganz und gar Gesangsfetischist. Nun hat der Maler Wilhelm Leibl einmal Wagners Kunst definiert: »Sie ist ein Lastwagen zum Himmelreich.« Viccos Sketche und Cartoons haben auf den ersten Blick mit Lastwagen recht wenig zu tun. Und das soll ein bekennender Wagnerianer sein? Isser aber.

*Von Loriot zu
meinem Siebzigsten*

Für mich hängt Humor hauptsächlich vom sprachlichen Niveau ab. So finde ich auch bei Franz Kafka viel Komisches, bewusst Komisches. Thomas Manns Ironie kann ebenfalls sehr komisch sein, manchmal zugleich ein wenig manieristisch. Oscar Wilde ist natürlich genial witzig, verglichen mit ihm argumentiert George Bernard Shaw zu absichtsvoll, zu lehrhaft. Gar nichts anfangen kann ich mit dem Witz von Jaroslav Hašeks *Der brave Soldat Schwejk.* Darüber lachen sich alle Tschechen und alle alten Österreicher halb tot. Ich verziehe keine Miene. Die schlagende Brillanz von Georg Kreisler hingegen bewundere ich seit langer Zeit. Er ist nicht nur verdammt musikalisch, sondern hat einen angenehm surrealen Sprachwitz. Vergnügt schätze ich den bitteren bayerischen Realismus von Eugen Roth. Genial, über welche sprachliche Virtuosität er in seinen komischen Gedichten verfügt. Zum Beispiel auf das Wort »Meistersinger« einen Reim zu finden, ist nicht ganz leicht. Aber Roth schafft das. Da besitzt »ein Mensch« zwei Festspielkarten, hat aber keine Zeit, hinzugehen. Er bietet sie allen Freunden und Bekannten an. Doch die haben alle schon etwas vor. Und dann:

Herr Lieblich meint, begeistert ging er, / Wär es für morgen, Meistersinger, [...]

Was für ein toller Reim! Das Gedicht endet:

Doch heute abend, leider nein. / Der Mensch lässt es von nun an sein. / zwei Plätze, keinen Sitzer habend / Genießen still den freien Abend.

Also, das finde ich komisch. Ich lernte Eugen Roth persönlich kennen. Wir waren zufällig beide in Wildbad Kreuth, und ich musste ihm meine Badehose leihen, weil er seine vergessen hatte. Dabei war er damals deutlich »stärker« als ich. Ich fragte ihn, was die Umstehenden im feinen Hallenbad wohl denken würden, wenn er sich jetzt umzöge. Unvergesslich sein »Des is doch mir ganz wurscht«. Er lud Susanne und mich ein, ihn zu besuchen. Bald entschuldigte er sich in einem Brief, dass es wegen einer lückenlosen Folge häuslicher Miseren einstweilen nicht klappe. Später musste wiederum ich den Besuch verschieben. Und dann starb er. So bin ich leider nie bei ihm gewesen.

Noch eine bedeutsame Dimension genialer als Roth ist Christian Morgenstern. Er hat schlagende Parabeln für menschliches Verhalten erfunden, sein Witz ist unvergleichlich originell. Ich wüsste keinen anderen Dichter, den ich ihm als Humoristen vorziehen würde. Merkwürdigerweise sind seine ernsten Gedichte unendlich schwächer als die komischen. Sicher gibt es unter seinen ernsten, anthroposophisch angehauchten Gedichten auch ein paar passable, aber nicht eines, das mir einen Bruchteil der Bewunderung abzwingen könnte, die mich für seine komischen Sachen erfüllt.

Als Fritz Kortner sich bei einer Probe über einen Komiker beschwerte, verteidigte der sich mit dem Argument: »Herr Kortner, Sie haben doch gerade über mich gelacht.« Darauf Kortner: »Ja, aber unter meinem Niveau.« Ich lache auch sehr gerne unter meinem Niveau. Besonders, wenn es um Aussagen über die Ehe geht. Es gibt eigentlich keine noch so absurde Bemerkung, die nicht irgendwie zutreffend wäre. Da sind Susanne und ich uns vollkommen einig, auch was Situationskomik angeht. Wenn im Englischen Garten ein Mann mit vergrämtem Gesicht einen Dackel an der Leine führt, der das gleiche vergrämte Gesicht hat, dann können wir uns kaum beruhigen, während man andere Leute erst einmal umständlich auf die Ähnlichkeit zwischen Mensch und Tier hinweisen muss.

Mimi

Ali

Im Jahr 1974 bekam das Haus Kaiser zwei neue Mitbewohner, die ab sofort die umschwärmtesten Stars der Familie waren: Katze Mimi und Hund Gilli. Beide fügten sich im Nu den etwas chaotischen Bedingungen, die schon ohne Tiere herrschten, aber durch den Mangel an Erfahrung mit Tierhaltung noch gesteigert wurden. Dieses Manko wurde allerdings durch größtmögliche Herzlichkeit ersetzt, und die Tiere schienen nicht übermäßig zu leiden. Wenn überhaupt machte ihnen nur die mediale Präsenz ihres Herrchens hin und wieder zu schaffen. Es war herzzerreißend, wie Gilli sich vor Entsetzen verbog und winselte, als bei einer Radiosendung die Stimme meines Vaters aus der Lautsprecherbox quoll, er aber direkt neben ihr stand und den Mund nicht öffnete. Um die Nerven zu beruhigen, sprang sie bei der nächsten Gelegenheit auf den Tisch und verzehrte eine riesige Schokoladentorte. Auch unsere Katze Mimi musste ein solches Rätsel verdauen. Bei einem Fernsehauftritt meines Vaters ging er links aus dem Bild. Mimi, die eben noch konzentriert vor dem Bildschirm saß und sich ausschließlich für den Inhalt der Sendung zu interessieren schien, untersuchte nun mit Pfote und Schnauze die linke Seite des Geräts. Irgendwo musste da doch das Herrchen stecken. Der aber saß hinter ihr auf dem Sofa und lachte. Nach ein paar verdutzten Doubletakes zwischen TV-Apparat und meinem Vater stieg sie erleichtert auf seinen Bauch, um ihn vollzusabbern, ihre freundliche Art, genussvoll zu schnurren.

Gilli und Mimi, unzertrennliche Freundinnen, starben beide vierzehn Jahre nach ihrem Einzug innerhalb weniger Monate an Krebs.

Der Verlust betrübte die Familie jahrelang. Nie mehr, so meine Eltern wie aus einem Munde, würde es Nachfolger für so liebenswerte, originelle und komische Tiere geben können. Aber dann wurden eines Tages die Katzengeschwister Lisa und Ali angeschleppt. Wermutstropfen: Katze Lisa fand es bei meinen Eltern nicht elegant genug. Sie zog nach einigen Monaten zu den Nachbarn. Die Empörung meiner Eltern war riesig: Da gibt man sich derart Mühe, öffnet jeden Tag zwei Dosen Futter, streichelt und schmust wie verrückt und wird arrogant im Stich gelassen. Kater Ali blieb meinen Eltern treu. Der einzige Katz weit und breit, der nie eine Maus, einen Vogel gefangen hat, dafür aber mit formidablen Purzelbäumen auftrumpfte. Jetzt, als achtzehnjähriger Senior hält er sich mit dem Sport etwas zurück und döst lieber auf dem Bett meines Vaters. Eine richtige Alt-Herren-WG, wie die beiden sich in dem Bett arrangieren. Einer ist unordentlicher als der andere, jeder stöhnt über den anderen, ist aber doch entzückt ob solcher Freundschaft.

```
V o l l m a c h t
==================
```

Als Halter des BMW-Fahrzeuges M – JW 2662 bevollmächtige ich hiermit die Terrier-Hündin Gilsie von der Frankenlerche, die Schlüssel für das oben genannte Fahrzeug in Empfang zu nehmen.

Mit bellender Hochachtung

(Professor Dr. Joachim Kaiser)

Gilsie von der Frankenlerche, vulgo: Gilli

Lieblings...

...beschäftigung?

Die totale Hingabe an einen Gegenstand, der mir Spaß macht. Abgesehen vom Essen von Flusskrebsen.

...buch?

Vielleicht doch *Krieg und Frieden* von Leo Tolstoi und auch Goethes *Wahlverwandtschaften*.

...gedicht?

Es gibt so viele schöne Gedichte. Manche Sachen von Eichendorff rühren mich unermesslich. Gelegentlich blättere ich in der *Frankfurter Anthologie* meines Freundes Marcel Reich-Ranicki. Die zahlreichen Bände dieser Sammlung stellen eine enorme Leistung dar. Da hat Marcel wirklich etwas für seine Unsterblichkeit getan.

...zitat?

Eines meiner Lieblingszitate ist von Paul Valéry: »Gott hat die Welt aus Nichts geschaffen, aber das Nichts schaut durch.« Ich gestehe gern, dass ich kluge Sätze liebe. Da kann man etwas lernen, in solchen Zitaten steckt eine Art Bodensatz menschlicher Geschichte. Außerdem finde ich es ein bisschen überflüssig, den Nordpol zum zweiten Mal zu entdecken. Wenn jemand eine Sache bereits sehr gut formuliert hat, darf man sich ruhig darauf beziehen. Andererseits hat Morgenstern einmal befunden: »Zitate sind Gift für jedes Gespräch.« Wie wahr! Wenn ein Gebildeter sich unterhält und plötzlich ausführlich zitiert, leidet die spontane Vertraulichkeit eines Gespräches.

Zu viele Zitate in einem meiner Aufsätze sind meist ein Zeichen dafür, dass mir etwas tragfähig Eigenes leider Gottes nicht einfiel. Aber ein Zitat als geistvoller Schmuck eines Gedankens macht nichts kaputt.

...job?

Ich bin ein Rundfunk-Typ. Vielleicht, weil meine Sozialisation in die Kulturindustrie einerseits über die *Frankfurter Hefte*, also das Schreiben verlief und andererseits über den Hessischen Rundfunk, für den ich zahllose Kommentare oder Kritiken sprach und die kulturpolitische Sonntagsreihe »Vom Geist der Zeit« einführte. Im Fernsehen, zumal wenn ich allein auftreten muss, fühle ich mich weniger wohl. Wenn ich meine Sendungen anschaue, ärgere ich mich darüber, wie affektiert und befangen ich manchmal wirke. Nehme ich an einer Diskussion teil, im »Literarischen Quartett« oder in einem TV-Gespräch, vergesse ich die Kamera rasch, dann stört mich das Medium nicht. Muss ich aber das Publikum gewinnend ansehen und sagen: Meine sehr verehrten Damen und Herren, ich möchte Ihnen heute Abend etwas über Robert Schumann erzählen, dann bin ich unglücklich und flüchte in Posen. Denselben Satz im Rundfunk zu bringen, macht mir Spaß. Ich kann dann auch, falls mir danach zumute ist, den Kopf senken, zu Boden blicken, die Augen schließen.

Auf Bitten des leider verstorbenen Redakteurs Peter Lämmle betreute ich jahrelang im BR eine Reihe, »Kaisers Stammtisch«. Dazu lud ich Kollegen wie Johannes Gross und François Bondy ein, Martin Walser oder auch den literarisch universal gebildeten Michael Krüger. Wir diskutierten konkrete Themen. Natürlich bedauerten viele Zuhörer, dass so wenig Frauen mitwirkten. Wie haben wir uns bemüht, Damen aufzutreiben! Aber mit Ausnahme der Frankfurter Autorin Eva Demski und unserer Münchner Marianne Koch stellte sich keine zur Verfügung. Vermutlich wurden Redekanonen wie Gross oder Walser gefürchtet. Anders als in Amerika sind in Deutschland die Frauen noch immer nicht so redegeübt. Auf jeder Familienfeier darf eher der vertrotteltste Onkel eine Rede halten als eine noch so intelligente Ehefrau, Mutter oder Schwester. Natürlich können Frauen nicht schlechter sprechen als Männer, doch sie werden hierzulande offenbar seltener der Nötigung ausgesetzt, Reden zu halten. Wer das aber nicht bereits früh übt, hat später Mühe damit.

Joachim, auch als Radiomensch[35]
Von Johannes Gross

Das Wort »auch« in der Überschrift hat durchaus emphatische, ja steigernde Bedeutung und soll nicht additiv eine Eigenschaft

---

35 In: SÜDPREUSSISCHE ZEITUNG, a. a. O.

bezeichnen, welche die Essenz des Menschen Joachim nicht berührt. Denn der Schriftsteller, Tagespublizist, Musikant, gelehrte Lehrer, Fernsehschaffende ist nicht nur nebenbei, sondern im Grunde noch ein Mann des Hörfunks. Das liegt natürlich daran, daß Reden und Hören die ursprünglichen Formen des intellektuellen Diskurses sind, was schon dadurch belegt ist, daß all die Großen der Menschheit vor Joachim sich der Rede bedient und ihren Zuhörern zugerufen haben: »Wer Ohren hat zu hören, der höre!« Geschrieben haben die Erzväter des Gedankens gar nicht, weder Jesus, noch Mose, noch Buddha, Mohammed oder Sokrates; die Darlegungen in Benjamin Hederichs Lexikon über die Schriften Adams, des Vaters von uns allen, dürfen als widerlegt gelten. Bei Joachim Kaiser kommt neben dem objektiven Auftrag und dem subjektiven Bedürfnis, den Menschen durch gesprochene und dadurch prägende Rede zu bessern, hinzu, daß er auf das Anmutigste ein Genie der Konversation ist. Konversieren ist aber nur möglich mit dem so leichten wie sicheren Wort, der ironischen Wendung, die auf Verstand und Verständnis der Wissenden trifft – also nicht im Fernsehen. Im Hörfunkstudio hingegen, (in dem das Publikum zur virtuellen Öffentlichkeit verdampft ist), wo nur wenige Freunde, Martin Walser gottlob immer darunter, um den sechseckigen Tisch sitzen, nachdem der zwängende Rock abgelegt, die Krawatte gelockert, das stimulierende Getränk endlich herbeigeschafft ist, kann Joachim sich glanzvoll entfalten. Einleitend trägt er meist einen Text von irgendeiner Zelebrität vor, nicht, damit er eine Autorität anführe, sondern damit sich die nachfolgende spontane Prosa strahlender abhebt. Was danach zu belauschen ist, kennt die Kaiser-Gemeinde aufs Genaueste, und die noch nicht dazugehören, brauchen keine Schilderung, sondern nur den Hinweis, daß die Sendungen allesamt gerne wiedergesendet werden, weil die Hörer danach dürsten und der Bayerische Rundfunk kein Wiederholungshonorar zahlen zu müssen meint.

Geht es darum, Musikwerke zu analysieren, kenne ich keinen Weg, der überzeugender zum Ziel führt, als mit Hilfe von Beispielen und Interpretationsvergleichen ihren Geheimnissen auf die Spur zu kommen. Da fühle ich mich in meinem Element, und alle meine

Sendungen habe ich voll Enthusiasmus und leidenschaftlich gerne gemacht. Meine Reihe über Chopins Gesamtwerk mit fünfzig Sendungen, eine Beethoven-Reihe mit tatsächlich hundert Sendungen, umfangreiche Wagner- oder Mozart-Interpretationen und all die vielen,
vielen anderen.

Der »Radiomensch« mit Martin Walser (links) und Johannes Gross

Besonders aufregend empfand ich meine Live-Sendungen im RIAS,
noch in Zeiten des Kalten Krieges. Da moderierte ich die »Langen
Nächte« des Furtwängler, Rubinstein, Horowitz, Beethoven, Mozart,
Wagner usw. Lange Nacht – das war keine Übertreibung. Die Sendungen fingen um 20 Uhr an und dauerten bis halb drei. Spannend waren
sie, weil nicht nur der Moderator mehr oder weniger Kluges erzählte,
sondern auch die Zuhörer mitwirkten. Sie konnten telefonisch Fragen
stellen, sich Musikstücke oder Auskünfte wünschen.

Da machte ich eine erstaunliche, fast unglaubliche Erfahrung. Bei
Beethoven oder Wagner fragten die Leute ungeheuer viel. Dem Thema Beethoven widmeten wir sogar zwei Sendungen, und es gingen
über viertausend Telefonanrufe ein. Aber bei Mozart nur vierzig! Ein
Verhältnis von 1 zu 100. Das konnte kein Zufall sein. Mozart wird in
Umfragen fast immer als Lieblingskomponist genannt. Aber zu seiner Kunst wollten die Leute kaum etwas wissen. Sollte es sich so verhalten, dass bei Mozart die Vollkommenheit überwältigt? So dass
man eigentlich kaum mehr sagen kann als »wunderschön«? Mozart
macht sprachlos.

Es erreichten uns damals – natürlich nur nachträglich per Brief – auch zahlreiche Fragen aus der DDR. Dort wäre eine solche Sendeform schwer vorstellbar gewesen. Kein Moderator hätte unzensiert und ohne Unterbrechungsmöglichkeit reden dürfen. Die ostdeutschen Musikfreunde konnten ihre Fragen unmöglich direkt an den RIAS schicken. Der RIAS war für die DDR-Propaganda ein verhasster amerikanischer Feindsender. Die Zuhörer sandten die Briefe an ein DDR-Krankenhaus. Von dort wurden sie an ein West-Berliner Krankenhaus weitergeleitet. Auf diese Weise gelangten die Briefe schließlich an den RIAS. In der nächsten Sendung las ich dann die Fragen vor, zum Beispiel, warum ich Edwin Fischer die *Pathétique* hätte spielen lassen und nicht Wilhelm Kempff. Weiß Gott unpolitische Fragen, die weder den einen noch den anderen Staat gefährdet hätten. Doch so war das damals.

To be invited is so boring, not to be invited is a tragedy.

Oscar Wilde

Spezialisierungen, Sektierertum und die unbezahlte Fachsimpelei

Lektion in Liebe[36]

Ingmar Bergmans »Zauberflöten«-Film läuft in München an

Ja, ist das nicht auch bereits ein Märchen: Ausgerechnet jene überheikle Mozart-Oper, die auf Staatsopern-Brettern fast immer läppisch, kurzatmig, kindisch und steif erscheint, die bei hochdotierten Festspielaufführungen zum idiotischen Klamauk verkommt, an dessen höhere Bedeutung man dann nur mit angestrengter Verehrungsbereitschaft zu glauben vermag, ausgerechnet diese allzu leichte und allzu schwere »Zauberflöte« hat Ingmar Bergman in einen Kinofilm verwandelt, wie er heiterer, seliger und unprätentiöser noch keinem Werke Mozarts, ja meines Wissens überhaupt noch keinem Musikstück abgewonnen worden ist, seit Film und Fernsehen existieren.

Man hat nach dem Betrachten des Filmes wenig Lust, über die »Probleme« der »Zauberflöte« zu schwafeln. Mit reiner Herzlichkeit, Heiterkeit und genialer Bescheidenheit (mehr braucht es nicht ...) sind diese Probleme nämlich, wohlerworbene Kunstfertigkeit und Klugheit vorausgesetzt, ohne weiteres zu lösen. Aus der Lösung wird dann Erlösung. Daß gerade Ingmar Bergman, der herb-neblig-protestantische Unglücks-Mystiker des modernen Kinos, in einem Medium die » Zauberflöten «-Rätsel lächelnd erledigte, wo oft genug selbst die schönsten Bühnenaufführungen, wenn man sie zu verfilmen suchte, wie hinter eisernen Fensterläden erstarrten – es könnte eine Befreiung für diesen Künstler gewesen sein. Er durfte zeigen, was er sich sonst so verquält schwer macht (machen muß): wieviel Liebesfähigkeit, wieviel reine Zärtlichkeit, ja wieviel Optimismus in ihm steckt.

---

36   In: sz, 18./19. September 1976.

Die gelungenste »Zauberflöten«-Aufführung, derer ich mich aus den letzten Jahrzehnten entsinnen kann, war Jean-Pierre Ponnelle in Straßburg geglückt. »Provinzielles«, Bescheidenes, reizend Harmloses war auch dort nicht nur in Kauf zu nehmen, sondern es gehörte zur Innigkeit dieser Vorstadt-Theater-Sache. Diese Einsicht drängt sich beim Vergleich Bergman – Ponnelle um so mehr auf, als auch die – während der Aufnahmen vom entzückenden Drottningholm-Schloß-Theater dann doch ins Atelier hinübergenommene –, Bergman-Aufführung, was die musikalischen Standards angeht, keineswegs Festspielrang hat. Der Dirigent Eric Ericson sorgt gewiß für zügige Tempi und gute Deklamation, aber Mozarts Tiefe unterstreicht er nicht: Was den Gesang der beiden Geharnischten, die g-Moll-Arie der Pamina angeht, so kommt dergleichen allzu harmlos, weit entfernt von Salzburg. Überhaupt bietet die (hinreißend schöne) Irma Urrila als Pamina zu wenig Espressivo, und auch sonst keiner der Mitwirkenden musikalisch »Unerhörtes«. Aber die Musik erklingt alles in allem fast immer richtig, schön, nie unbeteiligt.

Gleichwohl ergibt man sich dem Zauber des Melodischen, als hörte man das Stück zum erstenmal. Ingmar Bergman gelingt in diesem Film etwas, was alle mit Wagner beladenen Opernintendanten aufhorchen lassen sollte: ein schlackenloses Gesamtkunstwerk. Wenn dieses Gelingensglück sich bei einem Werk einstellt, das immerhin Furtwängler für Mozarts allerschönstes hielt, dann berührt das Ergebnis unbeschreiblich.

Versucht sei eine Beschreibung aber doch, wenn auch mehr im Sinne des Aufmerksam-Machens auf Einzelheiten und Tendenzen. Bergman hat auf zwei Ebenen gezeigt, wieviel er kann. Nämlich einmal (und zwar mit einer heiter-genialen Sicherheit, die alle Opernprofis neidisch machen müßte) auf der Ebene *unmittelbarer Vergegenwärtigung* Mozartscher Szenen und Abläufe – und zum anderen, auf einer gleichsam darunterliegenden, bescheideneren Ebene als Mozart-Schikaneder-*Bearbeiter*. Ein paar Ensembles, schade natürlich um jeden Ton, mußten wegfallen. Einmal geschieht sogar das effektiv Unerlaubte, daß *innerhalb* eines Mozart-Stückes (eine Sequenz der Königin der Nacht) hoffentlich nur aus Versehen ein Schnitt gemacht worden ist.

Bergmans, wenn man so will, dramaturgischer Haupteinfall: Sarastro und die Königin der Nacht sind verfeindete Eheleute. Sarastro wäre demnach einst sozusagen König der Nacht gewesen. Weiterhin hat Bergman umgestellt. Der auf den Opernbühnen immer so peinlich rasch zusammenbrechende Aufstand der Bösen kurz vor Schluß ist hier nur ein Alptraum Paminens, während sie, geschwächt noch, aber glückselig, mit ihrem Gatten ins Sonnenreich eingeht. Nicht so sehr, daß Bergman, über solche stets einleuchtenden eigenen Eingriffe hinaus, noch Beziehungen einflicht zwischen Privatem der Sänger und Opernaufgaben, daß er zarte ironische Gags einstreut, etwa den brav schweigenden Prinzen Tamino so übereifrig sein läßt, seinen plappernden Papageno sogar am Ariensingen hindern zu wollen; wie gesagt, nicht nur diese zahlreichen und immer geschmackvoll originellen »Eingriffe« sind bewunderungswürdig – sondern mehr die Verhaltenheit, mit der sie passieren. Bergman fällt so viel und so spontanes Optisches ein, daß sich jene Starre nicht herstellen kann, die bis zu diesem Film unumgänglich war, wenn Theater auf die Leinwand gebannt erschien. Aber keiner dieser Einfälle drängt sich so vor, daß man – wie in fast allen Musikfilmen – wegen einer vorlauten Regiekamera nicht mehr »hört«.

Nun dürften Bergman-Kenner gewiß nicht daran gezweifelt haben, daß dieser »Szenen einer Ehe«-Könner den Haß zwischen Sarastro und nächtlicher Königin würde darzustellen wissen oder daß er bei den »Prüfungen« mit Totenschädel und Klappergebein wohl überreichlich aufwarten würde. Das Wunder dieser »Zauberflöte« hat jedoch mit alledem wenig zu tun. Es besteht vielmehr in der scheuen, naiven und vollkommenen Erotisierung dessen, was Wagner einmal als den Licht- und Liebesgenius Mozarts bezeichnet hat.

Der Prinz, gleich am Anfang, fällt nicht aus Angst bloß so zu Boden und wird von den rettenden Damen betrachtet. Nein: er wird auf sesselähnlichem Felsgestein lächelnd ohnmächtig und wird von den ganz verliebten drei Damen sozusagen naheliegenderweise verliebt betastet. Alle Menschen und Tiere dieser Zauberflötenwelt sind lieb, mitleidig, innig, lächelnd. Gelächelt wird so viel, daß es Kitsch sein müßte, wenn es eben nicht Mozarts Lächeln wäre, auch über Nacht und Tod – ein Lächeln, dem außer Barbaren kein Sterblicher widerstehen kann.

Diese »Zauberflöte« ist ohne wahrhaft *Böse*! Gewiß, es gibt Temperamente, wie eine etwas rachsüchtige Gattin oder einen etwas lüsternen Mohren. Aber selbst Monostatos tanzt ganz lieb und heiter mit, wenn das Glockenspiel ertönt, selbst die Königin der Nacht ist eigentlich nur ein bißchen grimmig. Selbst die Tiere fühlen paradiesisch, ein vor Gutmütigkeit geradezu bemitleidenswerter Löwe, der die Pamina nicht weinen sehen kann und selber dem Schluchzen nahe scheint; oder Fledermäuse, die traurig die Köpfe hängen lassen, wenn die junge Pamina (wirklich die unglücklichste, am schlechtesten behandelte Person dieser Oper) übel dran ist. Aber Fledermäusen fällt das Kopfhängen-Lassen wiederum nicht schwer.

Und Papageno? Als der Preuße Heinz Rühmann in Wien den Fledermaus-Frosch spielte, nannte er sich einführend einen »Gastarbeiter«. Papageno, bekümmert im schwedischen Schnee, zuletzt umsprungen von reichlichstem Nachwuchs, umgeben von Blumen und Verliebtheit und einer Papagena, die ihn am liebsten viel früher trösten möchte, Bergmans Papageno ist kein Möchte-gern-Österreicher, sondern vielleicht die entzückendste Erfindung des ganzen Filmes. Wie nur je bei einem Wiener Volkskomiker trauert man, wenn Hakan Hayegard vorübergehend aus dem Blickfeld gerät.

Weil Singspiel nichts »Realistisches« ist, hat Bergman es zu einer heiteren Welt ohne Teufel verzaubert, wo drei lustige Knaben aus dampfgetriebener Gondel vorbildliche Lebenslehren wie Brechtsche Sentenzen darbieten, wo das humanitäre Freimaurer-Ideal einer verbesserungsfähigen und verbesserungswürdigen Welt, wie Gustav Radbruch es in seinem Aufsatz »Das Strafrecht der Zauberflöte« vorführte, sich in Mozarts herrlich idealisierender Musik verlieblicht findet.

Wenn so viel erreicht ist, dann werden die Schwächen, Überdeutlichkeiten, »Menschlichkeiten« eines Werkes oder einer Aufführung nicht nur mitgetragen, sondern sie gehören, wie etwas Lebendiges, dazu. Ich habe die Quasi-Wissenschaftler in Sarastros Reich, diese bücherlesenden Oberpriester daraufhin betrachtet, ob sie nicht aussehen, wie ganz normale Statisten halt aussehen. Aber: verzaubert von den eindrucksvollen, dunklen, das Violette und Braune kultivierenden Farben der Bergmanschen Kamera sahen selbst seine Statisten aus wie Träger tiefer, heiterer Geheimnisse.

Übrigens, beim ersten Sehen störte mich die Belebung der Ouvertüre durch lauter verschiedene Gesichter und ein immer wiederkehrendes Gesicht. Beim zweiten Mal nicht mehr. Große Kunst ist nämlich insofern demokratisch, als sie alle Zuschauer, alle Rassen, alle Mühseligen und Beladenen gleich macht vor ihrem Zauber und ihrer Wahrheit.

Früher schrieb ich auch gerne über Filme. Über Roberto Rossellini, Charlie Chaplin, Jean Cocteau oder auch *Die Entscheidung vor Morgengrauen* von Arnulf Schröder. Aber im Lauf der Zeit empfand ich das leider als unmöglich. Die Kunst ist in allen Bereichen derart explodiert, dass man sich immer mehr begrenzen muss, um wenigstens in einem Fachgebiet halbwegs kompetent zu sein. Meine jungen Kollegen erscheinen mir darum auch viel spezialisierter als frühere Journalisten-Generationen. Nur gibt man ihnen seltener Raum, ihre Urteile und Argumentationen sorgfältig auszuführen, weil man meint, es existiere kaum mehr ein Publikum, dem solche Begründungen wichtig sind. Zeitungen werden immer mehr auf Effekt und Tonfall hin gemacht, müssen lesbar und pfiffig sein, um sich gegen die Fernsehästhetik und die neuen Medien wehren zu können, damit sie zumindest noch ein bisschen von jungen Lesern wahrgenommen werden.

Nicht nur die Menge der Angebote, auch das Zeitproblem macht es einem schwer, einen vernünftigen Grad zwischen notwendiger Spezialisierung und dem Nachteil einer zu großen Einseitigkeit zu finden. Zu radikale Spezialisierung hat bedenkliche Folgen. Das sieht man auch in der Entwicklung der Medizin, die sich immer detaillierter auf einzelne Körperteile und Funktionen spezialisiert, aber immer weniger den ganzen Organismus im Blick hat. Gleiches gilt für die Kunst. Wer sich nur in einem Spezialgebiet auskennt, versteht wahrscheinlich auch davon nicht wirklich etwas. Die verschiedenen Kunst-Bereiche befruchten sich gegenseitig. Laut Cocteau muss man hin und wieder eine neue Stelle auf dem Kopfkissen suchen. Große Aufsätze über kulturelle Fragen kann man ohne eine beträchtliche Erfahrungsfülle kaum schreiben.

Mein Ideal der ausführlichen, passionierten und argumentativen Kritik erscheint, so fürchte ich, immer mehr als Seltsamkeit, wenn nicht sogar als sektiererisch. Ich bin da sicherlich so etwas wie »der letzte Mohikaner«. Wenn meine Generation abgetreten ist, könnte eine gewisse Form des ästhetischen Reflektierens, als hinge Leben und Tod davon ab, aufhören.

Kommentare aus unsichtbarer Loge[37]
Ivan Nagel und Joachim Kaiser haben sich im Münchner Literaturhaus übers Theater unterhalten
von Mirko Weber

Draußen, vor dem Münchner Literaturhaus, klirren die Fahnen, denn es stürmt; drinnen aber machen sie sich den Wind schon selber: die theatralischen Weggefährten Ivan Nagel und Joachim Kaiser. Beide waren einmal bei derselben Zeitung hier. Dann ist der eine, Nagel, Intendant geworden (unter anderem in Stuttgart) und Professor. Der andere, Kaiser, wurde ebenfalls Professor (in Stuttgart) und eigentlich auch so etwas wie ein Intendant, wenn auch nur auf der Gefühlsebene: kein Kritiker, der sich in Deutschland nicht ernsthaft darum scherte, was er so schrieb und schreibt. Aber im Mittelpunkt der öffentlichen Aufmerksamkeit stehen sie nicht mehr; die Szene, egal ob im Theater, in der Musik oder in der Literatur, wird zentral lange schon von anderen besetzt. Man hört in München also auch immer einem Dialog zweier Könige zu, deren Land deutlich kleiner geworden ist. Das stört die beiden aber fast gar nicht. Wie aus einer unsichtbaren Loge heraus regieren sie nach wie vor den Betrieb, indem sie ihre alten (und teilweise gar nicht veralteten) Reaktionsmechanismen beschwören: Ja, weißt du noch? Damals bei Kortner, Grüber und Stein, damals mit Wildgruber und Ganz, als das Theater noch einmal, wenn schon nicht ganz von vorne begonnen, aber doch von Neuem angefangen hat, 1969, Bremen, »Tasso«. Nagel hat den Augenblick, wie das so seine Art ist, scharf und hellsichtig, aber auch sehr hingegeben hübsch in einem neuen Buch beschrieben (»Drama und Theater«, bei Hanser) und empfand also »eine geballt angriffsselige Schönheit, die über uns geschüttet« wurde, bis allen die Luft verging. Nach der schnappt er nun noch einmal. Joachim Kaiser, der es auch lieber schön hat (»du,

37 In: STUTTGARTER ZEITUNG, 16. Januar 2007.

Ivan, bist ja eher mehr dafür, dich aufzuregen!«), schnappt begeistert mit: nach Luft, nach reiner Theaterluft, fern allen Gegenwartmiefs und Mittelmaßes, wiewohl Nagel die Jelinek nun wieder mag. Aber sie kommen ja gar nicht dazu, also zur Jelinek, nach all den Ausflügen zur »scheppernden« Rede in »Troilus und Cressida«, zu Brechts »Hofmeister«, Chéreaus »Ring« und dem Stuttgarter »Tartuffe« mit, wissen Sie es noch, dem Honigkuchengesicht von Ulrich Wildgruber und endlich Klaus Steiger als Bote des Königs? Unvergesslich. Je länger, je mehr changiert der Abend ganz blendend zwischen dem mokanten Getue von Waldorf und Statler in der »Muppet Show« (Nagel: »Ich finde wieder meine Pillendose nicht!«) und einer Ernsthaftigkeit in der Auseinandersetzung mit den Stoffen, die an deutschen Theatern nicht so leicht ihresgleichen findet. Man müsste, kurzum, Nagel und Kaiser und ihr Programm, das keines ist, dem aber gerade deshalb nie der Stoff ausgehen kann, auf eine Art Never-Ending-Tour durch die deutsche Kulturlandschaft schicken. Solange es sie und diese beiden noch gibt.

Ivan Nagels Intelligenz ist durchdringend. Er liebt die Musik auf präzise Art, beim politischen Argumentieren kann er sehr cholerisch werden. Wir lernten uns vor über fünfzig Jahren in der Frankfurter Universität vor dem Schwarzen Brett kennen, wo wir beide etwas suchten. Er sang eine bezaubernde Beethoven-Melodie vor sich hin. Ich fragte ihn: »Ach, Sie lieben auch die e-Moll Sonate Opus 90?« Seither sind wir befreundet, reisten auch zusammen nach London. Er kann gar nicht anders als originell und manchmal ein bisschen verstiegen sein. Es lag für mich nahe, ihn zu bitten, dein Patenonkel zu werden.

Fritz J. Raddatz kennt sich in Literatur enorm aus, und seine wunderbare Hamburger Wohnung ähnelt einem Museum moderner Kunst. Man muss ihn vor allen gestrengen Bildungsbürgern unseres Landes immerfort in Schutz nehmen, die über seine gelegentlichen Irrtümer herfallen. Natürlich wissen alle, wie glänzend und einfallsreich er als Feuilletonchef der *Zeit* geschrieben und disponiert hat. Aber niemand spürt, dass sein Drang, aufzufallen (weil er seine Sachen nicht »gegenlesen« ließ), vielleicht sogar mit dem Wunsch unbewusster Selbstbestrafung zusammenhängt … Ich habe ihn immer nur als zuverlässigen, hilfreichen, taktvollen Freund kennengelernt.

Joachim Fest habe ich als den besten deutschen Essayisten zu bewundern nie aufgehört. Er konnte wunderbar reich, schlüssig und nobel argumentieren. Seine Politiker-Porträts, nicht nur im *Hitler*-Buch, sind unübertrefflich. So freundlich er war und auch über mich schrieb: Eine gewisse Distanz war immer um ihn, er duzte sich, glaube ich, selbst nach jahrzehntelanger Freundschaft mit keinem Kollegen, auch nicht mit mir.

Heinz Friedrich und seiner Ehefrau Maria habe ich viel zu verdanken. In meiner Frankfurter Zeit lernte ich bei ihm zu Hause viele bedeutende Geister kennen. Er selber, später hier in München viele Jahre Akademiepräsident, war von fast beklemmender Aktivität. Abend für Abend leitete er Veranstaltungen ein, er schuf den größten europäischen Taschenbuchverlag, den dtv, und sammelte die umfassendste Privatbibliothek zusammen, die ich je gesehen habe. Das alles, obwohl er seit Kriegsverletzungen an quälendem Tinnitus litt. Ob er sich von seinen Beschwerden durch diese vielen Aktivitäten ablenken musste? Wir verstanden uns fast ohne Worte.

Nur Freunde und Gesprächspartner von Beate Kayser wissen, wie mordsgescheit sie ist und nicht bloß temperamentvoll. Wie viel sie von Kultur oder Theater versteht, kann die Öffentlichkeit kaum ermessen, weil ihre Publikationsorte, zumal die Boulevardzeitung *tz*, für große Auseinandersetzungen keinen Platz boten. Leider hat sie keine Bücher geschrieben. Die hätte ich gerne gelesen.

Wie eine königliche Freundin begleitete Anneliese Friedmann mein Leben und meine Existenz bei der *Süddeutschen Zeitung*. Es war stets beruhigend und erfreulich, sich von ihr ernst genommen und beschützt zu fühlen. Als Gastgeberin kommt ihr niemand gleich. Wunderbare Gespräche, vorzügliche Speisen. Schade, dass sie nicht »gezwungen« ist, regelmäßig zu schreiben. Denn ihre einstigen Kolumnen, zuerst in der *Abendzeitung*, dann im *Stern*, waren fabelhaft.

Der junge Walter Jens war ein strahlender Intellektueller. Seine großen Rezensionen in der *Zeit* zu lesen, mit ihm in der Gruppe 47 zu diskutieren – etwas Anregenderes konnte es in den fünfziger Jahren nicht geben. Als ich in Tübingen zwischen 1957 und 1959 studierte, war ich sehr oft bei ihm und seiner Frau Inge zu Gast. Später trennten sich unsere Wege und unsere Überzeugungen ein wenig. Weder mit seinen forciert-entschiedenen Meinungen noch mit seiner

Mit Ingrid und Joachim Fest

Mit Heinz Friedrich

Ivan Nagel (links) und Werner Burkhardt

Mit dem Kollegenehepaar Beate Kayser und Helmut Schmidt-Garre

»christlichen« Kehre in den letzten Jahren konnte und mochte ich mich völlig identifizieren. Doch der Substanz unserer Freundschaft hat das nie geschadet.

Rudolf Goldschmit gestorben[38]

Voller Schrecken haben wir, Rudolf Goldschmits Freunde, diesen Augenblick nahen gesehen. Wer Rudolf Goldschmit während der letzten Wochen und Tage besuchte, der mußte spüren, daß er dem alten Freund und Weggefährten wohl nicht noch einmal begegnen werde. Die *Süddeutsche Zeitung*, das geistige München, ja vielleicht sogar das geistige Deutschland – sie alle haben einen wichtigen, zuverlässigen, maßstabsetzenden Mann, eine bedeutende, hochgeachtete Persönlichkeit verloren. Dies alles war Rudolf Goldschmit. Und uns war er mehr.

Wer jahrzehntelang an seiner Seite gearbeitet, mit ihm über Autoren, Werke, Aufführungen, Interpreten, Dirigenten und Sänger nachgedacht, geredet, manchmal auch geschimpft, aber immer sachlich engagiert gesprochen hat, der weiß nur zu gut, wie schnell, wie präsent, wie witzig und wie beispiellos gebildet Rudolf Goldschmit denken, fühlen, auch für seine Zeitung, sein Feuilleton, planen konnte. Alle diese Voraussetzungen des Wissens, des Bescheid-Wissens, des Sich-Auskennens und Unterscheiden-Könnens mögen zu einem großen Journalisten gehören, zu einem produktiven Redakteur, zu einem Mann, der sich Tag für Tag, Woche für Woche mit den Ereignissen, neuen Büchern, neuen Gedanken, neuen Premieren zu beschäftigen hat.

Trotzdem, obwohl er das alles vermochte und wohl auch verstohlen liebte, war Rudolf Goldschmit etwas ganz anderes, nämlich mehr als nur ein geborener oder gewordener Journalist. Er vergötterte die Gegenwart nicht. »Ich komme aus anderen Zeiten und hoffe in andere zu gehen«, hätte er wahrlich mit Grillparzer sagen können – wenn er dazu nicht viel zu scheu, zu verhalten und diskret gewesen wäre. Freilich führte seine leidenschaftliche Liebe zu allem, was zwischen

---

38 In: SZ, 7. November 1979.

Mozart und Hofmannsthal, zwischen Shakespeare und großer moderner Lyrik sich ereignete, nun doch nicht dazu, daß Rudolf Goldschmit die ephemere Arbeit für den Tag, für die Gegenwart und ihre Forderungen sozusagen aus höchster Kulturhöhe veranstaltet hätte.

Er unterschätzte nicht, was hier und heute zu geschehen hatte, was nötig und neuzeitlich war. Im Gegenteil: Wie konnte er sich über einen gelungenen Aufsatz seiner Autoren freuen! Wie stolz war er über bedeutende Essays, falls er sie aufzutreiben oder aus seinen Mitarbeitern herauszulocken wußte. Mit welcher fast professoralen Akribie betrieb er die Freundschaft zu jenen Männern und Schriftstellern, an denen er hing, deren Interesse er sich und seiner Sache erhalten wollte. Denn eben dies verbirgt sich ja hinter der banalen Formel, daß er den und den »halt gern abdruckte«. Er hat mit den Autoren seiner Wahl und Vorliebe ausführliche Briefwechsel gepflogen, über die Grenzen der Redaktionsstube und der Nation hin: er wollte sie halten und zum Produzieren beleben.

Da er selber sehr klug, geistvoll und kenntnisreich war, ohne irgendwie zu schlimmem Ehrgeiz oder zu lästiger Eitelkeit zu tendieren, da er also auf eine zurückhaltende Art alle Vorzüge des Intellektuellen in sich verband, ohne die Nachteils-Schatten, welche diese Vorzüge sonst fast immer begleiten: darum wurde er von vielen nicht nur gemocht, verehrt. Sondern geliebt. Man wußte, daß man sich auf seine Solidarität verlassen kann. Man fühlte sich durch seine Freundschaft zum Schreiben, zur Anstrengung animiert: So rasch Goldschmit das Schwache erkennen und beiseiteschieben konnte – er hatte auch die Fähigkeit, gleichsam mutmachend zu loben, sein Interesse glich einer Auszeichnung. Und so verschiedene Autoren wie Friedrich Luft und Robert Minder, wie Hilde Spiel und Friedrich Torberg, wie Peter de Mendelssohn und Wolf Jobst Siedler verehrten, bewunderten ihn herzlich, ganz abgesehen natürlich von seinen Kollegen und Freunden in München, von den Verlegern, Kritikern, eben von der Branche.

Goldschmit ließ sich nicht zu dem Fehler verleiten, den viele gebildete konservative Männer unbewußt machen: er unterschätzte nicht die unmittelbare Gegenwart, die Zeit, das, was für den Tag zu tun sei. Denn Unterschätzung, schweigende Abkehr, Besserwisserei im Namen des Vergangenen: alles das ist ja nicht produktiv, hemmt mehr das Entstehende, während ein Redakteur es fördern sollte. In

Goldschmits Freude an Qualität, in seiner Begeisterung für den »Figaro«, in seiner eindringenden, geradezu wahlverwandten Liebe zu Hugo von Hofmannsthal, der ihm, neben seinem leiblichen Vater, dem einst hochgeschätzten Schriftsteller Goldschmit-Jentner, wohl der eigentliche geistige Vater gewesen ist, in alledem steckte, genauso in seinem Interesse für Gegenwärtiges, eine Bewunderung für Qualität und ein Durchdrungensein von Qualität. Das ließ er unserem Feuilleton, dessen Chef er nach Hans-Joachim Sperrs Tod geworden war, zukommen.

Goldschmit hatte Qualität und forderte sie. So war er ein Journalist, für den aller Journalismus nur Mittel war, aber eben nicht Endzweck. Er hat für das Feuilleton unserer Zeitung so viel, so Unersetzliches bedeutet, weil seine ganze Art, ebenso wie seine Fähigkeit, sich über eine gute Mozart- oder Wagneraufführung freuen zu können, über alles nur Feuilletonistische hinausreichte.

Wie rasch konnte man sich mit ihm verständigen, weil es ihm immer um Sachen ging und nie um Empfindlichkeiten. [...] Ein intelligenter, kritischer Charakter ohne Eitelkeit, ein zuverlässiger Freund: das war unser Rudolf Goldschmit. Wir wollen und werden ihn nicht vergessen.

Goldschmits Tod werde ich nie vergessen. Ich hielt einen Vortrag in Cuxhaven, es war an einem Freitag spätnachmittags. Alle möglichen Prominenten waren anwesend, sogar der Schleswig-Holsteinische Ministerpräsident. Nach dem Vortrag sollte eigentlich sofort eine Diskussion beginnen, aber man bat mich dringlich zum Telefon. Ich glaubte an ein Missverständnis. Ich war zum ersten Mal in Cuxhaven, wer sollte mich da anrufen. Es war die *SZ*: Rudolf Goldschmit sei gestorben. Ich gestehe, derart betriebsblind und journalistisch verseucht gewesen zu sein, dass ich dachte: Wie unklug, Goldi, wie kannst du an einem Freitagnachmittag sterben!

Es blieben mir höchstens dreißig Minuten für einen Nachruf. Obwohl ich rasch reagieren konnte, so schnell war ich doch nicht, um das zu schaffen. Aber, wenn an einem Freitag einer der leitenden, maßstabsetzenden Redakteure gestorben ist, konnte es sich eine große Zeitung wie die *Süddeutsche* nicht erlauben, am Samstag nichts zu berichten und bis Montag zu warten. Als Notlösung überlegte ich mir: Ich tue so, als ob ich am offenen Grab stehe und einen freien Nachruf halte. Ich notierte mir ein paar Stichworte und diktierte den Vortrag ins Telefon. Am nächsten Tag las ich einen Artikel von mir, den ich selber nicht kannte. Man erinnert sich ja nicht Wort für Wort an das, was man frei gesprochen hat. Ich fand den Text gar nicht so schlecht, ärgerte mich nur darüber, dass einige Wiederholungen vorkamen, wie es beim freien Diktieren passieren kann.

Nach Cuxhaven hatte ich noch weitere Vorträge im Norden Deutschlands zu halten. Während dieser Tage erfuhr ich, dass mein alter, verehrter Freund Friedrich Torberg ebenfalls gestorben war. Wer beschreibt mein Erschrecken, als ich bei meiner Rückkehr nach München auf einem riesigen Haufen Post auch einen Brief von ihm vorfand. Ich öffnete ihn mit zitternden Händen. Er schrieb, wie traurig er über Goldschmits Tod sei, und ließ dann noch eine typische Torberg-Pointe folgen: »Es sterben immer die Falschen. Ich habe da so eine lange Liste, aber mich fragt man nicht.« Danach fügte er in einem Postskriptum hinzu, dass er gerade in einer stilvollen Umgebung sei, nämlich in einem Krankenhaus, und Ärzte an seinem gehbehinderten Bein herumbastelten. Nein, solche Ironie lässt sich der Tod offenbar nicht gefallen.

Meist traf ich Torberg in Westberlin, zusammen mit Friedrich Luft, der dort eine Kultfigur war, weil er Woche für Woche jeden Sonntag seine hinreißend spontanen RIAS-Sendungen sprach. Uns verband eine heitere Herrenfreundschaft. Wir waren ja alle drei Theaterkritiker und besuchten die großen Premieren des damals repräsentativen Schiller-Theaters. Es war im geteilten Deutschland ein Symbol der demokratisch freien Westberliner Kultur, gegen die vorzügliche DDR-Kultur, als deren Symbol das Berliner Ensemble fungierte. Sehr instinktlos, dass man das Schiller-Theater im wiedervereinigten Deutschland aus schnöden Geldgründen geschlossen hat.

Nach den Aufführungen gingen wir regelmäßig ins Restaurant Ritz in der Rankestraße, das es leider ebenfalls nicht mehr gibt, aßen wunderbar und unterhielten uns aufs Beste. Als der gealterte Torberg wegen Diabetes nichts Süßes mehr essen durfte, was er als Wiener kaum ausgehalten hat, brachte er mich in große Verlegenheit. Im Ritz gab es eine Spezialität, eine unübertroffene Nuss-Mokkaeis-Mischung, mit dem verrückten Namen »Schaffeekan«. Das bestellte ich mir natürlich, und der arme Torberg bat mich verzweifelt, ihm detailgenau zu schildern, wie es schmeckt. Ich gab mir größte Mühe, alles penibel zu beschreiben, aber richtig befriedigend gelang es wohl nicht. Torberg litt Qualen.

Im Ritz herrschte der Oberkellner Fischer, ein sehr witziger Berliner. Als Stammgäste lernte er uns im Lauf der Zeit bestens kennen. Eines Abends blieben Torberg, Luft und ich wieder viel zu lange hocken, wir waren längst die letzten Gäste, da erschien Fischer an unserem Tisch, wies uns liebenswürdig heiter die Tür und sagte: »Meine Herren, der Regen hat aufgehört.«

Auf der Herrentoilette ist auch unter Intellektuellen Klatsch üblich. Doch wenn ich an meine guten Freunde denke: Wir reden schon lieber über Gegenstände, die uns wichtig sind, und nicht darüber, wie man eine Wohnung tapeziert, die Steuererklärung abfasst oder warum der Tenor X seine Freundin versohlt hat. Fachsimpeln macht uns einfach Spaß. Genau aus diesem Grund haben viele Literaten auch die Gruppe 47 so geliebt. Die Gruppe 47 war nichts anderes als unbezahlte Fachsimpelei.

Sommer 2005. Draußen zwitschern die Vögel ihr frühabendliches Lied, im lichtdurchfluteten Wohnzimmer sitzt Joachim Kaiser auf seinem Schaukelstuhl, um ihn herum auf den Sofas Hans Magnus Enzensberger, Alexander Kluge und Michael Krüger. Knabberzeug, Zigaretten, Wein. In der freundschaftlichen Unterhaltung handeln sie en passant die ganze Literaturwelt ab. Das »Phänomen Amerika« mit seinen vielen gut geschriebenen Romanen, die alle auf Vergessen angelegt sind, während alte Romane im Gedächtnis bleiben, weil sie eine »Besinnlichkeit« enthielten. Weiter geht es mit England, das immer noch »Travelbooks« hervorbringe, in Deutschland diese Literaturgattung aber seit fünfzig Jahren nicht mehr existiere. Noch mehr in Schwung geraten alle vier bei der Erinnerung an ihre Jugendlektüre. Jules Verne interessierte niemanden von ihnen, Hans Dominik dagegen ist als »globale große Weltbewegung« allen noch

Alexander Kluge, Schriftsteller
und Filmemacher

Hans Magnus Enzensberger,
Schriftsteller

Michael Krüger, Schriftsteller
und Verleger

lebendig im Gedächtnis. Nun kommen Conan Doyle und Karl May
an die Reihe, die man natürlich nicht miteinander vergleichen könne,
obwohl beide einen »ausgetauschten Realismus« beschreiben würden. Danach geht es um das merkwürdige Gesetz, welche Gedicht-
zeilen man sich merken kann. Christian Morgenstern liegt natürlich

weit vorne, aber auch Wilhelm Busch und Gottfried Benn »haken sich fest«, ebenso Reime vom »Zitatproduzenten Fritzchen« (Schiller also).

Der Gesprächsstoff ginge ihnen sicher noch viele Stunden nicht aus. So oft sehen sich die alten Freunde nicht mehr. Darum kamen sie wohl auch auf meine Einladung für das Filmgespräch. Auch wegen mir könnte die Unterhaltung noch länger gehen. Es macht einfach großen Spaß, solche Charaktere zu beobachten, die so herzlich und uneitel auf die Aussagen der Gesprächspartner eingehen, Pointen aufnehmen und weiterspinnen, fundierte Inhalte ohne Besserwisserei in charmante Konversation flechten und trotz der beiden Kameras um sie herum absolut natürlich bleiben. Aber die Zeit drängt. Ich muss das Gespräch unterbrechen: »Was bedeutet eigentlich die Zahl 47?«

KLUGE 4711, das Parfüm. Ein Generalleutnant sagt zu einem anderen 4711. Beleidigt damit eine ganze Panzerdivision. Riecht stark und verflüchtigt sich schnell.

ENZENSBERGER 47 ist auch eine heilige Zahl: 7 mal 7.

KRÜGER Richtig.

KAISER Minus 2.

KRÜGER 7 mal 7 ... minus 2.

ENZENSBERGER 7 mal 7 ist ... Das stimmt überhaupt nicht, 7 mal 7 ist ja 49. 47 ist gar keine heilige Zahl.

KRÜGER Nicht ganz so heilig.

KAISER Da muss man sich schon Mühe geben.

KLUGE Ich glaube überhaupt, die Frage war anders gemeint.

KRÜGER Vermutlich was mit »Gruppe«.

KAISER Ich dachte, die As-Dur Ballade von Chopin Opus 47 wäre gemeint. Oder die *Kreutzersonate*, auch Opus 47...

KLUGE Es gab einen Kameradenkreis, der intensiv einander vorlas.

KAISER Waren es Kameraden?

KLUGE Nein.

KAISER Genossen auch nicht.

KRÜGER Nö.

ENZENSBERGER Kumpels auch nicht. Kollegen.

KAISER Obwohl »Kollegen« ein bisschen zu akademisch klingt.

ENZENSBERGER Zu gewerkschaftlich.
KAISER Gewerkschaftlich wäre doch »Kumpel«.
KRÜGER Nein.
KAISER Wie nennen sich die Gewerkschaftler?
KRÜGER Kollegen.

Der Vater der Gruppe 47: Hans Werner Richter

Die Redakteure Hans Werner Richter und Alfred Andersch hatten kurz nach dem Krieg eine mutige politische Zeitschrift herausgegeben, *Der Ruf.* Prompt wurde sie von der amerikanischen Besatzungsmacht verboten. Ihr Vorwurf war, *Der Ruf* übertreibe die Demokratie ein bisschen, weil er nicht nur die Deutschen kritisiere, sondern auch die USA. Daraufhin wollten Richter und Andersch eine literarisch-orientierte Zeitschrift namens *Skorpion* gründen. Da man damals weder genügend Schreibmaschinen hatte, noch die Möglichkeit, Getipptes rasch zu vervielfältigen, traf man sich, las einander die Texte vor und kritisierte sie direkt. Dieses Verfahren, konkret über die Skripts zu reden, fanden alle *Skorpion*-Mitarbeiter höchst spannend. Wegen der Währungsreform gab es aber Finanzierungsschwierigkeiten, und so verendete das Projekt »Skorpion« noch vor seinem ersten Erscheinen. Es gibt nur eine Nullnummer, die ich sogar irgendwo habe. Hans Werner Richter aber übernahm die Methode, Texte vorzulesen und direkt zu kritisieren, und gründete die Gruppe 47. Im Jahr 1947.

ENZENSBERGER Das waren zufällig eingeladene Personen, man wusste nicht, nach welchem Kriterium die eigentlich da waren. Da war ein Wirt, einer, der die Einladungen verschickt hat, und dann kamen die.

KAISER Du hast mal geschrieben, die Gruppe 47 ist ein Gespenst, das 363 Tage den Günter Blöcker heimsuchte und eigentlich nur zwei Tage auf der Welt war, dann nämlich, wenn die von Hans Werner Richter Eingeladenen zusammenkamen.

ENZENSBERGER Das hatte eine Resonanz, die man heute gar nicht mehr richtig verstehen kann. Unter heutigen Bedingungen überhaupt undenkbar.

KRÜGER Undenkbar!

ENZENSBERGER Jeder Versuch, so etwas zu wiederholen, ist vollkommen danebengegangen. Daraus wird dann so eine alberne Fernsehshow wie in Klagenfurt.

KAISER Laut Umfragen sagen die Schriftsteller auch, so etwas hat gar keinen Sinn mehr. Und Elfriede Jelinek bezeichnet die Gruppe 47 als eine sadistische Veranstaltung zum Quälen von Autoren.

KRÜGER Das ist natürlich die Legende, weil nie mehr etwas nachgekommen ist, obwohl es viele Schriftstellertreffen gibt, Erlangen, Münster, Berlin.

KAISER Warum sind denn alle Akademietreffen so langweilig? Da lesen ältere Herren, und es wird nicht kritisiert.

KRÜGER Das ist ein ganz großes Manko, zum Beispiel in dieser Berliner Akademie, der sie ein wunderbares Haus hingesetzt haben, direkt neben dem Brandenburger Tor als Nachfolger der preußischen Akademie. Aber das ganze Haus ...

KLUGE Das geht doch gar nicht, wegen der Verwaltungsbehörde. Aber wenn man noch mal das Einmalige der Gruppe 47 nimmt: Wir haben keine Salons, anders als in Paris oder in Spanien vielleicht. Und hier ist das wie ein Ersatz, nur ist es statt einem Salon eine Kantine.

ENZENSBERGER Außerdem hatte die Gruppe 47 natürlich einen großen Vorteil: Sie war nie staatsfinanziert. Das ist sehr wichtig. Es war nie eine offizielle Angelegenheit.

KAISER Nein.

ENZENSBERGER Das war alles selbstgemacht.

KAISER Das Ausland hätte so eine Gruppe aber sehr gerne gehabt. Die Schweizer, die Schweden wollten eine derartige Gruppe gründen und taten es doch nicht. Die Amerikaner sagten damals, so eine Gruppe ist zwar toll, aber wir verstehen den Anspruch nicht ganz. Als Literaturdiskussion für das Publikum ist es zu professionell, doch mit wirklich großer Literatur hat es auch nichts zu tun.

KRÜGER Die Amerikaner selber würden allerdings nie auf die Idee kommen, aus dem großen Land hundert Schriftsteller in eine Jugendherberge zu bringen, um ihre Texte vorzustellen.

KAISER Die würden ...

KRÜGER Aber das war der politische Anspruch der Gruppe 47. Die Texte, das war Literatur. Aber der Anspruch, jedenfalls ist er das geworden, war ein politischer. Für das bessere Deutschland.

ENZENSBERGER Na ja.

KAISER Für ein anderes zumindest.

KLUGE Es gab glanzvolle Veranstaltungen, zum Beispiel 1962 in Berlin am Wannsee.

ENZENSBERGER Kubakrise!

KLUGE Da war Kriegsgefahr, Kubakrise und gleichzeitig *Spiegel*-Krise. Es wurden mit größter Ernsthaftigkeit relativ zeitentfernte Texte vorgelesen und diskutiert, gleichzeitig in den Pausen Meinungen gebildet ...

ENZENSBERGER Fremdartig bis zur Unvorstellbarkeit! Das war eine solche Gemengelage, die Jüngere sich gar nicht vorstellen können. Ich glaube sowieso, dass solche Kohäsionen nur unter Druck zustande kommen. Das war eine Art Notwehr-Veranstaltung unter Verhältnissen, in denen diese Leute sich unwillkommen fühlten in Gesellschaft und Politik. Diese fünfziger Jahre waren ja schwer erträglich. Und deswegen – weil Schriftsteller sonst überhaupt nicht geneigt sind, einander freundschaftlich zu begegnen, sondern Konkurrenten, Rivalen und Intriganten sind, ein schreckliches Milieu – war das doch sehr die Ausnahme.

KLUGE Das heißt, das sind alles hochindividuelle Menschen, die ihre Ich-Schranke senken. Alle verhalten sich, als ob sie einfache Leute wären, ernsthaft diskutieren, nicht an sich denken, auf den anderen eingehen, was sie alles von Natur aus nicht täten.

ENZENSBERGER Und das mit einem stoischen Verhalten gegenüber Niederlagen, eigenartig. Denn man musste sich ja gefallen lassen, dass sie den Text vollkommen zerreißen.

KLUGE Zerfetzen!

KAISER Idiotisch, ja.

ENZENSBERGER Und irgendwie gute Miene machen.

KLUGE Wenn ich mir die Kritikerreihe da angucke. Das ist eine Reihe, durch die man eigentlich nicht heil durchkommt. Das ist das, was man Spießrutenlauf nennt. Aber gleichzeitig ist nichts Beschämendes dabei.

ENZENSBERGER Ja.

KRÜGER Beschämend vielleicht nicht, aber es gibt natürlich doch Leute, die den »heißen Stuhl« kaum überlebt haben.

KAISER Der Nachteil der mündlichen Kritik ist genau das, was die Gruppe 47 zusammengehalten hat. Denn wenn das, was da gesprochen wurde, von Reich-Ranicki, Heißenbüttel, Höllerer, Jens oder mir, wenn das in einer Zeitschrift zu lesen gewesen wäre, dann hätte der Autor mit Recht gesagt: Mit diesem Affen setze ich mich nicht mehr an einen Tisch. So aber hat man als Kritiker den Text, wie alle anderen auch, eben erst gehört, konnte ein bisschen temperamentvoll reden und danach zum Autor gehen und sagen: Tut mir leid, diese eine Formulierung war übertrieben. Dann antwortete der: Ich glaube auch, ich habe das falsche Kapitel gelesen.

KLUGE Das ist eine berühmte Methode von ihm gewesen. Irgendwo anzufangen, sich an sechs Sätzen aufzuhängen, und dann bohrt sich das hinein. Sozusagen die Korkenziehermethode. Um dann zum Schluss in eine andere Richtung umzuschwenken. Mitten in der Rede konnte man bei dir bemerken, dass du die kritische Wende vollzogst. Also erst mal fandst du es furchtbar, und dann langweilten dich deine Worte.

Walter Maria Guggenheimer, Gruppenmitglied von Anfang an, hat Hans Werner Richter 1953 vorgeschlagen, mich einzuladen. Für die Tagung in Mainz ließ ich mir einen schönen hellen und recht teuren Fresco-Anzug machen, was sich später als völlig überflüssig herausstellte, weil dort alle nur in alten Anzügen herumliefen.

Ich gab meine erste Äußerung von mir, und irgendjemand kicherte. Später las Walter Mehring, ein berühmter Autor der zwanziger Jahre, der als Gast eingeladen war, aus einem neu entstehenden Roman. Niemand meldete sich, und ich sagte schließlich, aus dem und dem Grund fände ich den Text leider nicht gelungen. Das sei die gleiche Technik, die schon Ende der zwanziger Jahre nicht genügt habe, um mit den Nazis fertig zu werden. Linke Mache, in schwächerer Form. Niemand widersprach mir. Mehring war schrecklich getroffen und fuhr gleich ab.

Am Abend aber schimpfte Christian Färber, der Sohn von Ina Seidel, der wegen ihres Romans *Das Wunschkind* von allen »Wunschkind« genannt wurde: »Wir lassen uns von diesem Schnösel Kaiser doch nicht unseren Mehring kaputtmachen!« Ich erwiderte: »Sie hatten gute Gelegenheit, Ihre Argumente auch zu äußern, aber Sie haben nicht widersprochen. Dass Sie mich jetzt angreifen, finde ich etwas zu spät.« Na ja, wie heißt es bei Dante: »An diesem Abend lasen wir nicht mehr.« Später befreundete ich mich mit Christian Färber ganz gut. Hans Werner Richter aber hatte offenbar eingeleuchtet, wie ich mein kritisches Urteil begründete. So wurde ich neben Walter Höllerer, Walter Jens, etwas später auch Marcel Reich-Ranicki und Hans Mayer einer der fünf Hauptkritiker.

Ein brillanter Feind der Gruppe 47 war der Schriftsteller Robert Neumann. Er schrieb einen munteren Text gegen sie: Die lassen sich alle von einem Feldwebel herumkommandieren, weil sie wissen, er kann selber nicht schreiben.

Das war nicht ganz falsch. Hans Werner Richter hat uns ganz schön angeschnauzt: »Ruhig, Jens! Hör auf zu schwätzen! Kaiser, setz dich, wir machen jetzt weiter.« Wir folgten ihm alle. Erstens, weil er ein gruppenbildendes Genie war, und zweitens, weil er die Courage hatte, auf dem »heißen Stuhl« eigene Texte vorzulesen, und mit ihnen heftig durchgefallen ist. In einer Laudatio sagte Heinrich Böll, er verbinde die Härte des Vaters mit der Milde der Mutter.

Richter ahnte instinktiv, wie sich eine Diskussion entwickeln würde, fragte immer die richtigen Leute, ließ die richtigen Leute vorlesen und war ziemlich streng. Die kritisierten Autoren durften sich nicht wehren. Sobald die Diskussion ins Weltanschauliche abzudriften drohte, brach er ab. Es durfte nur um den Text gehen.

Natürlich war es sehr spannend, wenn Schriftsteller wie Günter Grass, Erich Fried, Hans Magnus Enzensberger, Martin Walser und auch wir Kritiker freiwillig, ohne einen Pfennig dafür zu bekommen, nahe am Text redeten. Es kam vor, dass ein Autor, von dem bisher kaum jemand gehört hatte, am Schluss den Preis bekam, und ein bekannter Autor durchfiel.

Da alle Teilnehmer ihre Reisekosten und Hotelzimmer selbst begleichen mussten, schrieb jeder über die Tagungen einen Bericht für seine Heimatzeitung. Das wurde auch gern gedruckt, weil die Tagungen sich überaus lebendig vollzogen und aufregend waren. Auf diese Weise bekam die Gruppe 47 einen gefährlich großen, öffentlichen Rang und Ruf. Je bekannter sie wurde, desto unheimlicher erschien Richters persönliches, subjektives Einladungssystem. Er konnte tatsächlich darüber entscheiden, ob ein Literat »dazugehörte« oder nicht.

Nicht nur dieser Erfolg war gefährlich, auch die Form des direkten Kritisierens wurde bedenklich. In den ersten Jahren der Gruppe 47 war die Spontankritik für betroffene Autoren bestimmt nicht angenehm, aber eben doch ein kollegialer Einspruch, über den man hinwegkommen konnte. Nun aber saßen da auch Verleger, Agenten und Zeitungsherausgeber wie Rudolf Augstein. Die Tagungen wurden eine Art Literaturbörse. Als Günter Grass 1958 das erste Kapitel seiner *Blechtrommel* vorlas, erhöhten die Verlage gleich den Preis der Gruppe 47 um ein Vielfaches! Fiel aber ein Autor vor dieser mächtigen, offiziellen Öffentlichkeit durch, konnte es passieren, dass dessen Verleger sagte: »Tut mir leid, nach dieser Kritik wollen wir Ihr Buch nicht mehr drucken.« So wurden aus mündlichen Reaktionen regelrechte Gerichtsverhandlungen. Vielleicht habe ich die Gruppe 47 auch immer etwas verklärt. Als Kritiker konnte man sich zwar blamieren, aber man war nicht einer existentiellen Gefahr ausgeliefert. Das waren nur die Autoren.

Nach dem Zweiten Weltkrieg wollte natürlich niemand mehr klassizistische Oden oder Jamben schreiben. Doch die heute oft geäußerte These, dass da nur rüde Spätheimkehrer zusammengekommen wären, und später sich die »Geniebubis«, also die jüngeren Kritiker, dazugesellten, stimmt auch nicht. Erteilt eine Gruppe der Bachmann, der Aichinger, dem Günter Eich schon in den Anfangsjahren ihren Preis, kann man ihr schwerlich vorwerfen, es gehe ihr nur um wilden Trümmerrealismus.

In der Gruppe 47 waren erstens alle antifaschistisch und zweitens alle mehr oder weniger links. Lauter junge Leute, die den Krieg überstanden hatten. Man wollte versuchen, ein neues Deutsch herzustellen, nachdem die Nazis die Sprache verhunzt und ideologisch instrumentalisiert hatten. Dabei wollte man sich kritisieren und gegenseitig helfen. Das war die Idee. Also wurden gerade nicht die berühmten Alten aus den zwanziger Jahren eingeladen, etwa ein Manfred Hausmann oder ein Ernst Jünger. Auch nicht unsere großen alten jüdischen Autoren. Daraufhin bildeten sich bald Gerüchte, die Gruppe 47 sei eigentlich antisemitisch, weil sie Leute wie Hans Habe oder Robert Neumann nicht wollte. Ein schlimmer Vorwurf. Es war mühsam, das Prinzip plausibel zu machen, nur die Jüngeren wollten hier etwas gemeinsam versuchen, und jede Gruppe dürfe schließlich ihre eigenen Gesetze haben. Zudem wurden selbstverständlich jüdische Autoren aus der jüngeren Generation eingeladen, zum Beispiel Wolfgang Hildesheimer oder Erich Fried.

Blickt Heinrich Böll nicht wie ein rheinischer Zuhälter? Ingeborg Bachmann (links) und Ilse Aichinger scheint es nicht zu stören. Und mich schon gar nicht.

KLUGE Fritz Lang kommt zurück und findet hier nicht mehr die Echos, die er kannte. Und wir Jungen wussten auch nicht richtig, was wir mit ihm anfangen sollten.

KRÜGER Wie bei Douglas Sirk, der auch zurückgekommen ist.

KLUGE Aber sehr viel später.

KAISER Wenn man emigrieren musste und fünfundzwanzig Jahre später wieder heimkehrt, dann ist offenbar die heimische Entwicklung in die eigene Lebenszeit, die man in Amerika oder England verbrachte, überhaupt nicht eingegangen. Darum fingen die Remigranten gleichsam im Jahre 1932 wieder an. Als ich einmal eine Theaterinszenierung von Sirk sorgfältig kritisierte (Shakespeares *Sturm* mit Willy Birgel als Prospero), argumentierte er wohlwollend, meine Rezension habe das Niveau der zwanziger Jahre. Er war darauf fixiert. Verstehst du?

ENZENSBERGER Trotzdem bleibt ein peinlicher Rest, wenn du dir zum Beispiel die deutschen Universitäten ansiehst. Nie wurden diese Leute eingeladen. Und das war in einem akademischen Zusammenhang noch etwas anderes. Diese Wissenschaftler haben in Amerika ja gearbeitet, die hatten etwas zu sagen und mitzuteilen. Die DDR hat sich da ganz anders verhalten.

KAISER Sogar besser. Die hat Heinrich Mann zurückholen wollen.

KLUGE Da gab es wiederum keine freie Diskussion in einer Gruppe 47.

ENZENSBERGER Natürlich nicht.

KLUGE Die haben ein Publikum organisiert, dann kam der Vortrag und garantiert keine Kritik.

KRÜGER Die »verteufelten« 68er haben ein Positivum. Durch ihren Druck sind sehr viele Emigranten überhaupt erst wieder zurückgekommen. Kunstgeschichte, Philosophie. Das wäre in der Adenauerzeit undenkbar gewesen.

KLUGE Da war in der deutschen soziologischen Gesellschaft alles in festen Händen, Kölner Schule und so weiter. Die Emigranten hatten sozusagen nur ein Exilantenrecht, ein Ausnahmerecht. Sie sind an der Universität eigentlich nichts geworden. Obwohl Max Horkheimer nun wirklich ein Politiker war.

KAISER Wenn ich jetzt bei Horkheimer nachlese, scheint er mir Adorno in vielem überlegen. Ich habe mich gefragt, woran das liegen könnte. Adorno hatte ja relativ wenig Geld. Er musste im Briefwechsel oder im Dialog mit Horkheimer immer ein wenig posieren. Horkheimer aber war ein reicher Mann.

KRÜGER Der konnte sich zurücklehnen. Sehr angenehm.

KLUGE Also ich muss sagen, er hatte Kardinalsrang.

ENZENSBERGER Absolut.

KAISER Mein Gott, und später wurde er richtig kirchlich und spießig. Und sagte: Finden Sie nicht, der »Teddy« (Adorno) war doch weit bedeutender als Herbert Marcuse.

KLUGE Ich würde sagen, das ist leicht festzustellen. Adorno ist bedeutender.

KRÜGER Ja, klar.

KAISER Ja.

ENZENSBERGER Natürlich.

KRÜGER Aber ich finde, so ein Ranking ist auch wieder albern.

Preisträger der Gruppe 47 sind zum Beispiel Günter Eich, Heinrich Böll, Jürgen Becker, Günter Grass, Ingeborg Bachmann, Ilse Aichinger. Große Namen. Aber Siegfried Lenz hat den Preis nie bekommen. Johannes Bobrowski hat ihn bekommen, Peter Weiss aber, den ich damals für einen bedeutenden Autor hielt, hat ihn nicht bekommen. Ob wir einige Schriftsteller überschätzt haben, ob Uwe Johnson oder Heinrich Böll vielleicht nicht ganz so wichtig sind, wie es uns damals schien, das müsste man von Fall zu Fall zu beantworten versuchen. Es zeigt sich aber doch, dass jemand wie Kluge oder Enzensberger, die nicht den Preis erhielten, wie Walser, der ihn sehr früh bekam, und einige andere 47er sich bis heute als meinungsbildende Schriftsteller gehalten und Texte von literarischem Rang geschrieben haben.

ENZENSBERGER Man könnte vermuten, diese Jahre wären eine Glanzzeit der deutschen Literatur gewesen. Ich frage mich, ob das überhaupt stimmt. Das muss man alles noch mal von vorne mit einem anderen Blick lesen. Revision, Revision!

KRÜGER Übrigens, das ist der Beleg, dass das alles aus einer wirklichen Jung-Gruppe hervorgegangen ist. Als der Erfolg kam, wollte man nicht zum offiziellen Organ werden. Das wollte man nur heimlich sein.

KAISER Ja.

KRÜGER Denn heimlich wollte man es sein. Der Anspruch war schon: Wir sind die Besten.

KAISER Das war die Lüge.

KLUGE Na ja, Lüge ist auch ein großes Wort.

KAISER Du hast Recht.

KLUGE Sonst hätten wir die deutsche Literatur nicht wiederherstellen können. Das waren schon die, die gut und teuer waren, und die diese Politik mitgemacht haben, dass man sich kritisieren lässt.

ENZENSBERGER Es gab auch einen politischen Aspekt, der sich im Rückblick etwas sonderbar ausnimmt. Denn es war ja so: Diese armen Schriftsteller wurden als gefährliche Leute betrachtet. Da gab es diese Kampagnen von irgendwelchen Parteipolitikern ...

KAISER Dufhues und so weiter ...

ENZENSBERGER Da war immer diese antiintellektuelle Haltung der Politik in den fünfziger Jahren. Nur war leider die gemeinsame politische Basis der Gruppe 47 sehr schmal, was sich spätestens in den sechziger Jahren gezeigt hat, als das Ganze auseinanderfiel. Du durftest einfach nur kein Nazi sein, das war eigentlich alles, die Minimalbasis, die Minimalplattform. Das ist als Opposition natürlich ein bisschen wenig. Aber das Schöne daran ist, dass gleichzeitig die Literatur enorm zur Stabilisierung dieser Republik beigetragen hat, zur Legitimierung der Bundesrepublik Deutschland. Ein Mann wie Böll, da kann man literarisch sagen, was man will, war für die Außenwelt eine massive Legitimation für die neue Republik. Nur dass die deutschen Politiker das überhaupt nicht kapiert haben. Im Gegenteil!

KAISER Das merken sie immer erst zu spät.

KRÜGER Wenn überhaupt.

KAISER Die Autoren, die repräsentativ für Deutschland waren, übten ja die heftigste Kritik an Deutschland. Das gilt auch für Grass. Böll ist aus der Kirche ausgetreten, das wissen nur die meisten nicht. Dabei ist er katholischer als irgendjemand sonst.

KLUGE Die Adenauer-Gesellschaft war eine ganz bestimmte ständische Kompromissgesellschaft. Die, die aus dem »Dritten Reich« mit ihren Karrieren herüberkommen, werden von denen aus den zwanziger Jahren aufgefangen. Und zwei große Kirchen bemühen sich,

das zu integrieren. Gegen diese formierte Gesellschaft gab es das Oberhausener Filmfestival, um sich zur Welt hin zu öffnen. In den Hörfunkanstalten, wo Heißenbüttel und Andersch saßen, gründeten sie zusammen mit anderen Leuten zum Beispiel eine Hauptabteilung »Dokumentarfilm« für das beginnende Fernsehen. So etwas hat es nie wieder gegeben.

KAISER Aber Andersch und Heinz Friedrich waren auch befreundet mit dem Staatsrechtler Carl Schmitt.

ENZENSBERGER Ein großer Jünger-Verehrer.

KAISER Auch Jünger selber ... Es wäre ja ganz lustig gewesen, ihn oder seinen Bruder Georg in die Gruppe 47 einzuladen. Ich nehme an, die beiden wären nicht gekommen.

KRÜGER Nee.

KLUGE Die hätten sich nicht kritisieren lassen.

ENZENSBERGER Das hätten sie nicht ertragen.

KLUGE Man muss sich mal vorstellen, der Kaiser finge da an zu ...

KAISER Aber ich war doch so was von milde ...

Als die Gruppe 47 so erfolgreich war, dass sie auch vom Ausland eingeladen wurde, bedeutete das zugleich ihr Ende. Hans Werner Richter hatte allmählich nicht mehr den Instinkt, unfehlbar zu spüren, wer lesen, wer kritisieren soll, weil er mit der Literatur der Enkelgeneration nicht viel anfangen konnte. Wir wurden eine Art Altherrenclub.

Die Tagung in Schweden verlief großartig, und es gab wunderbare Krebse, aber die in Princeton 1966 ging umso heftiger schief. Auch die Kritik war kümmerlich. Das Einzige, was diese Tagung aufregend machte, war der Aufstand des blutjungen Peter Handke. Er präsentierte einen Text, griff dann ungestüm Walter Höllerers »Beschreibungsimpotenz« an und stellte das Arbeitsprinzip der ganzen Gruppe in Frage.

Seinen Einakter *Publikumsbeschimpfung* fand ich nicht so gewaltig und äußerte das in einer meiner Kolumnen. Es kann sein, dass meine Rezension etwas überheblich klang. Doch der Brief, den Handke mir darauf schrieb, war ungeheuer unverschämt: Solche Typen wie Sie passen mir nicht, mit denen will ich nichts zu tun haben, Sie sollten nie mehr über meine Sachen schreiben. Daran habe ich mich natürlich nicht gehalten. Es wäre zu einfach, wenn man einen Kritiker durch Beleidigungen loswerden könnte. Ich äußerte mich also weiter über Handkes Bücher und fand einige bemerkenswert gelungen, etwa *Der kurze Brief zum langen Abschied* oder *Die Wiederholung*. Fünfzehn Jahre später erhielt ich von Handke wiederum einen Brief, der mit dem Satz anfing: »Ich habe Ihnen einmal einen hochfahrenden Brief geschrieben.« Danach formulierte er eine noble Wiedergutmachung, wie ich sie dem schwierigen Handke nie zugetraut, und die er, mittlerweile weltberühmt, auch nicht nötig gehabt hätte.

Weltberühmt war bestimmt auch Heinrich Böll. Jahrelang hat er als PEN-Präsident fungiert, mit mir als »General-Sekretär« oder etwas ähnlich gestelzt Klingendem. An Böll erinnere ich mich mit großer, wehmütiger Herzlichkeit. Es war ihm physisch und psychisch unmöglich, eitel zu sein, sich aufzuspielen, literatenhafte Posen einzunehmen. Sein rheinländischer Charme überwältigte mich. Dabei warnte er mich sogar, Kaiser, unterschätzen Sie die Rheinländer nicht. Die können sehr grundsätzlich sein! Beethoven und Marx sind auch Rheinländer gewesen ... Später hielt Böll einmal in München einen Vortrag. Als er eine Analogie bemühte, rief ein junger Linker polemisch dazwischen: »Herr Böll, Ihr Vergleich hinkt!« Böll antwortete ungerührt und unwiderstehlich: »Ach, wissen Sie, man kann auch hinkend sein Ziel erreichen.«

Menschen, Triebe, Perversionen[39]
Sartres humanistische Höllenwanderung

»Natürlich kein psychologischer Roman mehr«, sagen die Literaten lächelnd, wenn sie einem Autor wahre Modernität bestätigen wollen. Und die Kritik sekundiert aufatmend: X sei über alle Psychologie hinaus. Es gehört fast intellektuelles Heldentum dazu, sich dem Sog solcher Redensarten zu entziehen. Mag sein, gewiß, daß der moderne Roman gerade auf einer Formstufe angelangt ist, die keine seelenkundlichen Erörterungen, keine psychologisierenden Motivierungen mehr zuläßt. Mag auch sein, daß die Psychologie für den avancierten Autor ein totes Gleis ist – möglicherweise wurde da schon alles gesagt (und bestimmt ist eine bloß psychologische Trouvaille nicht genug für ein Kunstwerk). Aber wie dem auch sei: wenn die Autoren mit der Psychologie gerade nichts anfangen können, unsereins ist da nicht recht auf der Höhe und hat immer noch damit zu tun. Eifersucht, Ehrgeiz, Haß, Kompensationsmechanismen, Aufschwünge, Depressionen: man ist dergleichen nach wie vor unterworfen, auch wenn das ein bißchen altmodisch wirkt. Wir sind sozusagen nicht mitgekommen mit den Romanen.

39 In: DIE ZEIT, 3. November 1961, Joachim Kaiser als Gastkritiker.

In dieser Verstocktheit bestärkt nun ein Novellenband, der zu dem Waghalsigsten und Gescheitesten gehört, was die moderne Weltliteratur überhaupt zu bieten hat – Jean-Paul Sartre: »Die Mauer«; Rowohlt Verlag, Reinbek; 282 S., 18,– DM.

Zu dem Buch gehört der dringliche Postkartenhinweis, es nicht an Jugendliche zu verleihen oder wegzugeben. Volljährig muß man auch sein. Lesen darf man es gerade noch. Sartres Novellen, ziemlich traditionell vorgetragen, brillant wechselnd zwischen innerem Monolog und objektiverer Erzählung, nehmen – allen gesellschaftlichen auf Selbstentfremdung oder gar Entpersönlichung hinauslaufenden Tendenzen zum Trotz – die Seele der Einzelnen mit fast wahnsinniger Inständigkeit ernst. Nicht nur die Seele, auch die Psychologie der Perversion, die Verführung zur Kapitulation. Das läuft bei Sartre wahrlich nicht auf einen langweiligen psychologischen Mechanismus hinaus. Nichts ist »absolut« gegeben, hängt gleichsam von »außen« als Movens ins Menschenleben hinein: weder die Ideen, noch die Gesellschaft, noch die blinde Sexualität. Das alles erscheint vielmehr wirr ineinander verzahnt und zwingt den Menschen ständig zur Entscheidung, die er auch dann fällt, wenn er sie nicht fällt.

Die Mitteilung, was eigentlich in den Novellen vorgeht, läßt sich nicht länger aufschieben. In der »Mauer« wird beschrieben, was das Bewußtsein, demnächst erschossen zu werden, mit der Psyche und der Physis des Opfers anrichtet. Grauenhaft der Schluß: Pablo hat auf die Frage, wo Ramon sich aufhalte, eine falsche Antwort gegeben. Doch Ramon wechselte sein Versteck und machte die Lüge wahr. So kommt Pablo, wider Willen zum Verräter geworden, frei.

Im »Zimmer« werden die Versuche beschrieben, Eve von ihrem Gatten Pierre, der sich langsam in Wahnsinn einspinnt, zu befreien. Aber Eve hält zu Pierre, wählt eine andere, wilde Entscheidung.

»Herostrat« ist die Geschichte jemandes, der die Konvention, nach der die Menschen sich lieben müßten, nicht mitmacht. Er haßt, will vernichten. Und bricht zusammen.

In »Intimität« wird der Versuch beschrieben, Lulu von ihrem impotenten Gatten zu befreien und sie zum Ehebruch – also gewissermaßen zur »Normalität« – zu bringen. Doch sie mag sich dem Üblichen nicht anpassen. Der Kampf, den Rirette, die unternehmungslustige Freundin, und Pierre um Lulu führen, hat die Züge einer glanzvollen

Komödie. Das Verhältnis zwischen den Freundinnen, Lulus Leicht-
fertigkeit, der zwischen scheinbarer Pornographie und Natürlichkeit
vermittelnde Tonfall – aus alledem entsteht eine hinreißende Novelle; freilich nicht direkt auf den Konfirmationstisch zu legen.

Größtes Stück des Bandes: »Die Kindheit eines Chefs« oder: Wie
ein intelligenter, keineswegs bösartiger Industriellensohn ins antisemitische Fahrwasser gerät. Erstaunlich die Ähnlichkeit zwischen der
ersten (besseren) Hälfte dieses Prosastücks und Günter Grass' kleinem
Entwicklungsroman »Katz und Maus«. Sartre, brillanter, reicher, ver-
engt seine Erzählung allerdings zur Illustration der Thesen, die er in
»Betrachtungen zur Judenfrage« beschrieben hat, bei Grass läuft die
Geschichte eines Ehrgeizes hingegen auf den verdämmernden Mythos Danzigs hinaus. Der Vergleich zwischen Grass und Sartre würde
ein Licht werfen auf den Unterschied zwischen großer französisch-
psychologischer und großer deutscher, quasi-mythologischer Schrift-
stellerei (die hier übrigens keineswegs antipsychologisch ausfiel). Das
wäre etwas für Nachtprogramme oder Zeitschriften.

Um den durch die krasse Inhaltswiedergabe vielleicht nahege-
legten trostlosen Eindruck zu verwischen, bei Sartre würden Obszö-
nitäten eben mehr oder weniger literarisch-philosophisch verbrämt
vorgetragen, müßte man sich den einzelnen Stoffen näher zuwenden.
Müßte man aufzeigen, wieviel Tapferkeit, Sittlichkeit, Genauigkeit da
ins Spiel gebracht werden, um einer Frage, einer Entscheidung auf
den Grund zu gehen. Die Stücke – samt und sonders verschenkte
Dramen, verschenkte Romane – bersten vor Fülle, Anschauung, Eleganz. Wie ein Junge in der Pubertät von seinem Selbstmord und vor
allem von der panisch gerührten Reaktion der Umwelt auf diesen
Selbstmord träumt, wie das Bewußtsein des Todes plötzlich vom Ir-
dischen entfernt, wie die Liebe als Physiologie genommen, sich zur
beschwerlichen Hölle wandeln kann, wie junge Leute sich in einen
wilden, turbulenten Tonfall zwingen, aus bloßer Scheu, sich wohl-
erzogen zu geben, wie die Einsamkeit lähmt, wie ein Schwachsinniger zwischen Vernunft und Bosheit taumelt, seine Umgebung ständig
irritierend und täuschend: das alles ist mit einer über bloße Ironie
gelassen hinwegschreitenden, einfühlend-prägnanten Genauigkeit
geschrieben. Nur eine genialisch-produktive Intelligenz kann das
zustande bringen.

Aber man tut Sartre keinen Gefallen damit, wenn man den Blick von den kraß physiologischen Sachverhalten abwendet und bloß das Allgemeinmenschliche umschreibt. Zur psychologischen Intelligenz der Franzosen gehört, nicht erst seit Sartre, das Wagnis und die Tendenz, es mit dem Körper, mit den Drüsen sozusagen, aufzunehmen, nicht über dergleichen hinwegzuschwafeln – und dennoch die humane Totalität im Auge zu behalten. Damit werden deutsche Intellektuelle nicht so leicht fertig. Um zu illustrieren, was »Unwahrhaftigkeit« *(mauvaise foi)* sei, hat Sartre, ob es einem paßt oder nicht, in seiner phänomenologischen Ontologie »Das Sein und das Nichts« einen Homosexuellen beschrieben, der sich vormacht, er sei es gar nicht, werde sich morgen ändern, sei nur durch die Ungunst der Umstände so geworden. Ein berühmter deutscher Ordinarius kam mit diesem Tatbestand in seiner Vorlesung über moderne Philosophie nicht zu Rande und wandelte den physiologischen in einen moralischen Sachverhalt um. Er sagte immer »ein lasterhafter Mensch« (wohl weil das nicht so schlimm, wenn auch verfälschend ist). Doch gerade damit ward Sartres Anspruch grotesk verfehlt. Eben der *Tendenzen-Pluralismus* macht ja seine Arbeiten so fesselnd, aufregend, wahr.

Er beschreibt die Menschen nicht einfach so, wie sie, mit geheimen Wünschen, Schwächen und Stärken, herumlaufen, sondern er entwickelt am physiologischen Sonderfall die existentielle Entscheidung, am Triebmechanismus den Abwehrkampf, den Triumph oder Untergang des Ichs. Man hat sein Drama »Die Eingeschlossenen von Altona« so trüb mißverstanden, weil man immer nur überlegte, ob ein deutscher Leutnant und Industriellensohn sich eigentlich so verhält. Dabei vollzog sich in Franz sowohl die Selbstbewegung der Existenzphilosophie, die nach der Identität dessen, was man tut und was man ist, drängte, als auch die Antwort auf die russische oder algerische Grenzsituation.

Körperlichstes, »Niedrigstes« wird in den Novellen gleichsam gesteuert von den Antrieben eines philosophischen Bewußtseins, das nach Wahrheit sucht, während umgekehrt abstrakteste Erwägungen der physiologischen Konkretion fähig gemacht werden. Bei lebendigem Leibe sterben, als Herostrat auf jeden Kontakt verzichten und an der Einsamkeit zugrunde gehen, die Entscheidung zum Du nicht von der Zurechnungsfähigkeit des Du abhängig zu machen, sondern nur vom Ernst des eigenen Wollens: solche Probleme, in denen Physiologie und Philosophie sich unaufhörlich mischen, handelt Sartre ab, ebenso schonungslos in der Wiedergabe des Sachverhalts wie in seiner Durchdringung. *Reflexion* kommt in ihrem Doppelsinn heraus – sowohl als Widerspiegelung des Gegebenen wie als intellektueller, »reflektorischer« Denkakt.

Erwägt man diesen Sachverhalt, dann wird deutlich, warum Sartre zugleich spekulativ und als Künstler produzieren kann. Und es wird weiter deutlich, warum seinen Novellen und Stücken – zumindest den besten, freiesten unter ihnen – ein Maß an Ernsthaftigkeit, Größe, intellektueller Vehemenz und streng humaner Verbindlichkeit zuwuchs, welches man in der übrigen Produktion unserer Jahrzehnte nur selten findet. Daß mit dem Festhalten am Ich und seiner Entscheidung zugleich eine »traditionelle« und psychologische Vortragsform gegeben war (der man auch in den Dramen begegnet), kann nach alledem nicht überraschen. Wenn es eine altmodische Begrenzung wäre, dann wäre es jedenfalls eine ehrenhafte Reaktion, am Menschen und seiner Selbstverantwortlichkeit sowohl literarisch wie philosophisch festzuhalten.

Große Shakespeare-Texte, große Goethe'sche Prosa und Lyrik scheinen mir doch gewichtiger, substantieller als die Literatur des 20. Jahrhunderts. Trotzdem: Wenn Johnson an einer Tetralogie arbeitet, Beckett ein Stück, Sartre einen Essay, Ingeborg Bachmann ein Gedicht oder Grass einen Bildungsroman versucht, dann betrifft mich das, selbst wenn ich im Hinterkopf ahne, dass da vielleicht nicht alles ganz geglückt ist, und selbst die *Blechtrommel* ihre »leisen« Stellen hat. Nur beherrscht mich das Gefühl, es ist *meine* Gegenwart, es sind Autoren meiner Zeit, die meine Sache verhandeln, meine Probleme haben. Meine kritischen Äußerungen beziehen sich dann nicht nur auf ein Werk, auf Worte, sondern ich reagiere mit all meiner Erfahrung auf die Erfahrungen, denen ich in der Literatur begegne. Becketts *Endspiel* oder *Die größere Hoffnung* von Ilse Aichinger veränderten nicht nur mein Verhältnis zur Literatur, sondern auch, was ich über die Welt und Menschen empfinde.

Bei Goethe steht, wenn man älter wird, müsse man auf einer bestimmten Stufe stehen bleiben. Ich fürchte, er hat Recht. Ich bin neugierig auf die Werke meiner Altersgefährten. Natürlich interessiere ich mich auch für das, was jüngere Autoren schreiben. Manchmal entdecke ich Begabtes bei ihnen oder wundere mich über weniger Begabtes. Aber wenn man ehrlich ist, hat man es als Älterer mit den Produkten der viel Jüngeren ein wenig schwer. Und nichts wirkt peinlicher als die leutselige Gönnerhaftigkeit alter Kritiker, wenn sie die Jungen loben – hauptsächlich, um damit zu beweisen, wie jung sie selber noch sind.

Reich-Ranicki sagt, das Alterswerk sei immer schlechter als das Jugendwerk. *Faust II* muss schlechter sein als *Faust I.* In einem Radio-Gespräch mit ihm und Eva Demski widersprach ich, diese These stimme nicht durchwegs. Bestimmte Maler, zum Beispiel Tizian, seien erst im hohen Alter wahrhaft groß geworden. Auch bei Theodor Fontane, dessen Erstlingsroman *Vor dem Sturm* ich sehr schätze, seien die späteren Werke berühmte Höhepunkte seines Schaffens. Das alles ließ Reich-Ranicki nur als Ausnahmen gelten.

Zwischen Spätwerk und Alterswerk muss unterschieden werden. Schubert starb mit 31, Mozart mit 36, Novalis mit 29. Trotzdem gibt es bei ihnen unterschiedliche Schaffensphasen. So bleibt die Frage, wann das »Alterswerk« überhaupt anfängt. Der Dramatiker ist dem Typus nach jung. Der Epiker ist eher älter. Lyriker sollten vermutlich nicht zu alt sein, obwohl man Gedichte natürlich in jeder Lebensphase schreiben kann. Doch abgesehen davon, dass man nicht weiß, in welchem Alter man stirbt, kann ein junger Literat, ein normal begabtes Talent auch nicht ahnen, ob es in sich die Fähigkeit birgt, auf allen Lebensstufen charakteristisch fruchtbar zu sein. Es gibt schließlich den bedauernswerten Autorentypus, der in jungen Jahren sehr erfolgreich ist, in dem aber eigentlich nur *ein* Buch steckt. Erich Kästner hat in den zwanziger Jahren zahlreiche tolle Gedichte geschrieben, den wunderbaren Roman *Fabian*, seine Jugendbücher. Später hat er sich weithin wiederholt, wie möglicherweise auch Ernst Penzoldt. Selbst Thomas Mann fürchtete, er könnte die *Buddenbrooks* nie übertreffen. Natürlich ist wieder einmal Goethe die große Ausnahme. Anfangs war er für die Öffentlichkeit der Autor des *Werther.* Später wurde er für seine Zeitgenossen der Dichter des *Faust.*

Auch Leo Tolstoi, der dreiundachtzig Jahre alt wurde, war in allen Lebensphasen äußerst fruchtbar, und die Reihenfolge seiner Romane entspricht den Stufen seiner Biographie. Zuerst die Erinnerung an *Kindheit, Knabenjahre, Jugendzeit*, darauf der Kriegsbericht über die *Kosaken*. Später *Krieg und Frieden*, rasch danach der Eheroman *Anna Karenina*. Nach diesem Epos wollte er zehn Jahre lang gar nicht mehr schreiben, dichtete aber doch noch den ergreifenden Roman *Die Auferstehung* und als ungefähr Sechzigjähriger den *Tod des Iwan Iljitsch*. Diese Novelle gleicht bemerkenswert der grandiosen *Beichte*, die er nahezu parallel dazu verfasst hat. Da gesteht er, wie falsch er bisher gelebt hat und warum alles, was er früher ernst nahm, nicht mehr stimmt. Das Leben werde sinnlos, wenn man sich nicht um Gott kümmert. Tolstois Kunst-Denken wurde dogmatisch eng im Alter. Er resümierte recht absurd, dass Shakespeare, Puschkin und Goethe weit überschätzt seien, und ihm ein hübsches russisches Volkslied besser gefalle. Ungemein komisch auch, wie er Wagners *Siegfried* bespöttelte. Trotz dieser Wende aber standen ihm alle seine einstigen Erfahrungen zur Verfügung, und der Epiker Tolstoi hat ein beeindruckendes Alterswerk verfasst.

Mein Fazit lautet daher: Wenn man im Alter nicht verknöchert, sich nicht auf dem ausruht, was man schon immer gedacht hat, sondern neugierig für neue Erfahrungen bleibt, kann man nicht nur ein großes Alterswerk verfassen, sondern dann kann das Alterswerk auch reicher werden als alles frühere.

Was Thomas Mann betrifft, scheint mir sein *Dr. Faustus* tatsächlich etwas schwächer als *Der Zauberberg* und die *Buddenbrooks* zu sein. Eigentlich gelangen Thomas Mann seine Romane immer am besten, wenn er sich nur einen kleinen, kurzen Stoff vornahm. Wenn er eine hübsche Kur-Novelle schreiben wollte und daraus dann *Der Zauberberg* wurde. Auch bei den *Buddenbrooks* hatte er keine exakte Vorstellung, wie lang sie werden würden. Bei *Dr. Faustus* aber plante er von vornherein Großes, seinen »Parsifal«. Er wollte das fatale deutsche Schicksal in der Biographie eines Musikers spiegeln, und diesen Ehrgeiz merkt man dem Buch an. Nicht nur sein Humor, eine weibliche Figur heißt »Nackedei«, eine andere »Schweigestill«, wirkt ein wenig forciert. Für mich ist kaum nachvollziehbar, inwiefern die Entwicklung eines Nietzsche ähnlichen Komponisten mit dem Schicksal des an seinen Verbrechen zugrunde gehenden Deutschland vergleichbar sein soll. Thomas

Mann aber führt diesen Parallelismus von A bis Z pointiert durch. Da wollte er vielleicht allzu viel, und auch sein Alter war womöglich eine Grenze. Allerdings sein noch späterer Roman *Der Erwählte* hat mir kürzlich beim zweiten Lesen recht eingeleuchtet. Freilich: Mit *Tod in Venedig* kann er kaum in einem Atem genannt werden. Thomas Mann selber ging übrigens mit seinen frühen Novellen manchmal heftig ins Gericht: *Tonio Kröger* sei Kitsch, *Tod in Venedig* halbgebildet.

Sonntagskind und Spötter[40]
Warum sich Richard Strauss und Thomas Mann trotz großer Nähe nie wirklich etwas bedeuten konnten

I. Richard Strauss und Thomas Mann glichen sich in so vielem, waren einander zumindest bemerkenswert ähnlich: von ihrer bürgerlichen, gesellschaftlich gehobenen Herkunft bis hin zu ihrer lebenslang durchgehaltenen, handwerklichen Solidität samt selbstverständlicher Virtuosität. Zudem sind sie einander auch verwandt gewesen in ihrer produktiven Wagner-Liebe, ihrer späten Goethe-Verehrung. Und wahrlich auch in ihrem gänzlich un-bohème-haften, ja altmeisterlich anti-bohème-haften Lebensstil.

Zwei erfolgreich und unwiderstehlich die Welt erobernde deutsche Meister – biologisch-vital gesegnet mit langer Daseins-Dauer. Beide auch nicht nur während einer einzigen Existenz-Phase produktiv, wie so viele ihrer Kollegen, sondern auf allen Lebensstufen charakteristisch fruchtbar bis ins höchste Alter.

Auch fehlte es diesen Künstlern wahrlich nicht an kultur-imperialistischem deutschen Eigensinn. Sie sind durchdrungen gewesen von der seelischen Sonderrolle großer deutscher Kunst. Beide wuchsen noch im späten 19. Jahrhundert auf. Damals fühlte sich das geistige Deutschland als philosophisch-musischer Mittelpunkt, als Lehrer der Welt. Sie erlangten ihre Berühmtheit bereits in der Hochblüte des Wilhelminismus.

Doch diese beiden einander sowohl kunst-biographisch wie auch bis 1933 lebens-geographisch so nah benachbarten Meister hatten

40 In: SZ, 2. Juli 2005.

sich offenbar wenig zu sagen. Mit Eifersüchteleien oder Rivalitäten kann ihr Fremdeln schwerlich erklärt werden. Sie empfanden sich doch nicht im mindesten als Konkurrenten ... Natürlich stand man sich nicht völlig fern. In Katja Manns »Ungeschriebenen Memoiren« heißt es: »Wir kannten Strauss ganz gut« (also keineswegs sehr gut oder gar nahe). Nachdem Richard Strauss 1933 jenen schicksalhaften Protest der Wagner-Stadt München gegen Thomas Mann – der unvermeidbar Thomas Manns Emigration bewirkte – mit-unterzeichnet hatte, kam es laut Katjas Memoiren noch zu einem kurzen Nachspiel in Zürich. Dort lebte eine reiche Mäzenatin, Frau Reif. Katja erzählt: »Sie hatte ein großes schönes Haus, und Strauss wohnte ... bei ihr. Es war viel von Thomas Mann die Rede, und da äußerte Strauss unbefangen ... ›Ach, den würde ich ganz gern mal wiedersehen‹. Frau Reif«, so Katja, »rief bei uns an: Wäre es ihnen recht, morgen mit Strauss zum Lunch zusammenzukommen? Mein Mann wehrte ab: Ach, lieber nicht. Das gab sie Strauss bekannt: Hören Sie, Thomas Mann möchte nicht gerne. So? Ach. Wegen der dummen Geschicht' damals? Den Protest nannte Strauss ›die dumme Geschicht‹! Wir haben ihn dann nicht mehr wiedergesehen ...«

II. Aus alledem spricht des alten Richard Strauss' souveräne, fast wurschtige Überlegenheit. Seine stete Distanz. Thomas Mann wiederum ließ es ein Leben lang, die eminente Kunstfertigkeit von Richard Strauss respektvoll anerkennend, dafür den Künstler und seinen Charakter spöttisch belächelnd, an Seitenhieben gegen Strauss nicht fehlen. 1941 schrieb er selbstbewusst aus Princeton an einen auskunftheischenden Essayisten namens Fritz Kaufmann: »Ich bin einfach ›bedeutender‹ als die in Deutschland sitzen gebliebenen Esel, die mich für eine verlorene Existenz halten ... Übrigens ist ein Schriftsteller immer etwas anderes und etwas mehr, als ein bloßer Künstler, und für unverantwortlich Kegel spielende Sonntagskinder der Kunst, wie Richard Strauss, habe ich immer eine gelinde Verachtung gehabt, aus der ich sogar ein Stück gemacht habe. Es heißt ›Fiorenza‹...«

Nun ja, die von Thomas Mann gehegte »gelinde Verachtung« war schon enorm dauerhaft – das Lesedrama »Fiorenza« stammt aus dem Jahre 1906. Und als Thomas Mann etwas später im Juni 1923 seine großen Kunstbriefe aus Deutschland nach New York verfasste, da lobte er Pfitzners »Palestrina« mit einer deutlichen Spitze gegen Richard Strauss. »Palestrina«, ein Werk, welches, »man möge sich zu seiner spröden Melancholie, seiner wenig lebensfreundlichen Haltung nun stellen wie man will, als geistige Erscheinung die gesamte zeitgenössische Opernproduktion jedenfalls um Haupteslänge überragt.«

Ja, Thomas Mann hielt es sogar keineswegs für taktlos, über eine der letzten, wahrhaft populären großen Erfolgsopern der Musikgeschichte, nämlich den »Rosenkavalier«, dem genialen Librettisten Hugo von Hofmannsthal gehässig zu schreiben: »Vier Stunden Getöse um einen reizenden Scherz! Und wenn dieses Mißverhältnis die einzige Stylwidrigkeit der Sache wäre! Wo ist Wien, wo ist achtzehntes Jahrhundert in dieser Musik. Doch nicht in den Walzern? Sie sind anachronistisch und stempeln also das Ganze zur Operette. Wäre es nur eine. Aber es ist Musikdrama anspruchsvollsten Kalibers. Dabei ist, da Strauss von Wagners Kunst, die Deklamation mit dem Riesenorchester nicht zuzudecken, gar nichts versteht, kein Wort verständlich. Kurz, ich war recht verstimmt und finde, daß Strauss nicht wie ein Künstler an Ihrem Werk gehandelt hat«.

Es ließe sich hier noch manches zitieren, was die Vermutung nahelegt, nicht bloß Fremdheit, sondern elementare Animosität habe geherrscht zwischen beiden Künstlern. Eine gewisse bajuwarische und professionelle Reserve gegen phantasie-beschwingte Musik-Schriftstellerei mag die Zurückhaltung von Richard Strauss gegen Thomas Mann auch erklären. Der spielte bestimmt nicht so gern und erfolgreich Skat, wie Richard Strauss es tat – in dessen Kopf es freilich unentwegt tinnitus-haft tönte, komponierte, so dass konzentriertes Kartenspiel für den Musiker wohl eine notwendige Ablenkung und Erholung war. Thomas Mann spöttelte wiederholt maliziös über Richard Strauss: dies grenzt an eine fixe Idee. Als ob Thomas Mann nicht den wichtigsten und klügsten dramaturgischen Gedankenaustausch der Musikgeschichte kennte, nämlich den unerschöpflichen Briefwechsel Strauss-Hofmannsthal. Oder als ob Thomas Mann nicht gewusst hätte, wie belesen und Lyrik-kundig Strauss war.

Was Strauss von Thomas Mann und diesen von Strauss trennte, war offenbar die schicksalhafte Ungleichzeitigkeit strukturell eigentlich analoger Entwicklungen. Als der eine, Thomas Mann, während des 1. Weltkriegs, mit tragischer Bereitschaft, schuldig zu werden, kriegsbegeistert und schicksalsbegeistert, in faszinierend hohem, meisterhaftem Stil antiwestlichen, tiefsinnig deutschen Patriotismus, ja Chauvinismus verteidigte, mit genialer Beredsamkeit predigte, da hielt sich der andere, Richard Strauss, klug zurück. Versuchte besonnen, mit dem geistigen Frankreich in Kontakt zu bleiben.

1933/34 ereignete sich dann eine bemerkenswerte Umkehrung. Als nämlich der eine, Thomas Mann, entschlossen öffentlich abgerückt war vom faschistischen Fanatismus und dem politischen Erfolg des »Dritten Reiches«, als Thomas Mann 1933 seinen grandios reichen Wagner-Vortrag in München, Amsterdam, Brüssel und Paris gehalten hatte – da akzeptierte der andere, Richard Strauss, für eine kurze Zeit eben doch die anscheinend produktive reinigende Wirkung einer kräftigen nationalen Erhebung, die er auch im Musikbereich für notwendig erachtete. Und ließ sich, ein nahezu 70-jähriger alter Herr, zu einer Führungsposition verführen und auch rasch dazu bestimmen, den Protest der Wagner-Stadt München gegen Thomas Mann mit seinem Namen, seinem Weltruf zu unterstützen, ja zu weihen, so wie es auch Hans Pfitzner, Olaf Gulbransson, Alexander Berrsche taten – eben das ganze Honoratioren-München von 1933. Da meldete sich in der Neuen Zürcher Zeitung ein kluger und mutiger junger Kritiker, Willi Schuh – und hielt mit helvetischem Freisinn den dummen, stumpfsinnigen, pseudo-revolutionären Protestlern, also auch Richard Strauss, ihre Verblendung vor. Begeistert wies Thomas Mann sowohl in seinen entsetzten, unmittelbaren Reaktionen als auch im Faustus-Roman auf jenen Willi Schuh hin.

Letzte Schicksals-Drehung: Wer war der wichtigste späte Freund von Richard Strauss, derjenige, der den alten Komponisten noch 1949 nach London begleitete, der Kundiges und Eindringliches über Strauss publizierte und vom Meister zum Biographen bestimmt wurde? Ja, das war niemand anders als Willi Schuh!

III. Romain Rolland, dessen Beethoven-Bücher und vor allem sein großartig souveräner deutsch-französischer Musiker-Bildungs-Roman »Jean-Christophe« zu den Standardwerken bedeutungsvoller Musikschriftstellerei gehören, hatte bereits 1904 einen umfangreichen, werbenden, hauptsächlich die Symphonischen Dichtungen phantasievoll erörternden Essay über den erst 40-jährigen Strauss in

Paris publiziert, längst bevor die bedeutungstiefen Opern zwischen »Salome« und »Capriccio« existierten. »Der Komponist des ›Heldenlebens‹ ist dem Pariser Konzertpublikum kein Unbekannter mehr«, begann diese noble Auseinandersetzung, in der gewiss auch ein wenig französische Angst spürbar wird vor der triumphalen wilhelminischen Kraftgebärde der Strauss'schen Helden.

Freilich fand selbst der aufgeklärte Romain Rolland in der »Salome« eine Darstellung von Dekadenz, Übersättigung und Zersetzung des Ethos durch Perversion! Er schrieb 1907 an Strauss, erschreckt über dessen maskuline Heftigkeit: »Sie sind zur Zeit der einzige Musiker, der eine solche Macht über das große Theater-Publikum besitzt – und das nicht nur in Deutschland, sondern in allen Ländern. Sie sind mehr wert als Salome ... In der europäischen Welt von heute wird ein entfesselter Drang zu Dekadenz, zum Selbstmord spürbar ... Hüten Sie sich davor ... Lassen Sie sterben, was sterben muss – und leben Sie!«

Große, ja hochtönende Worte. So nobel konnten Europäer von einst miteinander umgehen. Als dann der 1. Weltkrieg ausbrach, da reagierten bekanntlich alle Nationen rasend patriotisch-chauvinistisch. Jede wünschte glühend parteiisch den Sieg der eigenen Truppen. Das taten gewiss auch Romain Rolland und Richard Strauss. Es gibt viele Briefstellen. Aber Richard Strauss und Romain Rolland und George Bernard Shaw und Stefan Zweig und Lord Russel und Hermann Hesse behielten dabei doch bewundernswert, anders als alle anderen, klaren Kopf! Strauss unterschrieb nicht den Aufruf der 93 deutschen Künstler und Professoren, die den Überfall auf Belgien billigten, sich mit Kaiser und Vaterland begeistert solidarisierten. Ähnliche Manifeste entstanden auch bei den Alliierten. Doch Strauss brauchte Europa, er distanzierte sich vom konjunktur-patriotischen Aktivismus des Mittelmaßes, wollte sich tatsächlich noch 1917 mit Romain Rolland in Zürich treffen, der allerdings krankheitshalber absagen musste.

Was den von Rolland analysierten wilhelminischen Vitalismus der Strauss'schen Helden angeht, so nehmen die Symphonischen Dichtungen jenen Triumphalismus eigentlich zurück, lassen den Elan vital zusammenbrechen. Zu Asche ausgebrannt und alt endet der »Don Juan«, Till Eulenspiegel am Galgen, »Don Quixote« stirbt, der Held von »Tod und Verklärung« gleichfalls.

IV. Da verlief die politische Entwicklung des Buddenbrooks-Dichters beträchtlich anders. Manns überwältigender Erstling, die »Buddenbrooks«, waren, wie selbst der Thomas-Mann-Verächter Martin Walser einräumt, ein »Jahrtausend-Roman«. Dieser Beschreibung des »Verfalls einer Familie« wurde natürlich gleichfalls »Dekadenz« vorgeworfen. Auch für den Zusammenbruch des elan vital existiert beim frühen Thomas Mann eine meisterhafte, strenge Analogie: Es ist der »Tod in Venedig«, jene novellistische Tragödie vom schmachvollen Ende der preußischen Askese, des eisernen Arbeits-Ethos, welche den Schriftsteller Gustav Aschenbach beseelen.

Thomas Mann schrieb als bereits 40-jähriger, reifer Künstler sein essayistisches Meisterwerk: »Betrachtungen eines Unpolitischen«. Wer sie nicht kennt, kann kaum ahnen, wie glanzvoll, kräftig reich und überwältigend vehement der 40-jährige Thomas Mann zu formulieren vermochte. Allerdings auch nicht, wie flammend polemisch Thomas Mann damals den konservativen deutschen Sonderweg verteidigte gegen die demokratische anglo-französische Ideenwelt. Richard Strauss kommt in den »Betrachtungen« kaum vor. Oder eben höchstens als internationaler, europäischer Künstler-Typ. Es heißt: »Wagners Europäischer Intellektualismus findet sich wieder in Richard Strauss.«

Richard Strauss ist ein erklärter Anti-Dilettant gewesen. Einleuchtend, dass ein solcher Anti-Dilettant mit den wunderbar freien Musikbeschreibungen Thomas Manns nicht allzu viel anfangen konnte. Denn Thomas Mann war klug genug, zwar, was Literatur betrifft, höchst fachmännisch und professionell zu reagieren, sich aber im Hinblick auf Musik-Eindrücke seine Empfänglichkeit nicht von sprödem Professionalismus versehren zu lassen. Lieber wollte er phantasievoll irren. So war auch der musikologische Einfluss Adornos im »Dr. Faustus« keineswegs nur segensreich.

Mag sein, dass Strauss und Thomas Mann einander auch darum nicht viel zu sagen hatten. Da war so manches Konträre. Thomas Mann liebte den Dirigenten Bruno Walter jahrzehntelang über alles, schrieb bewundernd über den Freund. Richard Strauss wiederum scheute sich keineswegs, Bruno Walter zu schmähen: »Wer hat Ihnen gesagt, daß ich politisch so weit vorgetreten bin? Weil ich für den schmierigen Lausejungen Bruno Walter ein Concert dirigiert habe? Das habe ich dem Orchester zuliebe getan ...«

V. Bei der Diskussion des nazistischen Protests der Wagner-Stadt München von 1933 wird gern abwiegelnd hervorgehoben, die Unterzeichner hätten Thomas Manns Wagner-Rede ja gar nicht gehört und den Text wahrscheinlich auch nicht gelesen. Aber macht das den Vorgang nicht noch gravierender? Es ging eben nicht um irgendwelche Finessen einer verbalen Wagner-Interpretation. Es ging um eine radikale Ablehnung des von Thomas Mann verkörperten Geistes der Zwanziger Jahre. Thomas Mann hatte bekanntlich 1923 der Republik vernünftig demokratisch gehuldigt. Das hielten Pfitzner und Knappertsbusch für eine opportunistische Kehrtwendung. Für Verrat. Strauss wiederum hatte trotz großer Erfolge doch an Aktualität verloren – er konnte sich nicht mehr an der Spitze fühlen. So lehnte das sogenannte Kultur-München im Geist der verheißungsvoll anbrechenden Neuen Zeit sich auf gegen einen Repräsentanten der zwanziger Jahre. Auch Richard Strauss vertraute kurz auf diese Neue Zeit. Schrieb leider sogar einen demütigen Brief an den Reichskanzler, auf den Hitler, der Strauss' liberale Gesinnung kannte (weil sich Strauss tapfer für seinen jüdischen Librettisten Stefan Zweig eingesetzt hatte), nicht einmal antwortete.

Thomas Mann galt also Knappertsbusch und Pfitzner als Verräter. Die wussten nicht, konnten nicht wissen, wie heftig die Überzeugungen der »Betrachtungen eines Unpolitischen« immer noch in Thomas Manns Seele rumorten, trotz massiver Selbstkorrekturen. Im »Zauberberg«, auch in der »Josephs-Tetralogie«, in »Lotte in Weimar« und natürlich im »Doktor Faustus« kommt Thomas Mann immer wieder auf die Gedankenwelt, auf die Aura, die »Gestimmtheit« der »Betrachtungen« zurück.

Und was schreibt er am 18. Juni 1943, nachdem in Amerika die Nachricht vom heldenmütigen Protest und Tod der Geschwister Scholl bekannt geworden ist? Da jubelt Thomas Mann. Er stellt mit wieder wachsendem europäischen Selbstgefühl fest: »Und nun! Zehn Studenten und ein Professor hingerichtet – mit dem ausdrücklichen Hinzufügen, es gäbe viele ihrer Art. Die wenigstens schienen es nicht nötig gehabt zu haben, von den Angelsachsen in die Schule genommen zu werden!« Ja, genau dies ist der Ton, ist die ressentimentgeladene, tiefsitzende antiangelsächsische Aggression der »Betrachtungen«.

Sogar mit seiner Münchner Heimat versöhnte sich Thomas Mann wieder, freilich nur in Form einer herzbewegenden Fehlleistung. Auch da ähnelte er Strauss, der als junger Künstler München hasste, wie nur ein Genie seine Vaterstadt hassen kann.

Am Ende: gleichwohl Versöhnung. Ehrendoktorat, Strauss-Stiftung. Rührendes Begräbnis am Münchner Ostfriedhof. Und es erklang das Terzett aus dem »Rosenkavalier«, wo die ergriffenen Künstlerinnen (zu ihrer Ehre sei es gesagt) nicht immer richtig intonierten. Strauss selber hatte freilich über jenes Terzett sogar gespöttelt: »Solche Treffer wie das Arabelladuett und das Rosenkavalierterzett gelingen nicht immer. Muss man 70 Jahre alt werden, um zu erkennen, dass man eigentlich zum Kitsch die meiste Begabung hat?«

Thomas Mann aber wich, nach der von ihm nie verwundenen Protest-Demütigung, einer Versöhnung mit München aus. Er wollte hart bleiben. Doch es gelang ihm nicht ganz. 1955 wurde der berühmte 80-Jährige im Zürcher Schauspielhaus gefeiert. Maria Becker, Therese Giehse, Gustav Knuth lasen aus seinen Werken, Bruno Walter, eigens aus Amerika herbeigeflogen, dirigierte.

Und nun die Dankesrede Thomas Manns im Zürcher Schauspielhaus. Immer habe er, so rief er den Zürchern zu, die intelligente Aufnahmefreudigkeit des Münchner Theaterpublikums sehr zu schätzen gewusst!

Des Münchner Theaterpublikums? Nach einer derart verräterischen Fehlleistung hilft keine Berichtigung mehr. Wir Radiohörer in Deutschland spürten ergriffen, dass sich in der Seele des alten Herrn versöhnt haben mochte, was in seinem Bewusstsein immer noch verbittert haderte ... Auch den Richard Strauss nahm der alte Thomas Mann nach des Komponisten Tod gegen Adornos schlauen Tadel in Schutz. 1952, aus Kalifornien, lässt Thomas Mann den Briefpartner wissen: »Der Revolutionär als Sonntagskind – es ist doch ein einmaliger Fall und belustigend im besten Sinn. Ich habe immer viel für ihn übrig gehabt. Seine Nonchalance war sympathisch, und er hatte bei seinem enormen Talent viel Liebe und Aufblick.« Und dann zitiert Thomas Mann wunderbar versöhnend eine Mozarthuldigung, die er von Strauss vernommen. »Der Mozart! Wie der schreibt! I kann's net!«

So wenig ich, leider, mit der U-Musik anfangen kann, so gern lese ich, was feine Literaten als »Schmöker« bezeichnen würden: also gutgemachte, flotte, mit Phantasie und Schlauheit geschriebene Romane. Gern habe ich mich darum umfänglich für Johannes Mario Simmel eingesetzt, den ich für ein enormes Talent, wenn nicht sogar Genie, heftiger Kolportage halte. Sein Vermögen, den Sog schlimmster Katastrophen herzustellen, imponiert mir. Nur wenn er positive Dinge vorträgt, glückliche Liebe, amouröse Schwärmerei, dann ist der süße Kitsch nicht fern. Doch das Böse gelingt ihm unwiderstehlich.

Es gibt das Lesealter, die Pubertät, da verschlingt man alles durcheinander: Krimis, Zeitschriften, *Die vollkommene Ehe*, von der man sich Sensationen über Sexualität erhofft, Kästners *Fabian* und eben auch den *Zauberberg*. Danach ist man zwar immer noch jung, aber »belesen«. Wer sich vom Fernsehen das Lesealter wegflimmern lässt oder das Argument vorschiebt, momentan keine Zeit fürs Lesen zu haben, er werde es später nachholen, der wird sein Leben lang »unbelesen« bleiben. Es gibt auch im Bildungsbereich das Phänomen des Neureichtums. Neureichtum ist besser als ewige Armut, aber wenn Texte und andere Kulturerlebnisse früh in die unvoreingenommene Seele eingehen, ist das etwas ganz anderes. Wenn man jung und entflammt ist, wohl auch manches ein bisschen überschätzt, dann dringen solche Erlebnisse prägend und unvergesslich in die Persönlichkeit ein.

Ich halte es für falsch, jungen Leuten und Kindern »anspruchsvolle« Literatur vorzuenthalten, weil sie vielleicht (noch) nicht alles verstehen. Es geht ja nicht nur um Intelligenz. Teenager sind viel weniger imstande, die seelische Zartheit eines lyrischen Gedichts zu begreifen als den intellektuellen Anspruch eines schwierigen Autors. Da machen Deutschlehrer manchmal schreckliche Fehler. Gymnasiasten müssen Goethe-Gedichte und Schiller-Balladen lesen, werden mit dem *Stopfkuchen* von Wilhelm Raabe gequält. Dabei würde ein intelligenter Junge, ein kluges Mädchen viel eher komplizierte Texte von Thomas Mann oder James Joyce verstehen. *Der Mond ist aufgegangen* langweilt in diesem Alter. Dafür ist man zwar klug, aber nicht reif genug.

Gerne nehme ich das Wort »Streber« in Schutz. Es schadet nichts, wenn Menschen, zumal junge Leute, streben. Das Wort »lernen« aber finde ich schrecklich zielbewusst: Ich mache das und das nicht gerne, aber möglicherweise lerne ich dabei etwas. Eine schauerlich nützlichkeitsbedachte Einstellung, die gar nichts bringt. Es bedarf schon einer Leidenschaft für solche Dinge. Diese geistige Leidenschaft hat in den letzten Jahren anscheinend nachgelassen. Man kann sie nicht erzwingen. Entweder jemand liebt Musisches und Geistiges, oder eben nicht. Da können auch die Universitäten wenig helfen. Ein Germanistikstudent von heute muss den Eindruck gewinnen, ein Schiff zu betreten, das eher sinkt, als dass es größer wird, um ein schiefes Bild zu benutzen.

Bestimmt gibt es den Typus Bildungsbürger, der glaubt, es genüge, Bildung wie Fakten zu horten. Vielleicht wollen manche damit sogar glänzen und ihr Prestige aufwerten. Die Unglücklichen! Es muss entsetzlich sein, Wagner nicht zu lieben und trotzdem seine Opern abzusitzen. Das hält ja kein Mensch aus, fünf Stunden auf einem unbequemen Stuhl zu hocken, sich zu Tode zu langweilen, den Text nicht zu verstehen und die Musik nervtötend laut zu finden. Doch so töricht sind die wenigsten. Wenn ich Leserbriefe studiere, habe ich den Eindruck, dass es bei uns eine zweite Öffentlichkeit gibt, die sich interessiert und intelligent verhält. Deshalb tut es mir ja so leid, dass Fernsehen und Rundfunk die potentielle Bildungswilligkeit, das Ernstnehmen von Bildung, nicht viel bedachtsamer und respektvoller bedienen.

Auch meine Vorträge über große Komponisten und ihre Werke sind seit Jahrzehnten sehr gut besucht, oft sogar ausverkauft. Viele Jahre brauchten die Veranstalter nicht einmal die Kasse zu besetzen, weil die Abos alle vergeben waren. Wie gerne hätte ich den Leuten, die noch hineinwollten, angeboten, sich auf dem Podium neben den Flügel zu setzen. Doch das war baupolizeilich nicht gestattet. Es mag schon sein, dass einige Zuhörer nur kommen, um ein bisschen über Kultur mitreden zu können. Warum auch nicht! Aber es gibt sehr viele treue Zuhörer über Jahre, sogar Jahrzehnte hinweg. Und die nehmen viel auf sich. Zweimal im Monat müssen sie um 19 Uhr losfahren. Wenn sie von einem Münchner Vorort oder aus Ingolstadt kommen, noch früher. Ab 20 Uhr müssen sie sich zwei pausenlose Stunden lang konzentrieren, gegen 23 Uhr erst sind sie wieder zu Hause. Solche Vorträge, die aus Analysen und hochdifferenzierten Musikbeispielen bestehen, sind anstrengend und keineswegs immer amüsant. Wer nicht aufpasst, wird den Gedankenfaden verlieren und sich unermesslich langweilen.

Darum glaube ich: Alle diese regelmäßigen Zuhörer haben ein echtes Interesse an Hochkultur. Auch junge Leute sehe ich bei diesen Vorträgen, worüber ich mich sehr freue.

Vorträge im Münchner Carl-Orff-Saal, mit der Initiatorin Claudia Trübsbach

Man muss Arbeit in die Hochkultur investieren. Ich wüsste aber nicht,
was sich mehr lohnt als eben diese Investition.

Joachim Kaiser

Das kulturelle Gärtchen

In der *Süddeutschen Zeitung* herrschte viele Jahre das Motto: »Im Falle
eines Falles schreibt Kaiser über alles.« Für Malerei und Architektur
konnte dieses Motto allerdings nie gelten. Zu spät habe ich mich ernsthaft um bildende Kunst gekümmert. Da ist mir viel entgangen, merke
ich immer betrübter. In Athen oder in Mexiko, bei diesen gewaltigen
Tempelanlagen, fühle ich, wie viel Erfahrung mir fehlt. So bin ich in
Sachen der bildenden Kunst leider ein Neureicher.

Ansonsten aber: *Variatio delectat*, der Wechsel hält lebendig. Wenn
ich sechsundzwanzigmal im Jahr über Chopins *Trauermarschsonate*
schreiben müsste oder mich nur über moderne Literatur äußern dürfte, würde ich verzweifeln. Der Wechsel macht Spaß und ist eine Herausforderung. Er schützt auch vor Überdruss. So hätte ich im Moment
wenig Lust, immerfort Beethoven-Konzerte zu besuchen.

Ein Festspiel für die Bayern[41]

München. Endspielbesucher scheinen ungemein anlehnungsbedürf-
tig zu sein. Und zwar vor allem in jenen überhitzten und überfüllten
U-Bahn-Zügen, die absurderweise auf freier Strecke halten, wenn
jemand sich an die Tür lehnt, beziehungsweise an dieselbe gedrückt
wird. So erreichte Münchens Fußballvolk das Olympiazentrum nur unter Qualen – immer wieder mußte das U-Bahn-Personal, milde beschwörend oder derb fluchend, dazu auffordern, sich doch bitte nicht
an die Türen zu lehnen. Aber immer wieder lehnte jemand. (Bei der
Rückfahrt war es nicht anders.)

---

41 In: SZ, 30. Juni 1972.

Man hat versucht, uns zu täuschen. Es ist gelegentlich der Eindruck erweckt worden, als ob es sich um ein mit Prophetengabe terminiertes regelrechtes »Endspiel« zweier einigermaßen gleich starker Mannschaften handle. Aber ob die 80 000, die da die Mühen der Kartenbeschaffung und der kilometerlangen Anmarschwege innerhalb des freien, schönen, phantasievoll entworfenen, keinesfalls unmäßig kolossalischen Olympiageländes auf sich genommen hatten — man spricht immer so abschätzig vom »Zuschauersport«, doch wer sich auf den vorgeschriebenen Wegen dem Stadion nähert, der wird zumindest zum aktiven »Geher« ausgebildet —, ob diese 80 000 sich wirklich täuschen ließen?

Nein, nein: Wir erlebten durchaus ein bayerisches Weihefestspiel für den FC Bayern, so wie ja auch entsprechende Festspiele für griechische Städte, englische Könige oder Nürnberger Handwerker existieren. Zu einem solchen Festspiel gehört, damit der Triumph nicht allzu glatt passiert, natürlich auch ein Gegner. Gehört ein regelrechter Held, gehört sogar ein Bösewicht, dessen Untergang man jubilierend feiert.

Zugegeben: Im Theater ist dann manches anders. Da wird nicht gleich zu Anfang der Beifall unter Leitung eines Sprechers geübt (nötig wär's manchmal schon), da lösen die Namen der Darsteller auch kein vergnügtes Gebrüll aus. Kurz vor Beginn des Spiels eilte ein couragierter Schalke-Anhänger, der vielleicht auch nur eine Wette gewinnen wollte, samt Schalke-Fahne auf die Mitte des anscheinend nicht unmäßig streng bewachten Platzes, man sah den Schmuck des Gegners — und dies war denn ja wohl auch die gelungenste Schalke-Aktion.

Denn einen *wirklichen* Gegner, der das Festspiel hätte umfunktionieren können, gaben die Schalker nie ab; sie waren immer nur ein freilich lebendiges, gar nicht ungefährliches Opfer. Sie kombinierten weich und in die Breite, mordsgefährliche Szenen vor dem Münchner Tor, die sogar zwischen 10. und 20. Minute leicht zu einem 1:0 für die Schalker hätten führen können, schienen eher Münchner Abwehrmißverständnissen als Schalker Zielstrebigkeiten zu entspringen. Aber der kräftigen Brillanz des Münchner Sturms, ebenso wie der offensiven Verteidigung der Bayern, hatte das Opfer wenig entgegenzusetzen. Der Zusammenbruch war eine Frage der Zeit. Das 1:0 lag nach mehrfach wiederholten Eckbällen wirklich in der Luft.

Wer aber stellte sich als jener Gegner zur Verfügung, dessen Überwindung das Festspiel erst schön macht? Libuda umdribbelte alle, manchmal auch sich selbst, und brachte doch nicht viele gefährliche Flanken herein. Erwin Kremers, im Schalker Weiß, sprang, ein eleganter Schimmel, wie im Zirkus, über entgegengestreckte Beine hinweg, dem Ball nach, suchte aber sich anbietende Mitspieler vergeblich.

Die bayerische Abwehr, nach der Pause geradezu entmutigend souverän, ließ da kaum eine Chance mehr. Ein paar anfechtbarer Einwurf- und Eckballentscheidungen wegen wurde Beckenbauer – der vor der Pause so elegant gespielt hatte, daß man vor lauter Eleganz einige Kaiser-Franz-Fehlpässe kaum registrieren mochte – böse, und auch Maier schimpfte wohl ein wenig. Doch auch das reichte nicht zur Festspiel-»Krise«, sondern nur zur gelben Karte ...

Als der Schalker Tormann Nigbur, verletzt, dann auf einer Bahre beifallumrauscht vom Platz getragen wurde, ahnte auch der letzte, daß die Schalker Tragödie perfekt geworden war, und der Gelsenkirchener Fahnenflor wurde in aller Stille eingerollt. Übrigens: allen Münchner Spielern lag daran, daß Gerd Müller zu »seinem« Tor käme (immer wieder Doppelpaßversuche, die vorhersehbar waren, aber die Schalker Abwehr dennoch viel Kraft kosteten) – nur schien fast allen Schalkern noch mehr daran zu liegen, daß gerade er nicht erfolgreich sei. Auf diese Weise hatten die übrigen neun Münchner Feldspieler weitaus mehr freien Raum als er, der ängstlich und strikt bewachte Gerd Müller. Man übertreibt nicht, wenn man ihn darum diesmal als indirekten Schützenkönig bezeichnet. Die heftige Bewachung, die ihm zuteil wurde, machte seinen Kameraden das Leben entsprechend leichter. Manche Helden wirken eben bereits durch ihre Anwesenheit.

Eine Aufklärung
von Philipp Kaiser

Dass Joachim Kaisers Lebenswerk auch einen lupenreinen Fußballbericht umfasst, resultiert aus einem verrückten Missverständnis und der Sportbegeisterung seines Sohnes. Damals sieben Jahre alt, wollte ich das Spiel unbedingt sehen und quengelte so lange, bis

Papa bei der Sportredaktion vorstellig wurde und tatsächlich zwei Pressekarten erhielt. Dafür sollte er etwas Nettes schreiben über Begleitumstände des Spiels, vielleicht über die Prominenz auf der Ehrentribüne oder die fantastische Atmosphäre des damals funkelnagelneuen Olympiastadions. Die Bewertung des Spiels oblag natürlich der Sportredaktion – glaubte man dort zumindest.

Man stelle sich den Schrecken der Experten (und vielleicht auch den leichten Grimm) vor, als sie erkannten, dass J.K. sich nicht über das berühmte Zeltdach ausließ, sondern über den an jenem Abend wunderbaren FC Bayern. Es war ja nicht irgendeine Partie, sondern quasi ein Endspiel um die deutsche Meisterschaft. Jetzt saßen gestandene Sportjournalisten dumm herum und durften zusehen, wie ein zwar des Schreibens mächtiger Mann, aber wahrlich kein Insider des Geschehens, diesen fußballerischen Leckerbissen sezierte. Tagelange Vorbereitung auf dieses Ereignis wurden da zur Makulatur. Einer – des Nichtstuns überdrüssig – erbarmte sich und verfasste ein paar Zeilen über mich, der jubelnd und schreiend über fünf Bayern-Tore die Pressetribüne verrückt machte.

Die Geschichte hinterließ bei den Betroffenen mächtig Eindruck. Noch zwölf Jahre später, als ich bei der Sportredaktion ein Praktikum absolvierte, wurde ich auf die damalige Heldentat meines Vaters angesprochen. Man tat das zwar mit Nachsicht und einem gewissen Anekdoten-Lächeln, doch spürte ich auch Fassungslosigkeit und leichte Verzweiflung, die dieses Missverständnis ausgelöst hatte.

Möchte man einen Intellektuellen, eine geistige Existenz loben, hebt man gerne hervor, wie viel er weiß und gelesen hat, wie gut er sich auskennt. Nun, es wäre geradezu ein Zeichen von Dummheit, wenn sich jemand jahrzehntelang mit diesen Dingen beschäftigt und dann immer noch ahnungslos ist. Ich habe die Karriere mancher junger Publizisten verfolgt, die am Anfang ihres sogenannten Berufslebens von universaler Unbildung strotzten. Doch nach zwei, drei Jahrzehnten eifriger Tätigkeit wussten auch sie halbwegs Bescheid und konnten im kulturellen Gärtchen nicht mehr allzu viel Schaden anrichten.

Bildung hat mit Gesittung zu tun, damit, dass man sich in jedem Sinne verbindlich artikulieren kann. Der Gebildete definiert sich nicht

Bewundernd vor dem Maja-Tempel in Tulum (Mexiko), 2001

nur über die Reproduktion des Daseins, sondern auch darüber, dass er die Geschichte – nicht unbedingt der ganzen Menschheit, aber doch der eigenen Nation, der eigenen Kultur – in sich aufgenommen hat. Außerdem muss er die Fähigkeit besitzen, über andere Menschen oder andere Dinge zu reflektieren. Er darf kein beschränkter Spezialist sein, was aber nicht heißt, dass er alles kennen muss. Leute, die behaupten, sie kennten den ganzen Balzac, Dostojewski oder Tolstoi, schwindeln meistens. Es dauert zu lange, einen großen Dostojewski-Roman Wort für Wort zu Ende zu lesen. Manche sagen, Bildung sei das, was übrigbleibt, wenn man alles Gelernte vergessen hat. Eine amüsante Definition, die aber nicht zutrifft. Auf einige konkrete Fakten kommt es schon an. So wenig uferlose Informiertheit und Vielwisserei hilft; wer nicht ein paar gewichtige Texte »bildend« in sich aufgenommen, studiert und behalten hat, dem fehlt Wesentliches. Bildung ist keine Frage mehr oder weniger großer Klugheit. Zur Bildung gehört etwas anderes: Liebe zu Gegenständen, Neugier und Begeisterungsfähigkeit. All das ist klugheitsunabhängig. Im Gegenteil, allzu große Gescheitheit kann sogar dazu führen, dass man gegenüber unrationalen, musischen Dingen unempfänglich wird. Leute, die ganz auf Logik setzen, viele Philosophen zum Beispiel, sind meist nicht sehr musisch. Doch etwas Klugheit kann auch nicht schaden. So hat der große T.S. Eliot einmal behauptet, es gebe keine eindeutig richtige Methode, ein Werk kritisch zu interpretieren. Der einzig hilfreiche Weg sei, sehr intelligent zu sein. Eliot selber war freilich nicht nur ein Intellektueller, sondern ein Gebildeter.

Kunst muss sich, damit sie mich bewegt, zusammensetzen, erstens aus einer Absicht, die der Autor gehabt hat, und zweitens aus einer Bewältigung der Kunstsprache, also der vorgegebenen Sprache der Farben, der Töne, der Worte, wie sie sich seit Jahrhunderten entwickelt hat. Wenn ein moderner Künstler seine Absicht so durchsetzen und diese gegebene Sprache so handhaben kann, dass ihm etwas Neues gelingt, dann hat er ein Kunstwerk geschaffen. Das aber ist nicht absichtsvoll organisierbar. Hinter Kunst steckt ein Geheimnis, das sich nie ganz entschlüsseln lässt. Anders formuliert: Jedes Misslingen hat seine Gründe, jedes Gelingen hat sein Geheimnis.

Das ist, weiß Gott, ein recht hoher Anspruch an Kunst. Deshalb ärgere ich mich auch immer, wenn Leute sagen, es ist egal, ob E oder U, also E-Musik oder U-Musik, »ernste Unterhaltung« oder »Unterhaltungs-Unterhaltung«, sondern Hauptsache: gut gemacht. Es kann sehr lustige Schlager und äußerst langweilige Klassiker geben. Nur darf man das nicht miteinander vergleichen. Die Werke der Kunst, auch der modernen Kunst, sind eben deshalb groß, weil sie sich einer Sprache bedienen, in der viel Geschichte steckt. Wenn Brahms sein *Deutsches Requiem* schreibt, Strawinsky seine *Psalmensymphonie*, dann greifen beide auf eine Musiksprache zurück, in der sich die Erfahrungen vieler Jahrhunderte sammeln. Das ist meiner Meinung nach der Unterschied zu Schlagern und zur Popmusik, denen dieser Jahrhundert-Hintergrund fehlt.

Wie Menschen miteinander leben, wie sie essen, kochen, sich anziehen, was sie lesen, wie die Zeitungen sind, das hat alles mit »Kultur« zu tun.

»Hochkultur« ist die ästhetische Kultur. Der Begriff des Werkes, des Kunstwerkes, des Buches, der Sonate, des Bildes. Künstler sagen natürlich nicht, ich möchte jetzt anspruchsvolle Hochkultur schaffen. Aber manchmal schlägt ihnen aus dem Material, den Worten, dem Stoff ein hoher Anspruch entgegen. Dem müssen sie sich stellen und gewachsen sein. Das spürte sicher auch Goethe. Nicht ohne Grund hat er sein *Faust*-Drama lange Zeit weggeschlossen, es im Laufe seines Lebens erweitert und erst kurz vor seinem Tode beendet. Mozart ist wie so oft eine Ausnahmeerscheinung. Aber es liegt weniger an dessen Talent, Volkstümliches mit Ernstem, die Wesensmerkmale der Opera Buffa mit denen der Opera Seria zu verbinden, als an der Geschichte der Musik selber. Bertolt Brecht hat einmal treffend erläutert, in der *Zauberflöte* sei es Mozart gelungen, die vergnüglich-unterhaltsame Sphäre (Papageno) und die tiefgründig-mystische Sphäre (Freimaurerwelt, Sarastro und die beiden Geharnischten) ohne weiteres zu verknüpfen. Leichtes und Gewichtiges passen bei Mozart noch zusammen. Später zerfiel diese Einheit einerseits in den weihevollen *Parsifal*, andererseits in *Die lustige Witwe*.

Heute wird der Hochkultur oftmals vorgeworfen, elitär zu sein. Ich halte »elitär« genauso für ein affektgeladenes Schlagwort wie »Bildungsbürger«. Man kann auch ein glückliches Leben führen, wenn man sich nicht um Hochkultur kümmert. Niemand wird gezwungen, komplexe Musik zu hören, anstrengende Bücher zu lesen. Zu keiner Zeit der Menschheitsgeschichte waren alle Leute gleichermaßen an Kultur interessiert. Nicht einmal bei den alten Griechen.

Natürlich entsteht Hochkultur nicht immerfort. Zwischen 1860 und 1900 wurde kein einziges belangvolles deutsches Drama geschrieben. Mit Franz Grillparzer hatte es aufgehört, erst viele Jahrzehnte später fing es wieder mit Gerhart Hauptmann an. Dazwischen solide Tiefebene. Gegenwärtig erleben wir vielleicht auch dürftigere Zeiten, doch in manchen Kunstbereichen entsteht einiges von Rang.

Sarah Kirsch
Die Heide[42]

Die Sonne blendete mich ich ging
Auf irischer Heide
Schnepfenvögel eilige klappernde Flügel
Trugen Herzklopfen ein
Birken schlugen mir grob auf den Rücken
Von weitem hörte ich
Äxte stürzende Bäume
Eine Zeitung die ich nicht lesen konnte
Trieb im Wind, aus den Dünen
Kamen Gestalten mit lichten Haaren
Augen wie Sterne schwebenden Füßen
Wie sie in alten Büchern
Beschrieben werden schossen sich nieder.

Grimmige Sympathie-Lenkung[43]

Wolfgang Clemen, der große Münchener Anglist, wies seine Studenten gern darauf hin, wie Shakespeare nicht nur Monologe strukturiere, Szenen-Rhythmen entwerfe, Figuren charakterisiere – sondern auch »Sympathie-Lenkung« betreibe. Nun gut: Daß es im dialektischen Genre des Dramas, wo Menschen und Mächte einander spannungsvoll

---

42 Aus: Sarah Kirsch: Sämtliche Gedichte. München 2005.

43 Aus: Deutsche Gedichte und ihre Interpretationen, Peter Rühmkorf bis Volker Braun. Hrsg. v. Marcel Reich-Ranicki. Frankfurt 2002, Band 21, S. 198 – 200.

konfrontiert werden, eine solche Technik mehr oder weniger raffinierter Sympathie-Lenkung gibt, braucht nicht zu überraschen.

Bei einer Lyrikerin wie Sarah Kirsch indessen – die doch für ihren lakonischen »Ton« berühmt wurde, für den »Sarah-Sound«, der »Sarah-Suchtkranke« zur Folge habe – dürfte man Technik und Taktik der unauffälligen, am Ende um so effektvolleren lyrischen Sympathie-Lenkung kaum erwarten. Aber sie kommt durchaus vor. Mehrere Gedichte des 1984 erstmals erschienenen Bandes »Katzenleben« sind so gemacht. Musterbeispiel: »Die Heide«.

Sarah Kirschs lyrisches Ich geht auf irischer Heide spazieren. Was ihm dabei begegnet, ist lästig, unangenehm, widerwärtig und mit unerquicklichen Assoziationen verbunden. Zunächst fällt es noch nicht so sehr auf. Sicherlich könnte man ganz konkret-zeitgeschichtlich an die gegenwärtigen kriegerischen Konflikte Irlands denken, welche die Autorin vielleicht sogar primär im Sinne hatte. Aber die Sache scheint doch noch vertrackter zu sein. Die Sonne blendet – was vorkommt, aber lästig sein kann. Eilige »klappernde Flügel« bewirken Herzklopfen, als ob dieses Geklapper die Dichterin nicht nur störe, sondern verfolge. Dann mehren sich die Unannehmlichkeiten beim irischen Spaziergang. *Birken schlugen mir grob auf den Rücken.* Da spielt offenbar mit, daß »Birkenreis« keineswegs etwas holdselig Edles ist, sondern, so wußte und dichtete der junge Goethe, den Steiß reinigt.

Blendung, Geklapper, grobe Schläge: das könnte genügen. Doch Sarah Kirsch fügt dann noch das scheußliche Geräusch von Äxten hinzu, die Vorstellung gefällter, stürzender Bäume. Wer hätte alles das nicht im letzten Akt des Tschechowschen »Kirschgarten« hassen gelernt? Dabei sind wir in trivialer Gegenwart: *Eine Zeitung die ich nicht lesen konnte / Trieb im Wind.*

Abscheuliche Heide-Szenerie. Nun aber ändert sich der Ton. Ins Positive und Romantisch-Verklärende. Figuren mit »lichten Haaren« erscheinen, mit Augen »wie Sterne« und auf »schwebenden Füßen«. Die stammen anscheinend aus erhabener Vergangenheit. Welch Kontrast zur häßlichen Gegenwart! Zweimal lenkte die Dichterin unsere Sympathie und Antipathie ebenso eindeutig wie vorsätzlich. Und zwar einer hintergründigen Schlußpointe wegen. Denn: Was taten die Heroen aus edleren Jahrhunderten? *schossen sich nieder.* Und wir ahnen verwirrt: Unsere unedle bürgerliche Neuzeit hat auch einiges für sich.

Wegen des hohen Anspruches ist die Hochkultur auch für das Publikum eine Zumutung. Es ist eine Zumutung, in ein Konzert zu gehen. Da muss man zwei Stunden sitzen, krumm geschlossen, man muss still sein, darf nicht mit dem Nachbarn schwätzen und muss sich auf Dinge einlassen, die manchmal sehr abstrakt und manchmal sehr schön sind. Das alles gehört dazu. Man muss sich einen Ruck geben. Ich muss mir auch einen Ruck geben, wenn ich weiß, morgen steht mir Bachs *Matthäus-Passion* oder der *König Ödipus* von Sophokles bevor. Es stimmt einfach nicht, dass Hochkultur ohne weiteres überwältigt und leicht konsumierbar sei. So etwas behaupten nur die Veranstalter, wenn sie im Radio oder im Fernsehen für Hochkultur Reklame machen: Kinder, kommt mal in das Konzert, ihr werdet merken, wie schön es ist. Das funktioniert nicht. Wer sich dem Anspruch von Hochkultur aussetzt, muss sich konzentrieren, ein wenig Arbeit investieren und Durststrecken in Kauf nehmen, wie sie auch beim Erlernen einer Fremdsprache oder eines Musikinstrumentes vorkommen. Es bringt nicht viel, sich mit einem vergnügten Hurra in Bachs h-Moll-Messe oder den *Parsifal* zu begeben, ohne vorher den Text gelesen oder den Klavierauszug studiert zu haben.

Mit »Investition« meine ich natürlich nicht, dass man sich vier Jahre lang leidvoll einschließen und schrecklich hart arbeiten muss, damit man Mozarts *Kleine Nachtmusik* hören darf. Glücklicherweise kann Kunst spontan wirken. Man sitzt in einem Konzert, einem Film, Theater, man sieht ein Bild oder liest etwas und fühlt: »Donnerwetter, das trifft mich!« Aber wenn man dann nicht nur auf die nächste Erleuchtung warten will, sondern in der weiten Welt der Kunst leben und sich auskennen möchte, schadet es nicht, diesem Bereich eine gewisse Arbeit zuzuwenden. Natürlich macht die Lektüre eines großen Romans Mühe. Aber sie zahlt sich doch aus, während man es tut, und vor allen Dingen, wenn man es getan hat und spürt, jetzt weiß man etwas über die menschliche Seele, über menschliches Verhalten, was einem davor nicht bekannt war. Abgesehen davon, dass man eine Art von Erschütterung gewinnen kann, einen durch die Form gestifteten Zugang zu einer bedeutsamen Welt, die einem bisher fremd war. Und nicht zuletzt auch die Kenntnis eines gewaltigen Werkes, eines Künstlers, eines Genies, die vorher nicht bestand.

Mittlerweile gehöre ich zu den wenigen öffentlichen Kritikern, die in die Offensive gehen und sich gegen die Diffamierung von Hochkultur wehren. Meine These ist: Diese Welt muss auch da sein dürfen. Nicht als einzige, aber neben vielen anderen auch. Dass man diese Sphäre jetzt einfach beseitigen möchte, aus Gründen, die mit Quote, antielitärem Neid, unzeitgemäßer Schwierigkeit und Sektiererei zu tun haben, das mache ich nicht mit. Und zwar nicht nur, weil ich da vielleicht unverbesserlich altmodisch bin, sondern auch wegen eines Sachverhaltes, der mir sehr wichtig scheint: Hochkultur steht über den Parteien, ist parteiübergreifend.

Paul Claudels katholisches Weltdrama *Der seidene Schuh* und Bertolt Brechts marxistisch-kommunistisches Thesendrama *Mutter Courage* sind höchst unterschiedlich. Aber in beiden Werken steckt eine Kunstbewältigung, die es sehr wohl ermöglicht, dass bei Claudel auch ein Marxist befinden kann, es sei interessant gemacht, obwohl es nicht dessen Überzeugung entspricht. Gleichermaßen kann ein konservativer, »rechter« Kleinbürger Brecht spannend finden und ein Ungläubiger sich von Bachs Passionsmusiken bewegen lassen. Das heißt: Kraft ihrer Form, kraft ihrer künstlerischen Verallgemeinerung kommt Hochkultur an Menschen verschiedenster Überzeugungen heran, während in Parteiversammlungen oder Kirchen meist nur für die Bekehrten gepredigt wird. Darum reagiere ich auch betroffen, wenn ich den Eindruck gewinne, Interpreten nutzen die Uninformiertheit ihres Publikums aus und liefern Mattes oder Schlechtes ab.

Wie alle Menschen kann auch ein Interpret einmal eine schwache Tagesform haben. Aber wenn er aus Gedankenlosigkeit oder Hochmut das Werk fahrlässig oder leichtfertig bietet, wird eine Chance vertan. Dann meinen enttäuschte Hörer, diese E-Musik sei genau so langweilig, wie sie es schon immer gedacht haben, und werden nach einer Wiederholung solcher Konzerte nicht lechzen.

Der Begriff »Emotionsgewissheit« bei Kunst ist für dich das Ausschlaggebende. Du sagst auch, sie ist für alle anderen Kunstinteressenten das, worum es zuerst einmal geht. Warum habe ich so häufig an deiner Seite erlebt, dass Leute sich nicht trauen, zu sagen, ob ihnen etwas gefällt

oder nicht, sondern darauf warten, was du meinst. Haben sie Angst,
sich mit ihrer Meinung zu blamieren?

Mir passiert im Konzert tatsächlich oft, dass mich jemand freundlich anspricht, er verstehe zwar nichts von Musik, aber er liebe sie. Früher habe ich den Satz geglaubt. Mittlerweile ist mir klar, dass die Leute etwas anderes sagen wollen, was ich für höchst berechtigt halte. Denn »lieben« heißt bereits, etwas Entscheidendes zu verstehen. Im Altgriechischen gibt es für »lieben« und »erkennen« sogar dasselbe Wort. Wenn jemand oft und gerne Schubert hört, kennt und versteht er durchaus etwas von dieser Musik. Trifft er aber einen Musikkritiker, zögert er vermutlich, sich seinen soeben erworbenen, glücklichen Eindruck von einem terminologisch versierten Profi zerreden zu lassen. Dann sagt er ausweichend, er liebe Musik, aber er verstehe nichts von ihr. Doch das trifft gar nicht zu. Möglicherweise versteht ein Amateur, der Musik ernsthaft liebt, mehr als ein dogmatischer Fachmann.

Große Musik ist vermutlich auch darum populärer als Literatur, weil Sonaten und Symphonien sich in unvergleichlich viel kürzerer Zeit kennenlernen lassen als Romane. Beethovens *Les Adieux-Sonate* dauert knapp zwanzig Minuten. Um Goethes *Wahlverwandtschaften* zu lesen, braucht man drei Wochen. Beides ist aber gleichwertig gut und wichtig.

Natürlich geht auch mir die Hochkultur manchmal auf die Nerven. Harmlose Abwechslung hat etwas für sich. Ich ziehe dann die Bundesliga belanglosen Unterhaltungsprogrammen und Krimis im Fernsehen vor. Nie werde ich verstehen, dass zur besten Sendezeit lauter Krimis laufen, die absolut austauschbar scheinen.

Mein altehrwürdiger
»Hundekorb«, wie
Enzensberger sagt.

Tiefe[44]
Wagen wir uns in diesen wunderbaren Abgrund: Über ein unlösbares, doch unabweisbares ästhetisches Geheimnis

Redet man über die »Tiefe« eines Menschen, einer Dichtung, eines Musikstückes, dann tut man es meist in hohem Ton. Mit sanftem Erlesenheits-Bibber. Man weiß sich im elitären Bezirk jener, die Tiefe fordern und Plattheit belächeln. Darin drückt sich das Verlangen nach profunder Substanz aus, nach Komplexität. Andererseits gewiss auch arroganter Hochmut. Was dann sogleich die nicht weniger hochmütige Reaktion jener provoziert, welche mit »typisch deutscher« Abgründelei und Tiefschürferei am liebsten gar nichts zu tun haben möchten. Keine Frage: Wer sich fähig fühlt, einem Objekt Tiefe zu attestieren, gibt zu verstehen, dass er wohl weiß, wovon er spricht.

Analoges gilt allerdings auch für die Verächter des Tiefen-Geraunes. Im »Dorian Gray« spöttelt Oscar Wilde: »Nur seichte Menschen urteilen nicht nach dem Äußeren. Das wahre Geheimnis der Welt ist das Sichtbare, nicht das Unsichtbare.« Mag schon sein ... Aber wenn Wildes Lord Henry sich hier den Irrtümern seichter Menschen überlegen weiß, dürfte er offenbar sich selber für nicht-seicht halten. Also für tief ...

Doch was ist denn nun jene ominöse »Tiefe«? Zunächst: kaum exakt definierbar. Allein das widerlegt sie nicht. Macht es nur umso dringlicher, zu erwägen, wie sie sich manifestiert, unter welchen Bedingungen sie erscheint. Denn im viel geliebten Traum-Reich der Kunst, des Ästhetischen und des seelischen Reagierens auf Schönes, sind manche bedeutungsvolle Begriffe nicht ohne Verrenkungen handfest bestimmbar. Wer könnte juristisch-wasserdicht fixieren, was »Romantik« sei, was »Sehnsucht«, was »süße Not«? Wer vermöchte auch nur knapp und hinreichend zu beantworten, worauf Schumann zielte, als er in einer Pianisten-Rezension so nebenher verlangte: »Am Spiele des Virtuosen hätten wir manches zarter, singender, deutscher gewünscht«? Tatsächlich: »deutscher«!

Da kann niemand Unbefangenheit heucheln: Alle diese leider auch manchmal chauvinistisch verklärten Vokabeln und Empfindens-

44 In: SZ, 3./4. Juni 2006.

Weisen – »Tiefe«, »Romantik«, »Deutsches« – bereiten uns Nachgeborenen Beschwerden. Oft allerdings auch schamhaft feige Phantom-Schmerzen. So wäre es absurd, politisch korrekt solche von Erfahrung und Schicksal vibrierenden Wörter zu vermeiden – als gehörten sie nicht zur musischen Sphäre, spiegelten sie nicht die Fülle der Sache.

Positivistische Warnungen, worüber man nicht klar reden könne, darüber solle man gefälligst schweigen, laufen hinaus auf antimusische Denkverbote. Begriffe nämlich, in die Passion einging – Erfahrung, Irrtum, Geschichte –, sie umfassen eben auch gewachsene Widersprüche, Undeutlichkeiten, Unschärfen. Sind darum keineswegs Unfug.

Wahrscheinlich bedürfen wir der begriffslosen Wahrheit von Musik, Poesie und Malerei auch darum, weil deren durch Kunst-Sprache vermittelte und vermummte Wahrheit subtil ausdrückt, was sich unmöglich juristisch klar und revisionssicher artikulieren lässt.

Es war Ernest Ansermet – der berühmte Schweizer Dirigent und Mathematiker, Strawinsky-Interpret und Brahms-Bewunderer –, der vor vielen Jahrzehnten, Anfang der sechziger Jahre, in einem Münchner Vortrag aussprach, was mich damals schockhaft traf, weil junge deutsche Intellektuelle dergleichen seinerzeit kaum, um nicht des Chauvinismus verdächtigt zu werden, über die Lippen gebracht hätten. Ansermet sagte: »Die deutsche Musik hat die Welt gelehrt, was Tiefe ist.« Wagen wir uns also todesmutig an und in diesen wunderbaren Abgrund. In die Tiefe.

Goethe, sonst stets auskunftsbereit, hilft hier wenig. Er stand dem romantischen Tiefen-Rausch fern. Hatte Tiefe, mochte aber nicht blumig darüber reden. Hofmannsthal, ein diskreter Goetheaner, bot nobel-aristokratischen Rat: »Die Tiefe muß man verstecken. Wo? An der Oberfläche.« Umso schmerzlicher dürfte den Dichter allerdings das von hämischen Wienern gern nacherzählte Witzwort des ungarischen Komödien-Autors (und »Liliom«-Dichters) Ferenc Molnár getroffen haben. Im erlesenen Salzburger Schloss-Leopoldskron-Ambiente mit Kerzen, Dienern, Hoch-Adel hatte Hofmannsthal sein edles tragisches Geschichts-Drama »Der Turm« vorgetragen. Dazu äußerte dann Molnár süffisant: »Nicht sehr tief – aber soo'n Reißer!«

Thomas Mann ließ, leider, vom bürgerlich-spießigen Studienrat Serenus Zeitblom das Leben eines um der Tiefe willen Teufelspakt und

Wahnsinn in Kauf nehmenden deutschen Komponisten erzählen: den »Faustus«-Roman. Schon 1919 wusste Thomas Mann: »Hat man Tiefe, so ist der Unterschied zwischen Einsamkeit und Nicht-Einsamkeit nicht groß, nur äußerlich.« Beim »Parfum«-Autor Patrick Süskind treibt bereits die bloße Nennung des Wortes eine junge Malerin ins Verderben. Der nette ältere Kritiker, »der nichts Böses meinte und sie fördern wollte, äußerte: Es ist begabt und ansprechend, was Sie machen, aber Sie haben noch zu wenig Tiefe.«

Darüber kommt die junge Künstlerin immer weniger hinweg. Masochistisch glaubt sie es. Wird unproduktiv. Vertreibt einen unternehmungslustigen Liebhaber mit dem Hinweis, er »müsse sich darauf gefaßt machen, daß sie keine Tiefe besitze«. Süskinds Geschichte »Zwang zur Tiefe« endet mit dem tödlichen Sprung besagter Malerin vom Fernsehturm.

Behaupten wir hier leichthin, Goethes »Wahlverwandtschaften« seien tief und das Alte Testament auch, Dostojewskijs »Idiot« sei tief, Shakespeares »Hamlet«, Baudelaires »Fleurs du Mal«, Dantes »Göttliche Komödie«, der späte Rilke, Becketts »Endspiel«. Aber auch Bachs h-Moll-Messe, Mozarts »Don Giovanni«, Beethovens Sonaten, Schuberts C-Dur Streich-Quintett, Wagners »Parsifal«. Welche Voraussetzungen der Tiefenwirkung, welche Elemente abgründiger Profundheit sind bei diesen − oder ihnen vergleichbaren − Werken zu erkennen gegenüber unverächtlicher, aber eben doch flacherer, platterer, eindeutiger Kunst, beziehungsweise Gebrauchs-Kunst?

Was kein Gefühl der Tiefe entstehen lässt, scheint leichter formulierbar: Weder wunderbare Fülle und Breite des Gegenständlichen, der Anschauung wirken automatisch »tief«, noch auch blitzender boshafter Witz, der immer nur einen Moment ganz wahr ist. Programmatische Kunst, Tendenz-Stücke, Dokumentations-Dramen, Aufklärungs-Texte sollten besagte Tiefe sogar scheuen − je besser sie gemacht sind, desto störender wäre sie.

Tiefe entsteht anders. Zum gegebenen, nachvollziehbaren Verlauf muss ein neues Moment hinzutreten. Das sollte dem Vorausgegangenen verbunden sein: nicht unbedingt demonstrativ überdeutlich, aber doch subkutan, nachprüfbar, zumindest erahnbar. Ein Element der Überraschung, der anspielenden Verwirrung, des Nicht-Geheuren, der symbolischen Beziehung müsste gleichfalls hinzukommen.

Solche Tiefe hat viel mit der Kunst-Sprachen-Tradition zu tun. Keineswegs damit, dass der Autor beflissen irgendwelche Bildungs-Güter, Zitate in sein Werk hineingepumpt hat. Es geht um den Reichtum und die symbolische Fülle, die beglaubigend entstehen können, wenn Bach im »Credo« seiner h-Moll-Messe jahrhundertealte, archaische polyphone Techniken einsetzt – freilich mit Hilfe solcher Techniken dann auch, wie in der »Kunst der Fuge«, impressionistische Reizharmonik entstehen lässt. Beethoven bezieht in die letzten Sonaten 100 Jahre Musik-Geschichte ein. Wagner greift im »Parsifal«, freilich nicht ganz zwingend, auch auf Uraltes zurück, bietet zugleich Charaktere modernster Vieldeutigkeit, komponiert, als sein Spätwerk, die bedeutungsschwer langsamste Oper der Musikgeschichte. Während Verdis Alterswerk »Falstaff« als rascheste, rapideste erscheint ...

Doch wenn sich ein Werk auf solche Weise mit »Tiefe« belädt: mit Beziehungsfülle, rätselreichem Symbolismus, unüberschaubarer Vieldeutigkeit – woraus, woran kann der geduldige Konsument, der redliche Analytiker überhaupt erkennen, dass er nicht auf wirren Schwindel hereinfällt? Wie oft hat man schon in ehrgeizig symbolisierenden Opern-Inszenierungen, die sich keinen nachprüfbaren Realitäten stellen, beobachten können, dass sie vor lauter Tiefe flach wurden! Dahinter muss sich nicht einmal Täuschungs-Absicht verbergen: es genügt, dass ein Autor seinen Visionen erlag oder ein Regisseur sich bis zur Verlorenheit verstrickte in alle möglichen Bild- und Film-Assoziationen.

Die entscheidende Einsicht bei solchen heiklen und anstrengenden Spekulationen über »Tiefe« lautet: Tiefe darf im Kunstwerk nicht grundlos, nicht bodenlos sein. Sie wird dann nämlich nicht mehr als Tiefe wahrgenommen, sondern nurmehr als Konfusion in einem grenzen- und grundlosen Nichts. Paul Valéry hat das einmal faszinierend verdeutlicht. »Tiefer Gedanke«, so heißt es, »ist ein Gedanke von gleicher Mächtigkeit wie ein Gongschlag in einem gewölbten Saal. Er lässt Räume spüren, wo Dinge vorhanden sein mögen, die man nicht sieht und die vielleicht da sind: aber die Stärke des Widerhalls lässt sie notwendig vermuten. Wenn dieser Saal nicht begrenzt wäre, würde der Schlag sich ohne Widerhall verlieren: Es gibt also keine Tiefe, die zu irgend einem Unbegrenzten Beziehung hätte.«

Die Wahrheit dieses Zitats muss man einsehen und sich von ihrer Gewalt wohl auch erholen. Dann sollte man sie für unsere ästhetischen Überlegungen fruchtbar machen auf folgende Weise: Die noch so rätselreiche bodenlose Unbegrenztheit muss, um als solche wirken zu können, ganz zuletzt doch eingefangen, überwölbt sein von einbindender Form. Sonst verliert sich Tiefe in verhallende Konfusion.

Was mit diesen Rätselworten gemeint ist, mögen zwei Beispiele andeuten.

Das erste stammt aus dem IV. Akt des »Hamlet« und ist weit tiefer, rätselhafter als Hamlets längst sogar zum Schlager umfunktionierte Frage nach Sein oder Nicht-Sein. Hier will der König Hamlet nach England loswerden und daselbst ermorden lassen. Er befiehlt die Reise. Hamlet fragt zurück: Nach England? / König: Ja, Hamlet. / Hamlet: Gut. / König: So ist es, wenn du unsre Absicht wüßtest. / Hamlet: Ich sehe einen Cherub, der sie sieht.

Das versteht man nicht auf Anhieb. Es ist abgründig tief. Ein Cherub war im alten Testament Licht-Engel in Gottes nächster Umgebung. Also nicht gerade ein Spielkamerad von Dänen-Prinzen. Wir erkennen: Hamlet ist in erster Dimension realer Kontrahent und Opfer. In gewaltigerer kosmischer Dimension aber weiß Hamlet sich und den König umgeben von einer Hierarchie göttlicher Macht, der er vertraut. Sie kann ihn, vielleicht, retten. Eine abgrundtiefe Antwort des Dänen-Prinzen. Sie empfängt ihre Wahrheit von lebendiger kosmischer Ordnung.

Als zweites Beispiel sei gewählt der beinahe zerbrechende Abschluss des Adagios von Beethovens großer Sonate für das Hammerklavier, B-Dur, Opus 106. Also: Das mit Hilfe einer nachträglich von Beethoven hinzugefügten Anfangs-Terz aus dem Abgrund heraufgehobene Hauptthema ist vorbei, das zweite gleichfalls. Als Durchführung folgen vieldeutig-verrätselte Umspielungen. Danach die Reprise.

Nun aber kulminiert das zweite Thema in verrückter Raserei. Die Linke donnert 32stel-Sextolen, die Rechte ist an ein hohes Verzweiflungs-Fis geschlagen wie an ein Kreuz, besessen diesen Ton wiederholend. Ein aberwitziger Moment. Nun – noch einmal das Hauptthema. Aber: Jeder Takt im Ritardando! Also: ein jeder entschieden langsamer als der vorangegangene. Mithin fast sechs Adagio-Takte immer fürchterlicheren Erstarrens. Wagt ein Interpret das (wie Claudio Arrau) inständig umzusetzen, dann dauert der letzte Themen-Takt mindestens doppelt so lang wie der erste. Beethovens Adagio versinkt im Abgrund auskomponierten Ersterbens. Tiefer kann Musik nicht sein.

Unfasslich, woher der taube, vereinsamte Beethoven, der übrigens prophezeite, dass man diese Sonate erst in fünfzig Jahren spielen werde (womit er noch optimistisch war) nach alledem die Kraft findet für die linde Trost-Geste einer innigen Bewegung. Für bewältigte Tiefe.

Welch gewichtige, heikle, rätselhafte, für Bürger des 21. Jahrhunderts in undeutliche Ferne versinkende Tiefen-Geheimnisse unserer Hochkultur. Der Heilige Geist, zu Pfingsten kalendergemäß im Dienst, muss sich schon heftig anstrengen, um uns armen Erdenbürgern die Aufnahme-Kraft und die Erlebnisfähigkeit einzublasen für solche Wunder.

Kannst du mir sagen, was ...

Eine typische Haltung von dir ist der gesenkte Kopf. Was geht da in dir vor?

Ich gucke mit geschlossenen Augen nach unten oder nach oben, weil ich versuche, einen Gedanken, der mich interessiert, zu verfolgen und so gut und plausibel wie möglich zu entwickeln. Diese Kopfhaltung geschieht natürlich unbewusst. Aber sie kränkt viele Menschen. Sie denken, er redet zwar mit mir, aber er sieht mich überhaupt nicht an. In der Gruppe 47 machte man sich darüber auch lustig. Aber wenn ich mich so in mich verkrieche, geht es mir in Wahrheit um die anderen und um die Sache. Ich möchte ja etwas mitteilen. Vielleicht ist diese Angewohnheit eine Art von Autismus. Vielleicht auch ein Schutzmechanismus, um mich möglichst gut konzentrieren zu können.

Was ist dein größtes Talent?

Oh Gott, was für eine Frage! ... Konzentrationsfähigkeit. Die müssen meines Erachtens aber alle besitzen, die einen Beruf ausüben, der mit Produktivität und Terminen zu tun hat. Ich kann im Notfall meine Umwelt, meine Lieben und alles, was mich umgibt, in einer beleidigenden Art und Weise ausschalten und nur einen bestimmten Gegenstand ins Auge fassen. Wenn ich mich zusammenreiße, ist mir alles, was ich über ein bestimmtes Objekt je gelesen und erfahren habe, präsent. Deshalb kann ich auch beliebig viel zitieren.

SUSANNE KAISER Was ihn nicht interessiert, das gibt es nicht. Er nimmt die Außenwelt dann nicht wahr. Wenn er sich konzentriert, schaltet er komplett ab. Das kann er intellektuell, aber auch emotional.

Mein Hirn funktioniert absolut selektiv. Was mir imponiert, behalte ich mein Leben lang. Dinge, die mir überflüssig vorkommen oder mich langweilen, vergesse ich in beinahe schwachsinniger Weise. Mein inexistenter Ortssinn grenzt an Verrücktheit. Manchmal weiß ich wirklich nicht, ob ich in der Sendlinger Straße links oder rechts abbiegen soll, obwohl ich da seit gut fünfzig Jahren arbeite.

Was bedeuten dir Menschen?

Natürlich waren und sind mir menschliche Begegnungen wichtig. Aber mir wird auch immer klarer, dass mein Leben in einem beinahe gespenstischen Maße aus dem Zusammentreffen mit großen Kunstwerken besteht. Das wurde für mich wichtiger und anregender als alles andere. Es ist mir auch heute noch angenehmer, über eine *Hamlet*-Aufführung zu schimpfen als eine Steuererklärung auszufüllen.

Steuererklärungen sind aber nicht unbedingt Menschen, mit denen man etwas zu tun haben könnte.

Menschen interessieren mich am meisten, wenn sie Kunst auch ernst nehmen.

Susanne Kaiser Menschen interessieren ihn nicht. Menschen interessieren ihn, wenn sie zwischen zwei Buchdeckeln sind. Auf einen Roman, auf eine Geschichte oder auf eine Komposition lässt er sich total ein. Aber auf einen Menschen – ich weiß nicht so recht.

Jemand, der einen produktiven Beruf ausübt, hört abends nicht einfach auf. Er ist auch dann nicht »privat«, sondern denkt über seine Arbeit nach. Daraus kann man, wenn man bitter gestimmt ist, den Schluss ziehen, solche Leute sollten eigentlich weder heiraten noch eine Familie gründen. Das ist die Schattenseite derartiger Berufe. Schon im *Tod in Venedig* steht, es gibt für Schriftsteller einen *motus animi continuus*. Das Reflektieren geht Tag und Nacht weiter. Das heißt nicht, dergleichen mache keinen Spaß, man habe keine Lebensfreude. Im Gegenteil, man ist von seiner Arbeit vollkommen besetzt. Gerade in den Ferien habe ich gerne gearbeitet. Da hatte ich außerhalb des aktuellen Geschäftes endlich Zeit, zum Beispiel die Tagebücher Thomas Manns vom ersten bis zum letzten Band zu studieren und einen umfangreichen Aufsatz zu verfassen.

Glaubst du, dass du ein typischer Ostpreuße bist?

Meine persönlichkeitsbildenden Erfahrungen machte ich nicht nur in Ostpreußen, sondern auch in Templin, Potsdam, vor allem in Hamburg. Dann in Göttingen, Frankfurt und Tübingen. An die bayerische Mentalität musste ich mich gewöhnen. München war mir, grob gesagt, nicht intellektuell genug. Nur langsam begriff ich, dass das musische Interesse in München auch sehr viel wert ist. Außerdem machte ich die angenehme Erfahrung, dass es in München erstaunlich wenig interessiert, ob jemand Katholik oder Protestant ist. Das Hamburger geistige Leben könnte unmöglich so katholisch überfremdet sein, wie in München die intellektuellen Protestanten dominieren. Das hat natürlich historische Gründe. Eine Blütezeit des deutschen Geistes war das 19. Jahrhundert, ein entschieden protestantisches Jahrhundert.

Da hatte der Katholizismus seine eigenen, etwas engeren Sorgen. Die Universitäten waren weithin protestantische Institutionen. Erst im 20. Jahrhundert wurde das Katholische wieder wichtiger. Aber vieles von der protestantischen Intellektualität war noch übriggeblieben. Im Feuilleton der *SZ* gab es zu meinen Anfangszeiten fast nur protestantische Redakteure. Das mag sich inzwischen ein wenig geändert haben, aber es spielt auch keine Rolle. Als Zyniker könnte man behaupten, dass die CSU bei den politisch bedeutsamen Positionen schon dafür sorgt, dass die »richtigen« Leute an die richtige Stelle kommen, aber im Bezirk des Musischen oder rein Publizistischen kommt es nicht so sehr auf die Partei an, sondern eher darauf, ob einer sein Metier versteht. Da herrscht in München eine erstaunliche Toleranz.

Ist München für dich ein Zuhause geworden?

Wenn ich mit meinen norddeutschen Freunden problematisiere, fühle ich mich in deren geistigem Habitus zu Hause. Mittlerweile verlasse ich München aber nur noch ungern. Wir haben ein schönes Haus, ich fühle mich in meinen vielen Noten und Büchern wohl. Ja, ich fühle mich hier immer »zu Hauser«.

Maria Dopffel, fürsorglichste aller Schwiegermütter, an ihrem Achtzigsten mit Gilli

Was hat die Ostpreußenreise in dir bewirkt?

Eine Art von Depression. Es ist kränkend, wenn man nach Hause fährt und spürt, dieses Zuhause gibt es nicht mehr. Es fehlt der Ort, es fehlen die Menschen. Was übrigblieb, sind die Wolken und der Fluss. Königsberg hat keine Seele mehr, Tilsit ist unerkennbar. Ich verarge den Russen die Total-Russifizierung nicht. Sie haben unter den Deutschen sehr viel Schrecklicheres durchgemacht. Aber eine große, fast animalische Kränkung war das Wiedersehen doch.

Bisher hat dir die Heimat nicht so sehr viel bedeutet.

Man hat aber doch gewisse Wurzeln. Und wenn es nur die Krebse wären.

Hast du ostpreußische Tugenden?

Ich bin sehr pünktlich. Zwangsneurotisch pünktlich, dagegen müsste ich fast ankämpfen. Als Richard Wagner einst den berühmten Dirigenten Hermann Levi zum Essen geladen hatte, verspätete der sich um zehn Minuten. Wagner reagierte sehr beleidigt: »Unpünktlichkeit kommt für mich gleich nach Untreue.« Ein harter Satz. Bei mir ist es noch schlimmer. Ich würde Untreue notfalls eher verzeihen als Unpünktlichkeit. Ich finde, man darf Menschen nicht warten lassen. Einmal habe ich zusammen mit anderen Auserwählten von Edmund Stoiber irgendeinen Orden bekommen. Der Ministerpräsident ließ uns festlich gekleidete Herren und Damen über eine halbe Stunde stehend warten. Dann kam er endlich und äußerte beiläufig, meine Damen und Herren, ich musste telefonieren. Das fand ich beschämend. Ich hatte aber nicht den Mut, einfach wegzugehen.

Nun die Gretchenfrage: Bist du religiös?

Normalerweise wird man im Alter religiöser, so sehe ich es oft. Aber ich glaube immer weniger ans Dogmatische und Überlieferte. Meine Wesensart, die Form, in der ich argumentiere und schreibe, dieses Belehrende, alles das hat natürlich mit meinem Protestantismus und dem meiner Vorfahren zu tun. Ich bin auch bis heute nicht aus der Kirche ausgetreten. Einfach, weil ich weiß, dass der Protestantismus und die Religion solche Dinge wie die *Matthäus-Passion* hervorgebracht haben. Da will ich nicht austreten. Aber daran zu glauben, dass ein allmächtiges Wesen derartige Umwege benötigt, dass es seinen eigenen Sohn ans Kreuz schlagen und einen Martertod erleiden lassen muss, um die Menschen zu erlösen: Das wird mir immer schwerer.

Ist dir wichtig, dass nach dem Tod etwas bleibt von dir?
Darüber denke ich nicht nach. Es bleiben vielleicht Wirkungen, Worte. Das kann man nicht steuern. Es geht nicht darum, ob sieben, siebzehn Bücher oder nur eines neu aufgelegt werden. Die stehen doch nur irgendwo herum. Aber die Einflüsse, die man auf Seelen von Menschen hatte, die Anregungen, die man vermittelte, die bleiben vielleicht eine Zeitlang. Wenn du auf eine Beethoven-Sonate stößt, dann fällt dir eben ein, darüber hat der Papa ein Buch geschrieben, und die habe ich damals so oft gehört, dass ich sie eigentlich nicht mehr ertragen kann. Was man in anderen Menschen anstößt oder anrichtet, ist das »Bleibende«.

Du kannst ganz beruhigt sein, Beethoven werde ich immer ertragen. Hast du Angst vor dem Ende?
Ich möchte, aber wer will das schon, nicht qualvoll sterben. Dabei ist qualvoll leben nicht viel besser. Angst vor Schmerzen habe ich sehr wohl, und ich finde es auch gut, nicht zu wissen, wann und wie ich sterben werde. Aber Angst vor dem Sterben empfinde ich nicht. Ich habe ein ziemlich erfülltes Leben hinter mir, mich einigermaßen verwirklichen können, alles in allem viel Glück gehabt. Da nimmt man hin, dass es irgendwann aufhört. Doch mit solchen Aussagen muss man vorsichtig sein. Zu mir sagte noch kein Arzt, Sie haben Krebs und höchstens noch sechs Wochen zu leben. Wer weiß, wie man dann reagiert. Ich glaube jedoch nicht, dass ich Panik empfinden würde. Das ist der östliche Fatalismus in mir.

In der Nacht vor dem Tschernobyl-Unglück erlitt ich einen Herzinfarkt. Es war schwül, ich schlief schlecht, warf mich von der einen Seite auf die andere, empfand Beklemmungen, stand auf und trank dagegen ein, zwei Cognac. Weil ich am nächsten Tag gut in Form sein musste, nahm ich ein Schlafmittel und wollte mich im Garten auf die Hollywoodcouch legen. Aber da ruhte unsere Katze Mimi. Da sie gerade Geburtstag hatte und man Geburtstagskinder nicht verjagt, legte ich mich nicht schlafmitteltrunken ins Freie, was ich wahrscheinlich nicht überlebt hätte. Ich ging zu Susanne. Sie bekam einen Mordsschreck: »Wie siehst du denn aus?« Sie rief unseren Freund, den Kardiologen Zahi Ibrahim, an. Und zwar, absurd genug, nachts um zwei Uhr in seiner Praxis. Noch absurder: Ibrahim war sogar da! Er untersuchte mich sofort und brauste dann mit uns ins Herzzentrum, in dem er viele Jahre gearbeitet hatte. Alles ging gut.

Nach diesem Vorfall wollte ich etwas kürzertreten und begann sogar ein Tagebuch mit dem Titel *Aus einem langsameren Leben*. Die Langsamkeit funktionierte nur ein paar Wochen. Immerhin begriff ich, dass ich mich mehr bewegen müsste. Weil ich das Spazierengehen schon immer als schrecklich langweilige Art der Fortbewegung empfunden habe, war ich froh, aufs Fahrradfahren umsteigen zu können. Das wurde mir zur Leidenschaft.

Auf dem Rad fühle ich mich wohl. Mittlerweile sehnt sich mein Körper nach dieser Bewegung. Ich radle bei jedem Wetter, zu jeder Tageszeit. Die Fahrbewegung neutralisiert die Nervosität, und man kann sich wunderbar entspannt konzentrieren. Während ich fahre, denke ich an meine Aufsätze und kaum an den Verkehr um mich herum. Das hat mir einen Ruf als Radl-Rambo eingebracht, was ich für eine Übertreibung halte.

Die Fahrrad-Kultur[45]
Eine Premiere: Joachim Kaiser schreibt über Verkehrspolitik

Ein knackiger Satz: »Wer mit dem Auto in die Stadt fährt, muss ein Idiot sein.« Dieser Satz findet sich in Christian Udes neuem Buch »Stadtradeln«, das wir in der vergangenen Woche vorgestellt haben. Allerdings stammt der Ausspruch nicht vom Oberbürgermeister selbst. Ude zitiert vielmehr den SZ-Kritiker Joachim Kaiser, dem er vor einiger Zeit radelnd auf der Ludwigstraße begegnet ist. Irgendwo zwischen Gisela- und Nikolaistraße soll der leidenschaftliche Radler Kaiser den Satz dann gesagt haben. Udes abschließender Kommentar im neuen Buch: »Seit dieser Begegnung auf dem Radweg hadere ich mit der *Süddeutschen Zeitung*. Warum lassen sie Joachim Kaiser nur über Musik und Theater schreiben und nicht über Verkehrspolitik?« Das ist in der Tat eine Lücke. Mit folgendem Beitrag wird sie geschlossen.   SZ

Münchens Oberbürgermeister Christian Ude ist – was ihn ehrt – kein nachtragender Mensch. Obwohl er vor langen Jahren in der SZ-Redaktion räumlich nur durch eine dürftige Wand getrennt neben mir arbeitete und nicht schlecht unter meiner laut diktierenden Stimme litt, erteilt er mir nun huldvoll und öffentlich die Ermächtigung, endlich auch einmal zu schreiben über »Verkehrspolitik«.

Sein Wille geschehe. Als leidenschaftlicher, ja infantil begeisterter, herumgeisternder Radfahrer bekenne ich: Für Leute meinesgleichen sind in München nahezu ideale Voraussetzungen geschaffen worden. Für Pedaltreter ist die Stadt eine Oase: nämlich recht eben und mit bemerkenswert vielen Radfahrwegen ausgestattet. Will ich von meiner Wohnung (Nord-Schwabing) in die Redaktion oder, etwa einer Vortrags-Reise halber, zum Bahnhof, dann kann ich mir eine aus Fahrradwegen bestehende Route zusammenstellen, auf der ich, unbeschwert und ungefährdet, weithin unabhängig vom Verkehrsaufkommen mein Ziel erreiche. Und zwar in exakt vorhersehbarer Zeit: zur Redaktion 29 Minuten; zum Bahnhof 31 Minuten; zum Bayerischen Rundfunk 34 Minuten – kein Taxifahrer könnte mir dergleichen garantieren.

---

45 In: SZ, 9. August 2000.

Was noch fehlt, und da möchte ich meine dankenswerte Redefreiheit keck ausnützen: Die Straßen unmittelbar um den Hauptbahnhof müssten natürlich auch Fahrradwege aufweisen. Sonst wird's dort lebensgefährlich. Und das Radfahren ist leider nur so lange gesund, bis man totgefahren wird.

Um den Hauptbahnhof besteht also in dieser Hinsicht noch stadtplanerischer Bedarf. Da existiert ein offenkundiges Manko. Dafür stört auf der Leopoldstraße ein ärgerliches Zu-viel! Warum, frage ich mich je länger je mehr, warum wird der Verkehr zwischen Münchner Freiheit und Nikolaistraße durch eine massenhaft Platz wegnehmende, aber absurd nutzlose, auch den Omnibussen wenig hilfreiche Schwachsinns-Insel erschwert? Dieses am grünen Tisch ersonnene Ungetüm heißt: »Busplanum auf einem Hochbord«. Es hält alle Verkehrsteilnehmer auf – und nützt den Bussen kaum. Nährt nur den Verdacht, in unseren Breiten werde Verkehrspolitik gestaltet nach folgendem Grundsatz: Zwar sollen alle Bürger sich unbedingt ein oder mehrere Autos anschaffen, diese aber, nach dem gesamtwirtschaftlich so wichtigen Kauf, bitte möglichst nie mehr benützen. Nichts für ungut, aber: Ist das auch Verkehrspolitik?

SUSANNE KAISER Jochen hat durch mich begriffen, dass es Vögel gibt und dass die Vögel singen. Das war nach seinem Herzinfarkt. Ich bin mit ihm spazieren gegangen, und wir haben uns auf eine Wiese gelegt. Da musste er Ruhe geben, und dann hat er, glaube ich, zum ersten Mal in seinem Leben bewusst die Vögel gehört. Allerdings, jetzt ist es so, wenn abends die Amseln zwitschern, dann werden sie dauernd kritisiert. Das nervt ungeheuer.

Winterfreuden im Bademantel

Ein unerreichbares Vorbild für mich war und ist die Kritikerlegende Alfred Kerr. Seine Universalität, sein todsicherer dramaturgischer Blick, der ihn unfehlbar die Konstruktionsschwächen eines Stückes erkennen ließ, finde ich zutiefst bewundernswert. Nur seine Eitelkeit stört mich fürchterlich. Er selber sagte allen Ernstes: Meine Kritik wird bleiben, wenn das Stück längst vergangen ist. Damit hatte er manchmal sogar Recht. Er konnte Schauspieler wunderbar genau charakterisieren und ungemein witzig formulieren. Immer fiel ihm etwas ein, niemals war es billig. In der dramatischen Literatur kannte er sich phänomenal aus. Dass er Vorbehalte gegen die griechischen Tragiker und gegen manches von Shakespeare äußerte, haben ihm die deutschen Bildungsbürger, aber auch Hugo von Hofmannsthal nicht verziehen.

Kerr war nicht nur ungewöhnlich schlau, sondern leider Gottes auch sehr ehrlich. Er forderte, man solle Speere werfen und die Götter ehren. Also die Minderwertigen erledigen und die Großen voller Respekt behandeln. Die Schauspieler müssen vor ihm schreckliche Angst gehabt haben. Eine solche Macht von Kritik, wie er sie zelebrierte, wollte man nach 1945 nicht mehr ausüben. Das wagte nach zwei Weltkriegen kein Intellektueller mehr. Dazu ist das menschliche Leben, das Gegenüber, das man angreifen zu müssen glaubt, zu wertvoll. Kein noch so törichtes Kunstwerk kann derart minderwertig sein, dass man darum einen Menschen tief in der Seele kränken muss. Gewiss gab es nach 1945 auch strenge Kritiker. Marcel Reich-Ranicki hat giftige Urteile gefällt, mein Kollege Gerhard Stadelmaier in der *FAZ* greift amüsant an, was er für falsch hält, auch ich habe, zumal in jungen Jahren bei Härtefällen, gnadenlos geschrieben. Doch sich selber derartig in den Mittelpunkt zu rücken, wie es Kerr zwischen 1900 und 1914 tat, ist ohne Vergleich.

Eine Form des Ich-Journalismus gibt es nach Kerr natürlich immer noch. Nicht nur bei Ich-Kolumnen, in denen die Figur, die »Ich« schreibt, allgemeines Interesse mobilisieren soll. Auch ich habe einen subjektiven Ansatz. Kritiker von mir tadeln oft, dass ich nur meine Subjektivität ausspiele und kein objektives Urteil abgebe. Dazu sage ich als Verteidigung: Wir sind in unserer Welt bis zum Ersticken umgeben von unzählig vielen Meinungen, Theorien und Quasselweisheiten. In den Zeitungen und Zeitschriften findet überall das ewig gleiche Kunst-Gequatsche statt. Wenn einem da etwas subjektiv Eigenes einfällt, was nicht völlig absurd ist, dann ist es das Tollste, was einem passieren kann. Ein großer Moment, Gott gebe, dass er mir hin und wieder zustößt. Dann ist mir auch egal, ob jemand sagt, das ist zu subjektiv. Zumal ich den Vorwurf der Subjektivität ohnehin nie ganz begriffen habe. Es bleibt doch keine objektive Wahrheit übrig, wenn man die Subjektivität, sein »Ich« wegstreicht. Wer einen anderen Menschen interviewt, wer in eine Aufführung geht oder ein Bild anschaut, der kann nicht von seinen persönlichen Reaktionen Abstand nehmen und behaupten, so erlange er die objektive Wahrheit. Die persönlichen Reaktionen sind doch seine Wahrheit. Besonders unsinnig finde ich, wenn feine, auf ihre Diskretion stolze Publizisten das »Ich« vermeiden und stattdessen »Wir« schreiben.

Es kommt darauf an, dass man sich als Publizist oder Kritiker Vertrauen schafft. Wenn die Leser feststellen, der reagiert ungefähr so wie sie selber, dann werden sie sich im Lauf der Zeit mit ihm identifizieren. Deshalb sollten Chefredakteure von Zeitungen oder Zeitschriften nicht allzu häufig ihre Mitarbeiter wechseln. Lieber eine kleine, stetige, vertrauenswürdige Mannschaft, in der niemandem Monopolansprüche eingeräumt werden. Es tut nicht gut, wenn immer der gleiche Kritiker nach Salzburg oder Bayreuth fährt. Da kann ein Wechsel zwischen zwei oder drei Persönlichkeiten verschiedenen Urteils viel Lebendigkeit erbringen.

Mein Ideal wäre eine ziemlich kleine, erstklassige Feuilletonredaktion, so gut bezahlt, dass niemand auf Nebenbeschäftigungen angewiesen ist. Die Mitarbeiter sollten sich beinahe wie die Angehörigen eines Ordens fühlen und stolz darauf sein, dazuzugehören. Sie sollten sich frei entfalten und informative Reisen machen können, wenn es ihnen wichtig ist. Doch welcher Herausgeber kann und will das bezahlen?

Mittlerweile verdienen alle zu wenig und schreiben deswegen bedenkenlos viel herum. Besonders die freien Mitarbeiter sind bei den nied-
rigen Zeilenhonoraren in einer schlimmen Situation.

Walsers Skandalon[46]
Nicht antisemitisch, aber brillant, boshaft und hemmungslos

Da die Jahre unsere Eigentümlichkeiten, die guten wie die unange-
nehmen, zu steigern scheinen, fallen auch die Ehe-Zwistigkeiten älterer Paare immer herber und heftiger aus. Zumal dann, wenn beide
Partner so überreich mit dem Talent zu raumgreifender Tirade gesegnet sind, wie es bei Marcel Reich-Ranicki (meinem Duz-Freund) und
Martin Walser (gleichfalls meinem Duz-Freund) der Fall ist. Damals,
bei Ehebeginn, als die beiden einander in sehr viel jugendlicherer
Weise verfolgten, schrieb Martin Walser in seinem »Brief an einen
ganz jungen Autor« über den Kritiker Marcel Reich-Ranicki: »... natürlich reitet auch er gern laut und prächtig über den Markt wie König
Drosselbart (der Ahnherr aller Kritiker) und zerdeppert dir deine Ke-
ramik, aber ohne den Oberton einer spröden, fast preußischen Güte
kann er einfach nicht schimpfen. Eine nordöstliche Mutter ist er; in
den Westen gekommen, um mit glänzenden Augen seinen Tadel so
lange vorzutragen, bis sich eine Familie von solchen, die nur von ihm
getadelt werden wollen, um ihn versammelt.«
    So 1962. Später einmal waren dann einige wenige Literaten, auch
Ranicki und Walser, zum damaligen Bundespräsidenten geladen. Fei-
nes Literaturgespräch. Walser kam in Fahrt. Lachend zu Carstens ge-
wandt rief Ranicki: »Glauben Sie ihm kein Wort!« – und der sehr höf-
liche Präsident wusste nicht recht, wie er sich nun verhalten sollte.
    Mittlerweile erschienen immer mehr Walser-Bücher und immer
folgenreichere Ranicki-Kritiken. Überdies: Walsers Kritik-Empfind-
lichkeit hat etwas Schutzloses, fast Pathologisches – Ranickis Urteile wiederum vibrieren von temperamentvollen Übertreibungen.
Der kann, nacheinander, zwei Walser-Texte enorm gegensätzlich
(Meister-Werk. Oder: nicht druckreif, Katastrophe) beurteilen, auch

46 In: SZ, 5. Juni 2002.

wenn sie sich, wie damals Böll verwundert befand, eigentlich gar nicht so himmelweit voneinander unterscheiden … Die schrecklich vergrößernde und vergröbernde Funktion des Fernsehens, seine Autoren-Glück wie Verderben bewirkende öffentliche Macht, im Fall von Büchern also das »Literarische Quartett«, dergleichen steigerte die Folgen kritischer Meinungen erheblich. Manche Autoren regte das auf. Freilich fragten die sich fast nie, ob nicht jene »Öffentlichkeit«, die sich derart gängeln lässt, eigentlich Schuld trage an solchen Über-Größen. Im geistigen Leben ist keiner »Papst«. Er wird vielmehr von anderen, die das anscheinend nötig haben, dazu gemacht …

Das war die Vorgeschichte. Sie trieb den Martin Walser zu einem literarischen Vergeltungsakt. Gesten, Haltungen, Eitelkeiten, Schwächen, Wünsche wohl bekannter Figuren mischte er rücksichtslos zum Wort-Ballett. Zum Literatur-Krimi. Sein Roman »Tod eines Kritikers« versucht dabei keineswegs, die Grenzen des Sagbaren zu erweitern, Weltliteratur zu sein zwischen Raskolnikow und Doktor Faustus. Dieser einstweilen letzte Walser-Titel hat eher zu tun mit Entsprechendem von Remarque, von Klaus Mann, von Evelyn Waugh, von J. M. Simmel.

Frank Schirrmacher mag stolz darauf sein, in der FAZ einen »Scoop« gelandet, eine Debatte losgetreten zu haben über den der Öffentlichkeit noch gar nicht zugänglichen Text und über Walsers dort lauerndes Repertoire anti-semitischer Klischees. Kein infolge dieser Vorankündigung Erschrockener kann den Walser-Text noch halbwegs unbefangen zur Kenntnis nehmen. Wer Walsers Buch nun liest, ist unaustilgbar konditioniert zu selektiver Wahrnehmung. Stellt nicht »Herabsetzungslust« etwas typisch Jüdisches dar? Enthält die schriftlich festgehaltene mimetische Nachahmung einer höchst charakteristischen Sprech-Weise zwischen Meiningerei und Aufgeblasenheit – wenn jemand, beispielsweise, nicht »Schwager« sagt, sondern »Sche-wager«, nicht »spricht«, sondern »spericht« –, enthält solche Nachahmung eindeutig antisemitische Untertöne, wie sie nicht statthaft sind und nach Auschwitz schon gar nicht? So liest man jetzt den Walser.

Den Vorwurf, er hätte mit der Vorab-Kritik eines noch nicht veröffentlichten Buches »Anstandsregeln der Presse verletzt«, kontert Schirrmacher mit moralischem Notstand: »Elementare Anstandsregeln sind durch das Buch verletzt worden.« Auf diese Weise reagieren Herrschende oft. Falls sie zu befinden glauben, jemand habe die Regeln verletzt, ermächtigen sie sich, auch zu verletzen ... Klingt nach Selbst-Justiz.

Seit 45 Jahren befreundet mit Reich-Ranicki wie mit Walser, hatte ich Angst, das Buch in die Hand zu nehmen. Walsers letzte Sachen waren mir ohnehin manchmal etwas maßlos vorgekommen. Hatte er sich hier aus Wut, aus Lust am Schäumen hinreißen lassen zu Unentschuldbarem, »Anwiderndem«? Und dann liest man, und dann ist alles ganz anders. Und dann fragt man sich im Hinblick auf die Riesen-Entrüstung: »Ja, sind die denn alle verrückt?«

Beginnt man den Roman beklommen, abwehrbereit, dann atmet man schon nach wenigen Seiten auf: da ist wieder jener beschwingte, persönliche, bildungs-vergnügte, herzliche Walser-Sound, der gerade in ganz frühen Texten dieses Autors mit Charme und Witz amüsierte. Ein liebenswerter, etwas sektiererischer Forscher, der Ich-Erzähler, erfährt hier, sein Freund sei unter Mordverdacht im Gefängnis. Habe einen berühmten Kritiker umgebracht. Folgendermaßen erläutert der Text den Ich-Erzähler und den Mörder: »Er, immer mitten im schrillen Schreibgeschehen, vom nichts auslassenden Roman bis zum atemlosen Statement, ich immer im funkelndsten Abseits der Welt. Mystik, Kabbala, Alchemie.« Warum will der Mystik-Forscher nun seinem gar nicht so schrecklich nahen Freund helfen? »Aber ich wusste doch, dass Hans Lach es nicht getan hatte. So etwas weiß man, wenn man einen Menschen einmal mit dem Gefühl wahrgenommen hat.« Lauter typische, wunderschöne Walser-Sätze. Der Erzähler fährt nach München und fragt – als intelligenter, zurückhaltend einfühlsamer Privatdetektiv – die dort dominierende Literatur-Schickeria, wie es sich denn zugetragen habe, als Lach den Chef einer populären Fernseh-Literaturveranstaltung aus der Welt schaffte, so dass nur dessen blutgetränkter Cashmere-Pullover übrig blieb.

Kein schlechter Plot. Am Ende zieht sich der Mystik-Forscher Landolf zurück, um alles Gehörte (oder ihm auf Tonbändern zugänglich Gewordene) aufzuschreiben. Darum ist der letzte Satz des Buches, wo dieser Entschluss auf Seite 153 mitgeteilt wird, zugleich der erste auf Seite 8. Lauter Literaten also, Verleger, Verrückte, Gattinnen, Autoren. Walser fügt deren Antworten und Ansichten zusammen zum durchaus schadenfrohen Schwächen-Ballett, Eitelkeiten-Karussell. Er bringt enorm viel Kunsterfahrung, erst recht Kultur-Betriebs-Erfahrung in die Sache, wenn er Versatz-Stücke des Literaten-Treibens aufmischt. Niemand ist exakt wiederzuerkennen – aber viele konkrete Einzelheiten lassen sich sehr wohl auf lebende Figuren beziehen. Wie reagieren empfindliche Kritisierte? »Kein Mensch kann dir, wenn du gedemütigt wirst, noch nahe sein. Keiner kann es dir da noch recht machen. Es gibt nur die Verfehlung, sonst nichts. Allenfalls noch die Mehroderwenigerverfehlung.« Ein neurotisches Verhältnis zur Kritik. Der Kritisierte empfindet sich als besiegt. »Besiegt, das heißt: davon erholst du dich nicht mehr.«

Nun braucht aber eine solche Komödien-Welt ein Opfer, so wie in Wagners »Meistersingern«, die übrigens Reich-Ranicki bewundernd liebt, der Beckmesser ein Opfer war, wobei gehässige Untertöne die Kritiker-Figur lächerlich machen sollen – welche wiederum bei Aufführungen meist mehr Applaus erntet als alle positiven Helden.

Was Walser über Verleger samt Gattinnen vorbringt – »Auf den Fotografien stand sie immer so neben ihrem Mann, als stimme sie ihm zu. Nicht ganz ohne freundliche Herablassung.« –, was er unvergleichlich witzig über das Archiv in Marbach sagt – »Marbach ist für relative Unsterblichkeit eine gute Adresse.« –, wie er die Aufwallungen verliebter Damen oder mit klirrendem Übermut die Stupidität des Fernsehens fixiert – alles das wird man dem Autor nicht übel, sondern vergnügt abnehmen. Dabei ahnt er: »Wenn du ein bisschen herausgehst aus dir, bist du sofort unmöglich.«

Doch durfte er über jenen Reich-Ranicki, unter dem er litt und von dessen temperamentvoller Kritik er sich zu befreien sucht, beispielsweise sagen lassen: »Ehrl-König war die Operetten-Version des jüdisch-christlichen Abendlandes«? Einmal äußert jemand (der verrückt ist und sich am Ende umbringen wird) etwa: »Ehrl-Königs überhaupt nicht zu bestreitende Genialität ist seine Unbeeindruckbarkeit. Daraus sprießt unwillkürlich seine Verneinungskraft. Und die wird unwillkürlich für Urteilskraft gehalten. Zum Glück werde ich nie zu tun haben mit ihm.« Spricht eine solche Äußerung für Antisemitismus? Nein – höchstens für wilden, vielleicht sogar mordlustigen Hass.

Zugegeben: es mag verdammt kränkend, ja die Ehre verletzend sein, wenn es über jemanden heißt, er habe aus Ästhetik eine Moral gemacht: »Die Moral des Gefallens, des Vergnügens, der Unterhaltung. Die Pleasure-Moral. Was mich nicht unterhält, ist schlecht ... Einen, der ein schlechtes Buch schreibt, muss man niedermachen. Müllbeseitigung. Gegen Botho Strauß hat er so eröffnet: Wer berühmt ist, kann jeden Dreck publizieren. Sein Publikum wieherte. Da die Todesstrafe abgeschafft ist, brauchen die so was.« Viel exakter Hohn gegen das »Literarische Quartett« ging in dieses Buch ein. Wie selbstverliebt, mit welchen Zitaten oder Maschen dessen Gastgeber die willigen Zuschauer beeindrucke. Ich bin da nicht Walsers exzentrischer Meinung. Als Gast nahm ich mehrmals am »Literarischen Quartett« teil. Es ging durchaus um Texte und Argumente. Man musste gut vorbereitet sein.

Doch ob Walser nun einem Kritiker-Typus, der vieles von Reich-Ranicki hat (aber auch manches ganz andere), gerecht oder schadenfroh ungerecht gegenübersteht: man kann immer nur blinde oder überscharfsichtige Wut aus manchen Worten herauslesen. Doch keinerlei Antisemitismus. Es sei denn – die Walser-Gegner selbst betrachten gewisse intellektuelle, egomanische, negativ-kritische Haltungen als etwas typisch Jüdisches. In der zweiten Hälfte des Textes entgleiten Walser manchmal gewisse Passagen ins Rauschhafte. Die Tiraden eines wortmächtigen Geisteskranken wirken entbehrlich. Typischer Walser-Überfluss, Überschuss.

Walser rechnet, alles in allem, heftig und hassvoll mit einem Kritiker ab, den er für eine bloße literarische Show-Figur hält. Man darf dieses Pamphlet, zumal als Betroffener, kritisieren. Aber nicht aus dem Verlag verstoßen. Die Zeit solcher Säuberungen ist doch vorbei.

Die Verteidigung von Walsers Roman *Tod eines Kritikers* hat Reich-Ranicki mir ungeheuer übelgenommen. Fast zerbrach unsere Freundschaft daran. Ich bin sehr froh, dass wir uns wieder versöhnt haben. Wir sind doch schon seit fünfzig Jahren miteinander bekannt und befreundet.

Während ich in Frankfurt beim HR arbeitete, berichtete uns Heinrich Böll von einem aufregenden, jungen polnischen Literaturkritiker, der eigentlich aus Berlin stamme und sich nun in Warschau engagiert für die Belange westdeutscher Nachkriegs-Autoren einsetze.

Um diesen jungen Polen sollten wir uns kümmern, er sei wichtig und enorm informiert. Reich-Ranicki reiste bald – was damals weder leicht noch selbstverständlich war – nach Deutschland. Er besuchte mich in der Redaktion. Damit er ein wenig Geld verdienen könne, vereinbarten wir, er solle Gutachten über polnische Theaterstücke schreiben und eruieren, ob sie für deutsche Hörspielbearbeitungen in Frage kämen. Bereits bei diesem ersten Treffen redeten wir beide sehr vertraut über Literatur, als kennten wir uns schon seit Jahren. Das war wieder einmal, so schien mir, ein hochintelligenter jüdischer und zugleich preußischer Intellektueller, mit dem man sich unendlich viel leichter verständigen und unmittelbarer auf einen vergnüglichen, fachsimpelnden Ton kommen konnte als mit so vielen Langweilern der damaligen Zeit. Wir sprachen auch über Musik. Normalerweise geraten Literaten ins Schwafeln, wenn sie sich über Opern oder Symphonien äußern. Er nicht. Er wusste Bescheid und versprach mir, sich für mich in Warschau um die Chopin-Klavierausgaben zu kümmern, die es damals in Deutschland noch nicht gab. Solche Zusagen zu vergessen ist üblich und verzeihlich. Er aber schickte mir bald darauf ein Paket mit zahlreichen Chopin-Bänden und herzlichen Widmungen, damit sie beim Zoll als Geschenk deklariert werden konnten. Im Juli 1958 begegneten wir uns wieder. Ich fragte ihn, ob er nicht Lust hätte, mich am nächsten Tag nach Bayreuth zu begleiten. Er war ein kundiger Wagnerianer und sagte prompt zu. Wir fuhren mit meinem Wagen hin und redeten so viel und schnell, dass die Köpfe rauchten.

Nach dem 1. Akt von *Parsifal* schien Reich-Ranicki recht aufgebracht. Auf meine Frage, ob es ihm gefallen habe, antwortete er aber keineswegs direkt. »Lieben Sie Wagner so sehr, dass ich Sie verletzte? Beschädige ich etwas, das Ihnen wichtig ist?« Ich versuchte seine Sorgen um mein Seelenheil zu zerstreuen. Da platzte es aus ihm heraus, das sei die Musik eines impotenten alten Mannes: »Er kriegt ihn nicht mehr hoch.« Zum begeisterten Wagnerianer mutierte er erst wieder nach dem *Tristan*.

Früher brauchte ich den produktiven Druck. Jetzt fällt es mir schwerer, große Aufsätze anzufangen. Jede schriftliche öffentliche Äußerung hängt von höchster Konzentration ab. Da wird im Alter die Inkubationszeit etwas länger. Man hat keine Lust, sich zusammenzureißen. Ich bin auch gegen Anfangsstörungen sehr allergisch geworden. Doch wenn ich endlich angefangen habe, läuft es noch ganz gut. Als alter Streiter führt man den Kampf tapfer zu Ende. Die Arbeit macht mir immer noch Spaß, darf aber nicht zu viel werden. Falls jedoch etwas Überraschendes passiert, ein Nachruf, ein Nobelpreiskommentar geschrieben werden muss, dann fühle ich mich als Journalist gefordert und reagiere entsprechend. Eins bedingt das andere: Ich kann die Arbeit nur machen, weil ich mich noch relativ lebendig fühle, aber ich fühle mich noch relativ lebendig, weil ich arbeite.

Als Schreibender verändert man sich im Laufe der Zeit. Geht man so lange mit Worten über Literatur und Musik um wie ich, dann verfügt man über zahlreiche Schubladen der Gefühle. Man hat Erfahrung darin, die hoffentlich nicht zur bloßen Routine wird, über Verzweiflungen, Aufschwünge und Melancholien zu schreiben. Man weiß instinktiv, welchen Tonfall man bei einer bestimmten Frage, einem bestimmten Problem wählen muss. Man wird wohl auch milder. Walter Benjamin hat einmal überspitzt formuliert, Kritisieren bedeute eigentlich, ein Werk vernichten zu wollen. Schreibt jemand über einen Roman, dann will er ihn kaputtmachen. Falls aber das Werk, der Roman sich als unzerstörbar erweist, dann hat das Objekt gewonnen. Kurz gesagt, am Anfang steht die Absicht des kritisierenden Subjekts, dem Objekt an die Gurgel zu gehen. Zu zeigen, ich bin der Sieger, der Überlegene. Eine solche Haltung interessiert mich überhaupt nicht mehr. Es kommt mir nicht mehr darauf an, vorzuführen, inwiefern ich schlauer bin als meine »Opfer«. Jetzt ist es mir viel wichtiger, Proselyten für das Schöne zu machen und zu vermitteln, was das Leben lebenswert macht. Es ist mir ein leidenschaftliches Bedürfnis, ein dringlicher Wunsch, an große Erfahrungen und Traditionen zu erinnern, die verloren zu gehen drohen.

Auch Nachrufe schreibe ich gerne, obwohl das sicher ein bisschen zynisch klingt. Aber der Nachruf ist eine sehr positive, nicht beschönigende, sondern verschönende Art der Äußerung und die einzige publizistische Mitteilungsform, in der man das Negative auslassen darf, ohne dabei zu mogeln. Natürlich sollte man nicht direkt das Gegenteil der Wahrheit sagen, aber lexikalische Lückenlosigkeit ist keineswegs erforderlich.

Das »Literarische
Quartett« mit Sigrid
Löffler, Marcel Reich-
Ranicki (rechts),
Hellmuth Karasek

Es könnte sein, dass ich Bölls Roman *Billard um halbzehn* zu hoch bewertete, weil ich bei einigen Stellen eine Emotionsgewissheit verspürte. Ziemlich sicher ist, dass ich Sartres Stück *Die Eingeschlossenen von Altona* überschätzt habe, weil ich die Problemstellung so toll fand. In dem Stück geht es ganz im existentialistischen Sinne um Folgendes: Wenn jemand etwas gegen seine Überzeugung tut, wenn er schlechten Gewissens mitmacht, weil man ihn zwang, als Mitläufer eine Schweinerei zu begehen, dann steht er genauso hinter der Sache, wie jemand, der tatsächlich daran glaubt und davon überzeugt ist. Das Verstecken hinter Zwängen und Vorwänden, die ständige Beteuerung, innerlich sei man anderer Ansicht gewesen, nur äußerlich habe man mitmachen müssen, fand Sartre fürchterlich und verlogen. Dieser Gedankengang imponierte mir damals enorm. Man war ja von lauter Leuten umgeben, die den Eindruck erwecken wollten, sie trügen keinerlei Schuld. Sie seien nur daran gehindert worden, gute Menschen zu sein, und hätten unglückseligerweise etwas Böses tun müssen. Diese Unwahrhaftigkeit (»mauvaise foi«) hat Sartre enorm brillant durchschaut. Wegen meiner Begeisterung übersah ich aber, wie konstruiert sein Drama als Theaterstück war, wie überfrachtet mit klugen Thesen.

Möglicherweise habe ich auch Ionescos Stück *Fußgänger der Luft* überschätzt. Bei der Premiere imponierte es mir sehr, es kommen zauberhafte Stellen vor. Doch wahrscheinlich berührten mich bestimmte Einzelheiten, so dass ich einige Ungereimtheiten in der Gesamtkonstruktion in Kauf nahm. Das ist eine Gefahr und kann vielleicht auch als Schwäche ausgelegt werden, wenn man sich durch seine Emotionsgewissheit derart mitreißen lässt, wie es mir manchmal passiert. Man sollte als Kritiker immer differenzieren können, ob man nur einige Momente bewundert oder das Stück als Ganzes gut ist.

In meiner Beurteilung von Interpreten, Komponisten und Werken habe ich mich am ehesten dann getäuscht, wenn ich mit respektablen Fachleuten über sie redete und deren Ansichten mich beeindruckten. Hörte ich nur auf mich und schmückte mich nicht mit fremden Federn, dann kann ich heute viel leichter zu dem stehen, was ich früher formulierte. Darum gehe ich auch nicht ungerne alleine ins Konzert oder Theater. Das Urteil, das sich in mir bildet, ist für mich wie ein rohes Ei. Ich muss es für mich alleine brüten. So gebe ich auch jungen Autoren immer den Rat, macht und schreibt, was ihr für richtig haltet! Aber vermeidet nach den Premieren unbedingt die Nachfeiern und zerredet euer Urteil nicht mit siebenundzwanzig Kollegen. Die Ersten, die die Urteile vorgeführt bekommen sollten, sind die redigierenden Redakteure, beziehungsweise die Mitarbeiter, die sie abtippen.

Meine Sekretärinnen bei der *SZ* sind alle sehr verschieden gewesen. Rosel Termolen war ein lustige, sehr intelligente, schriftstellerisch begabte Bayerin. Sie meinte, ich sei ein ziemlich mühsamer Chef, weil ich immer so heraussprudele. Ihre besten Seiten zeigten sich bei Notfällen und Verzweiflungen. Wenn unvermutet Peter Suhrkamp starb und ich nur vierzig Minuten Zeit für einen Nachruf hatte. Da wusste sie ganz genau, wie sie mich behandeln musste, welches Material ich brauchte, was sie mir ersparen sollte. Bei Katastrophen war sie prima, der Alltag langweilte sie.

Dann kam Inge Kühl und blieb über dreißig Jahre. Sie verstand viel von Musik und Gesang, wir ergänzten uns aufs beste. Das Kühlchen ist sicher der ordentlichste Mensch, dem ich je begegnet bin. Sie hat ein nach wie vor wunderbar hilfreiches Archiv über meine Sachen angelegt, sie hat alles penibel genau erledigt. Meine Unordnung ging ihr schrecklich auf die Nerven. Wenn sie mir einen bestimmten Kugelschreiber gereicht hatte, und der plötzlich weg war, konnte sie in Tränen ausbrechen. Ich versuchte sie zu beruhigen, wir könnten einen Ersatz kaufen. – Nein, der Stift muss ins Etui passen, eine bestimmte Farbe haben ... Doch ihre Ordnungsliebe war natürlich eine unglaubliche Stärke. Noch heute finde ich in Sekundenschnelle Aufsätze, die ich 1963 geschrieben habe.

Die Italienerin Lucia Stock ist nun auch schon über fünfzehn Jahre bei mir. Sie trägt, was sie gar nicht weiß, die riesigen Erfahrungen der lateinischen Welt in sich und besitzt durch diese Verbundenheit tatsächlich auch eine überpersönliche Intellektualität. Ihre Belesenheit verblüfft. Sie kann neben ihrer Muttersprache Italienisch auch fließend Englisch und Französisch. Deutsch ist wahrscheinlich gar nicht ihre beste Fremdsprache. So ordentlich wie das Kühlchen ist sie natürlich nicht. Wir beide suchen in unserem kleinen Zimmer ganz schön viel herum. Sie ist auch nicht ganz so katastrophenschnell wie Rosel Termolen. Aber sie hat Niveau, Witz, Pfiff und Herz, und es macht großen Spaß, sie um sich zu haben.

Mit Ruth Kurowski, meiner ersten Sekretärin damals in Frankfurt, ging es auch ungeheuer gut. Dann bewarb sich noch eine Sekretärin bei mir. Von ihr darf ich wohl sagen, dass sie mich geliebt hat. Sie wollte um jeden Preis bei mir arbeiten. Ich hatte zwar gleich Zweifel, ob das gutgehen kann, doch wenn man so geliebt wird ... Sicherheitshalber gab ich ihr ein Probediktat. Da kamen auch die Namen Bach und Vivaldi vor. Sie schrieb Vivaldi »wie Waldi«. Da beschlich mich das Gefühl, die Sekretärinnenposition bei einem Musikkritiker kann nicht die ihre werden. Es flossen literweise Tränen. Meine Devise ist folglich: zwei Tage oder zweihundert Jahre.

Im Rausch der Erkenntnis[47]
»Ich bin der letzte Mohikaner«: Eine Ausstellung im Literaturhaus ehrt den Kritiker Joachim Kaiser
von Franz Kotteder

Artikel über berühmte Männer beginnen ja gerne mal mit einer selbst erlebten Anekdote. Nun denn!

Als ich noch Volontär in der *SZ* war, zeigte ich einem jungen Kollegen, ebenfalls Berufsanfänger, den Weg zu unserem Büro. Im Gang zum Feuilleton kamen wir an vielen Türen vorbei, und plötzlich blieb mein Volontärskollege stehen und starrte erstaunt auf ein Türschild:

---

47 In: SZ, 18. Dezember 2003.

»Joachim Kaiser? Den gibt's tatsächlich? Ich dachte immer, das wäre bloß so ein Pseudonym für ganz besonders edle Kritiken!«

Genau genommen kann man einem Kritiker natürlich gar kein größeres Kompliment machen, als ihn quasi zur Summe der kritischen Kompetenz seiner Zeitung zu erklären. Den Kaiser gibt es aber jedenfalls in echt, und die ganz besonders edlen Kritiken schreibt er wirklich selbst (oder diktiert sie seiner Sekretärin). Auf gelbem Manuskriptpapier, immer noch, kommen sie dann auf den Tisch des zuständigen Redakteurs, handschriftlich sorgfältig korrigiert mit blauer Tinte. Man sieht, dass der Autor darauf geachtet hat, den Text durch Einfügungen nicht länger werden zu lassen, weil dafür dann an anderen Stellen gestrichen worden ist. Alte Schule eben.

Aber deshalb gleich ein Fall fürs Museum? [...] Eine schöne, vornehm zurückhaltende Ausstellung.

Und dennoch: Irgendwie auch einschüchternd ob der geballten Nachkriegs-Kulturgeschichte. Auch wenn die Frage: »Gibt's den wirklich?« durch zahllose Bild-, Text- und Tondokumente eindeutig beantwortet scheint – was leider weitgehend fehlt: Joachim Kaiser ist ein ziemlich fröhlicher Mensch, der den Begriff »Spaßkultur« nicht mag, der aber viel Spaß hat an Musik, Theater und Literatur, wenn sie denn gut gemacht ist. Einer, dem auch ein bisschen gelebte Anarchie nicht fremd ist. Die übt er ja nicht nur als Radl-Rambo aus, der freundlich grüßend aus dem Verlagshof schießt und derart haarscharf um die Ecke biegt, dass man sich bloß durch einen kühnen Sprung retten kann.

So einer, in dieser Verbindung aus Ernsthaftigkeit und Lebendigkeit, ist schon in Gefahr, »der letzte Mohikaner« zu werden. Er beklagt ja gerne, dass man in den Feuilletons inzwischen lieber die Welt und die Weltpolitik erklärt als die Kunst (mag daran liegen, dass man die Welt sehr viel leichter erklären kann, wie jeder Stammtischbruder weiß). Dabei ist ihm möglicherweise gar nicht bewusst, wie vielen aus der jüngeren Generation er ein Vorbild ist, wenngleich ein kaum erreichbares. Vielleicht sollte ihm das einmal jemand sagen.

Was hiermit geschehen sei.

N eider werden mir nicht ins Gesicht sagen, dass sie neidisch sind. Gegner habe ich, doch früher waren es viel mehr. Vermutlich ein Zeichen, dass ich unwichtiger werde.

Manche Musiker meinen, was ich über Literatur schreibe, scheint interessant zu sein, bei Musik hingegen sei ich ein bisschen verstiegen. Theaterleute wiederum lassen wissen, dass sie meine Musikkritiken ganz gerne lesen, aber vom Schauspiel verstünde ich nichts. Aber ob meine Existenz noch viel Ärger erregt oder ob man sich an mich wie an ein Unwetter gewöhnt hat, kann ich nicht beurteilen.

Man merkt selber nicht, ob man möglicherweise eine Institution ist. Man läuft doch nicht mit stolz erhobener Brust herum und denkt über seine Bedeutung nach, die beim Arbeiten ohnehin nichts bringen würde. Auch alte Praktiker wie ich sitzen bei jeder Kritik erst mal vor einem blanken, leeren, weißen Blatt und schwitzen Blut und Wasser, ob ihnen rechtzeitig etwas einfällt. Doch: Für jüngere Kollegen bin ich tatsächlich immer da gewesen, publizistisch präsent, solange sie leben. Wer heute vierzig oder fünfzig Jahre alt ist, mit zehn Jahren zu lesen begonnen hat und ein wenig für Musik und Theater interessiert war, der stieß eigentlich immerfort auf diesen Joachim Kaiser mit seinen Meinungen und Ausführlichkeiten. Für den bin ich vielleicht kein Kollege, sondern ein Naturereignis. So etwas kann vielleicht Befangenheit schaffen. Aber die verliert sich im Redaktionsbetrieb rasch.

Diese ständige Präsenz hat noch eine ganz andere Folge. Es kommt ziemlich häufig vor, dass mich wildfremde Leute anrufen, auch am Sonntagabend, und sagen: Sie werden mich nicht kennen, aber meine Tante hat übermorgen Geburtstag. Welche Platte soll ich ihr schenken? Früher wehrte ich mich ärgerlich. Jetzt weiß ich, Leute, für die ich seit Jahr und Tag immerfort da bin und auf deren Frühstückstisch ich »herumliege«, glauben unwillkürlich, sie kennen mich, und ich sie auch. So jemanden kann man doch anrufen.

Natürlich bewirkt dauerhafte Tätigkeit eine Art Ruf. Natürlich bemüht man sich, diesen Ruf zu rechtfertigen. Das macht manchmal übervorsichtig. Man bereitet sich zu pedantisch vor, sichert sich unmäßig ab. Dann wirken die Aufsätze schwerfällig, ihnen fehlt die spontane Frechheit, die auch dazugehört.

Hat man einen Ruf, den man verteidigen möchte, und ist man dabei nicht derart versnobt, zu fordern, die Leute sollen einem alles abnehmen, dann bedeutet dieser Ruf eine grimmige Herausforderung für einen selber. Auch Autoren, Regisseuren, allen »öffentlichen Mädchen« geht es so ... Nach vielen Jahren publizistischer Tätigkeit besitzt man in seinem Bereich wohl auch eine Gemeinde. Auch ich habe sie, und freue mich darüber. So feierlich es klingt, diese Gemeinde möchte ich nicht enttäuschen!

Kürzlich passierte mir etwas Absurdes. Ich verließ auf meinem Fahrrad die *Süddeutsche Zeitung*. Ein fremder Herr, ebenfalls auf dem Rad, kam mir entgegen und hielt mich an: »Herr Kaiser, ich möchte Sie gerne etwas über das Prélude Opus 28 Nr. 20 von Chopin fragen. Der dritte Akkord, ist der Dur oder Moll? Pollini spielt ihn in Dur, aber eigentlich steht da doch Moll.« Ich war ganz schön verdutzt, was für Spezialisten sich in München auf der Straße tummeln. Zum Schluss sagte jener Unbekannte: »Herr Kaiser, machen Sie bitte noch lange weiter. Sie und das, für das Sie einstehen, ist für uns unendlich wichtig.« Das hat mich sehr bewegt.

Früh abberufener Engel[48]

Der Pianist Dinu Lipatti muß allen seinen Freunden, Kollegen, Bewunderern wie eine Lichtgestalt, wie ein Engel, erschienen sein. Wie ein Engel, zugegeben, mit sehr großer Nase. Lipatti durfte nur 33 Jahre alt

48 Aus: Klavier Kaiser, 2004.

werden. Seiner phänomenalen Begabung und zarten Gesundheit wegen besuchte er nie eine Schule: Lehrer und Professoren betrachteten es als Ehre, den genialen Jungen in seiner Wohnung aufzusuchen und zu unterrichten. Der 27jährige erkrankte an Leukämie. Es war fast ein Wunder, daß er dann überhaupt noch 6 Jahre lebte, bis er 1950 starb, nachdem die berühmtesten Musiker der Welt – Menuhin, Backhaus, Cortot – sich für seine Gesundheit, für neueste, teuerste Medikamente, hilfreich-hilflos eingesetzt hatten. In den letzten Monaten ließen Lipattis Kräfte nach. Einmal sah er sich gezwungen, sein Programm zu ändern. Er spielte am Ende statt eines anstrengenden Chopin die Klavierbearbeitung eines Satzes aus Bachs Kantate 147 »Jesu bleibet meine Freude«. Glücklicherweise wurde dieses Bach-Bekenntnis Lipattis auf Schallplatten verewigt. Man muß ein Herz aus Stein haben, um der völlig unsentimentalen Abschieds-Musik ohne Rührung zu lauschen.

Zur faszinierenden, ebenso poetisch zarten wie rauschhaft überschwänglichen Kult-Aufnahme geriet Lipatti, 1948 in London, zusammen mit Karajan, das Klavierkonzert von Schumann. Gewiß existieren mannigfache treffliche Interpretationen dieses romantischen Meisterwerkes. Aber doch keine, die Lipattis Mirakel überträfe. Im Finale spielt Lipatti sich in einen stürmisch-romantischen Rausch. Der Kopfsatz, zunächst von Schumann als Fantasie gedacht, bietet immer neue, freie Abwandlungen des schmerzlich passionierten Haupt-Themas. Mitten im a-Moll Allegro verklärt Schumann seinen Einfall zum Andante in As-Dur, zum lyrischen Dialog zwischen Klarinette und Klavier (Liedern wie dem »Nussbaum« oder der »Mondnacht« verwandt). Die träumerische Poesie Lipattis, seine Kunst, den Allegro-Satz danach wieder ebenso logisch wie spontan zu steigern, bringt das alles in ewige Sicherheit.

Nur ein Genie wie Lipatti vermochte mit der Quadratur des Kreises vollkommener Mozart-Interpretation fertig zu werden. Das absolute und doch festlich lebendige Gleichmaß, mit welchem Lipatti Mozarts a-Moll Sonate (KV 310) melancholisch und dramatisch-erregt meisterte, kann nach wie vor als unübertroffen gelten.

Ein Rätsel müssen dem, der ermißt, wie krank Dinu Lipatti war, die Kraft, Brillanz und Geistesgegenwart sein, mit welcher Lipatti eine der anspruchsvollsten, größten, am Ende schwungvoll optimistischsten

Kompositionen Chopins bewältigte: die h-Moll Sonate, Opus 58.
Lipatti hat die Kraft für den stolzen Beginn des Kopfsatzes. Er zaubert
im Presto-Scherzo – man begreift nicht, wie – ein getupftes, und
unnachahmlich durchsichtiges Legato aus dem Flügel. Und er bietet
das Finale Chopins als grandiosen Hymnus aufs Leben. Es ist der Geist,
der sich den Körper baut.

Da Musik mir etwas ganz Nahes ist, habe ich nie begriffen, warum
es schwierig sein soll, sich über sie zu äußern. Musikstücke sind
für mich lebendige Wesen, Individuen, die bestimmte Eigenschaften
haben. Die kann ich doch beschreiben. Aber das Entstehen musikalischer Eindrücke und Urteile allgemein zu erklären finde ich blumig
und blödsinnig. Da komme ich mir wie ein Tausendfüßler vor, den
man fragt, wie er die Beine bewegt, und der es dann wahrscheinlich
nicht mehr kann. Vielleicht hilft ein konkretes Beispiel.

Es gibt von Mozart eine Klaviersonate in a-Moll, KV 310, die er im
Todesjahr seiner Mutter geschrieben hat. Diese Klaviersonate hat ein
depressives, mutlos kreisendes Presto-Finale. Unruhig, beklemmend,
traurig. In diesem a-Moll Presto fügt Mozart als Mittelteil eine kleine, seltsam leere A-Dur-Melodie ein. An ihr ging mir auf, was »uneigentliche« Musik, eine »uneigentliche« Melodie ist. Mozart, damals
wahrlich imstande, die schönsten und anmutigsten Melodien zu erfin-
den, komponiert inmitten seines verzagten Finales eine ausdrucksar-
me, nichtssagende Melodie. Das ist natürlich kein Zufall, denn in den
anderen Sätzen dieser Sonate erweist er sich als der große Melodiker,
der er immer war.

Gewiss ging ihm der Tod seiner Mutter sehr nahe. Er saß als Ein-
undzwanzigjähriger in Paris allein und hilflos neben der Verstorbenen
und sagte später, »sie ging aus wie eine Kerze ausgeht«. Dieses ergreifende Erlebnis führte – vermutlich unbewusst – dazu, dass er in diesem
depressiven Finale eine Mittelteilmelodie ersinnt, die kein Melos hat.
Wenn ich diese Beobachtung so formuliere, hoffe ich, dass sie einigermaßen plausibel klingt. Und wer nun die Sonate hört, wird hoffentlich auch zu dem Schluss kommen: »Stimmt.« Er wird vielleicht auch
finden, Pianisten, die diese »uneigentliche« Melodie ausdrucksstark
spielen, als ob sie aus dem *Don Giovanni* käme, hätten Mozarts düstere

Wahrhaftigkeit nicht begriffen. Nur kann ich beim besten Willen nicht erklären, wie ich auf solche – gewiss auch falsifizierbaren, widerlegbaren – Deutungen komme. Aber das ist genau einer jener subjektiven Momente, über die ich glücklich bin. Es ist ja an sich ganz absurd, zu sagen, Mozart hätte eine leere Melodie geschrieben.

Ein bisschen Kitsch ist nötig. Natürlich habe auch ich eine Kitschecke in mir, und mein Gartenzwerg, der steht in Prag. Dem Melos von Smetana oder Dvořák falle ich widerstandslos anheim. Über die Maßen liebe ich Chopin, sein Slawisch-Polnisches, ins Französische veredelt. Keine Frage: Ohne die Gestirne Bach, Händel, Haydn, Beethoven, Schubert, Schumann, Brahms, Mozart und Wagner wäre die Welt für mich leerer. Zwischen ihnen wertend abzuwägen, hielte ich für absurd. Vielleicht ist Bach der Größte, Beethoven der Gewaltigste. Als Lieblingskomponisten habe ich einmal Robert Schumann genannt.

Ich beneide Menschen, die auch Pop-Musik und dergleichen mögen. Auf diese Weise haben sie einen unmittelbaren Kontakt mit der jüngeren Generation. Ich gehöre nicht dazu. Das ist nicht meine Sache. Mir scheint auch, da werden die Leute um die Qualitäten großer Kunst bemogelt. Aber anscheinend mögen sie es ganz gern. Das klingt jetzt natürlich grässlich und hochmütig, ändern kann ich es aber nicht. Alfred Brendel kann und will mit solcher Musik ebenfalls nichts anfangen.

Abgesehen von Gospel, Dixieland, George Gershwin, den Comedian Harmonists und vielleicht noch den Beatles lässt Joachim Kaiser außerhalb der E-Musik nichts an sich heran. Immer wieder habe ich für ihn eine Auswahl von verschiedenen Musikern und Gruppen aus den vielen Stilrichtungen zwischen Blues, Funk, Soul, Jazz, Rock und Pop auf Kassetten zusammengestellt. Er hat sich die Kassetten auch beflissen angehört, und wir haben kurz darüber gesprochen. Einiges fand er recht interessant, aber 99 Prozent meiner Überzeugungs-Aktionen scheiterten. Mein größter Erfolg in dieser Richtung war vermutlich, als ich einmal beim Schmücken des Weihnachtsbaumes eine CD mit Musik von den Kapverdischen Inseln laufen ließ und mein Vater davon beeindruckt war, dass diese »einfache« Volksmusik nicht per se »lustig« sei, wie er erwartet hatte.

Inzwischen tut mir mein Vater letztlich sogar ein wenig leid, dass er sich all die Musikbereiche außerhalb der E-Musik mit dem Argument verwehrt, sie könnten gar keine künstlerische Dimension haben. Bis zu dieser »gelassenen« Einstellung über seine gestrenge Haltung liegt freilich ein kurvenreicher Weg zurück. Wunderte oder ärgerte ich mich als Zwanzigjährige und Jugendliche über sie nur zu oft, wurde ich als Kind von ihr auch eingeschüchtert. Es erforderte regelrecht Todesmut, dennoch zum eigenen »banalen« Musikgeschmack zu stehen. Bibbernd vor schlechtem Gewissen, einen Verrat zu begehen, wünschte ich mir zum zehnten Geburtstag meine erste unklassische Platte. Die Rock-Oper *Jesus Christ Superstar*, die damals sehr »in« war. Meine Angst war überflüssig. Ich wurde weder verbannt noch hingerichtet, sondern ich bekam die violette Box mit den zwei Platten. Sie war schon geöffnet. Im Textbook hatte jemand herumkritisiert.

JDAS
n Thursday night you'll find him where you want him
ar from the crowds in the Garden of Gethsemane

HOIR
Vell done Judas
ood old Judas

IDE THREE

hursday night, The Last Supper

POSTLES
ok at all my trials and tribulations
nking in a gentle pool of wine
on't disturb me now I can see the answers
ill this evening is this morning life is fine
lways hoped that I'd be an apostle
new that I would make it if I tried
hen when we retire we can write the gospels
 they'll still talk about us when we've died

ESUS
he end . . .
 just a little harder when brought about by friends
 r all you care this wine could be my blood
 r all you care this bread could be my body
he end!
 his is my blood you drink
 his is my body you eat
 you would remember me when you eat and drink . . .
 must be mad thinking I'll be remembered—yes
 must be out of my head!
 ok at your blank faces! My name will mean nothing
 n minutes after I'm dead!
 ne of you denies me
 ne of you betrays me—

POSTLES
ot I! Who would? Impossible!

JUDAS
Everytime I look
Why you let the t
You'd have mana

APOSTLES
Look at all my tri
Sinking in a gentl
Don't disturb me
Till this evening i
Always hoped tha
Knew that I woul
Then when we ret
So they'll still talk

JESUS
Will no-one stay
Peter? John? Jame
Will none of you
Peter? John? Jame

In the Garden o
I only want to say
If there is a way
Take this cup awe
Feel it burn me, I
As when we starte
Then I was inspire
Now I'm sad and
Listen surely I've
Tried for three ye
Could you ask as

But if I die
See the saga throu
Let them hate me
I'd wanna know I'
I'd wanna see I'd

Die Beschäftigung mit Musik sollte nicht einseitig sein. Wenn man nur Platten hört, wird es zu steril. Man verliert irgendwann die Beziehung zu lebendiger Musik. Mein Freund, der Pianist und Musikjournalist Jürgen Meyer-Josten, hat einmal einen Aufsatz geschrieben: »22 Mal Opus 54«. Der Unglückselige hatte nacheinander zweiundzwanzig Aufnahmen vom Schumann'schen Klavierkonzert angehört, um sie für eine Diskographie zu vergleichen. Er kam zu der Schlussfolgerung, wenn Edwin Fischer das Stück mit Furtwängler aufgenommen hätte, wäre es möglicherweise die beste Einspielung geworden. So aber hatte er an allen etwas auszusetzen ...

Ausschließlich ins Konzert zu gehen genügt auch nicht. Da hängt man zu sehr von Zufällen ab, vom Gesellschaftlichen, von den unterschiedlichen akustischen Qualitäten verschiedener Konzertsäle und Philharmonien, die oft miserabel sind. Außerdem investieren alle bedeutenden, gegenwärtigen Interpreten einen beträchtlichen Teil ihrer Kraft, Energie und Kunstfertigkeit in die elektroakustischen Medien. Man muss den unmittelbaren Eindruck, wie Konzerte ihn schaffen, mit den Erfahrungen verbinden, die in Plattenaufnahmen eingingen. Vital wichtig ist es auch, sich mit musikalisch kompetenten Freunden regelmäßig auszutauschen, sich anregen oder auch ein wenig bremsen zu lassen. Dagny von Oepen, eine leidenschaftliche Klavierlehrerin, Musikliebhaberin und Organisatorin, hat mich unendlich oft auf wichtige junge Interpreten hingewiesen. Da wir beide Claudio Arrau für eine Jahrhundert-Figur halten, scheint eine Übereinstimmung in Rang- und Geschmacksfragen gewährleistet.

Am besten ist es natürlich, wenn man so viel wie möglich selber musiziert. Allein oder mit Freunden, mit echtem Gefühl und falschem Fingersatz. So habe ich es mein ganzes Leben lang gehalten. Noch heute liebe ich das Vier-Hand-Ritual mit Gunter Widmaier. Bei jedem Zusammenkommen, das ist unausweichliche Pflicht, spielen wir Schuberts Fantasie f-Moll. Dann alles, was uns zwischen die Finger kommt für zwei Klaviere oder vier Hände. Leider hat Gunter als berühmter Revisions-Anwalt in Karlsruhe und Professor für Jura nur selten Zeit. Aber wir schieben, wann immer es möglich ist, einen Abend ein, um gemeinsam zu spielen – und vorzüglich zu essen. Dafür sorgt Suse, Gunters Ehefrau, stets beispielhaft, obwohl sie als gefragte Therapeutin wahrlich auch nicht unterbeschäftigt ist.

Klavierpartner Jochen und Gunter[49]
von Uli Widmaier

[...] Über Jahrzehnte hinweg haben wir die beiden in allen erdenklichen Zuständen der Begeisterung, Volltrunkenheit, Übermüdung, offenkundiger Lähmung der Finger, Bleifuß (egal ob auf linkem oder rechtem Pedal, wenn die Inspiration aufwallt, spielt's keine Rolle, ob man versehentlich den erwünschten orchestralen Effekt eher einschränkt denn bestärkt), umwerfender Vom-Blatt-Spiel-Fähigkeit, brillanten Zusammenspiels, schrecklichen Auseinanderfallens, herrlichsten Schwunges und beispielloser Freude am Musizieren erleben dürfen. [...]

Die köstlichen Speisen und Getränke im Magen, die anregenden Gespräche im Gemüt, sitzen sie nebeneinander am Flügel, jedes Mal eine Studie in Kontrasten, wie sie phantastischer und unmöglicher nicht sein könnte, etwa Pollini und Rachmaninoff, Gould und Rubinstein oder Gulda und Sofronitzky. Der Widmaier mit gespannt-präziser Hand, katzenartig zupackend, sichtlich stolz auf seine akkuraten Fingerchen, die auch vertrackteste Detailkomplikationen im Diskant bewältigen. Der Kaiser ganz entspannt, mit leicht angezogenen Schultern und Ellbogen, aber weich und locker in den Unterarmen, die Tastatur genußvoll massierend, manchmal fast suhlend im warmen Bratschen- und Celloklang, den er dem Instrument entlockt, durchaus subjektiv und romantisch und der Ausdrucksintensität des neunzehnten Jahrhunderts eher zugeneigt als der strukturierenden Objektivität des Partners zur Rechten. Sie ergänzen sich, vervollständigen einander, brauchen und schätzen die musikalischen Qualitäten des anderen. Genießen es, immer neue Schönheiten im Stück zu entdecken, und lassen sich keine grauen Haare wachsen, wenn die beim letzten Mal realisierten Nuancen plötzlich verschwunden scheinen. Beim nächsten Mal tauchen sie bestimmt in neuer Konstellation wieder auf. Es hilft natürlich, daß bei beiden eine geballte Intelligenz, analytische Fähigkeit und musikalische Erfahrung am Werk ist. Da kann auch in Situationen fortgeschrittener zerebraler Umnebelung noch eine komplizierte Beethoven- oder Brahmssymphonie in Angriff

49 In: SÜDPREUSSISCHE ZEITUNG, a. a. O.

genommen und mit äußerster Konzentration durchgezogen werden, ohne daß man steckenbliebe, laut zählen müßte oder sich von komplizierten Rhythmen aus der Fassung bringen ließe – was nicht heißen soll, daß die Zahl der richtigen Noten notwendigerweise die der falschen überwiegt. Wir Zuhörenden sind allemal amüsiert erstaunt angesichts des herrlich unbefangenen Selbstbewußtseins, das es den beiden erlaubt, sich ans Klavier zu setzen und völlig ungehemmt loszulegen; Respekt gegenüber der Fähigkeit, über ein schwieriges Stück einfach herzufallen und »es« mit Elan »zu bringen«; und einfach Freude an der Schönheit der Musik und an dem kultivierten, robustpositiven Lebensgefühl, das sich da am Klavier ausdrückt und auf uns abstrahlt.

Schubert-Ritual mit Gunter Widmaier

Melancholie ist ein wunderbarer Zustand, wenn sie nicht in Depression ausartet, die einen lähmt. Melancholie jedoch macht einen seltsam unempfänglich, unempfindlich für die Wechselfälle des Lebens.

Joachim Kaiser

Der Pool und der Rhythmus

Die sportlichen Fähigkeiten von Joachim Kaiser gehen weit über das Fahrradfahren und Tischtennisspielen hinaus. Er ist, zumindest in den wärmeren Monaten des Jahres, auch ein regelmäßiger Schwimmer und nutzt dafür den Pool im Garten.

Die alljährliche Prozedur, das Schwimmbad im Frühjahr herzurichten, wird stets von meiner Mutter eröffnet und artet in einen großangelegten Generalakt aus, der aber gerne von allen Hausbewohnern mehr oder weniger aktiv in Kauf genommen wird, weil er symbolisiert, dass der Winter vorbei ist. Auch falls es dann noch wochenlang schneit oder regnet. Umso schöner, wenn sich endlich die Sonne durchsetzt und auch die Nasenspitze von meinem Vater berührt, was er mit einem markerschütternd lauten »Hatschi« quittiert. Dann verschwindet er. Und kommt wieder: Im Bademantel schlurft er zum Pool, stellt den riesigen Ghettoblaster an die Kante, schiebt eine CD ein, drückt auf on, sucht den richtigen Take, zieht den Bademantel aus und steigt die Leiter hinunter ins Wasser. Er hebt die Füße vom Grund, gerade so weit, dass sie den Boden nicht mehr berühren und schiebt sich als senkrechtes, nicht allzu schlankes Seepferd zu den Klängen der Musik durch die Wogen. Die Vögel halten sich die Ohren zu, die Nachbarn wissen, jetzt schwimmt er wieder, die Spaziergänger im nahen Englischen Garten wundern sich über den Lärm. Dann ist das Stück vorbei, mein Vater beendet sein nautisches Manöver, steigt die Leiter hoch, trocknet sich ab, zieht sich um und setzt sich an die Schreibmaschine, um zu schreiben. Oder radelt in die Zeitung, um es dort zu tun.

Trösterin Musika? [50]

Leidenschaft, so formulierte es Thomas Mann einmal, ist eine Liebe, die zweifelt. Manchmal, in trüben Augenblicken, dürfte sich auch ein passionierter Bewunderer der Musik fragen, warum er ihr so viel Zeit widme.

Das Wichtigste sind gewiss nicht die Kenntnisse (so wenig sie schaden), die man beim unablässigen Umgang mit bedeutungstiefen Tönen gewinnen kann: die Vertrautheit mit einer unvergleichlich sinnlichen und abstrakten Sphäre. Wesentlicher erscheint, dass die Werke der Überlieferung, Scharfsinn und Scharfgefühl vorausgesetzt, zu unterscheiden lehren, wie unendlich viele seelische Dimensionen es gibt! Dimensionen des Glücks, der Trauer, der leisen schubertisch schlendernden Melancholie ...

Musikalische Erlebnisse und Erfahrungen gewähren einen Reichtum an nuancierten seelischen Gestalten und Bekundungen, von dem amusische Zeitgenossen kaum etwas ahnen ... Wer das Glück hat, sich berühren lassen zu können von den Geheimnissen, die in großer Musik mitschwingen, gewinnt allmählich ein riesiges emotionales Erfahrungsreservoir. Es hilft ihm, immer Zarteres, Verästelteres, Differenzierteres wahrzunehmen. Dann wird er dem bloß Aufgeblasenen nicht mehr erliegen, die Schlichtheitspose nicht überschätzen, dem erfüllten Leisen umso dankbarer nachhören.

Mendelssohn hatte schon recht, als er feststellte, nicht etwa die Sprache sei konkret-klar und die Musik begriffslos vage – sondern in der Musik gäbe es unendlich mehr Zwischenstufen gestalteter Gefühle, als Worte existieren, all diese Schattierungen auszudrücken.

Aber dieser hoffentlich nicht allzu idealisierend-verblasen wirkende Hymnus auf die sublimen und hilfreichen Erlebnisse, welche hingebungsvolles Hören gewährt, dieser Hymnus bedarf einer herben Ergänzung.

Es liegt nahe, der Musik beflügelnde Kräfte zuzuschreiben. »Mit Musik geht alles besser« trällerte Ilse Werner einst optimistisch. Ein schwungvoller Marsch soll müde Krieger ermuntern. Verliebte Leute singen nur zu gern aus purem Daseinsglück. Doch auch in ernsten,

---

[50] In: SZ, 26. Juni 2007.

schweren Lebenssituationen erhofft man Hilfe von der Musik. Martin Luther hat dafür einst die wunderschöne, weder pathetische noch verkitschte Formel von der »Trösterin Musika« geprägt. So wollen kluge Freunde anteilnehmend wissen, ob in Augenblicken quälender Belastung nicht bedeutsame Musik – etwa Mozarts »Requiem«, Schuberts C-Dur-Quintett – Trost spende.

Sie tut es, leider, nicht. Wer eine schwere Krankheit, einen seelischen Zusammenbruch durchmacht, besitzt im Moment solcher Belastung dafür offenbar kaum Aufnahmekraft. Man ist, nach gerade überstandener, schwerer Krankheit schon heilfroh, bei der Rückkehr in die Welt überhaupt noch hören zu können.

Um aber großen Werken, all ihren Ansprüchen und Dimensionen der Freude wie der Trauer, halbwegs gewachsen zu sein, muss man sich im Vollbesitz seiner seelischen und physischen Kräfte befinden. Dem Eroica-Trauermarsch, der archaischen Gewalt von Strawinskys »Psalmensinfonie«, Mozarts Melancholie ist kein geschwächter Rekonvaleszent wirklich gewachsen. »Trösterin Musika«? Es gehört beträchtliche Gesundheit dazu, um Kunst und ihren Trost wahrzunehmen. Als Freunde den alten, kranken Anton Bruckner in ein Konzert einluden, schrie er verzweifelt: »Ka Musi!«

Wochenlang schweigt die Musik. Mein Vater spielt nicht Klavier, hört keine CDs. Auch meine Mutter hört keine Musik. Sie liegt im Sterben.

Seit zweieinhalb Jahren wissen wir, dass sie die Krebsmetastasen nicht überleben wird. Sie kämpft trotzdem. Schon im Frühjahr 2006 mutmaßten die Ärzte, dass sie innerhalb weniger Wochen sterben würde. Aber sie stirbt nicht. Sie kämpft weiter. Dann geschieht das Wunder. Die Krankheit stabilisiert sich. Nach dem Sommer verschlimmert sich der Zustand wieder. Von da an geht es bergab, kontinuierlich, unaufhaltsam, grauenhaft, mitleiderregend. Befremdlich. Was soll man von Ärzten halten, die Angehörigen in aller Deutlichkeit zu verstehen geben, dass jeden Tag mit dem Leberausfall zu rechnen sei, dass keine Behandlung dieser Welt noch etwas bringen würde, und die trotzdem eine Chemo nach der anderen verabreichen, obwohl der Körper nicht mehr mit den Nebenwirkungen zurechtkommt. So geht das monatelang.

Dann sagen die Ärzte plötzlich, meine Mutter habe noch drei bis acht Lebenstage. Sie irren abermals. Viereinhalb Wochen lebt sie noch. Sie wünscht sich, zu Hause zu sterben. Wir pflegen sie in ihrem Bett. Die Musik schweigt, und das Schwimmbad liegt brach. Eine offene Wunde mitten im Garten, winterverdreckt, düster, jeden Tag Igel, Eichhörnchen, die hineinstürzen, sterben oder gerettet werden können. Ich lasse das Becken in einer Blitzaktion herrichten, damit mein Vater schwimmen und einen kleinen Teil seines normalen Lebens weiterführen kann. Er schwimmt nicht, trotz des herrlichen Wetters.

Am 10. Juni 2007 stirbt meine Mutter in den frühen Morgenstunden. Am 18. Juni ist die Beerdigung.

Und einen Tag später, endlich: »Ich gehe jetzt schwimmen.« Bademantel, Ghettoblaster, Schubert-Streichquartett *Der Tod und das Mädchen*. Mein Vater klettert die Leiter hinunter, steht im Wasser und hebt nicht die Füße vom Boden, um zu schwimmen. Sorgsam fischt er Käfer und Spinnen auf, die verzweifelt auf dem Wasser herumirren, sammelt Blätter und Blüten ein. Irgendwann ist alles gesäubert, und er schwimmt. Eine Spur langsamer als die Jahre zuvor. Aber ich denke mir, es gibt eine Chance, dass er mit der Situation fertig wird. Er wird arbeiten, seine Interessen verfolgen, schwimmen, radeln. Noch mit neunzig ins Theater gehen. Und wieder Musik hören.

Ein weitläufiges Wohnzimmer. Rechts ein Steinwayflügel, der kaum als solcher zu erkennen ist. Wie jeder Gegenstand im Haus mit einer horizontalen Fläche dient auch er als Ablegemöbel. Stapel mit ungeöffneter und geöffneter Post, Büchern, CDs, Manuskriptseiten, Partituren, Klavierauszügen, dazwischen abgenagte Stifte, die eine oder andere Armbanduhr und vom letzten Weihnachtsfest noch eine Krawatte, Kerzenhalter. Links vor dem großen Fenster mit Blick auf den

Englischen Garten ist die Sofaecke mit dem Schaukelstuhl. Hier ist alles mit Tageszeitungen und Wochenzeitschriften besetzt. Zwischen diesen Ablagezentren zwei Boxen, noch aus der Zeit, als First-Class-Qualität auch durch die Größe der Geräte bestimmt wurde. Aus jener Zeit der Größe stammen auch die meisten Hi-Fi-Geräte, die in der Mitte des Raumes in einem Spezialregal zu einem hohen Turm aufgebaut sind. Unten ein Kassettenrecorder, darüber ein CD-Player, ein Plattenspieler, ein Tuner, ein riesiger Receiver, oben drauf ein Tonbandgerät. Und über dem Turm thront ein Sammelsurium an Stoff-, Holz-, Porzellantieren, die immer paarweise sitzen. Die alljährlichen Hochzeitsgeschenke zwischen meinen Eltern. 48 Paare.

An diesen Hi-Fi-Turm schließt sich ein Regal vom Boden bis zur Decke an, gut fünf Meter lang. Nicht selten halten Erstbesucher dieses Regal anfangs für eine wirre Tapete. Aber dann fällt ihnen vor Schreck die Kinnlade herunter. Das sind alles Platten. Irgendjemand hat mal tapfer versucht, sie zu zählen, und kam auf circa dreißigtausend. Und allen sieht man an, dass sie gehört wurden und werden. Auch die Regale gegenüber sind keine musealen Aufbewahrungsstätten. Die dort untergebrachten Klavierauszüge, Partituren und Musikbücher werden ebenfalls ganz offenkundig benützt. Normale Durchschnittsrechnungen, wie viel verbrachte Lebenszeit hier versammelt sein mag, erübrigen sich. Sie ersticken spätestens, wenn der Blick in die Arbeitszimmer im Keller fällt. Kein Millimeter, auf dem sich nicht Bücherberge türmen. Von den vollgestopften Regalen ringsum an den Wänden ganz abgesehen. Keines dieser Bücher scheint ungelesen. In jedem gibt es umgeknickte Seiten, Notizen. Mein Vater betont, so chaotisch und unübersichtlich alles wirken mag, es gebe durchaus ein Ordnungssystem.

Er hat es mir erklärt, als ich noch ein Kind war. Sowohl bei den Platten als auch bei den Büchern dominiert natürlich das Alphabet. Da muss man nur wissen, an welcher Stelle das »A« ist und wie das Alphabet über die Wände verteilt ist. Dazu kommen Sondersysteme für die Musik vor Bach, für die Musik des 20. Jahrhunderts, für Sammelplatten mit mehreren Komponisten, für einzelne Interpreten, für Autoren mit extrem viel Sekundärliteratur, moderne Literatur, Philosophen, nicht ganz hochwertige, aber doch wichtige Bücher. Das setzt voraus, dass man ein kleines Grundwissen über den Gegenstand besitzt, den man sucht, und dass man gewillt ist, mehrfach Treppen hinauf und hinunter zu steigen, weil einiges aus Platzmangel in andere Zimmer ausquartiert wurde. Aber man kann sich auch gut dem Zufallsprinzip überlassen. Oft genug habe ich als Kind mit Absicht blind ins Regal gegriffen, um etwas Neues zu entdecken. Allerdings habe ich die Platte oder das Buch mangels genauer Kenntnis der Herkunft auch mehr oder weniger blind wieder zurückgestellt. Die Hoffnung, dass das nicht bemerkt würde, ging meist daneben. Ehrliche Verzweiflung bei meinem Vater, wenn er dieses Buch, diese Platte für eine Arbeit nicht finden konnte. Millimeter für Millimeter sind wir die Wände durchgegangen und haben den Suchgegenstand manchmal wiederentdeckt. Manchmal musste er die Platte oder das Buch nachkaufen, und er beschwor mich, ich könne, solle alles lesen und hören, was ich wolle. Ich müsse ihm nur sagen, was ich mir ausleihe, und besser aufpassen. Das klingt leicht. Aber es ist nicht leicht, jemandem Bescheid zu sagen, der immer beschäftigt ist und keinesfalls gestört werden darf. Also versuchte ich aufzuschnappen, woran er arbeitete, damit ich um seine Themen herum ausleihen könnte. Wenn Brahms gefährlich schien, konnte es ja auch eine Schubert-Symphonie sein. Aber genau diese Schubert-Symphonie, in der Interpretation, die ich mir aussuchte, brauchte er dann für den Brahms. Nun, wir haben diese Situationen irgendwie gelöst und manchmal richtig nette Gespräche über die Themen gehabt. Oft auf der Treppe zum Keller. Da begegneten wir uns zu frühmorgendlichen Stunden, jeder bei dem Versuch, heimlich eine Tafel Schokolade aus dem Vorratsversteck meiner Mutter zu stibitzen. Unsere verbrecherischen Absichten verschwiegen wir natürlich. Wir taten vielmehr so, als ob es das Selbstverständlichste sei, sich um fünf Uhr auf der Kellertreppe zu treffen und über Kultur zu reden. Aus Begeisterung für mein Interesse wurde ich stets mit Platten und Büchern beladen. Die schleppte ich guten Willens in mein Zimmer hoch. Dort saß ich dann zwischen den neuen Bildungstürmen und konnte sie nicht anrühren. Zu viel. Folgeerscheinungen aus dieser Schokoladenzeit: eine gewisse Panik vor Gesamtausgaben.

Ich bedaure trotzdem nicht, die Ordnungssysteme der Platten und Bücher zu kennen. Nur die Verwahrungstechnik der CDs, die sich seit den achtziger Jahren in jedem freien und nicht freien Winkel des Hauses zu Gebirgsketten stapeln, wird immer das Geheimnis meines Vaters bleiben müssen.

Sein Geheimnis macht mich jetzt ein wenig nervös. Für den Film möchte ich ihn vor der Kamera spontan mit Musikstücken konfrontieren, von denen ich weiß, dass sie ihm enorm wichtig waren. Ich kann ihn also nicht fragen, ob er bestimmte Musikstücke inzwischen auf CD besitzt. Ein Stück habe ich auf Platte dabei. Eine Platte von ihm natürlich, die ich irgendwann diskret entwendet habe. Ein anderes Stück habe ich als Kind auf Kassette überspielt. Aber mir fällt plötzlich ein, dass der Kassettenrecorder schon vor fünfzehn Jahren den Geist aufgab. Es wäre zu traurig, wenn es nicht gelingen sollte, dieses Stück abzuspielen. Denn von den Aufnahmen, wie er es sich anhört, verspreche ich mir einen Gewinn für den Film.

H. Ich möchte jetzt gemeinsam mit dir etwas anhören.
J. Bitte.
H. Ich hoffe, du hast es auf CD. Oder geht der Kassettenrecorder?
J. Ich weiß ja nicht, was du meinst.
H. Das g-Moll Prélude von Rachmaninow, Horowitz.
J. *(singt)* Mbam baba ba baa ba ... So schnell find ich das jetzt aber nicht. Ich hab ja eine bestimmte Ordnung in meinen Sachen. Soll ich es jetzt suchen? Dann müssen wir ein paar Sekunden ...

Er stiebt los. Aus dem Wohnzimmer hinaus, die Treppe hinunter. Vermutlich in sein Arbeitszimmer. Nach ungefähr einer Minute kommt er wieder hoch und steuert direkt den Hi-Fi-Turm an. Der Kameramann und der Tonmann eilen ihm nach. Auch mir wird klar, dass wir alles, was wir uns an bestmöglichen Aufnahmewinkeln für diese Szene überlegt haben, vergessen können, sonst ist der spontane Effekt hinüber. Mein Vater ist extrem ungeduldig, was Technik angeht. Wir können nur gucken, dass wir hinterherkommen. Also schnell die Kamera geschultert, jetzt wird er die Anlage einschalten, denke ich.

J. Wo ist dieses Bedienungsding?
H. Welches Bedienungsding?
J. Für diesen Apparat.
H. Da gibt es eine Fernbedienung?
J. *(sucht verzweifelt)* Kinder, ist das doof.
H. Das kann man auch ohne Fernbedienung machen.

Er sucht weiter.

J. Wenn die Leute aufräumen, das ist immer des Teufels. Also, ohne die geht's nicht. Die ist einfach weg.

Er blickt mich säuerlich an. Ich schalte mit der Hand den Receiver an und bücke mich, um den On-Knopf des CD-Players zu drücken.

H. So, jetzt ist es an.
J. Ja, äh ... Und wie stellst du es laut und leise?
H. Hier oben.
J. *(grummelnd)* Aha.

Mein Vater öffnet den CD-Player, holt eine CD heraus und blickt sich wieder suchend um.

J. Ist aber auch zu blöd. Wo habt ihr das Ding hingetan?
H. *(auch etwas gereizt)* Wer »ihr«?
J. Die Aufräumenden! Iiich war es mit Sicherheit nicht.
H. *(bemüht milde)* Wo legst du die denn immer hin?
J. Hier daneben.
H. Ja, dann müsste sie doch ...
J. Tut sie aber nicht.

Mein Vater nimmt die Horowitz-CD aus der Hülle, legt sie ein und schiebt die Lade zu. Er nimmt die Hülle und dreht sie um.

J. Take 17. Wo stellt man das jetzt hier ... Herrgott noch mal!

Ich weiß zum Glück, wo die Take-Taste ist, denn zu sehen ist sie kaum. Eine echte Designerbravourleistung, die Funktionen der unterschiedlichen Tasten mit dunkelblauen Symbolen auf schwarzem Grund anzuzeigen.

H. Hier kann man die Takes einstellen.
J. *(gefährlich leise)* Na gut.

Erwartungsvoll stellen wir uns in Position. Die Musik müsste eigentlich erklingen. Tut sie aber nicht.

J. Läuft's denn? – Nein!

Ich drücke auf Stopp, überprüfe alle Einstellungen, suche noch einmal den Take und schalte auf Play. Aber auch beim zweiten Anlauf ist wieder nur Stille.

J. So ist so was.
H. Die CD ist vielleicht kaputt.
J. Ach was, es fehlt einfach die ...

Ich öffne die Lade. Die CD liegt schief drinnen.

H. Du hast sie falsch reingelegt.
J. Aha.

Jetzt macht er alles richtig.

J. So.

Die Musik beginnt, und mein Vater, eben noch zart mürrisch, um es diskret auszudrücken, ist wie ausgetauscht. Der Rhythmus packt ihn vom ersten Ton, der ganze Körper wippt, wiegt und zuckt mit. Ich habe gute Hoffnung, dass ich meine Filmszene in den Kasten bekomme. Diese Intensität und Leidenschaft beim Zuhören müsste eigentlich auch Laien vermitteln, dass Klassik nicht nur etwas für elitäre und bildungsbürgerliche Menschen ist, sondern für die gleichen Ausflippmomente sorgen kann, wie es Heavy-Metal-Fans, Punks, Technofreaks, Jazzer bei ihrer Musik erleben.

J. *(strahlt)* Das ist wie eine Polonaise ohne Melodie ... Da ist Raffinement drinnen, meine Fresse ... *(lacht)* Haha! ... Was für ein Übergang ... Wie sich die Stimmen selbständig machen ... Na, da bricht ein großes Herz. – Aber der Übergang ...

Das Stück nähert sich seinem Ende, ich weiß um den rasenden Applaus, der in dieser Live-Aufnahme sofort einsetzen wird, und versuche die Boxen, unsere Trommelfelle und das Mikro zu retten, komme aber ein wenig zu spät. Donnernder Applaus.

J. Kann man verstehen, Donnerwetter.

H. Sag mal, wenn du Horowitz so magst, warum ist dir dann Rubinstein als Musiker trotzdem lieber?

J. *(holt tief Luft und schießt los)* Weil Horowitz ein wahnsinniger Manierist gewesen ist, und weil Rubinstein herzlicher, inniger und erzählender gespielt hat. Aber: Das hätte er nicht gekonnt. So was so rauszukitzeln! Da ist auch dieses »Überfeine« von dem alten Russland zu hören. Das Prélude hat Rachmaninow ja vor dem Ersten Weltkrieg geschrieben, und Horowitz ist auch vor dem Ersten Weltkrieg geboren. Die russische Oberschicht war nicht sehr groß, aber sie war damals wohl die kultivierteste der ganzen Welt. Mit Tolstoi, Dostojewski, oder eben Rachmaninow, Tschaikowsky und anderen. Horowitz hat Rachmaninow in Amerika kennengelernt, sie haben im Steinway-Haus gelegentlich zusammen gespielt. Das ist unwiederholbar. Ich habe das Prélude oft von jungen Pianisten gehört, die sehr viel können. Aber dieses Raffinement, diese Brillanz, dieses plötzliche Langsamer-Werden und wie sich die Melodie atmend entfaltet, das kann Horowitz niemand nachmachen. Das Prélude fängt ja so an, dass man glaubt, eine Polonaise zu hören, die so gewaltig ist, dass sie gar keine Melodie braucht. Da ist nur Rhythmus. Wenn dann das Melodische hinzukommt und dieser leise verklingende Schluss, das ist ungeheuerlich. Ein berühmtes Zugabestück von Horowitz. Der Effekt ist mit Händen zu greifen.
(etwas langsamer) Ich war bei Horowitz in seiner Wohnung, seinem »flat«. Er hatte in der 101sten Straße in New York ein eigenes Haus. Er war sehr freundlich und sprach ausgezeichnet Deutsch. Er fragte mich dies und das. Dann auch, wie ich die *Kreisleriana* gefunden hätte, die er damals gerade eingespielt hatte. Ich sagte: »Wunderbar. Aber wenn ich ehrlich sein soll, gibt es in der ersten Nummer der *Kreisleriana* einen Mittelteil, in dem, wie mir scheint, Schumann eines seiner Lieder vorwegnimmt. Diese Stelle müsste man vielleicht ein bisschen langsamer spielen.« Ich zitierte nun die

erste Zeile des Eichendorff-Gedichts *Auf einer Burg*, das Schumann in diesem Lied vertont hat. Es beginnt: »Eingeschlossen auf der Mauer, draußen ist der alte Ritter.« Was ich jetzt erzähle, ist ehrenwörtlich wahr, und ich werde es nicht vergessen, solange ich lebe. Horowitz, der nicht wissen konnte, dass ich darauf kommen würde, zitierte das Eichendorff-Gedicht bis zum Schluss auf Deutsch weiter und fügte hinzu, er kenne es wohl, sei aber nie auf die Idee gekommen, eine Beziehung zur *Kreisleriana* herzustellen. Ich dachte nur, sehr fraglich, ob alle deutschen Pianisten ihren Eichendorff auswendig zitieren könnten. Solche Bildung gehört auch zu Horowitz. Nur wissen das die meisten nicht. Horowitz hatte Spaß daran, sich dumm zu stellen. Auf Journalistenfragen antwortete er, eigentlich fände er Lehár besser als Beethoven. Und die Journalisten waren so dumm, ihm das zu glauben, und meinten, er habe keinen Geschmack. Dabei hat Horowitz die *Appassionata*, die *Waldsteinsonate* und die *Mondscheinsonate* sogar mehrfach aufgenommen. Das tut man schwerlich, wenn einem die Stücke nicht wichtig sind. Aber es ist natürlich auch nichts gegen Lehár einzuwenden. Dessen *Lustige Witwe* hat Horowitz gerne zu Hause gespielt.

H. Ich mache jetzt einen Sprung zu einem Stück, das dem Rachmaninow überhaupt nicht ähnelt, aber auch etwas mit Russland zu tun hat. Hier auf deiner Platte »Emil Gilels at Carnegie Hall«. Die Bach-Prélude-Transskription von Siloti.

J. Ja, das ist sehr gut. Das liebe ich sehr. Die Noten liegen auf dem Flügel, wenn sie nicht jemand weggeräumt hat.

H. Echt? Das hast du vor kurzem erst gespielt?

J. Ja. Muss aber einräumen, dass Gilels es besser spielt als ich. Sehr viel besser.

Mein Vater geht zum Flügel und reicht mir ein paar lose Seiten.

J. Da sind sie.

Ich sortiere die Seiten.

J. Alexander Iljitsch Siloti gehört auch zu diesen großen Russen aus der Zeit vor dem Ersten Weltkrieg. Er war ein berühmter Pianist und Lehrer und hat dann bei Tschaikowsky mit Komposition angefangen. Wenn ich nicht irre, ist Rachmaninow sogar ein Cousin von ihm gewesen. Die haben viel zusammen gespielt. *(lacht)* Rachmaninow besuchte mal den alten Tolstoi und spielte ihm einige seiner Kompositionen vor. Tolstoi sah ihn groß an und fragte kühl: »Sagen Sie mir bitte, wer braucht solche Musik?«

H. Hier ist noch eine Seite.

J. Nein, das ist alles in Ordnung. Es müssten drei Seiten sein.

H. Stimmt. Ach so, du hast es zweimal.

J. Du kannst die Kopie gerne mitnehmen ...

Danksagung

Ohne Unterstützung hätten mein Vater und ich dieses Buch nicht realisieren können: allen Helfern unser Dank. An erster Stelle an Bettina Eltner, die uns nicht nur als Lektorin begleitete, sondern überhaupt den Anstoß gab, dieses Buch zu wagen. Einen großen Dank auch an alle anderen Mitarbeiter und Verantwortlichen der Ullstein Verlagsgruppe, die dieses Projekt ermöglichten. Einen großen Dank auch an das Layout-Team von tiff.any, besonders an Kathrin Müller.

In herzlicher, freundschaftlicher Verbundenheit möchte ich mich bei Monika Greser bedanken. Sie musste rund sechzig Gesprächsstunden abtippen, geriet dabei häufig über das Sprechtempo meines Vaters, komplizierte Namen und Sachverhalte in Verzweiflung, gab aber niemals auf, auch die vernuscheltsten und wirresten Inhalte in eine überschaubare Form zu bringen. Ein ebenfalls inniger Dank gilt Katharina Teichgräber. Sie rettete das Buch nicht nur in schweren Zeiten durch ihre Unterstützung, ihre Interviews mit meinem Vater brachten auch wertvolle Inspirationen und Facetten in das Buch ein. Für die stets prompte Recherche- und Koordinationshilfe möchte ich Lucia Stock meinen Dank aussprechen, die nie stöhnte, obwohl sie als Sekretärin von Joachim Kaiser wahrlich schon ausgelastet ist. Lieben Dank auch an Tanja König, die immer und immer wieder Artikel aus dem Texte-Archiv der *SZ* heraussuchte, sowie an alle Verantwortlichen der *SZ*, die sich kooperativ verhielten, und an alle Mitarbeiter anderer Zeitungen und Institutionen, die das Buchprojekt unterstützten.

Allerherzlichst möchte ich meinen Freunden danken, die mir durch Gegenlesen und einfühlsame, intelligente und offene Kommentare Sicherheit boten und viele wichtige Hinweise gaben. Größter Dank an Stefanie Kremser-Köhler, Heike Pöhlmann, Marieke Schroeder und ein noch etwas größerer an Michael Wogh, der es auf sich nahm, mehrere Fassungen durchzuarbeiten.

Von vornherein klar war für mich, dass ich für dieses Buch auf die Mitwirkung und schriftlichen Äußerungen, Fotografien und Zeichnungen anderer Personen angewiesen sein würde. Glücklich bin ich, dass sich keiner, der von mir »Ausgebeuteten« sperrte sondern alle umstandslos zustimmten und mitmachten. So den dankbarsten Dank an meinen Bruder Philipp Kaiser. Und an die anderen »Mitarbeiter«:

Vicco v. Bülow, Werner Burkhardt, Hans Magnus Enzensberger, Hans-Geert Falkenberg, Anneliese Friedmann, Heinz Friedrich, seine Frau Maria Friedrich, Björn Göppl, Winfried Greser, Johannes Gross und seine Familie, Stefan Hunstein, Egon Janz, Alexander Kluge, Franz Kotteder, Reinhold Kreile, Michael Krüger, Stefan Moses, Regina Schmeken, Mirco Weber, Uli Widmaier. Dazu einen Dank an all die Fotografen, die wegen des einigermaßen wirren Familienarchivs nicht zu eruieren waren. Sie mögen sich bitte melden, wenn sie ihre Werke erkennen.

Last but not least die liebevollste Erinnerung an Susanne Kaiser.

Bildnachweis

Adebahr, Thomas: 315
Bayrische Staatsbibliothek (Felicitas Timpe): 234
Bildarchiv Preußischer Kulturbesitz (Karin Voigt): 92 (unten)
Süddeutsche Zeitung Photo: 305
Böhmer, Bettina: 117
Kaiser, Henriette: 19, 24, 28, 31, 39 (rechts), 61, 65 (unten), 112 (unten),
   137 (rechts), 231, 303, 339, 346
Kaiser Susanne: 152, 154, 155, 157 (Teile), 158, 180, 183, 230, 281, 282, 340,
   341, 360, 361
Kruse, Ingrid von: 352
Kuckler, Scott: 253
Moses, Stefan: Cover, 149, 355
Neder, Renate: 288
Ohlbaum, Isolde: 317
Piper, Hans: 297
Schmeken, Regina: 48, 166 (links, oben); 262; 263; 375
ZDF Bildredaktion (Renate Schäfer): 370

Wir danken allen Rechteinhabern für die Erlaubnis zum Abdruck der Abbildungen. Trotz intensiver Bemühungen war es nicht möglich, alle Rechteinhaber zu ermitteln. Wir bitten diese, sich an den Verlag zu wenden.

Achtung!
Klassik Radio
löst Träume aus.